I0818810

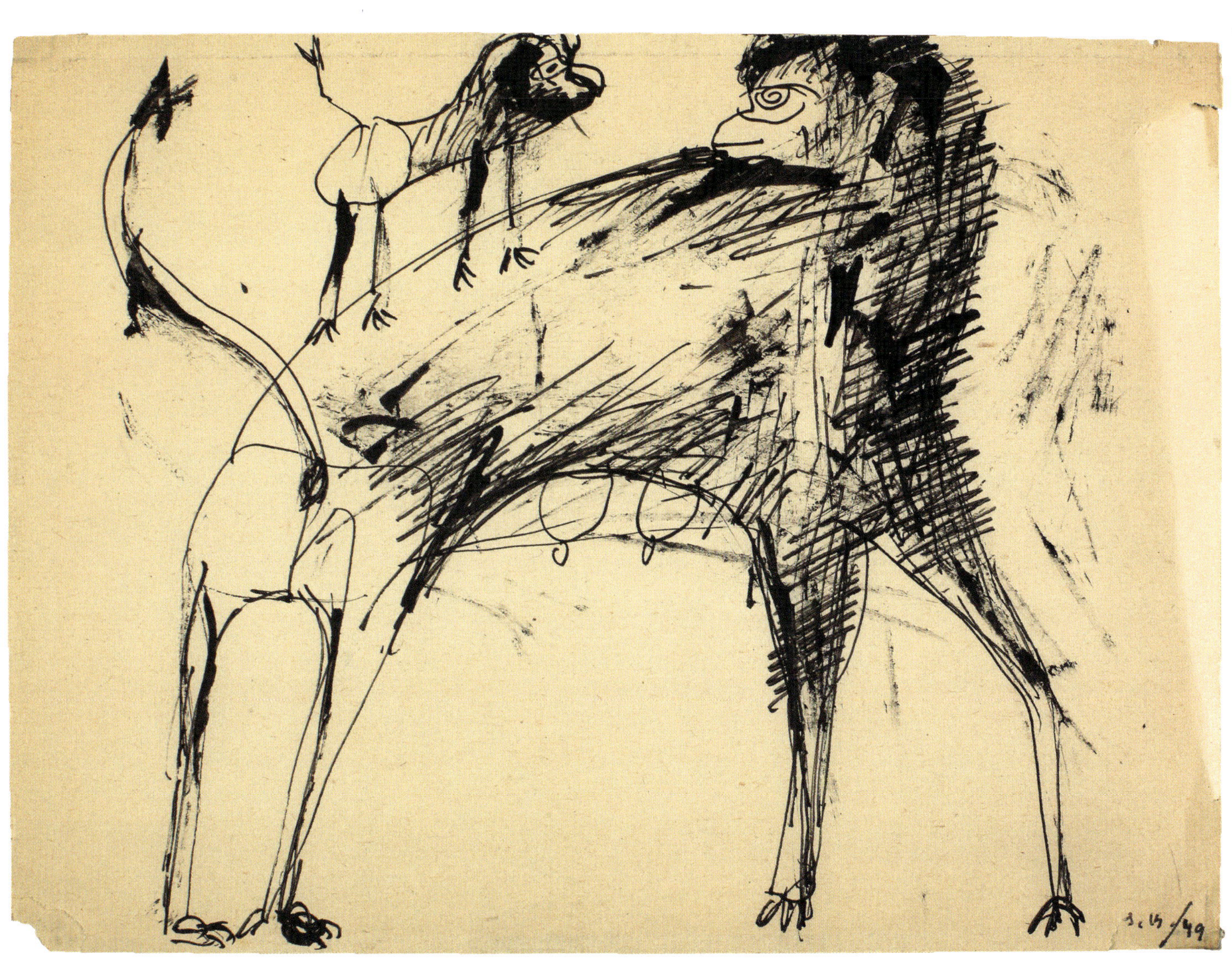

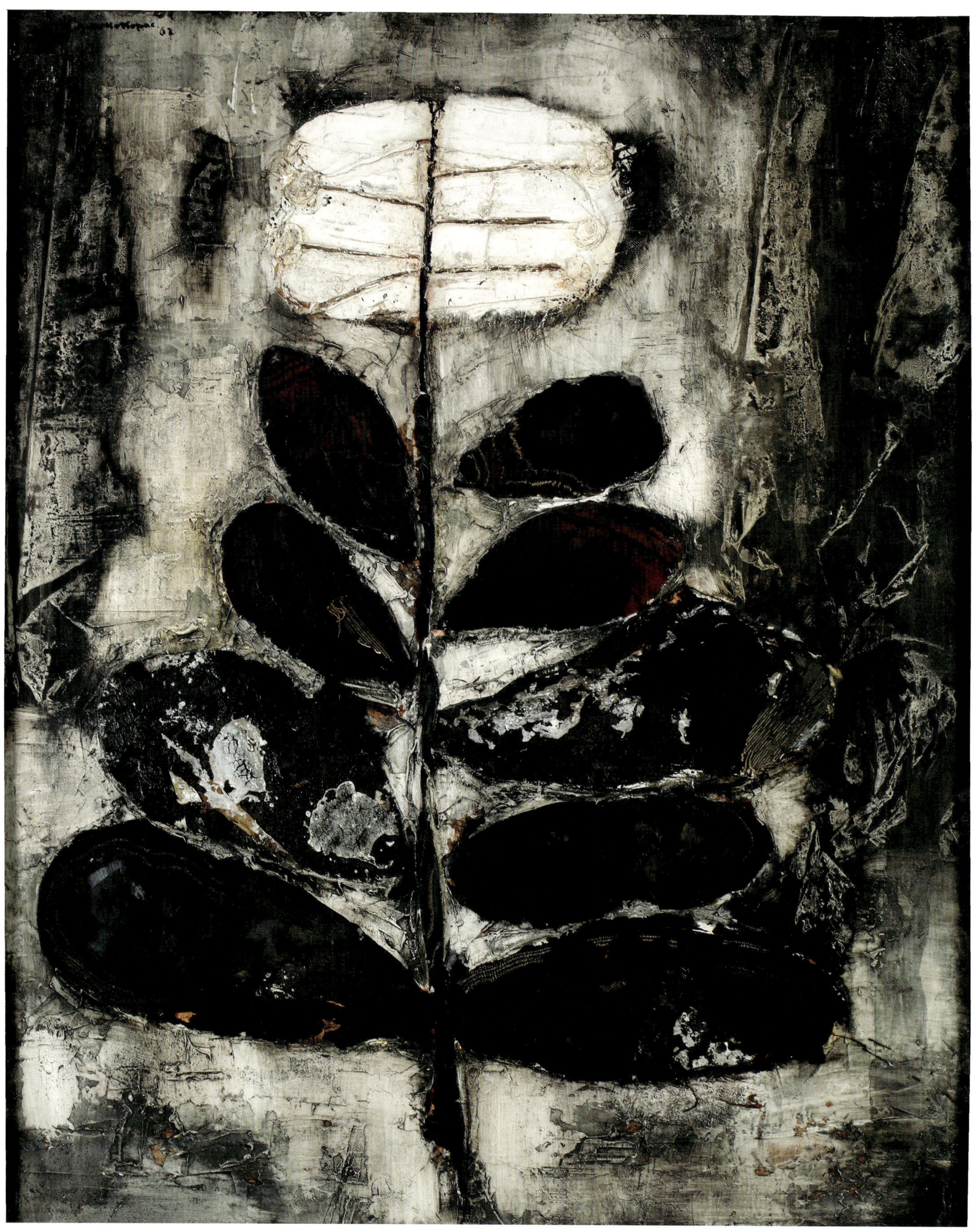

SLAVKO KOPAČ

Il tesoro nascosto.
Arte Informale, Surrealismo, Art Brut

The Hidden Treasure.
Informal Art, Surrealism, Art Brut

A cura di | Edited by
Roberta Trapani

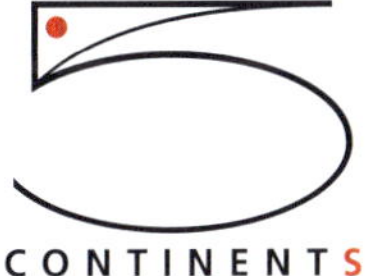

ESPOSIZIONE EXHIBITION

SLAVKO KOPAČ. Il tesoro nascosto
SLAVKO KOPAČ. The Hidden Treasure

Informal Art, Surrealism, Art Brut

A cura di Roberta Trapani e Pietro Nocita | Curated by Roberta Trapani and Pietro Nocita

Accademia delle Arti del Disegno - Sala delle Esposizioni, Firenze

13 settembre – 13 novembre 2025

Accademia delle Arti del Disegno - Sala delle Esposizioni, Florence

13 September – 13 November 2025

Promossa e organizzata da Promoted and organized by

Accademia delle Arti del Disegno
Presidente President Cristina Acidini
Presidente Emerito Honorary President Luigi Zangheri
Segretario Generale Secretary General Giorgio Bonsanti
Tesoriere Economo Treasurer Irene Sanesi
Coordinatore Segreteria Generale General Secretariat Coordinator Enrico Sartoni
Segreteria Generale General Secretariat Laura Turchi
Tecnico della Sala Espositiva Exhibition Hall Technician Roberto Del Fava
Presidenti di Classe Class Presidents
Pittura Painting Luca Macchi
Scultura Sculpture Antonio Di Tommaso
Architettura Architecture Renzo Manetti
Storia dell'Arte Art History Massimiliano Rossi
Discipline Umanistiche e Scientifiche Humanistic and Scientific Disciplines Giorgio Fiorenza Musica e Arti dello Spettacolo Music and Performing Arts Mario Ruffini

ArtRencontre - Association for the Promotion of Education, Culture and Art, Pula
Tamara Floričić, Kristijan Floričić, Maja Ivić

Kopač Committee Association
Fabrice Flahutez, Pauline Goutain, Roberta Trapani

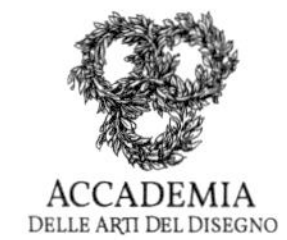

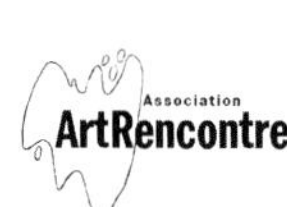

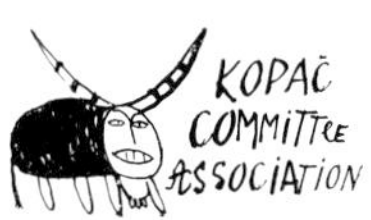

Con il patrocinio e il contributo di With the patronage and support of

Ministero della Cultura e dei Media della Repubblica di Croazia | Ministry of Culture and Media of the Republic of Croatia
Regione Toscana | Tuscany Region
Comune di Firenze | Municipality of Florence
Museo Novecento, Firenze | Museo Novecento, Florence
Accademia di Belle Arti di Firenze | Academy of Fine Arts of Florence
Institut Français Firenze | Institut Français Florence
BBS-pro | BBS-pro
MUS.E Firenze | MUS.E Florence
Osservatorio Outsider Art, Palermo | Osservatorio Outsider Art, Palermo

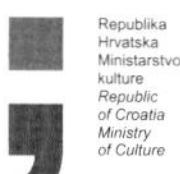

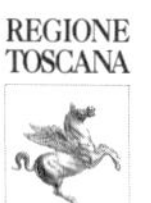

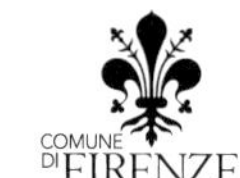

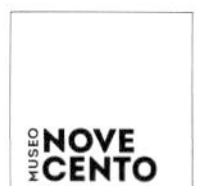

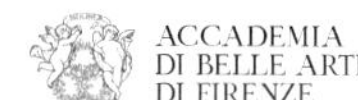

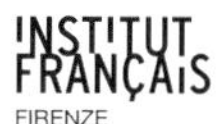

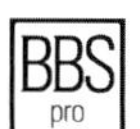

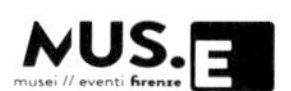

Curatela e progetto Curatorship and Project
Curatori Curators Roberta Trapani, Pietro Nocita
Comitato consultivo Advisory board Tamara Floričić, Kristijan Floričić, Maja Ivić
Comitato scientifico Scientific Committee Fabrice Flahutez, Pauline Goutain, Roberta Serpolli
Progetto espositivo Exhibition Project Francesca Fornasari
Progettazione grafica Graphic Design Chiara Scordato
Conservatore Conservator Barbara Ferriani (*Barbara Ferriani* s.r.l.)

Produzione e realizzazione Production and Implementation
Produzione Production Association ArtRencontre, Pula
Produzione esecutiva Executive Production Tamara Floričić, Kristijan Floričić, Maja Ivić, Pietro Nocita, Roberta Trapani
Coordinamento generale General Coordination Roberta Trapani
Assistenti alla produzione Production Assistants Diletta Magni, Emanuela Russo, Isabella Trapani
Allestimento e montaggio Exhibition Setup and Installation Machina s.r.l., Florence
Trasporti e imballaggi Transport and Packaging Kunsttrans Zagreb d.o.o., Transexpo
Assicurazioni Insurance Mag, Italia Lloyd's

Comunicazione Communication
Ufficio stampa Press Office Studio Ester Di Leo
Social media e digital strategy Social Media and Digital Strategy Monica Scordato
Traduzioni Translations Roberta Trapani, Dominic McElwee
Catalogo Catalogue 5 Continents Editions, Milan
Fotografie Photographs Damir Fabijanić, Nicola Galli Studio, Filip Beusan, Nicolas Dewitte/LaM Lille, Claudina Garcia, Atelier de numérisation – Ville de Lausanne, Kurt Wyss
Pagina web Web page production R3DESIGN – Hugo Patrick Vojak

Didattica e mediazione culturale
Education and Cultural Mediation
Caterina Cecioni, Filippo Nocentini

Documentazione | Documentation
Academy of Fine Arts, University of Zagreb
Archivi della Collection de l'Art Brut, Lausanne
Archivi della Fondation Dubuffet, Paris
Archivi della Galleria Nazionale d'Arte Moderna e Contemporanea di Roma
Archivio Centrale dello Stato, Roma
Archivio Cesare Zavattini, Biblioteca Panizzi, Reggio Emilia
Archivio storico della Biennale di Venezia
Archivio storico dell'Accademia di Belle Arti di Firenze
Archivi del Gabinetto Scientifico Letterario G.P. Vieusseux, Firenze
Biblioteca Kandinsky, Musée national d'art moderne / Centre de création industrielle, Centre Pompidou, Paris
Biblioteca letteraria Jacques Doucet, Paris
Biblioteca Marucelliana, Firenze
Biblioteca Nazionale Centrale di Firenze
Biblioteca Nazionale Centrale di Roma
Casa dell'Art Brut, Mairano di Casteggio
Centro di ricerca e documentazione arti visive, Roma
Croatian State Archives, Zagreb
Galerie Chave, Vence
Gradski Muzej, Vinkovci
Hervé Lancelin Collection, Luxemburg
Kunsthistorisches Institut in Florenz (KHI)
LaM – Lille Métropole Musée d'art moderne, d'art contemporain et d'art brut, Villeneuve d'Ascq
Moderna galerija, Zagreb
The Museum + Gallery of Everything, London

SOMMARIO | CONTENTS

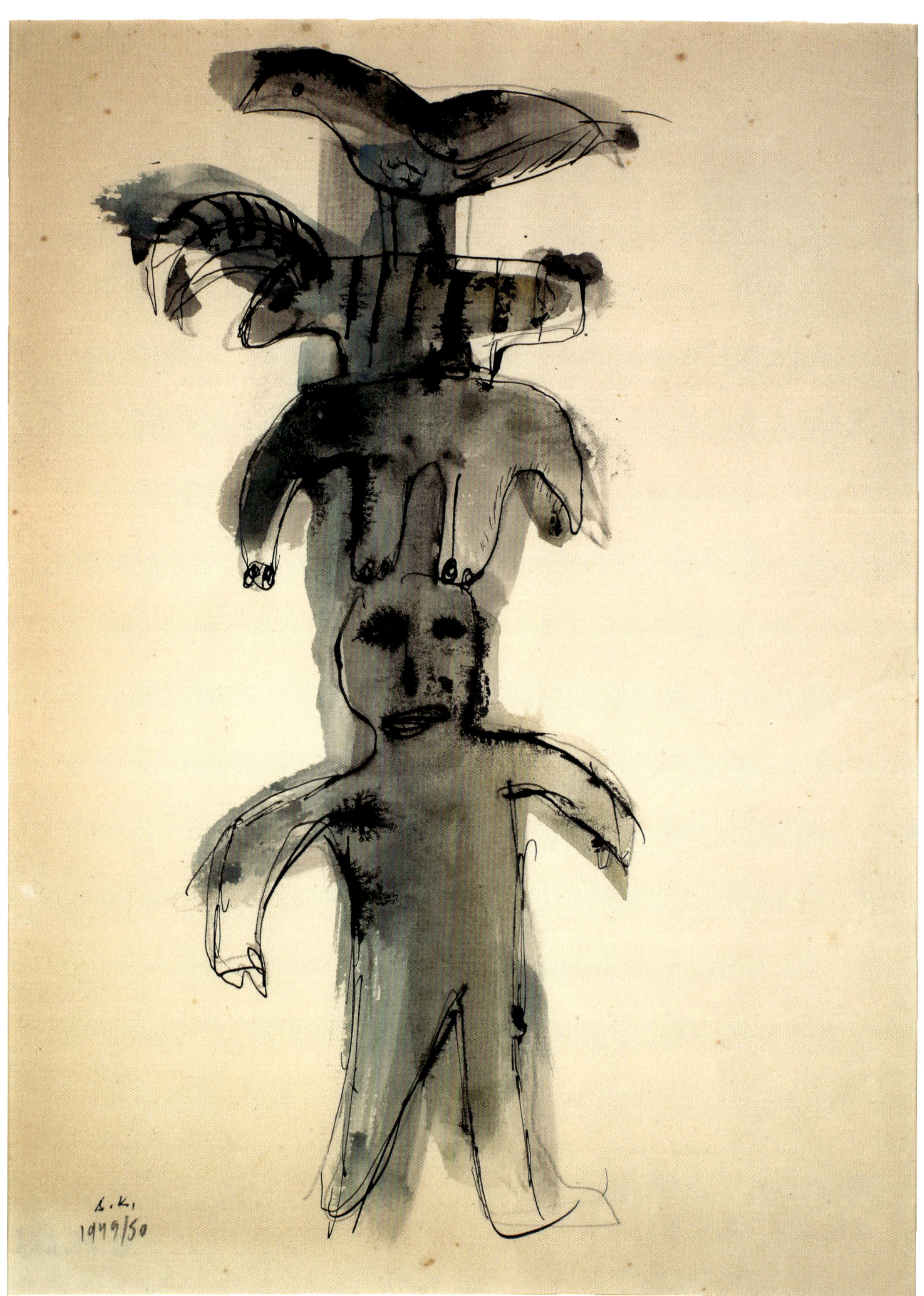

1949/50

CRISTINA ACIDINI
Presidente dell'Accademia delle Arti del Disegno, Firenze

Slavko Kopač: una mostra memorabile

Il ritorno dell'arte di Slavko Kopač a Firenze – perché di un ritorno si tratta – avviene attraverso la mostra *Il Tesoro nascosto* nella sala espositiva dell'Accademia delle Arti del Disegno, in stretta contiguità con le aule dell'Accademia di Belle Arti, dove l'artista croato ricevette una decisiva formazione nel periodo trascorso in città: un periodo segnato dai tragici eventi della guerra e tuttavia ricco di stimoli e di ispirazioni, tanto da consentirgli di esporre le sue opere in una prima mostra personale nel 1945. Se allora la mostra ebbe luogo in una stimata galleria privata di Firenze, l'ampia retrospettiva dell'autunno 2025 – resa possibile dall'impegno e dalla competenza dei curatori Pietro Nocita e Roberta Trapani – è stata organizzata sotto l'egida della più antica accademia per artisti del mondo occidentale, fondata nel 1563 per impulso del grande artista e storiografo Giorgio Vasari, e da allora continuativamente attiva nella creazione, nella difesa e nella promozione delle arti e dei saperi, accogliente sino dalla fondazione nei confronti di artisti di ogni provenienza e di arte di ogni tendenza.

Le opere di Kopač non possono non colpire profondamente chi si accosta a esse per la prima volta, o le rivede, avendole magari da anni depositate nella memoria. La sensibilità dell'artista – pittore, scultore, calligrafo – attraversa i tempi e cattura le forme cangianti della creatività umana, affondando a ritroso nei primordi, fino a interrogarsi sulle origini dell'immagine all'alba della civiltà, sepolte nelle grotte graffite e dipinte nel Paleolitico come quella di Lascaux, scoperta nel 1940.

Sebbene non sia corretto definire "art brut" quella di Kopač, non stupisce tuttavia che egli l'abbia apprezzata e ne sia stato sostenitore entro la Compagnie de l'Art Brut, diventando il primo conservatore della Collection a essa dedicata.

Il suo scavo estetico, ma anche psicologico, in un periodo segnato profondamente dai percorsi introspettivi indicati da Sigmund Freud e di Carl Gustav Jung, sfocia nella creazione di forme primeve e assolute, che prendono vita dall'esplosiva ricchezza e varietà della materia, in costante dialogo con la poesia. Il sodalizio con il mondo artistico e letterario francese si rispecchia nella vena di originale e personale surrealismo di Kopač, che trasfigura il dato naturale in segni allusivi e potenti.

La retrospettiva fiorentina, nel proporre al pubblico una rassegna di opere memorabili, si rivolge anche e soprattutto ai giovani in formazione, mostrando l'alto esito artistico di un pensiero libero.

CRISTINA ACIDINI
President, Accademia delle Arti del Disegno, Florence

Slavko Kopač: An Exhibition to Remember

The exhibition *The Hidden Treasure* heralds the return – since a return it is – of the art of Slavko Kopač to Florence. The show's setting, the exhibition hall of the Accademia delle Arti del Disegno, lies immediately adjacent to the chambers of the Accademia di Belle Arti, where the Croatian artist completed his education during his time in the city: a sojourn marked by the tragedy of war and yet rich in stimuli and inspiration, such that it was in 1945 that he was to stage his first solo show. Whereas that exhibition was held in the gallery of a prominent Floarentine dealer, this extensive autumn 2025 retrospective – realised through the efforts and expertise of curators Pietro Nocita and Roberta Trapani – has been mounted under the aegis of the Western world's longest-standing art academy. Indeed, ever since its founding by the great artist and historian Giorgio Vasari in 1563, the Florence Accademia has been constant in the creation, defence, and advancement of the arts and artistry while embracing artists of all backgrounds and art of every persuasion.

Kopač's works never fail to make a profound impression, whether on first viewing or upon their rediscovery after years as lingering memories. The artist's distinct sensibility – whether as painter, sculptor, or calligrapher – traverses the eras of human creativity and captures its protean forms, stretching backward into antiquity and ultimately musing on the primordial origins of images themselves, embodied in Palaeolithic cave drawings and paintings such as those discovered in Lascaux in 1940.

Though it would be a mistake to label Kopač's work Art Brut, it's no surprise that he should have admired such art, nor that – particularly as the first custodian of the Collection bearing its name – he should have championed it from within the Compagnie de l'Art Brut.

Kopač's aesthetic – and psychological – inquiries, conducted during a period profoundly influenced by those pathways to human introspection charted by Sigmund Freud and Carl Gustav Jung, led to his creation of elemental and absolute forms that, enlivened by an explosive richness and variety of materials, engage in a constant dialogue with poetry. The artist's immersion in the artistic and literary worlds of France is borne out in his original and personal vein of Surrealism, which transforms natural data into allusive and potent signs.

In presenting a survey of Kopač's memorable works to the public, this Florentine retrospective is also, and above all, addressed to those young people still completing their education. It stands as a testament to the exceptional artistic fruits of one artist's freedom of thought.

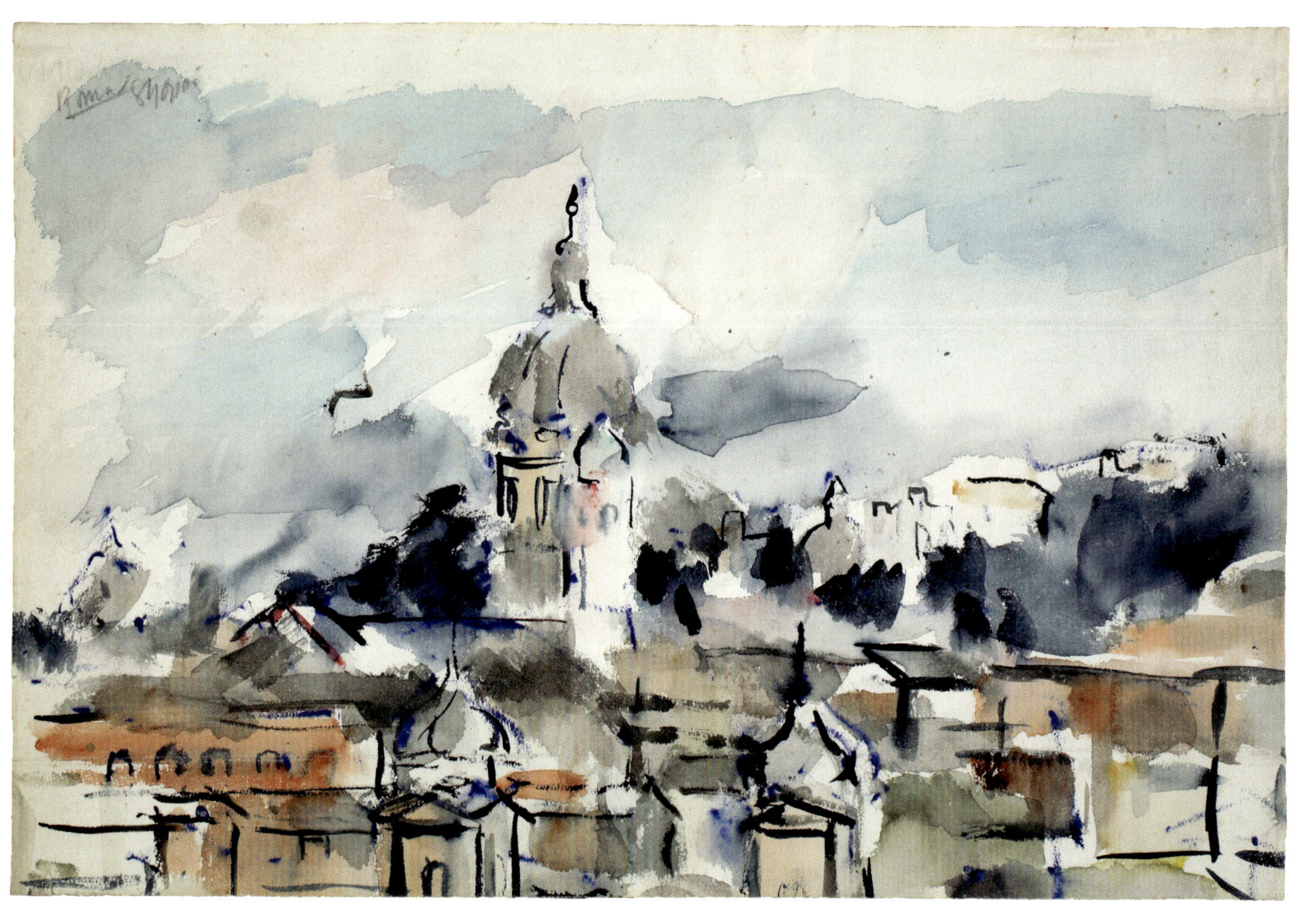

Slavko Kopač, *Roma*, ca. 1945,
acquerello, 30 × 48,8 cm,
collezione privata.
Foto © Damir Fabijanić

Slavko Kopač, *Roma*, c. 1945,
watercolour, 30 × 48.8 cm,
private collection.
Photo © Damir Fabijanić

LUCA MACCHI
Presidente della classe di Pittura,
Accademia delle Arti del Disegno, Firenze

All'ombra del Battistero

Con piacere inauguriamo la mostra dedicata alle opere di Slavko Kopač, allestita nella Sala Esposizioni dell'Accademia delle Arti del Disegno. La Classe di Pittura accoglie questa esposizione in coerenza con la propria vocazione: presentare al pubblico esperienze artistiche significative, capaci di riflettere la varietà e la ricchezza del linguaggio pittorico e delle arti visive in generale. Queste mie parole di saluto si pongono in continuità con il lavoro già avviato dal professor Andrea Granchi.

Slavko Kopač è un artista dalla formazione internazionale. Nato in Croazia nel 1913, allora parte dell'Impero austro-ungarico, si trasferisce prima a Zagabria, poi a Parigi, quindi a Firenze, per fare infine ritorno nella capitale francese. Qui entra in contatto con figure come André Breton, Jean Paulhan, Jean Dubuffet e altri protagonisti del Surrealismo, movimento verso cui manifesta interesse, pur dichiarando di non avervi mai aderito pienamente.

Particolarmente significativo, nel percorso di Kopač, è il soggiorno di studio in questa nostra città. È anche per questo che la mostra all'Accademia assume un valore speciale, quasi a segnare un ritorno simbolico al luogo dove tutto ebbe inizio.

Dalle sue stesse parole comprendiamo quanto quell'esperienza, che si sviluppò tra Roma e Firenze, abbia inciso profondamente sulla sua visione artistica: «Per me fu come una sorta di purificazione, e tutto ebbe inizio in Italia. Ricordo un gruppo di artisti, pittori, intellettuali che avevano approfondito le scienze più alte; insieme formavano un nucleo fertile, da cui scaturivano profonde riflessioni e ampi dibattiti. Ogni giorno ci ritrovavamo all'ombra del Battistero, di fronte alla Cattedrale, e trascorrevamo ore immersi nella conversazione. Fu lì che tutto cominciò per me: quella fu la mia prima liberazione»[1].

Colpisce come proprio da quei dialoghi fiorentini sia maturata in lui l'esigenza di dare un seguito, nella propria ricerca, a quella "purificazione" che lo condurrà verso un segno più essenziale e diretto.

1 Slavko Kopač, intervista radiofonica con Lidija Tocilj, "Meetings and Acquaintances", Croatian Radio Television, 8 agosto 1984 (43 minuti), in Fabrice Flahutez, Pauline Goutain, Roberta Trapani, *Slavko Kopač. Ombres et matières / Shadows and Materials,* Gallimard, Parigi 2022, p. 45.

LUCA MACCHI
President of the Painting Class,
Accademia delle Arti del Disegno, Florence

In the Shade of the Baptistery

It is with pleasure that we launch this exhibition of the works of Slavko Kopač, mounted in the Exhibition Hall of the Accademia delle Arti del Disegno. In hosting this exhibition, the Painting Department remains true to its vocation: that of presenting the public with compelling artistic experiences that reflect the variety and richness marking the field of painting and the visual arts in general. These words, my greetings as president of the Painting Department, represent a continuation of the work previously undertaken by Professor Andrea Granchi.

Slavko Kopač's artistic formation was an international one. Born in 1913 in Croatia, then a part of the Austro-Hungarian Empire, he successively relocated to Zagreb, Paris, and then Florence before definitively returning to the French capital. There he formed relationships with such notable figures as André Breton, Jean Paulhan, and Jean Dubuffet, amongst other leading Surrealists – in whose movement he expressed distinct interest, though he was to deny having ever fully adhered to it.

One particularly significant moment in Kopač's journey was his period of study in Florence. This is precisely why the exhibition at the Accademia holds special meaning, marking a symbolic return to the place where it all began.

From his own words, we understand just how deeply that experience – which unfolded between Rome and Florence – influenced his artistic vision: 'For me, it was a kind of purification, and everything began in Italy. I remember a group of artists, painters, intellectuals who had delved deeply into the highest sciences; together, they formed a fertile core from which profound reflections and wide-ranging debates emerged. Every day we would gather in the shade of the Baptistery, opposite the Cathedral, and spend hours immersed in conversation. That's where it all started for me, that was my first liberation.'[1]

It is perhaps striking that those Florentine discussions should have fostered such a need in him to pursue that same 'purification' in his own practice, which would lead him toward a sparer and more direct manner.

1 Slavko Kopač, radio interview with Lidija Tocilj, 'Meetings and Acquaintances', Croatian Radio Television, August 8, 1984 (43 min.), quoted in Fabrice Flahutez, Pauline Goutain, and Roberta Trapani, *Slavko Kopač. Ombres et matières / Shadows and Materials* (Paris: Gallimard, 2022), 45.

TAMARA FLORIČIĆ
Association ArtRencontre, Pola, Croazia

L'arte come libertà

«Per me è impossibile lavorare, essere contento, se non in assoluta libertà. [...] Il mio lavoro è espressione di quel bisogno di libertà così continuamente perseguito»[1]: così si esprimeva Slavko Kopač (Vinkovci, 1913 – Parigi, 1995), pittore, artista, poeta di formazione accademica, nonché primo conservatore dell'incomparabile Collection de l'Art Brut. È proprio questo atteggiamento – la ricerca instancabile di libertà artistica, l'esplorazione dell'ignoto, lo sguardo errante – ad aver segnato l'intera sua vita. L'imprevedibile universo creativo di Kopač ha abbracciato molteplici forme espressive: disegno, pittura a tecnica mista, scultura e poesia. Animando ogni opera con una forza emotiva che resiste nel tempo, ha lasciato un'eredità fatta di esperienze artistiche radicalmente nuove.

L'Association ArtRencontre è nata con l'intento di promuovere una più ampia consapevolezza del valore di Slavko Kopač e di proseguire, nel presente, quel dialogo artistico che egli seppe instaurare con il pubblico. Come egli stesso affermava, nessuna delle sue opere poteva dirsi conclusa: a completarle erano gli sguardi di chi le osservava.

Il contributo di Kopač alla cultura va ben oltre la pratica artistica: include anche la scrittura e l'attività curatoriale, spesso svolte in collaborazione con altri. Lavorò a stretto contatto, tra gli altri, con Jean Dubuffet e André Breton[2], pur conducendo una vita modesta e riservata. Gli sforzi di ArtRencontre mirano oggi a rendere il suo universo accessibile a un pubblico ampio, con l'auspicio che possa continuare a generare ispirazione, arte e creatività. Da questa missione ha preso avvio un percorso volto a diffondere il suo straordinario lavoro attraverso una pluralità di strumenti, sia tradizionali sia digitali.

Il primo contatto significativo dell'associazione con l'opera di Kopač risale al 2017. Il volume *Kopač Collection*[3], concepito per presentare l'opera dell'artista franco-croato a numerose istituzioni internazionali, raccoglie un prezioso archivio di scritti a lui dedicati: saggi, recensioni critiche, testi di catalogo e inviti firmati da nomi illustri ed esperti d'arte della seconda metà del Novecento — tra cui Jean Dubuffet, Michel Ragon, Benjamin Péret, Annie Le Brun, Jean-Jacques Lévêque — oltre che dall'artista stesso. Pubblicato in edizione bilingue (inglese e francese), il libro offre un'ampia panoramica della sua produzione e restituisce appieno la voce personale, artistica e curatoriale dell'autore.

Gli storici dell'arte Fabrice Flahutez, Pauline Goutain e Roberta Trapani hanno a loro volta intrapreso uno studio approfondito del percorso

TAMARA FLORIČIĆ
Association ArtRencontre, Pula, Croatia

Art as Freedom

'It's impossible for me to work, to be content, unless in utter liberty. [. . .] My work is an expression of that need for freedom so continually pursued.'[1]

These are the words of Slavko Kopač, academically trained painter, artist, poet, and the first curator of the incomparable Collection de l'Art Brut. It is this very attitude – his search for artistic freedom, his charting of the unknown, his migratory gaze – that marked his whole life. Slavko Kopač's unpredictable artistic world embraced manifold forms of expression: drawings, mixed-media paintings, sculptures, and poetry. Investing his work with an enduring emotional charge, he forged a legacy of novel artistic experiences.

The ArtRencontre Association was founded with the aim of fostering greater recognition of Kopač's importance while continuing his artistic engagement with audiences. As he himself declared, he never finished any of his works; rather, they would be completed by those who beheld them. Kopač's contribution to culture spanned his artistic, literary, and curatorial work, often in collaboration: he worked closely with Jean Dubuffet and André Breton,[2] among many others, while pursuing a modest and unassuming lifestyle. ArtRencontre's efforts serve the goal of making Kopač's world accessible to many, with the hope of inspiring others' art and creativity.

The association's first significant encounter with Kopač's work took place in 2017. That encounter marked the beginning of a journey devoted to the dissemination of his exceptional work through various traditional and digital media. The book *Kopač Collection*,[3] which we conceived to present Kopač's work to many international institutions, collates an archive of texts on the artist: essays, critical reviews, catalogue texts, and invitations written by distinguished intellectuals, artists, and art experts of the second half of the twentieth century – including Jean Dubuffet, Michel Ragon, Benjamin Péret, Annie Le Brun, Jean-Jacques Lévêque – and by Kopač

Slavko Kopač nel suo atelier, ca. 1968, riprodotta in *Slavko Kopač 1938-1992*, a cura di Serge Gervin, Association pour la promotion des arts à la Ville de Paris, Salle Saint-Jean, Hôtel de Ville de Paris (3 rue Lobau), Parigi, 18 aprile – 12 luglio 1996.

Slavko Kopač in his studio, c. 1968, reproduced in *Slavko Kopač 1938–1992*, Serge Gervin, Association pour la promotion des arts à la Ville de Paris, Salle Saint-Jean, Hôtel de Ville de Paris (3 rue Lobau), Paris, 18 April–12 July 1996.

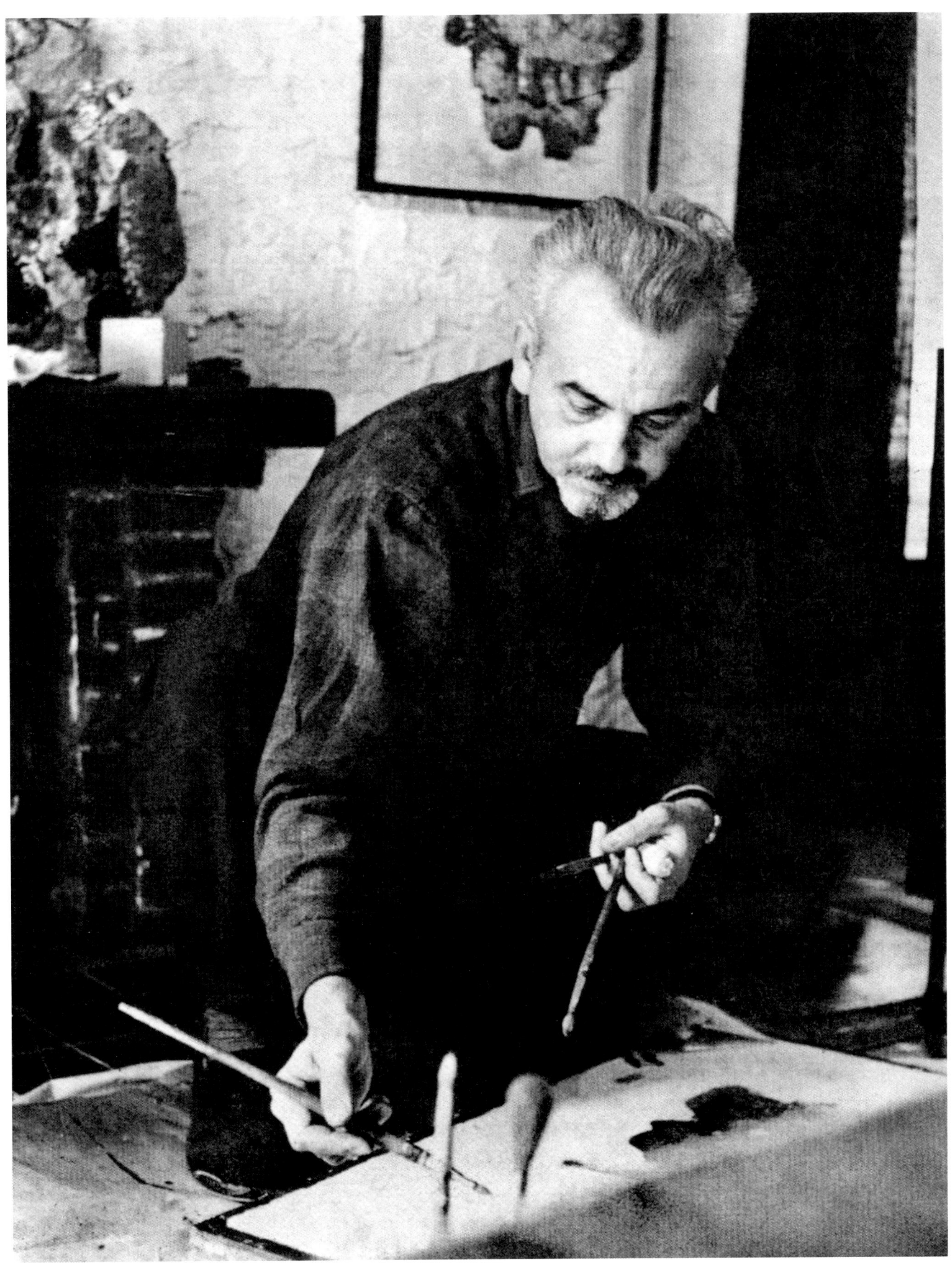

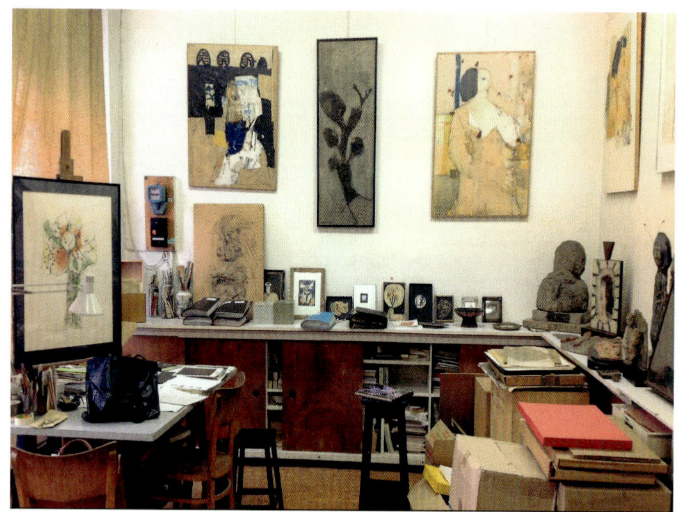

Fotografia dell'atelier parigino di Slavko Kopač, scattata per illustrare il catalogo dell'asta *Jean Dubuffet & atelier Slavko Kopač*, vendita giudiziaria su ordinanza del Tribunal d'instance di Parigi, SCP Digard Pestel-Debord, Commissaires Priseurs Judiciaires Associés, Parigi, Marielle Digard, Drouot, Parigi, 30 giugno 2017.

Photograph of Slavko Kopač's Paris studio, taken to illustrate the auction catalogue for the *Jean Dubuffet & Atelier Slavko Kopač*, judicial sale by order of the Tribunal d'instance of Paris, SCP Digard Pestel-Debord, Commissaires Priseurs Judiciaires Associés, Paris, Marielle Digard, Drouot, Paris, 30 June 2017.

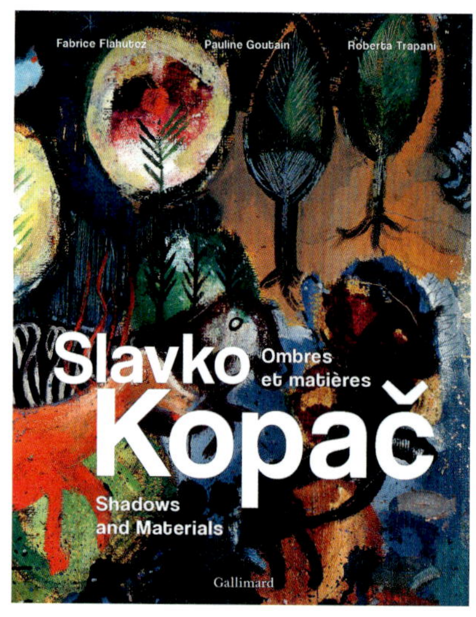

Copertina del volume *Slavko Kopač. Ombres et matières / Shadows and Materials* di F. Flahutez, P. Goutain e R. Trapani, Gallimard, Parigi 2022, 346 pagine.

Cover of the book *Slavko Kopač. Ombres et matières / Shadows and Materials* by F. Flahutez, P. Goutain, and R. Trapani, Paris, Gallimard, 2022, 346 pages.

creativo e biografico di Kopač, raccolto nella monografia *Slavko Kopač. Ombres et matières / Shadows and Materials*, pubblicata nel 2022 da Gallimard[4]. Il libro è stato presentato all'Outsider Art Fair di New York nel 2023, accompagnato da una presentazione dell'eredità artistica di Kopač e da una panoramica della sua attività come curatore della Collection de l'Art Brut; in una recensione del *New York Times* dedicata all'*Hommage à Christophe Colomb,* del 1949, il critico Will Heinrich ha citato l'opera di Kopač come uno dei punti salienti di una fiera i cui «momenti inaspettati di bellezza vi lasceranno senza parole»[5].

La vicenda biografica di Kopač restituisce il ritratto di un uomo animato da una ricerca incessante: un artista impegnato, che ha scelto di rinunciare a una vita sicura e al comfort materiale, prendendo le distanze dalla propria formazione accademica per intraprendere un cammino aperto. La sua "liberazione", come la descrisse lui stesso, iniziò durante il suo lungo soggiorno fiorentino durato cinque anni, dal 1943 al 1948, che segnò una svolta decisiva nelle sue percezioni e nel suo linguaggio artistico. La vita avrebbe condotto Kopač in un lungo viaggio creativo lontano da Firenze, eppure la sua opera più significativa ebbe origine lì: la patria del Rinascimento fu a sua volta il luogo della sua nascita artistica. È quindi un grande onore e un piacere presentare ancora una volta l'opera di Kopač proprio a Firenze.

Nel corso dei suoi viaggi, Kopač ebbe modo di conoscere numerose personalità illustri. Da giovane fu invitato a unirsi a Ivan Meštrović per la decorazione della chiesa di Santa Maria Mediatrice a Roma, dove dipinse una pala d'altare raffigurante San Nicola Tavelić[6]. Per farlo col-

himself. Published in both English and French-language editions, the book presents a wide survey of Kopač's artwork and captures his personal, artistic, and curatorial voice.

Art historians Fabrice Flahutez, Pauline Goutain, and Roberta Trapani have in turn undertaken a detailed study of Kopač's creative and biographical journey, collected in the 2022 scholarly monograph *Slavko Kopač. Ombres et matières / Shadows and Materials*, published by Gallimard.[4] The book was presented at New York's 2023 Outsider Art Fair, accompanied by a showcase of Kopač's artistic legacy and an overview of his activities as a curator of the Collection de l'Art Brut; in a *New York Times* review featuring the artist's 1949 *Homage to Christopher Columbus*, critic Will Heinrich cited Kopač's work as one of the highlights of a fair whose 'unexpected moment[s] of beauty will stop you in your tracks'.[5]

Kopač's biography evokes a searching character: a committed artist who sacrificed a secure existence and material comfort, disavowing his academic training and setting off into the unknown. His 'liberation', as he described it, began during his long Florentine sojourn, spanning the five years from 1943 to 1948, which heralded a turning point in his perceptions and his artistic vernacular. Life was to lead Kopač on a long creative journey away from Florence, yet his defining work originated there; the home of the Renaissance was in turn the site of his artistic birth. It is therefore a great honour and pleasure to present Kopač's work in Florence once more.

laborò con l'architetto Giovanni Muzio e lo scultore Francesco Nagni. Nel capoluogo toscano, durante il perfezionamento dei suoi studi presso l'Accademia di Belle Arti, lavorò a stretto contatto con Giovanni Colacicchi e Giordano Falzoni, che scrissero entrambi di lui in termini entusiastici. La successiva partenza di Kopač per la Francia segnò l'inizio di un nuovo capitolo. Nonostante le difficoltà dell'emigrazione e la scarsità di mezzi, proseguì instancabilmente le sue esplorazioni artistiche. Nel tempo, il suo lavoro è stato riconosciuto e valorizzato da alcuni tra i più importanti artisti, intellettuali e critici della metà del Novecento. Benché la sua opera mostri affinità con il Surrealismo e con l'Informale, Kopač non si identificò mai con alcuna di queste correnti. Né l'art brut poteva definirlo, poiché la sua educazione accademica lo collocava altrove; tuttavia, egli riconobbe negli autori di quell'orizzonte una profonda vicinanza, tanto da farsene convinto difensore. Rivendicò sempre una posizione indipendente, estranea a qualsiasi appartenenza definita. Pertanto, la nostra speranza è di presentare Kopač – che si tratti di un pubblico accademico, professionale o occasionale – nei termini in cui egli stesso si comprendeva. In effetti, Jean Dubuffet vedeva Kopač in modo analogo, una percezione maturata nel corso di una trentennale amicizia, scandita dalle attività di Kopač come curatore e custode della Collection de l'Art Brut. I testi in cui Dubuffet elogia la sua opera sono raccolti nel volume pubblicato da Gallimard che raccoglie i suoi scritti. Dopo il loro incontro nel 1948, il pittore francese ne riconobbe subito la forza espressiva e l'autenticità, e in seguito gli dedicò parole di profonda stima: «L'arte di Slavko Kopač è fortemente originale; non ne conosco alcun'altra che le somigli. Attraverso mezzi d'espressione continuamente rinnovati – ricorrendo, a seconda delle epoche, ai materiali più imprevisti, e utilizzandoli in maniera ancor più inattesa – egli si è mantenuto, con una costanza sorprendente lungo tutto il suo sviluppo, nella sua via così particolare, nel suo statuto così unico. Un'arte sorprendentemente inventiva, sorprendentemente poetica»[7].

I meriti artistici e personali di Kopač gli valsero anche l'appoggio di André Breton che, poco dopo il loro incontro, gli commissionò l'illustrazione della sua poesia *Au Regard des divinités*, pubblicata in un'edizione limitata e numerata, concepita dall'artista stesso e presentata in occasione della sua prima mostra parigina alla Galerie Message[8]. In seguito Breton invitò Kopač a contribuire all'*Almanach surréaliste du demi-siècle* e gli offrì la possibilità di esporre – sia in personali sia in collettive, accanto a importanti protagonisti del Surrealismo – presso la galleria À l'Étoile scellée, della quale il poeta fu uno dei principali promotori. Kopač non sarebbe mai diventato un surrealista, tuttavia la sua amicizia con Breton si protrasse oltre un decennio.

Michel Tapié, che coniò il termine "arte informale" e ne fu tra i principali promotori, presentò l'opera di Kopač *La Grenouille bretonne* nel volume *Un Art autre* (1952), testo di riferimento dell'Informale, descrivendola come «magistrale» e «autentica»[9]. Quando organizzò la mostra omonima allo Studio Facchetti di Parigi, accostò Kopač ai pionieri dell'Informale, artisti di fama internazionale come Jackson Pollock, Mark Rothko, Willem de Kooning e Jean Dubuffet. Fu un

FOYER DE L'ART BRUT
17 Rue de l'Université — Paris (7)

L'exposition des œuvres de Adolf Wolfli sera clôturée le 5 Novembre 1948 et fera place, à partir du Mardi 9 Novembre à la nouvelle exposition ci dessous:

JOAQUIM VICENS GIRONELLA
Lièges sculptés

Le Foyer de l'Art Brut, que dirige maintenant notre ami Slavko Kopac, est ouvert gratuitement au public les après-midi, de 14 à 18 heures (excepté samedis, dimanches et lundis). Entrée par le 17 de la Rue de l'Université ou - de préférence - par le 5 de la Rue S. Bottin.

Bollettino d'informazione del Foyer de l'Art Brut, Parigi, stampato in 1000 esemplari su carta blu da Slavko Kopač, novembre 1948, collezione privata.

Information bulletin of the Foyer de l'Art Brut, Paris, printed in 1,000 copies on blue paper by Slavko Kopač, November 1948, private collection.

Over the course of his travels, Kopač associated with many outstanding figures. As a young artist, he was invited to join Ivan Meštrović in the decoration of the church of Santa Maria Mediatrice in Rome, where he painted an altarpiece of Saint Nicholas Tavelić.[6] So doing, he collaborated with the architect Giovanni Muzio and the artist Francesco Nagni. In Florence, while furthering his artistic education at the city's Accademia di Belle Arti, he worked closely with the professor Giovanni Colacicchi and the artist Giordano Falzoni, both of whom wrote of him in glowing terms. Kopač's subsequent departure for France marked the beginning of still another chapter, during which – over an intense period as a new immigrant and despite modest means – he continued unabated in his artistic explorations. Throughout, his work was extolled by some of the mid-twentieth century's foremost artists, intellectuals, and critics.

While his work reveals affinities with Surrealism and Informal Art, Kopač never truly recognized himself in any of these paths. As for Art Brut, it could not encompass him, for his academic training placed him elsewhere; yet he felt a deep kinship with its creators, which led him to become one of their most ardent champions. Time and again, he affirmed his independence, resisting every fixed form of affiliation. As such, our hope is to present Kopač – whether to scholarly, professional, or casual audiences – in the terms in which he understood himself. Indeed, Jean Dubuffet saw Kopač in analogous fashion, his perceptions formed over an enduring thirty-year friendship punctuated by Kopač's activities as curator

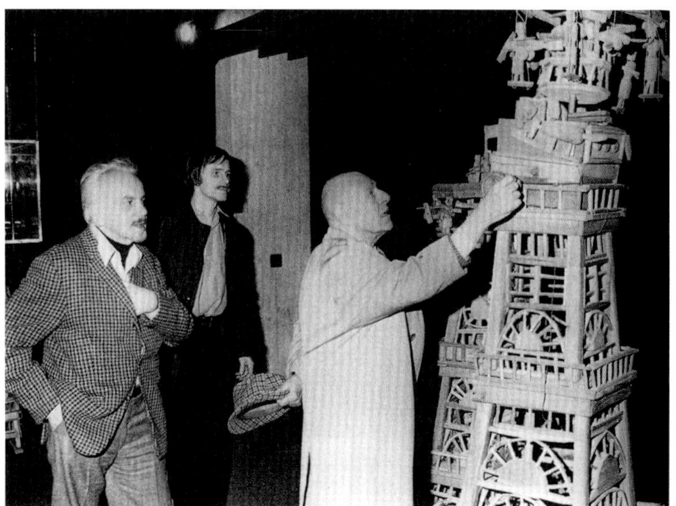

Slavko Kopač, Michel Thévoz e Jean Dubuffet all'inaugurazione della Collection de l'Art Brut a Losanna, febbraio 1976. Foto © J.J. Laeser

Slavko Kopač, Michel Thévoz, and Jean Dubuffet at the opening of the Collection de l'Art Brut in Lausanne, February 1976. Photo © J. J. Laeser

momento storico: *Un Art autre* rappresentò infatti la prima esposizione a riunire artisti informali ed espressionisti astratti dalle due sponde dell'Atlantico.

La missione di ArtRencontre è preservare l'eredità di Kopač e assicurarne la diffusione. Le attività e le iniziative attualmente promosse dall'associazione, olte a mantenere viva la conoscenza della sua opera, sono orientate alla collaborazione con attori culturali di respiro internazionale. Tra le istituzioni che hanno recentemente esposto Kopač o con cui si è instaurato un dialogo in vista di future mostre, figurano il Centre Pompidou di Parigi[10], il LaM di Lille[11], il MARQ di Clermont-Ferrand e il Padiglione Meštrović di Zagabria. In occasione della grande retrospettiva dedicata all'artista, presentata a Zagabria nel 2022, è stato inoltre organizzato un convegno, mentre il catalogo della mostra ha fornito un ulteriore strumento di riflessione sulla sua opera[12].

Il supporto dell'Institut Français e del console francese a Firenze fu determinante per Kopač nel corso della sua vita, così come il loro sostegno più recente è fondamentale per ArtRencontre. La cooperazione avviata in Croazia tra l'associazione e le organizzazioni internazionali francesi, così come l'aiuto da esse offerto nella preparazione di questa esposizione presso la prestigiosa Accademia delle Arti del Disegno di Firenze, testimoniano il valore dell'amicizia e della stima reciproca tra istituzioni culturali internazionali.

L'originalità e la creatività di Kopač hanno lasciato un segno profondo. Artista dalla visione ampia e innovativa, seppe spingersi verso l'ignoto nella sua instancabile ricerca di libertà. È questo lavoro, in parte ancora inedito, che qui presentiamo grazie al contributo di autori di fama internazionale, con l'intento di restituire la complessità e l'attualità del suo sguardo.

and custodian of the Collection de l'Art Brut. The texts in which Dubuffet praises his work are collected in the volume published by Gallimard that gathers his writings. After their meeting in 1948, the French painter immediately recognised its expressive power and authenticity, and later dedicated words of deep admiration to him: 'Slavko Kopač's art is truly original, I don't know of any other resembling it. Through means of expression renewed in the most diverse ways – drawing, in different periods, on all manner of unforeseen materials, and using them in ways even more unforeseen – he has maintained, with striking constancy throughout his development, his very particular path, his singular status. An astoundingly inventive, astoundingly poetic art.'[7]

Kopač's artistic and personal merits also earned him the endorsement of André Breton, who soon after their meeting commissioned Kopač to illustrate his poem 'Au Regard des divinités', published in a numbered limited edition of the artist's own design and presented at his first Parisian exhibition, held at Galerie Message.[8] Breton subsequently invited Kopač to contribute to the *Almanach surréaliste du demi-siècle* and offered him opportunities to exhibit – both solo and in group shows alongside prominent Surrealists – at the gallery À l'étoile scellée, in which Breton had a guiding hand. Although Kopač was never to become a Surrealist, his friendship with Breton endured for more than a decade.

Michel Tapié, who coined the term 'Informal Art' and remained one of the movement's foremost advocates, featured Kopač's artwork *La Grenouille bretonne* in his 1952 book *Un Art autre*, the definitive text on Informal Art, describing the artist's work as 'masterful' and 'authentic'.[9] Duly staging an exhibition of the same name at Studio Facchetti in Paris, Tapié presented Kopač alongside the pioneers of Informal Art and such celebrated artists as Jackson Pollock, Mark Rothko, Willem de Kooning, and Jean Dubuffet. A historic occasion, *Un Art autre* was the first exhibition to gather Informalists and Abstract Expressionists from both sides of the Atlantic.

ArtRencontre's mission is to preserve Kopač's legacy and share it with the world. The association's ongoing activities and initiatives, in pursuing the continued dissemination of the artist's work, are therefore oriented toward cooperation with international cultural stakeholders.

Institutions that have recently exhibited Kopač's works, or which have engaged in dialogue regarding prospective exhibitions, include the Centre Pompidou in Paris,[10] LaM in Lille,[11] MARQ in Clermont-Ferrand, and the Meštrović Pavilion in Zagreb. A scholarly symposium was convened for the artist's major 2022 survey exhibition *Kopač* in Zagreb, while the exhibition catalogue offered new insights into his artistic production.[12] The assistance of the Institut Français and the French consul in Florence was of great importance to Kopač during his lifetime, just as their latter-day support has become important to the ArtRencontre Association. Past cooperation in Croatia between the Association and French international organisations, and indeed those organisations' support

in the preparation of this exhibition at Florence's prestigious Accademia delle Arti e del Disegno, testify to the importance of friendship and mutual esteem between international cultural institutions.

Kopač's originality and creativity leave a lasting mark. A visionary artist with a far-reaching outlook, he journeyed into the unknown in search of freedom. It is this body of work – partly unpublished – that we present here, with the contribution of internationally renowned authors, in the hope of restoring the depth and relevance of his unique perspective.

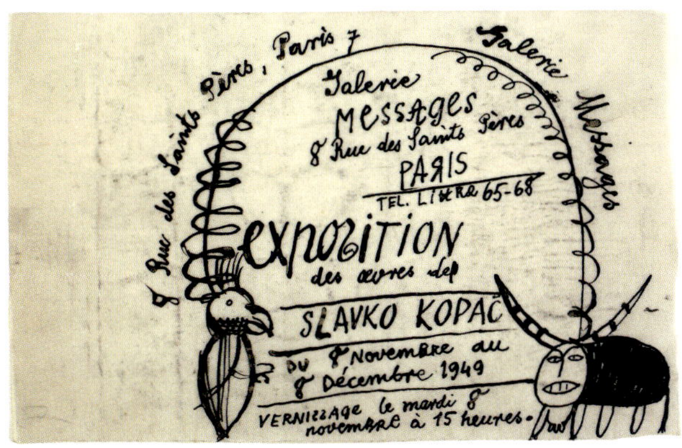

Cartoncino d'invito della mostra *Slavko Kopač*, Galerie Messages, Parigi, 8 novembre-8 dicembre 1949, collezione privata.

Invitation card for the exhibition *Slavko Kopač*, Galerie Messages, Paris, 8 November–8 December 1949, private collection.

1 Slavko Kopač, lettera manoscritta, n. d., riprodotta in Ante Rašić *et al.* (dir.), *Kopač Collection*, Association ArtRencontre, Pola 2019, p. 11.

2 Tra le pubblicazioni realizzate con il contributo di Kopač figura il catalogo della mostra *Salut à Jean Dubuffet*, Galerie Alphonse Chave, Vence 1985, s.i.p. L'esposizione, omaggio a Dubuffet, sanciva ufficialmente la collaborazione e l'amicizia che lo legarono a Kopač, ripercorrendo il periodo trascorso dall'artista a Vence e mettendo in luce le affinità tra le loro opere.

3 Ante Rašić *et al.* (dir.), *Kopač Collection*, *op. cit.*

4 Fabrice Flahutez, Pauline Goutain, Roberta Trapani, *Slavko Kopač. Ombres et matières / Shadows and Materials*, Gallimard, Parigi 2022.

5 Will Heinrich, "Portraits of Elvis and dreamlike visions at the 31st Outsider Art Fair, *New York Times*, 3 marzo 2023 (https://www.nytimes.com/2023/03/03/arts/design/elvis-outsider-art-fair-manhattan.html, consultato il 6 maggio 2025).

6 Dominik Mandić, "Gradnja nove Franjevačke generalne kurije u Rimu i hrvatski motivi u njoj" [La costruzione della nuova Curia generale francescana a Roma e i motivi croati in essa presenti], *Dobri pastir* [Il buon Pastore], 1951, pp. 315-319.

7 Jean Dubuffet, "Kopač", 14 novembre 1982, in *Prospectus et tous écrits suivants*, III, Gallimard, Parigi 1995, p. 267.

8 André Breton, *Au regard des divinités*, poema illustrato da Slavko Kopač, in un libretto originale da lui ideato e realizzato, Messages, Parigi 1949. Edizione originale tirata in 100 esemplari numerati e firmati da Breton e da Kopač.

9 Michel Tapié, *Un Art autre: où il s'agit de nouveaux dévidages du réel*, Gabriel Giraud et Fils, Parigi 1952.

10 Le opere di Kopač conservate presso le collezioni del Centre Pompidou sono elencate e accessibili nel catalogo online del museo (https://www.centrepompidou.fr/fr/recherche?terms=Kopač, consultato il 7 settembre 2025).

11 La mostra *Chercher l'or du temps: surréalisme, art naturel, art brut, art magique*, presentata al LaM, Lille métropole musée d'art moderne, d'art contemporain et d'art brut e tenutasi dal 13 ottobre 2022 al 29 gennaio 2023, ha presentato al pubblico tre opere di Kopač: *Fleurs du désert* (1954) e *La Jungle* (1949), entrambe conservate nelle collezioni del museo, e *Piton* (1949), proveniente dalla collezione Hervé Lancelin (Lussemburgo). Cfr. Christophe Boulanger, Savine Faupin, Jeanne-Bathilde Lacourt (dir.), *Chercher l'or du temps : surréalisme, art brut, art naturel, art magique*, catalogo della mostra (Villeneuve-d'Ascq, LAM, Lille métropole-Musée d'art moderne, d'art contemporain et d'art brut, 13 ottobre 2022 - 29 gennaio 2023), LaM, Lille métropole musée d'art moderne, d'art contemporain et d'art brut / Snoeck, Villeneuve-d'Ascq / Gand 2022, p. 162.

12 Anita Ruso Brečić (dir.), *Kopač*, catalogo della mostra (Padiglione Meštrovic, Zagabria, 17 dicembre 2021 – 27 marzo 2022), Zagabria: Croatian Association of Fine Artists, Zagabria 2021.

1 Slavko Kopač, handwritten letter, reproduced in Ante Rašić et al. (eds.), *Kopač Collection* (Pula: Association ArtRencontre, 2019), 11.

2 Kopač's collaborative publications include Galerie Chave and Slavko Kopac (eds.), *Salut a Jean Dubuffet*, exhibition catalogue (Vence: Galerie Alphonse Chave,1985). The exhibition, a tribute to Dubuffet, formally acknowledged the collaboration and friendship that bound him to Kopač, revisiting the period the artist spent in Vence and highlighting the affinities between their works.

3 *Kopač Collection.*

4 Fabrice Flahutez, Pauline Goutain, and Roberta Trapani, *Slavko Kopač. Ombres et matières / Shadows and Materials* (Paris: Gallimard, 2022).

5 Will Heinricha, 'Portraits of Elvis and Dreamlike Visions at the 31st Outsider Art Fair', *New York Times*, 3 March 2023, https://www.nytimes.com/2023/03/03/arts/design/elvis-outsider-art-fair-manhattan.html, accessed 6 September 2025.

6 Dominik Mandić, 'Gradnja nove Franjevačke generalne kurije u Rimu i hrvatski motivi u njoj' [The Construction of the New Franciscan General Curia in Rome and Its Croatian Motifs], *Dobri pastir* [The Good Shepherd] (1951): 315–19.

7 Jean Dubuffet, 'Kopač', 14 novembre 1982, *Prospectus et tous écrits suivants*, vol. 3 (Paris: Gallimard, 1995), 267.

8 André Breton, *Au regard des divinités*, poem illustrated by Slavko Kopač, in an original booklet he designed and produced (Paris: Messages, 1949). Original edition of 100 copies, numbered and signed by the author and the artist.

9 Michel Tapié, *Un Art aAutre: où il s'agit de nouveaux dévidages du réel* (Paris: Gabriel Giraud et fils, 1952).

10 Works by Kopač in the collections of Centre Pompidou are listed and accessible in the museum's online catalogue https://www.centrepompidou.fr/fr/recherche?terms=Kopač, accessed 7 May 2025.

11 The exhibition *Chercher l'or du temps: surréalisme, art naturel, art brut, art magique*, held at LaM – Lille Métropole Musée d'art moderne, d'art contemporain et d'art brut from 13 October 2022 to 29 January 2023, presented three works by Kopač: *Fleurs du desert* (1954) and *La Jungle* (1949), both in the museum's collection, and *Piton* (1949), from the Hervé Lancelin Collection (Luxembourg). See Christophe Boulanger, Savine Faupin, and Jeanne-Bathilde Lacourt (eds.), *Chercher l'or du temps: surréalisme, art brut, art naturel, art magique*, catalogue for the exhibition at the LaM – Lille Métropole Musée d'art moderne, d'art contemporain et d'art brut, 13 October 2022 to 29 January 2023 (Villeneuve-d'Ascq: LaM – Lille Métropole Musée d'art moderne, d'art contemporain et d'art brut; Ghent: Snoeck, 2022), 162.

12 Anita Ruso Brečić (ed.), *Kopač*, catalogue for the exhibition at the Meštrovic Pavilion, Zagreb, 17 December 2021 to 27 March 2022 (Zagreb: Croatian Association of Fine Artists, 2021).

ROBERTA TRAPANI, PIETRO NOCITA

Il tesoro nascosto

Slavko Kopač appartiene a una costellazione di artisti che abitano i territori non cartografati della modernità. Pittore, scultore, ceramista e poeta visivo, elabora un linguaggio refrattario a ogni classificazione, nato da un rapporto diretto con la materia intesa come organismo vivo. L'arte, per lui, non è una questione di stile, ma un atto di libertà che si manifesta attraverso intuizioni, sperimentazioni, metamorfosi. Occupa uno spazio liminale, ai confini tra Surrealismo, Art Brut e Informale, da cui accoglie stimoli e tensioni, elaborando una ricerca che rimane tuttavia irriducibile a ciascuno di questi orizzonti, leggibile alla luce di alcune grandi coordinate teoriche del Novecento: l'"informe" batailliano, inteso come principio che destabilizza le gerarchie della forma; l'inconscio collettivo, che nella teoria junghiana costituisce la matrice archetipica delle immagini; il bricolage, nella definizione di Claude Lévi-Strauss, come pratica inventiva che si nutre di mezzi di fortuna, ricombinando materiali e segni eterogenei; e il gioco, che per Johan Huizinga precede e fonda la cultura, costituendo l'origine dell'atto creativo.

Prima retrospettiva in Italia, *Slavko Kopač. Il tesoro nascosto* segna il ritorno di Kopač a Firenze, dove – tra le macerie del dopoguerra e a contatto con figure come Giovanni Colacicchi e Felice Carena – frequentò l'Accademia di Belle Arti, ampliando i suoi orizzonti critici e artistici. Oggi l'Accademia delle Arti del Disegno lo accoglie nuovamente, riannodando i fili di una vicenda rimasta a lungo ai margini della storiografia ufficiale e restituendo la sua opera nella pienezza della sua complessità e nella forza intatta della sua carica eversiva [Fig. 1].

Vinkovci, Zagabria, Parigi

Slavko Kopač nasce a Vinkovci, nella Croazia orientale, in un contesto segnato da tensioni storiche ma aperto agli influssi della Mitteleuropa. Il Paese, tutt'altro che isolato, partecipa alle grandi manifestazioni del tempo, tra Esposizioni universali e una cultura visiva transnazionale in cui è ancora viva l'eco della Secessione viennese, mentre da Parigi arrivano le lezioni di Manet, Cézanne e dell'École de Paris, che imprimono il loro segno sulla sua sensibilità.

Formatosi all'Accademia di Belle Arti di Zagabria, Kopač elabora una pittura che, dal confronto con l'impressionismo e le prime avanguardie, evolve verso soluzioni personali. Il primo soggiorno a Parigi, nella primavera de 1939, è una rivelazione, ma la guerra tronca quel percorso: rientrato in Croazia, sotto un regime coercitivo che

ROBERTA TRAPANI, PIETRO NOCITA

The Hidden Treasure

Slavko Kopač belongs to a constellation of artists who inhabit modernism's uncharted territories. Painter, sculptor, ceramicist and visual poet, he forged an unclassifiable language from a direct relationship with matter, which he conceived as a living organism. For him, art was never a matter of style but the exercise of a personal freedom embodied in intuition, experimentation and metamorphosis. His work occupies a liminal space at the crossroads of Surrealism, Art Brut and Art Informel, from which he drew stimuli and impetus while developing a body of work that nevertheless resists reduction to any one of those spheres. His work can be read in the light of the twentieth century's major theoretical frameworks: Bataille's notion of the *informe*, understood as a principle that destabilises hierarchies of form; the collective unconscious, which in Jungian theory constitutes the archetypal matrix of all images; Lévi-Straussian *bricolage*, a creative practice fuelled by makeshift means, involving the recombination of heterogeneous materials and symbols; and play, which, according to Huizinga, prefigures and underpins culture, constituting the source of the creative act.

The artists' first retrospective in Italy, *Slavko Kopač: The Hidden Treasure* marks the artist's return to Florence, where—amidst the desolation of the postwar period and while befriending figures like Giovanni Colacicchi and Felice Carena—he attended the Accademia di Belle Arti, broadening his intellectual and artistic horizons. Today the Accademia delle Arti del Disegno welcomes him once more, gathering the threads of a story long relegated to the margins of art's prevailing historiography. Demonstrating the full complexity of Kopač's oeuvre, *The Hidden Treasure* conveys its subversive charge in all its undiminished force [Fig. 1].

Vinkovci, Zagreb, Paris

Born 1913 in Vinkovci, eastern Croatia, Slavko Kopač came of age in a cultural milieu shaped by historical tensions yet open to Central European influences. Anything but isolated, the country participated in the major cultural events of the time, from international expositions to a transnational visual culture. The young Kopač, meanwhile, absorbed the imported lessons of Manet, Cézanne and the 'École de Paris', which would leave a distinct mark on his sensibilities.

While studying at the Zagreb Academy of Fine Arts, his painting practice drew a personal idiom from dialogue with Impressionism and the movements of the early avant-garde. A 1939 Paris sojourn

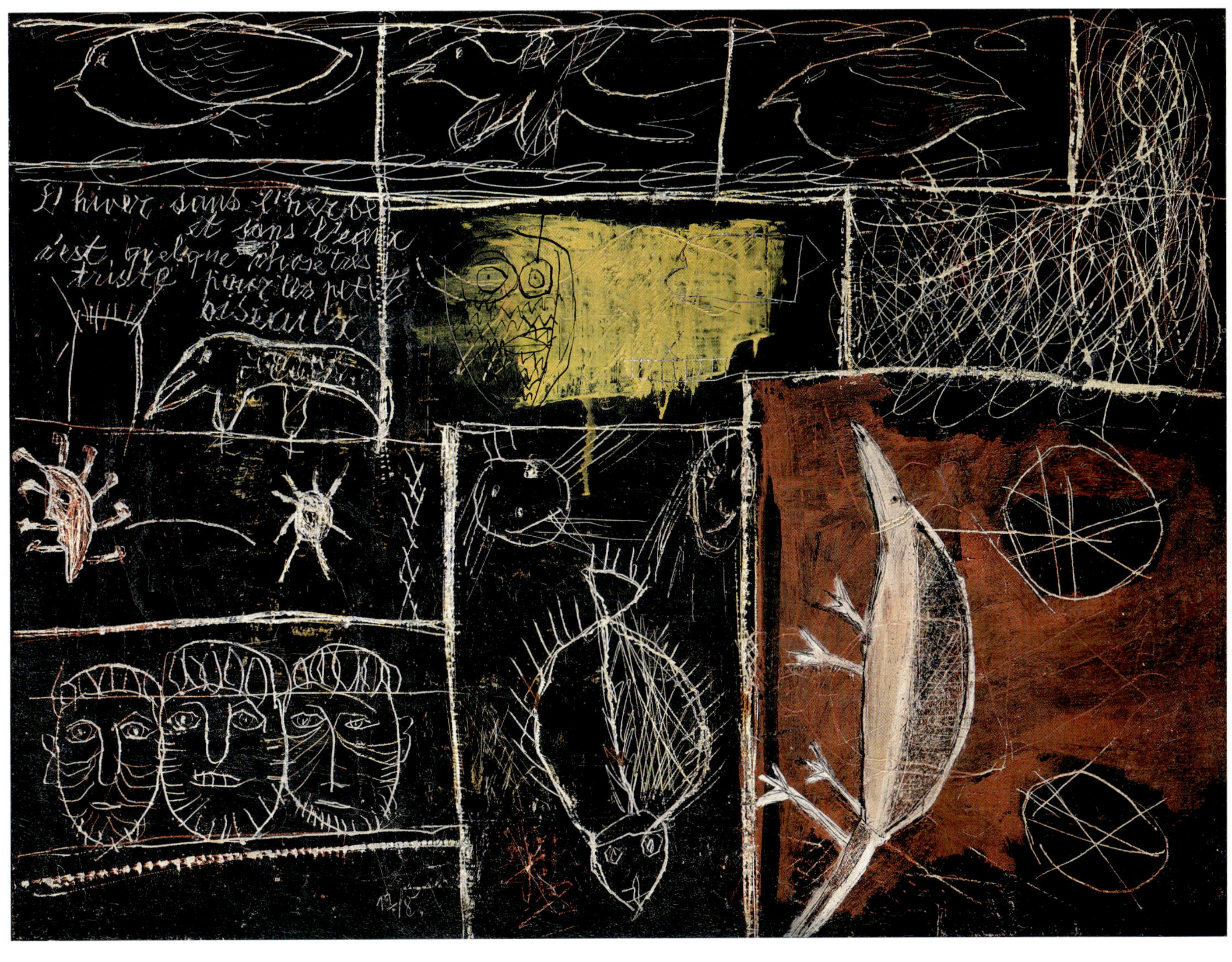

Fig. 1. Slavko Kopač, *Graffiti*, 1949, olio su tela, 54 × 73 cm, collezione privata. Foto © Damir Fabijanić

Slavko Kopač, *Graffiti*, 1949, oil on canvas, 54 × 73 cm, private collection. Photo © Damir Fabijanić

ridefinisce anche i legami d'amicizia, dà prova di resilienza, dipingendo paesaggi e nature morte che aprono a una ricerca più libera e sperimentale, continuando a esporre e ottenendo riconoscimenti. Nel 1942, nel padiglione croato della XXIII Biennale di Venezia presenta l'olio *Chiostro dei Gesuiti a Zagabria*. L'anno seguente lascia la Croazia e si stabilisce in Italia, con l'intento di tornare a Parigi e ritrovare in quella città l'orizzonte di libertà che da sempre alimenta la sua vocazione artistica.
Già in questi anni di formazione emergono i temi destinati ad accompagnare la sua opera: il dialogo prolifico con la materia pittorica, l'attenzione alle forme naturali e la tensione verso un'arte capace di tradurre il reale in poesia visiva. Se l'esposizione si apre con un ristretto nucleo di opere della fase croata, è agli anni italiani che è affidato il cuore del percorso: un periodo fondativo in cui Kopač elabora in modo compiuto il proprio linguaggio e, tra Firenze e Roma, intesse relazioni destinate a orientarne il cammino futuro.

Gli anni italiani: Firenze e Roma

Nel maggio del 1943, in piena guerra, Kopač approda a Firenze, dove l'eredità rinascimentale convive con nuove spinte verso la modernità. Si iscrive all'Accademia di Belle Arti e studia con Giovanni Colacicchi, pittore e intellettuale antifascista. Sono anni difficili: l'11 settembre le truppe naziste entrano in città, privazioni e bombardamenti scandiscono la vita quotidiana. Kopač reagisce dipingendo, anche su supporti di fortuna. Subito dopo la Liberazione, espone a Firenze e a Roma, frequentando artisti che mantengono vivo il dibattito culturale. Elabora un vocabolario personale che attinge a fonti eterogenee: da Giotto all'arte naïf, da De Chirico a Cézanne, dall'arte etrusca a Kandinsky, Ernst, Sironi e Morandi. Nel disegno si distingue per una straordinaria varietà di soluzioni, alternando linee fluide a tratti nervosi ed espressivi. Desideroso di contribuire alla rinascita culturale della città, aderisce al gruppo Arte d'Oggi e nel 1947 fonda con Fiamma Vigo la sezione fiorentina dell'Art Club, che apre Firenze a un confronto diretto con le avanguardie europee.
Il contributo di Susanna Ragionieri e Michele Amedei, incluso in questo catalogo, ripercorre il soggiorno fiorentino di Kopač, mostrando come l'esperienza accademica e il confronto con il *milieu* cittadino abbiano inciso sul suo percorso. Ne emerge un tessuto vivo di relazioni, che intreccia docenti, giovani artisti e presenze internazionali, e che fa di Firenze un crocevia inatteso di esperienze. Allo stesso tempo, la partecipazione a circoli culturali e riviste come *Caratteri* e *Campi Elisi* rivela l'adesione a un umanesimo militante, che trova un corrispettivo diretto nell'evoluzione della sua pittura: il colore si fa mobile, colature e gocciolature liberano un'energia vitale da cui affiorano figure e metamorfosi, mentre animali e astri assumono un valore simbolico e archetipico. Si delinea così il passaggio da un linguaggio post-impressionista a una visione poetica e inquieta, nutrita da suggestioni surrealiste e dalla lezione di Klee. In questa prospettiva si inscrive il contributo di Roberta Serpolli, che individua nell'artista e critico Giordano Falzoni un interlocutore

was a revelation, though it was to be cut short by the war. Upon his return to Croatia, he displayed considerable resilience in the face of a coercive regime that tested even personal bonds. Continuing to exhibit and gain recognition, he concentrated on landscapes and still lifes while gradually shifting toward a freer and more experimental vernacular.
In 1942 he exhibited the oil *Chiostro dei Gesuiti a Zagabria* in the 23rd Venice Biennale's Croatian Pavilion. He left Croatia for Italy the following year, though he remained intent on a return to Paris: the city that reflected the same free spirit that had long driven his artistic vocation.
His work of these formative years already manifests the qualities that would permeate his practice: the power of physical matter, a concern with natural forms and a drive to render reality as visual poetry. Although the exhibition opens with a small core of works from the artist's Croatian phase, his Italian years form the heart of its narrative: a formative period that gave definitive form to Kopač's visual language and in which – in Florence and Rome – he forged relationships that would guide his future path.

The Italian Years: Florence and Rome

Kopač arrived in Florence at the height of the war, in May 1943: a city where the legacy of the Renaissance coexisted with new modernist impulses. He enrolled at the Accademia di Belle Arti, where he studied under Giovanni Colacicchi, painter and antifascist intellectual. These were difficult years: Nazi troops occupied the city on 11 September, while everyday life was marked by deprivation and bombing raids. Kopač responded by painting, even when limited to makeshift supports. Immediately after the Liberation, he exhibited in Florence and Rome, frequenting artists distinguished by their cultural engagement. Meanwhile he developed a personal vocabulary that drew on highly varied sources: from Giotto to naïve art, from De Chirico to Cézanne, from Etruscan art to Kandinsky, Ernst, Sironi or Morandi. His drawing began to distinguish itself by its extraordinary variety of approaches, alternating fluid lines with nervous, expressive strokes. Eager to contribute to the city's cultural rebirth, he first joined the group Arte d'Oggi and then, in 1947, co-founded the Florentine section of the Art Club with Fiamma Vigo, thus establishing a direct Florentine dialogue with the European avant-garde.
Susanna Ragionieri and Michele Amedei's contribution to this catalogue charts Kopač's Florentine sojourn, demonstrating the lasting influence of his experience at the Accademia and his engagement with the city's cultural milieu. That community yielded a living fabric of relationships, entwining the teachers, young artists and international influences that made Florence such an unexpected crossroads of experience. At the same time, Kopač's participation in cultural circles and journals such as *Caratteri* and *Campi Elisi* evinces his adherence to a socially-engaged humanism, which found a direct counterpart in the evolution of his painting: in his works of the period, his colour becomes mobile, its drips and splashes

privilegiato di Kopač, capace di registrarne con la penna le svolte figurali e poetiche e di favorirne l'incontro con Jean Dubuffet, snodo decisivo per il suo destino. La mostra non si limita a presentare le opere di Kopač, ma le affianca a materiali d'archivio e a testimonianze di artisti che ne hanno accompagnato il percorso, restituendo la trama di relazioni che ne ha ispirato la ricerca. Una sezione di rilievo è riservata proprio a Falzoni: i suoi *papillon*, ammirati da Paulhan, Breton e Dubuffet, rivelano una scrittura critica trasfigurata in gesto poetico, gioco e invenzione e testimoniano la profondità del dialogo intrattenuto con Kopač, germinale e foriero di prospettive inattese.

Kopač e l'art brut: affinità elettive

Nell'agosto del 1948, giunto a Parigi, Kopač entra in contatto con Jean Dubuffet, che dal 1945 lavorava alla definizione del concetto di art brut (letteralmente "arte grezza") attraverso scritti teorici e collezionando opere di autori "irregolari": figure estranee al sistema dell'arte ufficiale, perlopiù autodidatte, operanti in solitudine e spesso segnate dal disagio, mosse da un'urgenza interiore che si traduce in un'inventività radicale, impermeabile ai codici dominanti. Nel giugno dello stesso anno nasceva la Compagnie de l'Art Brut, associazione dedicata alla conservazione, allo studio e all'ampliamento della collezione riunita da Dubuffet. Kopač vi collabora sin dall'inizio, divenendo il primo conservatore della collezione.

L'incontro tra i due artisti, ricostruito da Déborah Lehot-Couette, fu immediato e rivelatore. Quando Kopač gli mostrò i suoi dipinti, realizzati tra il 1947 e il 1948, Dubuffet vi colse sorprendenti affinità con opere da lui realizzate pochi anni prima: analoghe scelte di soggetti, la stessa componente infantile, una comune tensione sperimentale. Ne scaturì un sodalizio destinato a durare decenni, cementato dalla convinzione di camminare su un terreno condiviso pur nella diversità dei linguaggi. Non a caso, Dubuffet – solitamente restio a scrivere sui propri contemporanei – fece per lui un'eccezione, dedicandogli scritti decisivi che definiscono il suo linguaggio come autonomo, irriducibile ai codici ufficiali e per questo capace di aprire un orizzonte altro.

Kopač riconosce da subito delle affinità elettive con gli autori *brut* individuati da Dubuffet, condividendone lo sguardo libero e meravigliato sul mondo, la spontaneità del gesto, l'apertura all'invenzione più radicale e una sensibilità visionaria. Pauline Goutain richiama l'attenzione su un aspetto raramente indagato: la vocazione figurativa di Kopač, tanto più significativa in un'epoca dominata dall'astrazione. Le sue immagini, radicate nel folclore della Slavonia e segnate dal dialogo con l'art brut, danno vita a un orizzonte creativo che trasfigura il quotidiano in favola e cosmogonia: forme vegetali variegate e presenze animali selvatiche o domestiche – mucche, uccelli, cinghiali, insetti, cavalli, lucertole, scimmie, leoni, tartarughe – sembrano emergere dai territori remoti della memoria e del mito; non trasposizioni naturalistiche, ma simboli di un rapporto totemico con il vivente.

In questo intreccio tra familiare ed esotico, quotidiano e arcaico, si trova una delle chiavi della sua poetica. A questo universo animale

releasing a generative energy from which figures and metamorphoses emerge. Animals and celestial bodies take on a symbolic and archetypal charge. He progressively transitioned from a Post-Impressionist language to a poetic and unsettled vision inspired by Surrealist influences and the example of Paul Klee.

Roberta Serpolli's contribution expands on this connection, finding one of Kopač's closest confidants in the artist and critic Giordano Falzoni, whose pen recorded the artist's figurative and poetic turns. It was also Falzoni who facilitated his first encounter with Jean Dubuffet, a decisive turning point in his life.

The exhibition does not merely present Kopač's works but relates them to archival materials and the voices of artists who shared his journey, evoking the web of relationships that invigorated his practice. Falzoni claims a prominent place among the latter: his *papillons*, admired by Paulhan, Breton and Dubuffet, transform critical writing into poetic gesture, play and invention, bearing witness to the depth of his exchange with Kopač: a germinal dialogue, rich with unforeseen prospects.

Kopač and Art Brut: Elective Affinities

Upon arriving in Paris in August 1948, Kopač promptly made the acquaintance of Jean Dubuffet. Dubuffet had been cementing his concept of Art Brut (literally 'raw art') since 1945, penning theoretical texts and collecting works by 'irregular' creators. These were mostly self-taught figures excluded from the formal art system, working in solitude and often hardship, moved by an inner compulsion that bore fruit in works both radically inventive and unbound to artistic convention. The Compagnie de l'Art Brut, an association devoted to the preservation, study and expansion of Dubuffet's collection, was founded in June of the same year. Kopač was involved from the outset, becoming the collection's first curator.

The two artists' meeting, as Déborah Lehot-Couette's reconstruction shows, was immediate and revelatory. When Kopač showed Dubuffet his paintings of 1947–1948, the latter noted their striking affinities with his own works of a few years earlier: similar choices of subject, the same childlike aspect and a common experimental impulse. From this emerged a partnership that would last for decades, cemented by the artists' certainty of treading common ground despite the contrasts between their vernaculars. Not by chance, Dubuffet—usually reluctant to write of his contemporaries—made an exception for Kopač, penning key texts on the artist. In these writings, Dubuffet hailed Kopač's work for the autonomy of its language, its irreducibility to customary formats and its resulting faculty for charting alternative horizons.

Kopač immediately recognised his elective affinities with the *auteurs bruts* identified by Dubuffet. Kopač shared their free and wonder-filled gaze on the world, the spontaneity of their gesture, their openness to the most radical invention and their visionary sensibilities. In this connection, Pauline Goutain draws attention to a rarely examined aspect of Kopač's work: his commitment to figuration, all

la mostra dedica un'ampia sezione, restituendone la centralità nella configurazione dell'immaginario di Kopač.

Materia generativa

All'indomani del suo incontro con Dubuffet, Kopač entra in relazione con André Breton. Ne scaturisce una relazione umana e intellettuale destinata a lasciare il segno, alimentando esperienze di collaborazione che consolidano la statura internazionale dell'artista croato. Nel 1949, sostenuto da Breton, espone per la prima volta a Parigi e realizza con lui l'edizione manoscritta e illustrata di *Au regard des divinités*, da cui nascerà il celebre poema-oggetto concepito a quattro mani con il poeta.
Il contributo di Katharine Conley chiarisce la funzione di queste opere: non semplici tracce di una complicità artistica, ma dispositivi poetici destinati a essere letti e manipolati, nei quali parola e immagine si compenetrano fino a divenire esperienza rituale. Il poema-oggetto – presentato in mostra come fulcro del percorso, dopo decenni di invisibilità pubblica – si impone come emblema di questo sodalizio, che riconosce a Kopač la piena autonomia di interlocutore, capace di trasfigurare la materia in poesia e di condividere con Breton un orizzonte anticoloniale e libertario. Non si tratta di una dimensione separata dal suo fare artistico, ma di un'attitudine che informa anche la sua pratica: l'uso di materiali eterogenei, la propensione al riuso, la libertà di combinare tecniche e supporti rispondono alla stessa esigenza di sottrarsi e resistere a convenzioni e gerarchie.
L'artista maneggia con disinvoltura pennello e colla, il tornio, la pressa litografica e lo smalto su pietra lavica; lavora su carte sottili come su isorel; passa dalla trasparenza dell'acquerello alla densità dell'impasto. A Parigi intraprende le sue sperimentazioni materiche già dalla fine degli anni Quaranta, dedicandosi al modellaggio, alla smaltatura e, più in generale, alla ceramica, tecnica indagata in quegli stessi anni da maestri quali Picasso, Matisse e Brauner. Se inizialmente si affida a laboratori esterni, nel 1952 apre il proprio atelier, esplorando le potenzialità della terracotta, del cemento, del gesso e del mattone refrattario.
Nel 1953, la personale alla galleria À l'Étoile scellée presenta volumi scultorei e "quadri in ceramica" da cui affiorano echi singolari con la sua pittura. In oli su carta come *Marie* (1950) – le cui soluzioni formali richiamano la serie delle *Woman* che Willem de Kooning realizza negli stessi anni oltreoceano – la figura affiora da una tessitura nervosa di tratti rapidi e velature; le riserve lasciate a vista e il palinsesto di segni trasformano la fisionomia in una forma-soglia, sospesa tra apparizione e cancellazione. Questa tensione trova un prolungamento in *Tête* (1952), dove la superficie si fa campo polimaterico: pittura, smalti e inserti eterogenei compongono una trama stratificata e vibrante.
L'attitudine di Kopač a concepire la materia come principio generativo trova una delle sue declinazioni più significative nel tema del femminile, che emerge in momenti diversi e cruciali della sua ricerca. Nel percorso espositivo, un nucleo dedicato a questa dimensione

the more significant in an era dominated by abstraction. His images, rooted in Slavonian folklore and marked by a dialogue with Art Brut, give rise to a creative landscape that transfigures the everyday into fable and cosmogony: pluriform flora and animal presences both wild and domestic—cows, birds, boars, insects, horses, lizards, monkeys, lions, turtles—seem to emerge from the farthest stretches of memory and myth; they are no mere transpositions of natural forms but symbols of a totemic relationship with the living.
In this interweaving of the familiar and the exotic, the everyday and the archaic, lies one of the keys to the artist's poetics. The exhibition devotes an extensive section to this animal universe, restoring it to its central role in the shaping of Kopač's imaginary.

Generative Matter

In the wake of his encounter with Dubuffet, Kopač came into contact with André Breton. A significant human and intellectual bond would unfold from the encounter, leaving its mark in collaborative undertakings that consolidated the Croatian artist's international stature. In 1949, he staged his first Paris exhibition with Breton's assistance. In the same year, the two collaborated on the handwritten and illustrated edition of *Au Regard des divinités*, which would lead to their celebrated and equally collaborative poem-object.
Katharine Conley's contribution clarifies these works' function: not mere artefacts of artistic consensus but poetic devices meant to be read and handled, in which word and image commingle into ritual experience. The poem-object—forming the fulcrum of the exhibition itinerary after decades out of the public eye—becomes the emblem of this partnership, whereby Kopač is revealed as a fully autonomous interlocutor who transfigured matter into poetry and who shared Breton's anticolonial and libertarian perspective. Such factors were not separate from his artistic activities but reflected the attitudes that informed his practice: whether in his use of heterogeneous materials, in his propensity for reuse or in the freedom with which he combined techniques and supports, his methods responded to the same need to elude and defy conventions and hierarchies.
The artist worked equally confidently with brush and glue, the potter's wheel, the lithographic press or enamel on volcanic stone; he worked both on thin sheets of paper and on masonite; he shifted from the transparency of watercolour to the density of impasto. In Paris he began experimenting with materials by the late forties, devoting himself to modelling forms, glazing and to ceramics in general: a medium explored in those same years by such leading artists as Picasso, Matisse and Brauner. After initially relying on external workshops, he opened his own studio in 1952. There he was to explore the potential of terracotta, cement, plaster and refractory brick.
His 1953 solo exhibition at the gallery À l'Étoile scellée featured sculptural volumes and 'ceramic paintings', which evoke singular echoes of his painting practice. In oils on paper such as *Marie* (1950)—whose formal devices recall De Kooning's *Woman* series,

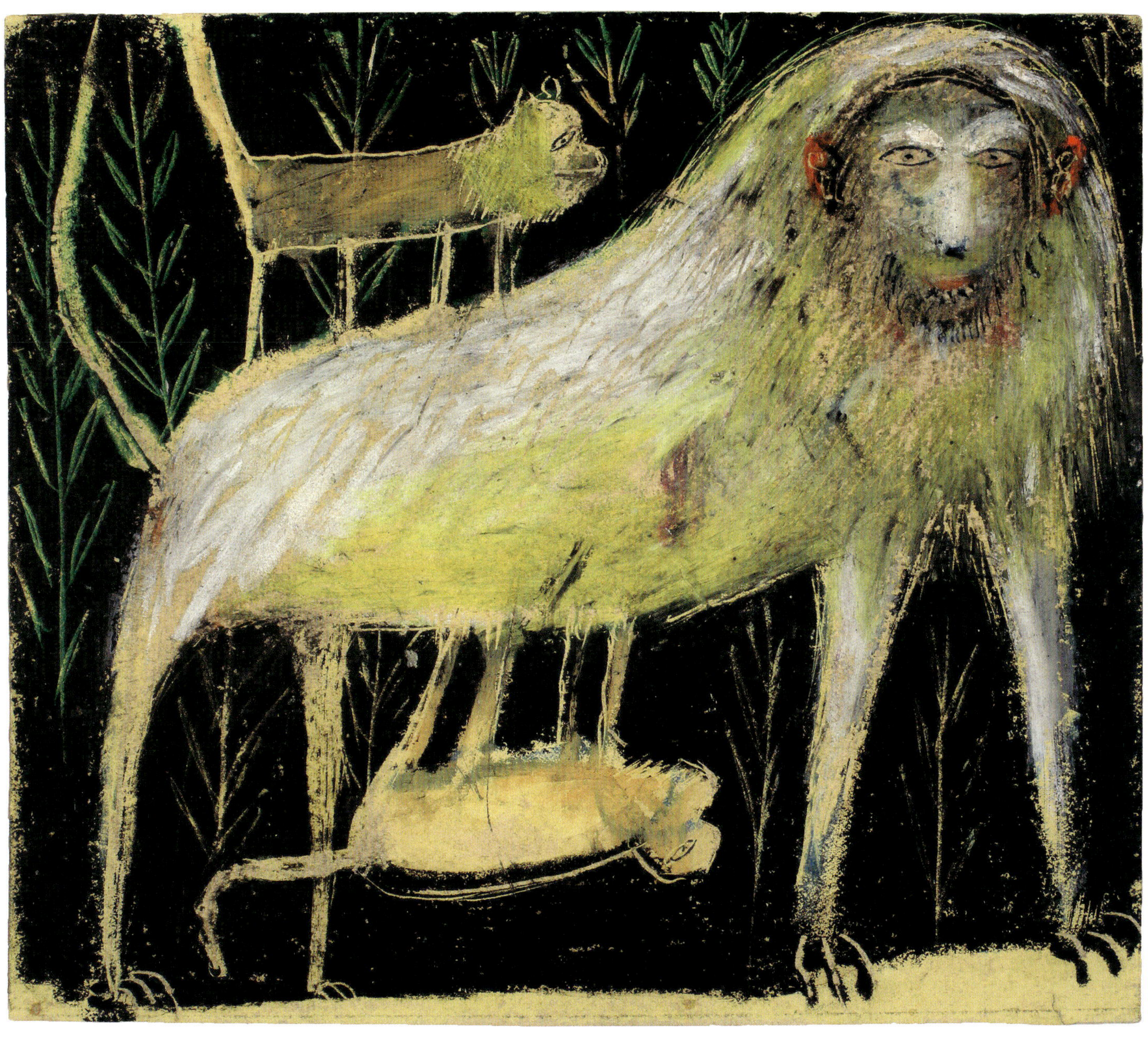

Fig. 2. Slavko Kopač, *Maternité*, 1949, pastello su carta, 22,5 × 26,5 cm, collezione privata. Foto © Damir Fabijanić

Slavko Kopač, *Maternité*, 1949, pastel on paper, 22.5 × 26.5 cm, private collection. Photo © Damir Fabijanić

funge da snodo interpretativo, documentando l'evoluzione del suo approccio artistico. In lavori come *Maternité* (1949) [Fig. 2] o *Mère* (1949) la figura materna si emancipa dal registro devozionale degli acquerelli fiorentini per assumere una valenza archetipica: non Madonna col Bambino, ma scimmia madre con i piccoli aggrappati al ventre e al dorso, energia primordiale insieme fisica e cosmica. Con *Maternité* (1960) [Fig. 3] – assemblaggio di terra, cemento e frammenti ceramici – il corpo muliebre è reperto affiorato dal suolo, idolo fragile e potente. In *Éternel féminin* (1968) [Fig. 4] la figura è ridotta a pura presenza simbolica carica di una dimensione tattile. La geometria archetipica della mandorla evoca insieme seme e frutto, alludendo alla ciclicità vitale e all'energia generativa della natura. Qui trova pieno senso la lettura di Kent Minturn, che nella sua analisi riconosce in Kopač un approccio "aptico" all'arte, capace di sovvertire la gerarchia dei sensi intrecciando tatto e visione.

Muovendosi in una zona di confine tra geografie plurali, pratiche artistiche, tendenze e mondi dell'arte, Kopač incarna la frontiera come categoria estetica. Non linea di separazione, ma zona di ibridazione in cui identità e linguaggi si trasformano reciprocamente generando configurazioni inedite. La sua opera abita questo spazio critico, eccentrico rispetto alle appartenenze, e in esso trova la propria energia generativa. Assume così la fisionomia di un ecosistema insieme multiforme e coerente, in cui suggestioni arcaiche e forme infantili si intrecciano con tensioni astratte, come ha osservato Fabrice Flahutez. In questa postura risiede la sua attualità: l'arte come pratica capace di trasformare il confine in un territorio fertile, in cui i codici che ne regolano l'esperienza sono costantemente messi in discussione e dislocati. Una prospettiva che Bernard Blistène ha saputo cogliere con lucidità, riconoscendo in Kopač una voce singolare della modernità e favorendo l'acquisizione di un nucleo importante di sue opere nelle collezioni del Musée national d'art moderne – Centre Pompidou, gesto che ha aperto la strada a una rilettura storica e critica del suo percorso, restituito nel suo saggio con un'analisi di rara sensibilità e finezza interpretativa.

produced across the Atlantic over the same period—figures surface from nervous weaves of quick strokes and glazes; their bare stretches of paper and palimpsests of marks transform sitters' features into threshold-forms, part-apparition and part-erasure. *Tête* (1952) elaborates the same tension, rendering the surface a field of varied matter: artist's paints, industrial enamels and heterogeneous additions generate a weave of vibrating strata.

Kopač's vision of matter as a generative principle saw one of its most significant expressions in the theme of the feminine, which resurfaces at several key points in his body of work. The section of the exhibition addressing this dimension serves as an interpretive hinge, documenting the evolution of his artistic approach. In works such as *Maternité* (1949) [Fig. 2] or *Mère* (1949), the maternal figure frees herself from the devotional register of his Florentine watercolours to assume archetypal implications: not Madonna and Child but mother monkey with her young at her belly and back, a primordial force at once physical and cosmic. With *Maternité* (1960) [Fig. 3]—an assemblage of earth, cement and ceramic fragments—the female body appears as an artefact unearthed from the soil, a fragile yet powerful idol. In *Éternel féminin* (1968) [Fig. 4], the central figure is reduced to a symbolic presence and imbued with a tactile dimension. The archetypal geometry of the almond-shaped mandorla evokes both seed and fruit, alluding to nature's life cycles and generative energy. It is in such work that Kent Minturn's reading finds full expression: his analysis distinguishes Kopač's 'haptic' approach to art, one capable of subverting sensory hierarchies by interweaving touch and vision.

At an intersection between plural geographies, artistic practices, movements and art worlds, Kopač embodies the frontier as an aesthetic category. Not a line of separation but a zone of hybridisation in which identities and languages each transform the other, generating unprecedented configurations. His work inhabits this critically-engaged space—eccentric in relation to affiliations—and derives a generative energy from it. It thus assumes the aspect of an ecosystem at once multiform and internally coherent, in which—as Fabrice Flahutez has observed—archaic implications and childlike forms entwine with abstract impulses. It is in this stance that Kopač's contemporaneity lies: art as a practice that transforms borders into fertile ground, in which the structures regulating its experience are constantly called into question and displaced. Bernard Blistène was distinctly aware of this perspective when he pressed for the acquisition of an important group of Kopač's works—in which he distinguished a singular modernist voice—for the collections of the Centre Pompidou Musée national d'art moderne. This gesture has paved the way for a historical and critical reappraisal of the artist's career, which Blistène's essay conveys via an analysis of rare sensitivity and finesse.

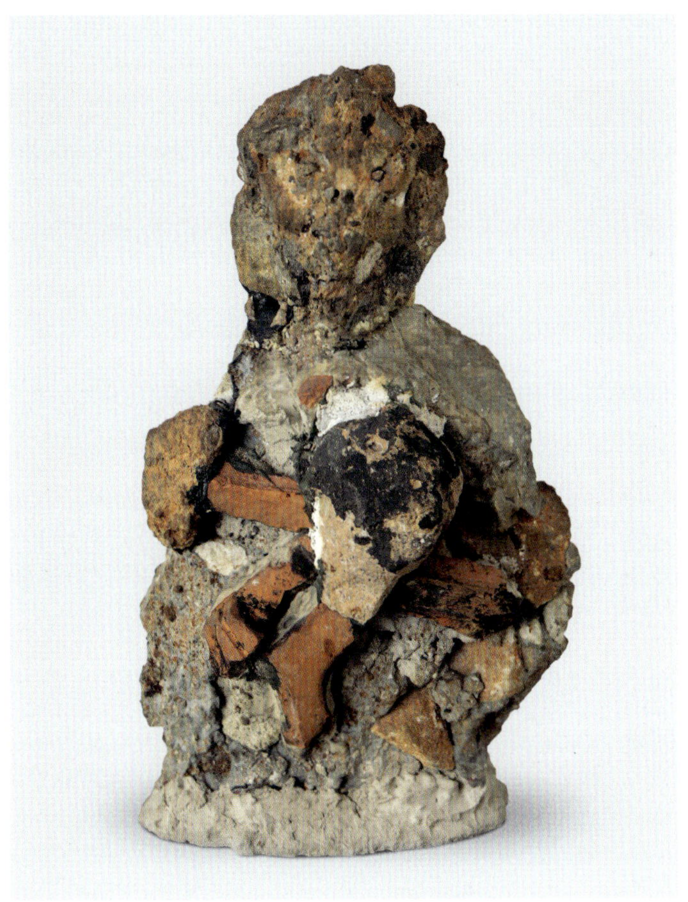

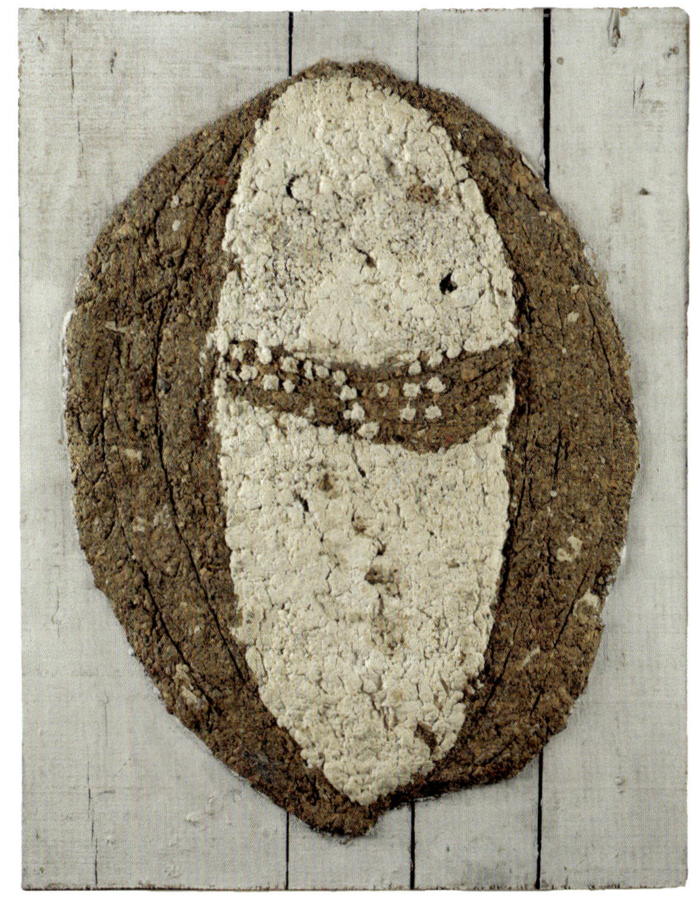

Fig. 3. Slavko Kopač, *Maternité*, 1960, tecnica mista, H 34,5 cm, collezione privata.
Foto © Damir Fabijanić

Slavko Kopač, *Maternité*, 1960, mixed media, H 34.5 cm, private collection.
Photo © Damir Fabijanić

Fig. 4 Slavko Kopač, *Éternel féminin*, 1968, cartapesta incollata su legno, 68 × 55 cm, collezione privata.
Foto © Damir Fabijanić

Slavko Kopač, *Éternel féminin*, 1968, papier-mâché on panel, 68 × 55 cm, private collection.
Photo © Damir Fabijanić

BERNARD BLISTÈNE

Slavko Kopač: schizzo di un ritratto

Cosa sapevo di Kopač prima di scrivere queste righe? Cosa conoscevo della sua opera, se non alcuni lavori intravisti qua e là in occasione di mostre o in pubblicazioni sommarie, prima che il bellissimo volume collettivo edito da Gallimard nel 2022 finisse tra le mie mani[1]? L'opera di Slavko Kopač condivide la sorte di numerosi artisti che hanno votato la loro esistenza a cause tali da far passare in secondo piano le loro stesse creazioni. La storia di questi artisti è anzitutto quella di una devozione a un'idea di creazione. Somiglia forse a una forma di fervore, se non addirittura di militanza. Sfogliando le pagine di questa dotta monografia, mi è apparso subito evidente di non aver saputo guardare e cogliere la portata di quest'opera, di averla ridotta a un'appartenenza che probabilmente non era soltanto la sua. Per pigrizia, per comodità, chissà. Forse soprattutto per timore di addentrarmici, di riconoscerne la singolarità e di liberarla dai cliché che vi si attaccano come patelle. Certo, Kopač è legato alla storia della Compagnie de l'Art Brut: un vincolo imprescindibile, che però occorre saper sciogliere per intrecciarne altri, quelli della sua storia personale, del contesto in cui si è formato e reinventato per diventare ciò che fu e nient'altro.

Corsi e ricorsi della storia

Non conoscevo Kopač. L'avevo forse incontrato da Alphonse Chave, quand'ero ancora adolescente[2]? Avevo forse visto la retrospettiva organizzata da Ante Glibota nella Parigi degli anni Ottanta[3]? O è stato forse Marwan Hoss, uomo sensibile e colto, già collaboratore della Galerie de France, a farmelo scoprire in occasione di una mostra che aveva organizzato più tardi nella sua galleria di rue d'Alger[4]? Più recentemente, ricordo la grande retrospettiva alla Salle Saint-Jean, all'Hôtel de Ville di Parigi[5], negli anni Novanta, e poi, naturalmente, le numerose mostre collettive in cui le definizioni vacillavano e si scontravano, contraddicendosi e annullandosi a vicenda. Kopač e i surrealisti, Kopač e l'art brut, Kopač e la Croazia. Quando un'opera ti spiazza, quando non sai a chi o a cosa ancorarla, giochi al gioco delle famiglie.

Tuttavia, la complessità di Kopač va ben oltre tutto questo. La sua biografia non si lascia liquidare così facilmente. Corsi e ricorsi della storia. Kopač è uno di quegli artisti «la cui presenza resta difficile da cogliere, nonostante la sua prossimità ai nomi più illustri dell'intellighenzia parigina del dopoguerra»[6], come avverte l'introduzione del volume *Slavko Kopač. Ombres et matières / Shadows and Materials*

BERNARD BLISTÈNE

Slavko Kopač: A Sketch of a Portrait

What did I know about Slavko Kopač before writing this essay? What did I know about his work except for seeing a few pieces here and there, in exhibitions or short publications, before the beautiful edited volume published by Gallimard in 2022 fell into my hands?[1] Kopač's work is like that of many artists who have dedicated their lives to causes that make us forget their own work. The story of these artists is first and foremost that of devotion to a creative idea. It may take the form of fervour, or even activism. As I read through the pages of the scholarly monograph, it immediately occurred to me that I hadn't known how to look at and take the measure of his body of work, that I had reduced it to an affiliation that, no doubt, was not solely his – through laziness, or convenience, I don't know. Perhaps above all due to a fear of venturing further into it, of recognising its uniqueness and banishing the clichés that stick to it like limpets. Of course, Kopač is linked to the history of the Compagnie de l'Art Brut. He's tied to it by a thread – a knot that has to be untied in order to tie other knots, those of his own story, of the context in which he flourished and invented himself to become the artist he was and no other.

The Story: Twists and Turns

I didn't know Kopač. Perhaps I ran into him at Alphonse Chave's place when I was still a teenager?[2] Perhaps I had seen the retrospective organised by Ante Glibota in Paris in the 1980s?[3] Or perhaps it was Marwan Hoss, a sensitive and erudite man who had worked for the Galerie de France, who first showed me his work in an exhibition that he had organised in his own gallery, later on Rue d'Alger?[4] A bit more recently, I do remember the great retrospective in Salle Saint-Jean at Paris City Hall,[5] in the 1990s, and since then, of course, numerous group exhibitions in which definitions wavered and clashed, contrasting with and contradicting each other. Kopač and the Surrealists, Kopač and Art Brut, Kopač and Croatia. When the work unsettles you, when you don't know who or what to attach it to, you play the game of associations.

Except, Kopač is much more complex than that. His biography does not tie up as neatly as one might wish. The story has twists and turns. As the introduction to *Slavko Kopač. Ombres et matières / Shadows and Materials* warns, he is one of those artists 'whose presence we have trouble seeing, despite his proximity to the most important names in the postwar Parisian intelligentsia'.[6] It's a way

cui accennavo poc'anzi. Un modo per dire che non si è visto nulla, o che nulla si è voluto vedere, fatta eccezione per pochi complici e compagni di strada. D'altra parte Zagabria, allora, non figurava nemmeno sulla carta: «Una zona di disagio, un luogo incerto, un paese non registrato»[7], afferma ancora il testo che funge da introduzione.
Eccoci dunque a recuperare il tempo perduto, ma con il rischio concreto di farlo unicamente attraverso la lente dell'art brut. Kopač vi si è dedicato e impegnato fin dal 1948, quando incontra Dubuffet a Parigi. Il Foyer de l'Art Brut e la Compagnie de l'Art Brut saranno il suo terreno e il suo territorio. A Lidija Tocilj, che lo intervista nel 1984, Kopač spiega: «Sono arrivato in Francia l'8 agosto 1948 e, quattro giorni dopo, ho incontrato Jean Dubuffet»[8]. Il resto è noto, raccontato più volte. Trentacinque anni "al servizio" della Compagnia e della Collezione dell'Art Brut, fino a diventarne – paradosso insigne – il conservatore, seguendone i più minuti meandri, le più piccole evoluzioni, le polemiche spesso aride, il doloroso esilio a Losanna. Inciso: qui mi chiedo come e perché oggi l'art brut ci interpelli con tanta insistenza. Mi chiedo quale "strategia" sia in atto perché questi artisti inclassificabili ci colpiscano oggi, dopo essere rimasti per decenni ai margini di musei e altre istituzioni al punto che Dubuffet e pochi altri diedero loro questa denominazione, questo nome, come si battezza un bambino quando lo si riconosce. Perché proprio oggi, dopo che tanti artisti, e pochi altri, ci hanno avvertiti e tirati per un orecchio? Ci piace pensare che l'art brut, così definita pur restando inclassificabile, sia rimasta ai margini, tra i singolari e gli "irascibili", come si diceva di tutti coloro che il bel racconto ufficiale non sapeva come trattare e che, al massimo, relegava nelle teche dei corridoi dei musei.

Emancipazione

Insomma, Kopač si è trovato preso nella rete di un sillogismo un po' forzato. Un sillogismo fondato su un ragionamento deduttivo rigoroso che, senza ammettere alcuna premessa estranea o implicita, collega le premesse a una conclusione: Kopač era il conservatore dell'art brut, Kopač era l'incarnazione dell'art brut. Era scontato. Cercare altrove non avrebbe aggiunto nulla.
Eppure, dobbiamo guardare altrove e, prima di tutto, all'opera, alla sua storia, ai suoi viaggi, ai suoi percorsi e deviazioni. La vita di Kopač è segnata dallo sradicamento: «Porto sempre con me il Paese in cui sono nato e cresciuto», dichiara a *La voce della Slavonia* (*Glas Slavonije*) nel 1989[9]. Sradicamento, ma anche zone d'ombra. Kopač si

of saying that we saw – or wanted to see – nothing, except for a few friends and fellow travellers. There was nothing to see because, at the time, Zagreb wasn't on the map; it was, as that introduction puts it, 'A zone of discomfort, an undecided place, an unlisted country'.[7]
So, now we're catching up on things, but we risk doing so solely in the light of Art Brut, to which Kopač had devoted himself and his energy after 1948, when he met Jean Dubuffet in Paris. The Foyer de l'Art Brut and the Compagnie de l'Art Brut would be his terrain and his territory. When Lidija Tocilj asked him about it in 1984, Kopač told her, 'I arrived in France on 8 August 1948, and four days later, I met Jean Dubuffet'.[8] What happened next is a well-known and oft-told story: thirty-five years 'in the service' of the Compagnie de l'Art Brut and the Collection de l'Art Brut, following its slightest meanders, its most insignificant developments, its often-dry debates, its cruel exile to Lausanne, and becoming – extraordinary paradox – its curator.
Parenthetical: here, I wonder how and why Art Brut exerts such an insistent appeal today. I wonder what 'strategy' is at work, why these unclassifiable artists capture our attention now, even though for decades they remained outside of museums and all institutions, to the point that Dubuffet and a few acolytes gave them this title, this name, as one would baptise a child one recognises. Why today, after so many artists and several others alerted us and tried to get our attention? We like to think that Art Brut, labelled as such even though it defies labels, would have remained on the margins – along with the singular artists and other 'irascibles', as we called all those whose untidy narratives we didn't know what to do with – and confined, at best, to vitrines in museum hallways.

Emancipation

In short, Kopač found himself caught in the net of a rather mangled syllogism of strict deductive reasoning that, by presuming no extraneous or implicit possibility, linked premises to a conclusion: Kopač was the curator of Art Brut, so Kopač was the embodiment of Art Brut. It was self-evident. Looking elsewhere wouldn't do much good. However, we do have to look elsewhere – above all, at his work, his history, his travels, his paths and detours. Kopač's life was about uprootedness: 'I always carry within me the country where I was born and where I grew up', he told the newspaper *Glas Slavonije*

forma all'Accademia. Mi piace la storia del vecchio professore – un certo Vinko Pajalić – che aiutò il giovane Slavko, come altri, a entrare all'Accademia di Belle Arti di Zagabria e che, pur proseguendo la propria attività, consentiva ai suoi studenti di confrontarsi con il contesto artistico e culturale del tempo. Zagabria non era isolata. Le Esposizioni universali svolgevano un ruolo fondamentale, e l'influenza di Manet e di Cézanne, attraverso mostre, pubblicazioni e immagini intraviste, così come quella di numerosi artisti residenti a Parigi, contribuivano a permettere ad alcuni giovani artisti di assimilare le lezioni pittoriche dell'epoca.

Un inciso ancora: perché dunque la nostra indifferenza verso tanti di loro? Come se si volesse negare loro il diritto di prendere parte al racconto moderno, come se una certa forma di cosmopolitismo – il cui spirito si ritrova in varie riviste, tra cui *Zenit* – avesse paradossalmente contribuito a impedire di vedere come si stessero elaborando pratiche e alternative ai racconti dominanti, che l'ascesa dei fascismi e poi del comunismo avrebbe finito per ripudiare[10]. La Croazia si era infatti aperta alle forme artistiche del suo tempo e cercava, attraverso i suoi creatori più ricettivi, un'alternativa al racconto univoco che pretendeva che ognuno restasse al proprio posto. È probabilmente qui che l'idea di emancipazione trova il suo pieno significato: emanciparsi per superare la stagnazione in cui si irrigidisce un pensiero. Essere in movimento, nel tempo e nello spazio. Sulla copertina di uno dei numeri della rivista *Zenit*, datato ottobre 1921 e la cui estetica metabolizza quella delle avanguardie dell'epoca, si legge in lettere maiuscole ORIENTE-OCCIDENTE, speranza di un sincretismo tra due poli. Speranza che i tempi attuali tentano, ancora una volta, di cancellare, rendendo tanto più necessario comprendere un'opera come quella di Kopač.

Definire l'indefinibile

Poiché è necessario capire come un'opera si costruisca per sfuggire all'alienazione del tempo che la imprigiona, non possiamo dimenticare che oggi dobbiamo confrontarci con l'opera di Kopač, nata nella paura della storia, nel cuore di quei momenti di lotta per l'emancipazione moderna in cui alcuni uomini si sono trasformati in protagonisti di un mondo comune che li aveva esclusi. «Il cuore della politica è l'affermazione del potere di coloro che non contano, che viene a turbare ogni distribuzione ordinata delle parti della società e delle parti loro assegnate», scrive Jacques Rancière in quel capolavoro di lucidità che è *La Mésentente*, pubblicato nel 1995, quando il crollo dell'impero sovietico portava l'Occidente a proclamare il ritorno del pensiero politico e il trionfo della democrazia[11]. Il seguito, ormai, lo conosciamo e lo viviamo in tutta la sua crudezza.

Scrivo questo oggi perché Kopač ha attraversato il secolo scorso, ha vissuto l'ascesa dei fascismi, poi di questo mondo globale orientato al consenso, per poi scomparire proprio nell'anno in cui il grande filosofo francese pubblicava il suo libro. Scrivo questo oggi perché più che mai comprendo cosa significhi essere intrappolati in un labirinto e cercare di trasformare l'esilio in creazione. Lo scrivo rileggendo i

in 1989.[9] Uprootedness, yes, and also zones of darkness. Kopač received training at the Academy of Fine Arts in Zagreb. I like the story of the old professor – a certain Vinko Pajalić – who helped the young Slavko and several others to enrol in the academy and, despite his own work, allowed his students to rub shoulders with the artistic and cultural context of the time. Zagreb was not isolated. The world fairs played an essential role, and the influence of Manet, Cézanne, and a number of artists living in Paris helped some young artists integrate the pictorial lessons of the era through exhibitions, books, and images.

Another parenthetical: Why are we indifferent to many of these artists? It's as if we have withdrawn their right to participate in the modern narrative – as if a form of cosmopolitanism, the spirit of which could be found in magazines such as *Zenit*, paradoxically impeded us from measuring the development of practices and alternatives to the dominant narratives that the rise of fascism, and then of communism, would repudiate.[10] In fact, Croatia was open to the art forms of these times and sought from its most determined creators a kind of alternative to the univocal narrative that would freeze everyone in place. It was here, no doubt, that the idea of emancipation was most meaningful: emancipating oneself to overcome the stagnation that petrifies thought, to be in motion in time and space. Appearing on the cover of the October 1921 issue of *Zenit*, the aesthetic of which intersected with the avant-gardes of the time, were the words 'ORIENT-OCCIDENT' – in capital letters – expressing the hope of a syncretism between two poles. The times we now live in are once again trying to eradicate that hope, a hope that is all the more necessary to understand in light of work such as Kopač's.

Classifying the Unclassifiable

Because we must grasp how a work is made to avoid the alienation of the time in which it is imprisoned, we must remember to think of Kopač's work as being caught in the terror of history, in the heart of those moments of modern struggle for emancipation for which certain men transformed themselves into actors in a common world that excluded them. 'Politics occurs when the egalitarian contingency disrupts the natural pecking order [. . .] when this disruption produces [. . .] the dividing of society into parts that are not "true" parts', wrote the French philosopher Jacques Rancière in his masterpiece of lucidity, *La Mésentente*, published in 1995, as the crumbling of the Soviet empire led the West to proclaim the return of political thought and the triumph of democracy.[11] We know and are currently living through the cruel results.

I write this today because Kopač lived through the twentieth century, experienced the rise of fascism and then a world searching for a consensus, and died the very year that Rancière's book was published. I write this today because I am taking stock more than ever of what it means to be caught in the labyrinth and to try to transform exile into creation. I write this as I reread the magnificent

magnifici testi che l'indomabile Annie Le Brun dedicava al suo amico, sottolineando con forza quanto fosse cruciale distinguere la sua opera (e la sua vita) da quella di Dubuffet: «Nessuno ha avuto come Kopač quel senso innato del lusso naturale, del lusso organico, di quel lusso quasi intollerabile della libertà in divenire. Del resto, è forse proprio qui che si distingue da Jean Dubuffet, la cui opera, a tratti "feroce", "sordida", si presenta innanzitutto come "una veemente protesta contro il mondo, una sorta di viaggio al termine della notte pittorica"»[12].

Annie Le Brun, poetessa a sua volta, da sempre attenta alle opere che rivelano una peculiare «forma di pensiero», non poteva che essere profondamente attratta da quelle creazioni «minacciate di annientamento […] rivolte contro l'individualità», come scrive con finezza Michel Braudeau in un articolo a lei dedicato[13]. Annie Le Brun, di cui Patrice Deray riconosce come il pensiero, sull'onda dell'«esperienza interiore» di Georges Bataille, si iscriva in una concezione della scrittura intesa come avventura dello spirito capace di aprire orizzonti inediti, di farsi strada lungo sentieri scoscesi, per portare il movimento della vita nella scrittura e dotarsi dei mezzi, anche i più irrealizzabili, atti a inventare la propria esistenza. Annie Le Brun che non poteva che essere l'amica, la complice – al di là di ogni retorica – di Slavko Kopač, di certo più "selvaggio" che "brut", qualora si volesse, con le parole, tentare di nominare ciò che, per sua natura, sfugge a ogni definizione.

Il sentiero di Kopač

Torniamo a Kopač, ammesso che lo abbiamo davvero messo da parte fosse anche solo per un istante! Torniamo a Kopač e a ciò che ne costituisce la singolarità. Ma cosa significa, in fondo, essere singolari, se non essere innanzitutto differenti, ciò che distingue un individuo dal gruppo con cui viene identificato? Singolare, certo, ma anche universale. In un bel testo, Sylvie Lopez-Jacob scrive: «La singolarità fa emergere la differenza all'interno di una collettività. L'universale, al contrario, cerca, attraverso la diversità, ciò che è comune a tutti. La singolarità distingue, l'universale unisce»[14]. Ed è proprio in questo punto di intersezione che credo di poter riconoscere Kopač: singolare nella vita, nell'opera, nel metodo che adotta. Senza dubbio refrattario ai gruppi – sebbene ne abbia incontrati e abbandonati più d'uno – così come ai pregiudizi che li accompagnano. Senza dubbio alla ricerca di una propria identità e, come osserva Hegel – sebbene si possa essere certi che il pensiero di Kopač ne sia distante –, consapevole che ogni creazione partecipa alla costruzione dell'identità. Senza dubbio chiamato a misurarsi con la propria ricerca, ma anche con l'universalità della condizione umana, della quale — sottolinea altrove Merleau-Ponty — l'opera non può essere altro che la messa in scena.

Guardo le opere di Kopač. Cerco di seguire in qualche modo il suo cammino, forse il suo sentiero. Opere dell'inizio degli anni Cinquanta: *Tête* [Volto] (1952) [Fig. 1], che combina pittura e gesso, chiodi e bulloni ecc., come indica la didascalia, quasi fosse impossibile, e forse

essays that the indomitable Annie Le Brun devoted to her friend, angrily pointing out how crucial it was to separate his work (and his life) from Dubuffet's: 'No one had Kopač's innate sense of natural luxury, organic luxury, the almost intolerable luxury of the freedom to come. In fact, this is perhaps how he stood apart from Jean Dubuffet, whose work, in turn "fierce", "sordid", is presented above all as "a vehement protest against the world, a kind of journey to the end of the pictorial night."'[12]

Le Brun, herself a poet attentive to works attesting to a singular 'way of thinking', couldn't resist being attracted to all works 'threatened with the obliteration [. . .] directed against individuality', as Michel Braudeau wrote superbly in an article about her.[13] Patrice Deray saw her thought, like that of Georges Bataille's 'inner experience,' as above all an adventure of the mind – opening up new horizons, forging a steep path, to bring the movement of life into writing to give herself the means (even the most unattainable) to invent her own life. Le Brun could not help but be the friend, the accomplice beyond all rhetoric, of a Slavko Kopač, no doubt more 'wild' than 'brut', if one must seek words for the possibility of labelling what can't be labelled.

Kopač's Trail

Let's get back to Kopač, resisting the temptation to put him aside again! Let's get back to Kopač and to what makes him unique. And what is being unique if it isn't first of all being different, that which makes you distinct from the group with which you are identified? Unique, but no doubt also universal. 'Uniqueness brings out difference within a community', writes Sylvie Lopez-Jacob. 'The universal, conversely, through diversity, brings out what is common to all. Uniqueness distinguishes, universality unites.'[14] And it is at this intersection that I believe I recognise Kopač: unique in his life, in his work, in the method that he assigned himself. No doubt resistant to groups – although he joined and left more than one – and the prejudices attached to them. No doubt seeking his own identity and, as Hegel – from whom Kopač's thought no doubt was far removed – underscores, aware that 'all creation is the creation of identity'. No doubt Kopač faced up to his own experience but also to the universality of the human condition, which works, as Merleau-Ponty noted elsewhere, simply as his stage.

I look at Kopač's works. I try to follow his path a bit, perhaps his trail. Works from the early 1950s – *Tête* (1952) [Fig. 1], mixing paint and plaster, nails and screws, 'etc.' as the legend says, as if it were impossible and perhaps in vain to list all the materials and techniques he employed; *Le Double* (1953), oil on panel, in which two enhaloed and hirsute faces are superimposed like radiant suns; *Loup-garou* (1962) [Fig. 2], combining a tire, oil paint, and impasto on a wood panel, a phantasmagoric fantasy of a man yielding to his animal instincts under a full moon, a mix of myth and superstition, a fierce and cunning figure, agile and wild. I'm still looking at *Homme-oiseau* (1951) [Fig. 3], a little polychrome ceramic piece in which

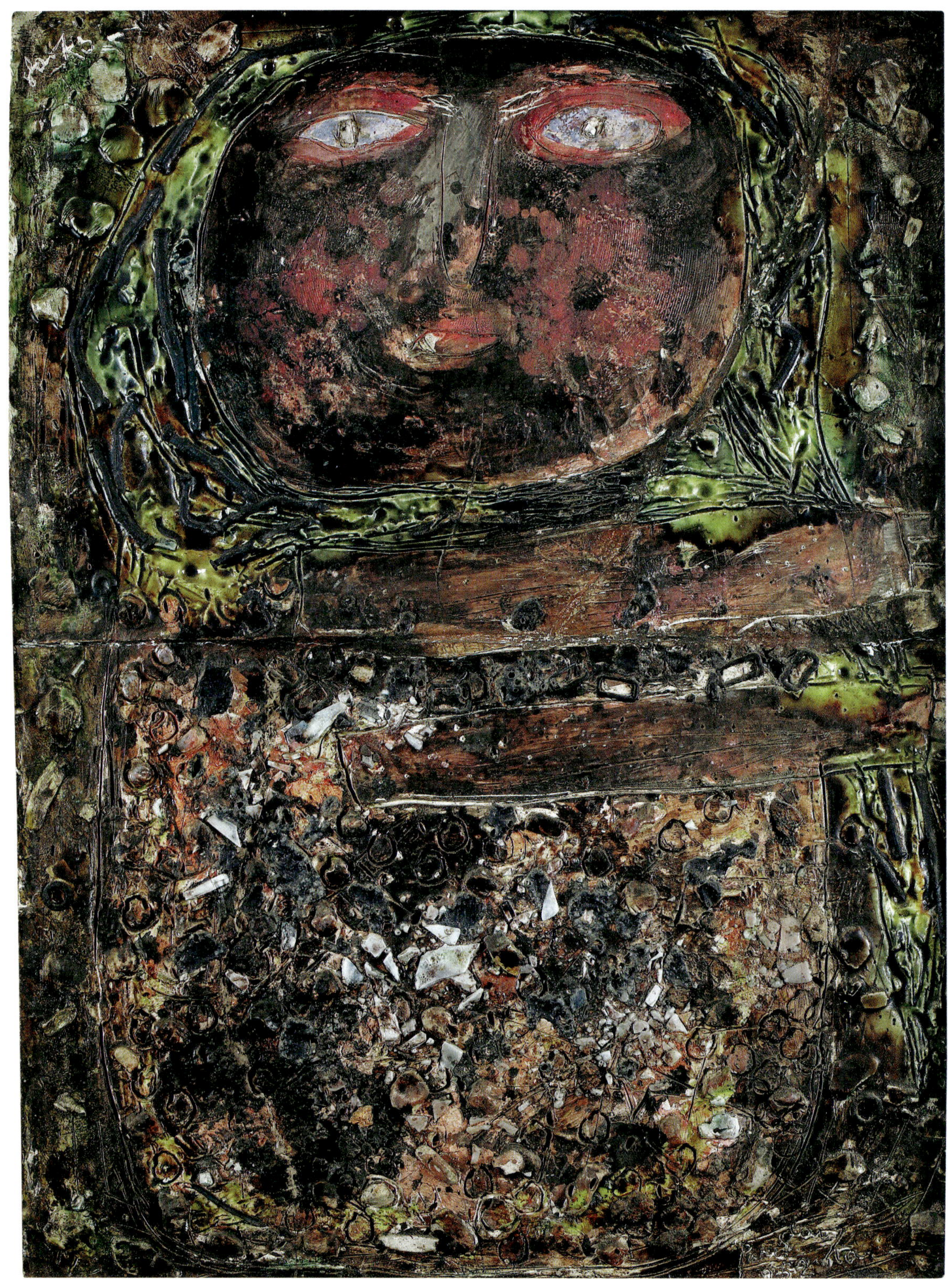

Fig. 1. Slavko Kopač, *Tête*, 1952, tecnica mista (gesso, chiodi, bulloni ecc.) su pannello, 56 × 44 cm, collezione privata.
Foto © Damir Fabijanić

Slavko Kopač, *Tête*, 1952, mixed-media (plaster, tacks, metal nuts, etc.) on panel, 56 × 44 cm, private collection.
Photo © Damir Fabijanić

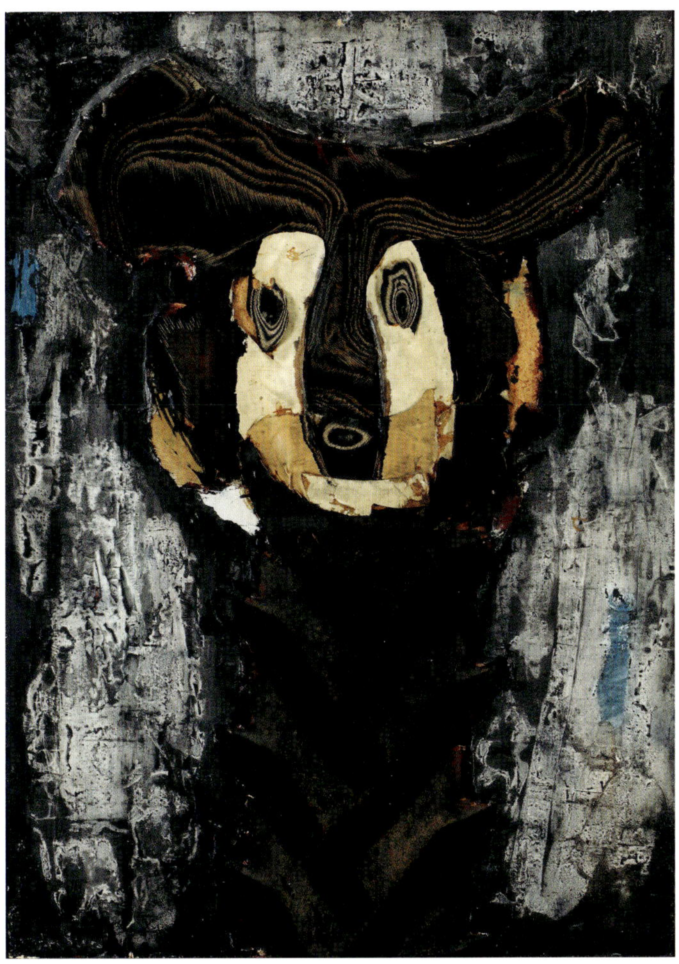

Fig. 2. Slavko Kopač, *Loup-garou*, 1962, tecnica mista (collage, impasto, pittura a olio, pneumatico ecc.) su pannello, 100 × 73 cm, collezione privata. Foto © Damir Fabijanić

Slavko Kopač, *Loup-garou*, 1962, mixed media (collage, tire, oil paint, impasto, etc) on panel, 100 × 73 cm, private collection. Photo © Damir Fabijanić

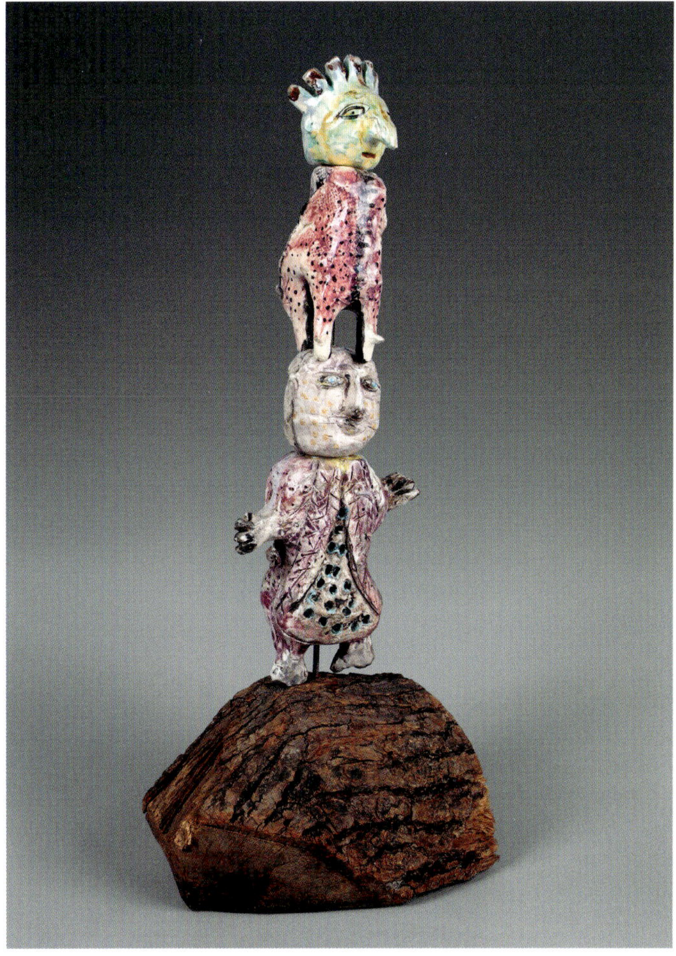

Fig. 3. Slavko Kopač, *Homme-oiseau*, ceramica, 1951, H 40 cm, The Klovićevi Dvori Gallery, Zagreb, GKD 930. Foto © Filip Beusan, courtesy Galerija Klovićevi dvori, Zagreb

Slavko Kopač, *Homme-oiseau*, ceramic, H 40 cm, The Klovićevi Dvori Gallery, Zagreb, GKD 930. Photo © Filip Beusan, courtesy Galerija Klovićevi dvori, Zagreb

vano, elencare tutti i materiali e le tecniche a cui l'artista ricorre; *Le Double* [Il Doppio] (1953), olio su pannello in cui due volti aureolati e irsuti si sovrappongono come due soli irradianti; *Loup-garou* [Lupo mannaro] (1962) [Fig. 2], che mescola pneumatico, pittura a olio e densi impasti su un pannello di legno, figura fantasiosa e fantastica di un uomo che cede alla luna piena, ai suoi istinti animaleschi, miscela di mito e superstizione, creatura feroce e astuta, agile e selvaggia.

Guardo ancora *Homme-oiseau* [Uomo-uccello] (1951) [Fig. 3], una piccola ceramica policroma in cui due figurine, poste l'una sull'altra come funamboli, trovano equilibrio su un ceppo di legno; Senza titolo (1968) [Fig. 4], cui è stato attribuito il grazioso nome *Diana di Efeso*, dea della natura selvaggia, della caccia e dei parti, al tempo stesso asiatica, egea e nordica, fonte della natura e padrona di ogni forma di vita, reminiscenza dell'Artemide meticcia e *polymastos* a tutto tondo che Kopač ha senza dubbio contemplato più volte. Tutte figure nate dalle mani di un uomo la cui esortazione a intraprendere ogni

two figurines, one perched atop the other, find their balance, like tightrope walkers, on a log; untitled (1968) [Fig. 4], with the lovely subtitle *Diane of Ephesus* – goddess of wild nature, hunting, and childbirth; Asian, Aegean, and Nordic all at once; source of nature and mistress of all kinds of life; reminiscent of a mixed-blood Artemis and *Polymastos* with the round bumps that Kopač no doubt contemplated many times. So many figures born from the fingers of a man whose invitation to travel everywhere conjured up the desire for a destination.

For we do not know where to situate Kopač, where to look for or find him. Sometimes he's close to Surrealism; see his encounter with Louis Aragon or Benjamin Péret, or his admiring deference to André Breton, with whom he produced the *Poème-objet* in 1954 – 'a sort of totem more than a metre high in the shape of an arrow aimed at the sky'[15] – that sits among the hundreds of other non-Western sculptures deep in the studio on Rue Fontaine.

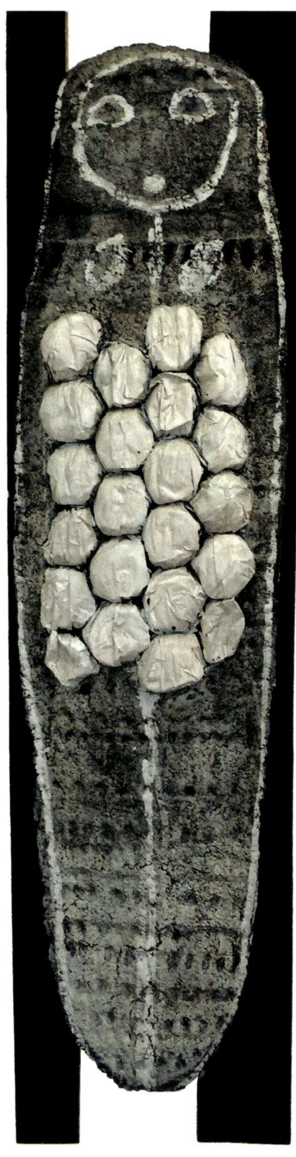

Fig. 4. Slavko Kopač, Senza titolo *(Diane d'Éphèse),* 1968, cartapesta incollata su legno, 168 × 65 cm, collezione Chave.

Slavko Kopač, Untitled *(Diane d'Éphèse),* 1968, papier-mâché mounted on wood, 168 × 65 cm, Chave Collection.

viaggio esorcizzava la brama di un approdo. Poiché non si sa bene dove collocare Kopač, dove cercarlo e dove ritrovarlo. Talvolta vicino al Surrealismo – si pensi al suo incontro con Aragon o Péret, alla sua deferente ammirazione nei confronti di Breton, con cui realizzò nel 1954 il *Poème-objet*, «una sorta di totem alto più di un metro a forma di freccia rivolta verso il cielo»[15], che trova posto tra le centinaia di altre sculture extra-occidentali, nel cuore dell'atelier di rue Fontaine. Si pensi ancora a quei libri ornati di «scarabocchi trionfanti»[16], come *Au regard des divinités* (1949), la cui copertina originale del poema di Breton inaugura una serie di opere complici dell'immaginario dei

Or see his books adorned with 'triumphant doodles',[16] such as *Au regard des divinités* (1949), with its original cover illustration of Breton's poem, that inaugurated a series of books intimate with the imagination of companions on the craggy paths of surrealism, such as Robert Lebel, for whom Kopač ornamented 'La Clivadière', a marvellous text in 'Almanach surréaliste du demi-siècle', published in March–April 1950 [Fig. 5]. See also the beautiful engravings on wood strips for *Le Soleil se couche au pays des éléphants* (1951) [Fig. 6], in which Kopač's fossil and tropical bestiary brings forth the anteaters of folk tales and the forgotten myths of the Kayapo and other distant peoples. Breton compared the temptations of anteaters to the temptations a man experiences throughout his life, to that of the animal's tongue offered to the ant.

Art Brut: The Quilting Point

But Kopač is elsewhere. I don't know where. Sometimes on the Italian coast, where he arrived as a student, 'leaving behind him the dark, future-less world of the dictatorship',[17] to find another; sometimes in Paris, where he found himself again, after a first visit in 1939, to take the place of Michel Tapié, an improbable companion from the Foyer de l'Art Brut, and to share the adventure with Dubuffet until his own death in 1995, some ten years after that of his master. Sometimes alongside Surrealists who had returned from exile, sometimes alongside Alphonse Chave, who, in the mid-1950s, offered him the walls of his gallery in Vence for multiple showings, as a never-failing mentor and friend. Kopač, no doubt unclassifiable, was more surprised than anyone to find himself at the intersection of aesthetic debates of the immediate postwar years.

And yet, of course, we must talk about Art Brut and the fascination that Kopač had for its practitioners. Le Brun, Radovan Ivsić's life partner, talked about this in an interview with Pauline Goutain in 2020: 'He was fascinated with the purity of their expression – I don't know how else to say it – which came from the deepest sources of humanity. It was as if, through their works, he witnessed the first outpouring, revealing the bottomless wealth of deprivation.'[18] Kopač's ideas about Art Brut – no doubt the 'quilting point' of his life and thought, the principle through which he organised his work and his vision – were distinct from Dubuffet's concept as he implemented and staged the movement after the war. This concept touched on the organisation of mental and social life, in which, as Lacan suggested, belief is defined between imaginary and symbolic, ignorance between real and symbolic, hate between imaginary and real. A 'power play', as Freud had said in an earlier time.

Initiations

To read Kopač's work thus requires an immersion in an infinite number of encounters, practices, stories, tours, and detours to help us attempt to sketch a portrait. What did Kopač retain of so many years spent in Italy, discovering Florence and Rome as a student, an 'apprentice in the sun'? What did he find in the midst of

compagni delle vie scoscese del Surrealismo, come Robert Lebel, per il quale Kopač adorna *La Clivadière*, meraviglioso testo dell'*Almanach surréaliste du demi-siècle*, pubblicato nel marzo-aprile 1950 [Fig. 5]. Si ammiri anche la bellezza delle incisioni su sottili lamelle di legno per *Le Soleil se couche au pays des* éléphants [Il sole tramonta nel paese degli elefanti] (1951) [Fig. 6], dove il bestiario fossile e tropicale di Kopač rivela la tradizione "formichiere" di racconti popolari e miti dimenticati dei Kayapo e di altri paesi lontani. Formichieri, le cui tentazioni – scriveva Breton – somigliano a quelle che insidiano l'uomo per tutta la vita: come la lingua dell'animale, esca tesa alla formica.

L'art brut: punto di capitone

Ma Kopač è altrove. Non saprei dire dove. Talvolta sul versante dell'Italia, dove giunge da studente, «lasciandosi alle spalle il mondo oscuro e senza futuro della dittatura»[17] per incontrarne un altro; talvolta a Parigi, dove ritorna nel 1948, dopo un primo viaggio nel 1939, per prendere il posto di Michel Tapié, compagno improbabile del Foyer de l'Art Brut, e condividere con Dubuffet l'avventura fino alla propria morte nel 1995, circa dieci anni dopo quella del suo maestro. Ora accanto ai surrealisti reduci dall'esilio, ora presso Alphonse Chave che, a metà degli anni Cinquanta, gli offre le pareti della sua galleria di Vence attraverso incontri ripetuti, in un sodalizio senza incrinature. Kopač, senza dubbio inclassificabile, il primo a restare sorpreso nel trovarsi al crocevia dei dibattiti estetici dell'immediato dopoguerra.

E tuttavia, è proprio dell'art brut e della fascinazione che essa e i suoi protagonisti esercitavano su Kopač che occorre parlare. Annie Le Brun – ancora e sempre lei –, compagna di Radovan Ivšić, lo ha raccontato in una bella intervista con Pauline Goutain, nel 2020: «Era affascinato dalla purezza della loro espressione – non saprei dirlo diversamente –, una purezza che sembrava scaturire dalle sorgenti più profonde dell'umanità. Come se, attraverso quelle opere, assistesse a un'emersione originaria, capace di rivelare l'insondabile ricchezza della spogliazione»[18]. L'art brut è, senza dubbio, il "punto di capitone" della vita e del pensiero di Kopač: il principio attraverso cui si struttura la sua opera e la sua visione, pur rimanendo queste distanti dalla nozione così come Dubuffet l'ha messa in atto, e in scena, sin dalla fine della guerra. Una nozione che concerne l'organizzazione della vita psichica e sociale, laddove Lacan suggerisce che la credenza si definisce tra l'immaginario e il simbolico, l'ignoranza tra il reale e il simbolico, e l'odio tra l'immaginario e il reale, mentre Freud, prima di lui, ne aveva parlato come di un gioco di forze.

Iniziazioni

Leggere l'opera di Kopač significa immergersi in un intreccio infinito di incontri, pratiche, racconti, deviazioni e ritorni; tutti elementi che soccorrono nel tentativo di abbozzarne un ritratto. Che cosa conserva Kopač degli anni trascorsi in Italia, quando, studente, «apprendista nel sole», scopre Firenze e Roma? Che cosa scopre nell'Italia mussoliniana, attraverso le mostre organizzate dallo scultore Antonio Maraini[19], determinate dalla volontà di imporre un linguaggio plastico destinato

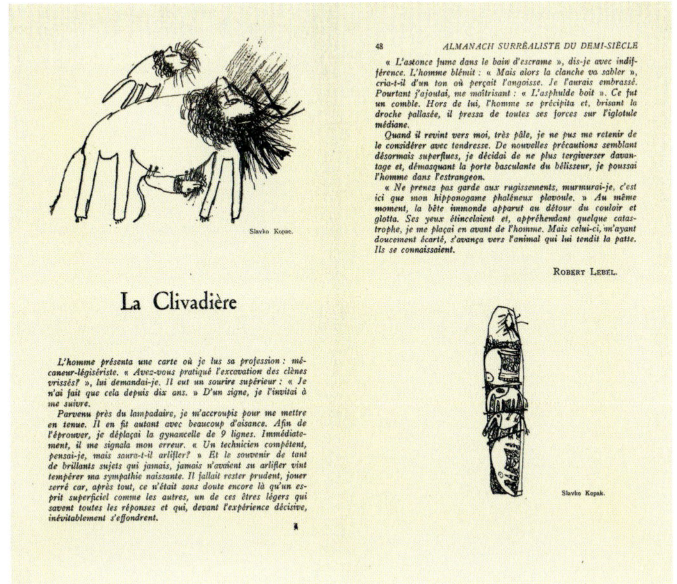

La Clivadière

L'homme présenta une carte où je lus sa profession : mécaneur-légiseriste. « Avez-vous pratiqué l'excavation des clènes vrissés? », lui demandai-je. Il eut un sourire supérieur : « Je n'ai fait que cela depuis dix ans. » D'un signe, je l'invitai à me suivre.

Parvenu près du lampadaire, je m'accroupis pour me mettre en tenue. Il en fit autant avec beaucoup d'aisance. Afin de l'éprouver, je déplaçai la gynancelle de 9 lignes. Immédiatement, il me signala mon erreur. « Un technicien compétent, pensai-je, mais saura-t-il arlifler? » Et le souvenir de tant de brillants sujets qui jamais, jamais n'avaient su arlifler vint tempérer ma sympathie naissante. Il fallait rester prudent, jouer serré car, après tout, ce n'était sans doute encore là qu'un esprit superficiel comme les autres, un de ces êtres légers qui savent toutes les réponses et qui, devant l'expérience décisive, inévitablement s'effondrent.

48 ALMANACH SURRÉALISTE DU DEMI-SIÈCLE

« L'astonce fume dans le bain d'escrame », dis-je avec indifférence. L'homme blêmit : « Mais alors la clanche va sabler », cria-t-il d'un ton où perçait l'angoisse. Je l'aurais embrassé. Pourtant j'ajoutai, me maîtrisant : « L'asphulde boit ». Ce fut un comble. Hors de lui, l'homme se précipita et, brisant la droche pallasée, il pressa de toutes ses forces sur l'iglotule médiane.

Quand il revint vers moi, très pâle, je ne pus me retenir de le considérer avec tendresse. De nouvelles précautions semblant désormais superflues, je décidai de ne plus tergiverser davantage et, démasquant la porte basculante du bélisseur, je poussai l'homme dans l'estrangeon.

« Ne prenez pas garde aux rugissements, murmurai-je, c'est ici que mon hipponogame phaléneux plavoule. » Au même moment, la bête immonde apparut au détour du couloir et glotta. Ses yeux étincelaient et, appréhendant quelque catastrophe, je me plaçai en avant de l'homme. Mais celui-ci, m'ayant doucement écarté, s'avança vers l'animal qui lui tendit la patte. Ils se connaissaient.

ROBERT LEBEL.

Fig. 5. Slavko Kopač, disegni a penna che illustrano il testo di Robert Lebel, in *Almanach surréaliste du demi-siècle,* diretto da André Breton, Parigi: numero speciale di *La Nef*, n°63-64, Éditions du Sagittaire, marzo-aprile 1950, pp. 47-48.

Slavko Kopač, pen drawings for Robert Lebel's text, in *Almanach surréaliste du demi-siècle,* edited by André Breton, Paris: special issue of La Nef, no. 63–64, Éditions du Sagittaire, March–April 1950, pp. 47–48.

Mussolini's Italy through exhibitions organised by the sculptor Antonio Maraini,[19] who wished to impose a visual language that would affirm the power of fascism? Kopač took part in the 23rd Venice Biennale with a painting no doubt inspired by his first stay in Paris, 'imbued with pale, trembling colours'.[20] It was not a masterpiece, far from it, but in the pavilion of a 'young and audacious independent state of Croatia',[21] *Le Cloître des Jésuites à Zagreb* seemed to echo Novecento Italian painting, a form of 'return to tradition and order' practised by artists who had broken with the Futurist avant-garde. Look at Filippo De Pisis, or look at the magazine *Valori Plastici*, look at these melancholy, nostalgic works by artists who turned their back on the unbridled inventiveness of the early years of the century in order to align with Mussolini.

In Florence, where he went to take classes taught by the anti-fascist painter Giovanni Colacicchi[22] – founder of *Rivista di Firenze* et *Solaria*, about whom Eugenio Montale wrote a magnificent preface for his exhibition at Galleria Cometa in Rome on the eve of the Second World War – Kopač broadened his palette and treated the surface of his paintings with the flexibility offered by watercolour. His work was transformed, freed of the constraints of attempting to fit within the Impressionist heritage, or even within a nagging academism. Although nature and reality remained his primary subject, the arrangement of the forms and signs became allusive and obeyed the properties of the medium and the permeation of the surface. We can see in *Paysage pluvieux* (1943),[23] a watercolour on

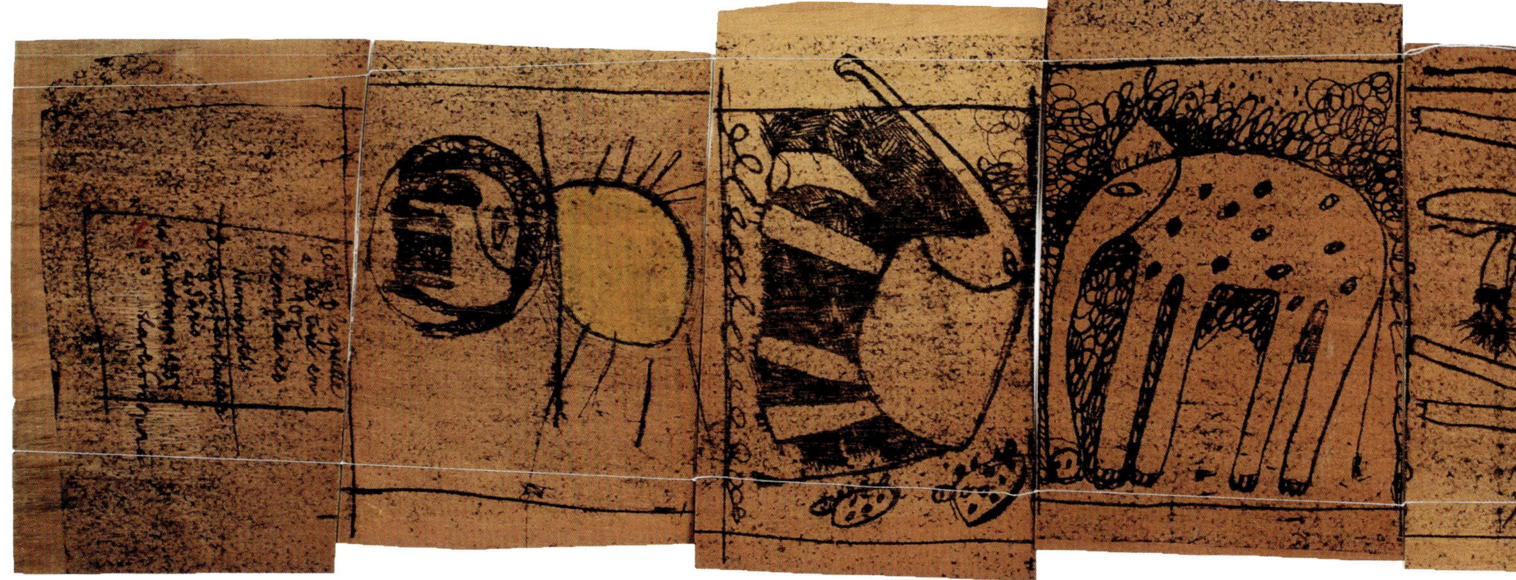

ad affermare la potenza del fascismo? Kopač partecipa alla XXIII Biennale di Venezia con un quadro probabilmente ispirato dal suo primo soggiorno parigino, «pervaso di chiari colori tremolanti»[20]. Non si tratta di un capolavoro, tutt'altro, ma nel padiglione di questo «giovane e ardito Stato indipendente di Croazia»[21], il *Chiostro dei Gesuiti a Zagabria* sembra risuonare con la pittura del Novecento italiano, una forma di «ritorno alla tradizione e all'ordine» che si riscontra in numerosi artisti che avevano rotto con l'avanguardia futurista. Si pensi a De Pisis, si pensi ancora a *Valori plastici*, a quelle opere sospese fra malinconia e nostalgia che allora voltano le spalle alla sfrenata inventiva dei primi anni del secolo per prendere *rendez-vous* con Mussolini.

A Firenze, dove segue i corsi del pittore antifascista Giovanni Colacicchi[22] – fondatore della *Rivista di Firenze* e di *Solaria*, e per la cui mostra alla Galleria Cometa di Roma Eugenio Montale scrive, alla vigilia della Seconda guerra mondiale, una splendida prefazione –, Kopač amplia la propria tavolozza e tratta la superficie dei suoi dipinti con la fluidità che gli offre l'acquerello. La sua opera si trasforma, affrancandosi dai vincoli di una pittura che tentava di iscriversi nell'eredità impressionista, se non addirittura in un accademismo lancinante. Se la natura e il reale restano soggetto iniziale, la disposizione delle forme e dei segni si fa allusiva, obbedendo tanto alle proprietà della materia quanto all'impregnazione della superficie. In *Paysage pluvieux* [Paesaggio piovoso] (1943)[23], un acquerello su carta dalle tonalità brune e bluastre, come in *Nature morte* [Natura morta], un altro acquerello del 1943-1944[24] in cui le forme vibratili si dissolvono nella fluidità dei colori, si può cogliere l'abbandono della preoccupazione per l'imitazione oggettiva delle opere precedenti a favore di una composizione in cui l'imprevedibilità del materiale induce un orientamento risolutamente sperimentale e quasi ideogrammatico nella resa del soggetto. Kopač si trova allora a una soglia decisiva, ed è in quel momento che Giordano Falzoni – uno degli intercessori fondamentali

paper with brown and bluish tones, and in *Nature morte*, another watercolour, from 1943–44,[24] in which the oscillating forms are diluted in the fluidity of the colours, that he is letting go of the concern with objective imitation seen in previous works in favour of an arrangement in which the unpredictability of the paint induces a resolutely experimental and ideogrammatic approach to his subject. Kopač was now at the point at which Giordano Falzoni, one of the future founders of the Compagnie de l'Art Brut, Breton's friend and Italian translator, recognised him as an unwavering acolyte.

What can be said, at this stage of his artistic journey, of those years of learning? What can be said of a body of work still in gestation, permeated both by Croatian artists, most of whom remain unknown, and by artists whom he discovered during his travels, mainly to Paris and Italy? In fact, at this point we would not be able to recognise a work specifically by Kopač; rather, we would grasp the influence of the artists and movements encountered and of in-studio classes. Paris and Italy were, in a way, multiple paths to initiation through which Kopač confronted the contexts of an interwar Europe. But in Italy, he also discovered circles of artists 'clearly resistant to all political and institutional interference'.[25] He no doubt read books by art historians such as Roberto Longhi, another great European traveller living in Florence, and rubbed elbows with the painters Carlo Carrà and Giorgio Morandi, the latter a major figure in the teaching and transmission of art, both past and present.[26]

Porosity

Here, I cannot attempt to contribute to the knowledge of Kopač's art without trying to grasp what tied him to and tended to untie him from art history and its models. In his years of training in the mid-1930s in Zagreb, his work was nourished by the old influence of the Viennese Secession – Egon Schiele was an essential source of

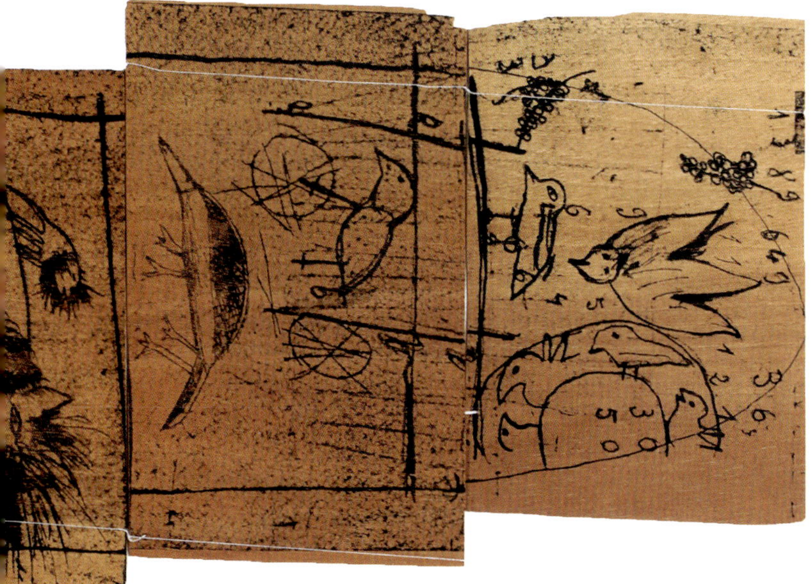

Fig. 6. Slavko Kopač, *Le soleil se couche au pays des éléphants*, primavera 1951, incisioni nere su sette lamelle di legno legate con rafia rosa e verde e piegate a fisarmonica. Tiratura di 100 esemplari numerati e firmati, collezione privata. Foto © Damir Fabijanić

Slavko Kopač, *Le soleil se couche au pays des éléphants*, spring 1951, black engravings on seven wooden slats bound with pink and green raffia and folded accordion-style. Edition of 100 numbered and signed copies, private collection. Photo © Damir Fabijanić

della Compagnie de l'Art Brut, nonché amico e traduttore italiano di André Breton – lo riconosce come un complice indefettibile.
Che dire, a questo punto del suo percorso, di quegli anni di apprendistato? Che dire di un'opera allora ancora in gestazione, permeata dalla poetica tanto di artisti croati – a noi per lo più ignoti – quanto di quelli che scopre nel corso dei suoi viaggi, in cui Parigi e l'Italia occupano un posto preminente? All'epoca, di fatto, l'opera di Kopač non è ancora pienamente identificabile nella sua specificità: al più se ne colgono le tracce lasciate dagli artisti e dai movimenti conosciuti nel corso di incontri e apprendistati d'atelier. Parigi e l'Italia sono, in un certo senso, cammini di iniziazioni molteplici, nei quali Kopač si confronta con i contesti di un'Europa tra le due guerre. Ma in Italia Kopač scopre anche focolai artistici dichiaratamente «refrattari a ogni ingerenza di ordine politico e istituzionale»[25]. Vi scopre con ogni probabilità gli studi fondamentali di storici dell'arte come Roberto Longhi, altro grande viaggiatore europeo residente a Firenze, vicino a Carrà e Morandi, figura centrale dell'insegnamento e della trasmissione tra l'arte del passato e quella dei suoi contemporanei[26].

Porosità

Non si può tentare, qui, di apportare un contributo alla conoscenza dell'arte di Kopač senza cercare di comprendere ciò che lo lega e, al contempo, tende a svincolarlo dalla storia dell'arte e dai suoi modelli. Nel periodo della sua formazione, nella metà degli anni Trenta a Zagabria, Kopač ha sviluppato la propria opera attingendo sia all'eredità della Secessione viennese – Schiele sarà per lui una fonte di emulazione decisiva – sia alle grandi manifestazioni artistiche e culturali del suo tempo, che mostrano come la Croazia non fosse affatto isolata dai dibattiti estetici che animavano le avanguardie europee. Basti citare la rivista *Zenit*, fondata nel 1921 da Ljubomir Micić, che si voleva «cosmopolita e internazionalista»[27]: una testimonianza fondamentale

emulation – but also by the great artistic and cultural manifestations of his time, which must have made him realise that Croatia was not isolated from the aesthetic debates related to European avant-gardes. We can take the example of the magazine *Zenit*, founded in 1921 by Ljubomir Micić, which was intended to be 'cosmopolitan and internationalist',[27] an essential account of the profusion of ideas and exchanges. For six years – it was banned in 1927 with the rise of the fascists – it was the crucible for encounters of the multiple views of the European avant-garde and for numerous debates in which the different aesthetics of the period clashed.
In fact, it is high time to wonder how and why these fundamental moments are left out of the modern narrative, how and why they have been kept on the margins of history – how and why these complex cultural and artistic loci, where great upheavals in thought were fermented, have been ignored. One of them was Zagreb: at the crossroads of central Europe and the Adriatic Sea, at the heart of the Pannonian plain; long occupied by the Celts before becoming a Roman province, crossed, invaded, occupied by the Huns; and then integrated into the Croatian kingdom at the turn of the second millennium. Victim of the Tatars and the Mongolian invasion as Turkish incursions were spreading through Europe, the city became a rampart that, over the centuries, hosted and was enriched by families and civil and religious dignitaries from around the continent. At the turn of the twentieth century, Zagreb was a highly urbanised political, economic, and cultural centre in which the spirit of secession, resistant to conformism, found an essential anchor point in liaison with the European intellectual and scientific centres of the time. Kopač's work seems to me to have absorbed Zagreb's history as the crossroads of four major cultural spaces, in which a myriad of influences opened the nineteenth century to a pan-Slav and Yugoslavian sentiment. To interpret Kopač's work is thus to try to understand his extreme porosity

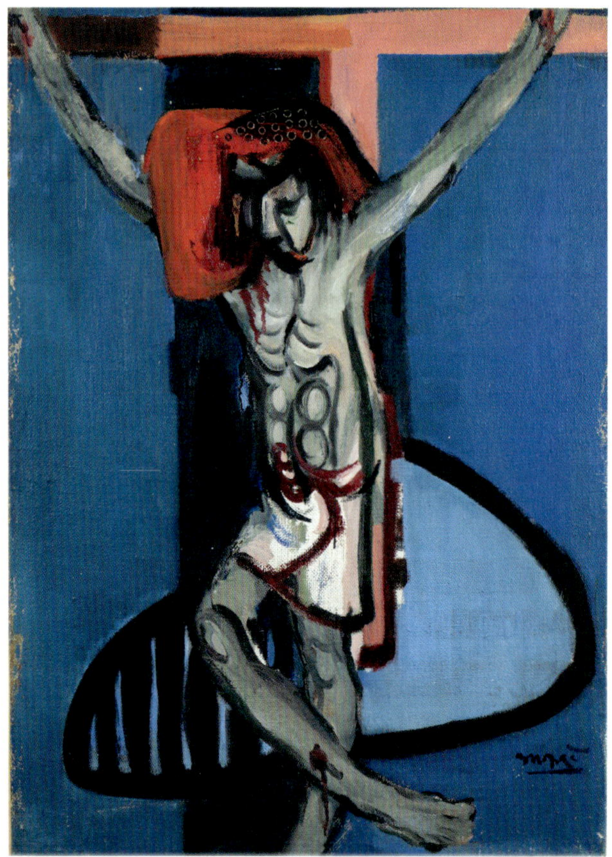

Fig. 7. Slavko Kopač, *Crucifixion*, 1946, olio su tela, 100 × 46 cm, collezione privata.
Foto © Damir Fabijanić

Slavko Kopač, *Crucifixion*, 1946, oil on canvas, 100 × 46 cm, private collection.
Photo © Damir Fabijanić

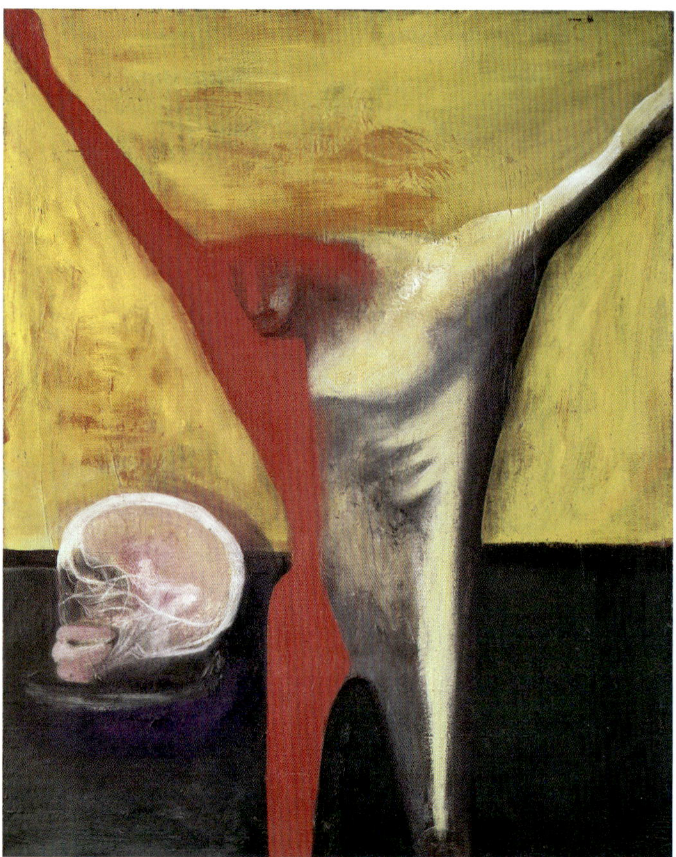

Fig. 8. Francis Bacon, *The Crucifixion*, 1933, olio su tela, 111,5 × 86,5 cm.
© 2025 The Estate of Francis Bacon. All rights reserved

Francis Bacon, *The Crucifixion*, 1933, oil on canvas, 111.5 × 86.5 cm.
© 2025 The Estate of Francis Bacon. All rights reserved

di quella profusione di idee e di scambi. Vietata nel 1927 con l'ascesa del fascismo, per sei anni fu il crogiolo di incontri tra un'avanguardia europea proveniente da orizzonti molteplici e di numerosi dibattiti in cui le estetiche del tempo si confrontavano. È dunque giunto il momento di chiederci come e perché tali momenti fondamentali siano stati ignorati dal racconto moderno, come e perché siano stati relegati ai margini di una storia che trascura la complessità di quei centri culturali e artistici che furono il fermento di grandi sconvolgimenti del pensiero. Zagabria fu tra questi, crocevia tra l'Europa centrale e il mare Adriatico, nel cuore della pianura pannonica a lungo occupata dai Celti prima di diventare provincia romana, quindi attraversata, invasa e occupata dagli Unni, per essere infine integrata nel regno croato al volgere del secondo millennio. Vittima dei Tartari e dell'invasione mongola, mentre le invasioni turche si diffondevano in Europa, la città divenne una fortezza che, nel corso dei secoli, si aprì e si arricchì di famiglie e dignitari civili e religiosi provenienti da ogni dove. All'alba del XX secolo, Zagabria è un centro politico, economico e culturale fortemente urbanizzato, dove lo spirito della Secessione, refrattario al conformismo, trova un ancoraggio essenziale, in dialogo con i centri

to diverse influences and, at the same time, his gradual rejection of an overly normative history based on genealogies that he summoned and yet strove to overcome. His encounter with the Compagnie de l'Art Brut and Dubuffet would, of course, result in his most decisive and ultimate expression. Still, we must imagine the intensity of the artistic and political debates in Italy in the immediate postwar years, the oppositions among the different art groups, including in Florence, where Kopač was heavily involved with many magazines and group exhibitions. It was in Prato in 1946 that he exhibited *Crucifixion* [Fig. 7], no doubt one of the most accomplished pieces of his career up to then, an oil on canvas in which Falzoni discerned a unique 'affective distance' and 'compositional elegance'.[28] The work's theme was certainly in full osmosis with the Christian pictorial tradition of Rouault and with the theme that Renato Guttuso treated in 1941 in his own *Crucifixion*, a painting-manifesto replete with the social realism that saturated his work. Kopač borrowed from him, opposing flat planes in the background and contortions of the figure; the painting is not unrelated to the early works of Francis Bacon [Fig. 8], bearing an expressionistic drama that breaks with his preceding works. For this

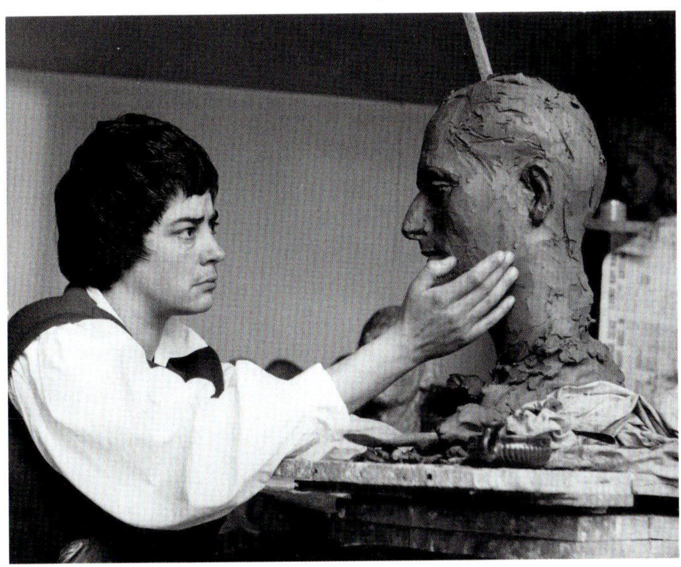

Fig. 9. Fiore de Henriquez al lavoro. Foto © Felix Fonteyn, Archivio F. de Henriquez, Peralta (Lucca), courtesy DoubleRoom arti visive.

Fiore de Henriquez at work. Photo © Felix Fonteyn, F. de Henriquez Archive, Peralta (Lucca), courtesy DoubleRoom arti visive.

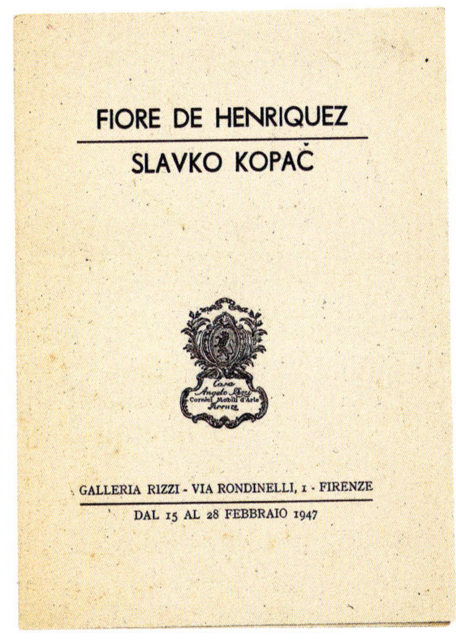

Fig. 10. Brochure della mostra *Fiore de Henriquez – Slavko Kopač*, Galleria Rizzi, Firenze, 15-28 febbraio 1947, collezione privata.

Brochure of the exhibition *Fiore de Henriquez – Slavko Kopač*, Galleria Rizzi, Florence, 15–28 February 1947, private collection.

intellettuali e scientifici europei dell'epoca. L'opera di Kopač appare debitrice di tutto ciò, come lo è delle molteplici influenze che ne hanno segnato la storia al crocevia di quattro grandi aree culturali, da cui provenne un considerevole flusso di suggestioni che aprirono il XIX secolo a un sentimento panslavo e iugoslavo.

Leggere l'opera di Kopač significa, in fondo, tentare di cogliere la sua estrema porosità alla molteplicità delle influenze e, al tempo stesso, il suo progressivo rifiuto di una storia eccessivamente normata, fondata su genealogie che egli convoca pur sforzandosi di oltrepassarle. L'incontro con la Compagnie de l'Art Brut e con Dubuffet ne sarà, com'è evidente, l'espressione e il culmine decisivo. Occorre tuttavia considerare l'intensità dei dibattiti artistici e politici nell'Italia dell'immediato dopoguerra, le opposizioni tra i diversi focolai artistici, a cominciare da Firenze, dove Kopač sarà fortemente coinvolto in numerose riviste e mostre collettive. È a Prato, nel 1946, che espone *Crocifissione* [Fig. 7], senza dubbio l'opera più compiuta del suo percorso di allora: un olio su tela in cui Falzoni scorge una singolare «distanza affettiva» e una peculiare «costitutiva eleganza»[28]. Un'opera il cui tema si pone certamente in piena continuità con la tradizione pittorica cristiana di Rouault o con quella che Guttuso aveva affrontato nel 1941 nella propria *Crocifissione*, quadro-manifesto del realismo sociale che permeava la sua opera; ma il trattamento che Kopač vi imprime, contrapponendo le campiture piatte dello sfondo alla contorsione della figura, rivela affinità con le prime opere di Francis Bacon e con una drammaturgia espressionista assai lontana dai lavori precedenti [Fig. 8]. Poiché questa tela è anche, con ogni probabilità, la raffigurazione di un cadavere: un corpo sanguinolento, disarticolato e appeso alla

canvas was also no doubt the portrayal of a cadaver; the bleeding disjointed body suspended on the cross perhaps invoked the immediate memory of the violent spectacle offered to the crowd after the execution of Mussolini and fascist leaders in spring 1945.

A short essay such as this one cannot render the complexity – even the tensions – among the protagonists of a resolutely engaged art deeply implicated in the political debates in Italy at that time. One has only to mention the different exhibitions in which Kopač participated to grasp the extent of the radical change in his work – a change that evinces how he was affected by the multiple currents sweeping through the different magazines, critiques, and galleries with which he was involved.

Many of the works he produced between 1946 and 1948 attest to this obvious stylistic evolution. He created numerous pieces in watercolour and ink on paper, freeing himself of any overly narrative description. The figures are treated elliptically, often soaked up in and diluted by the ink with which they are composed. Certainly, something 'postwar' permeates his works in this medium, such as *Noël à Rome* (1947)[29] and *La Charrue dans les champs* (1947–48);[30] here, though, description fades in favour of an evanescence and dark fluidity in which the subject dissolves and grey tones dominate. Kopač gives the sense of reaching a synthesis between his earliest works and the diversity of discoveries made through his travels and his friendships. The uniqueness of his approach was still being developed, even though certain subjects appeared, surfacing both new sources and memories – no doubt laying out the path for his future career.

croce, forse immediata reminiscenza della violenza dello spettacolo offerto alla folla dopo l'esecuzione di Mussolini e dei dignitari fascisti nella primavera del 1945.
Di quegli anni italiani un breve saggio come questo non potrebbe restituire la complessità, né tantomeno le tensioni che divisero i protagonisti di un'arte risolutamente impegnata e profondamente coinvolta nei dibattiti politici del tempo. Basterebbe citare le diverse esposizioni a cui Kopač prese parte per cogliere quanto la sua opera rifletta un mutamento stilistico radicale, un cambiamento in cui si riconosce il debito nei confronti della molteplicità di correnti promosse da riviste, critici e gallerie con cui entrò in relazione.
Numerose opere realizzate tra il 1946 e il 1948 testimoniano infatti una trasformazione stilistica evidente. Kopač predilige l'acquerello e l'inchiostro in una molteplicità di fogli che si emancipano da ogni descrizione eccessivamente narrativa. Le figure sono trattate con segno ellittico, spesso assorbite e diluite dall'inchiostro stesso che le compone. Certo, un'eco di "dopoguerra" attraversa acquerelli e chine su carta come *Noël à Rome* [Natale a Roma] (1947)[29] o *La Charrue dans les champs* [L'aratro nei campi] (1947-1948)[30], ma la descrizione si eclissa a vantaggio di un'evanescenza e di una cupa fluidità, entro cui il soggetto si dissolve e le tonalità grigie dominano. Kopač dà qui l'impressione di elaborare una sintesi tra le sue primissime opere e la varietà delle scoperte maturate nel corso dei suoi viaggi e delle sue complicità. La singolarità del suo percorso è ancora in gestazione, benché si delineino già alcuni temi nei quali affiorano nuove fonti e reminiscenze. Con ogni probabilità quelle attraverso cui l'opera troverà la propria via.

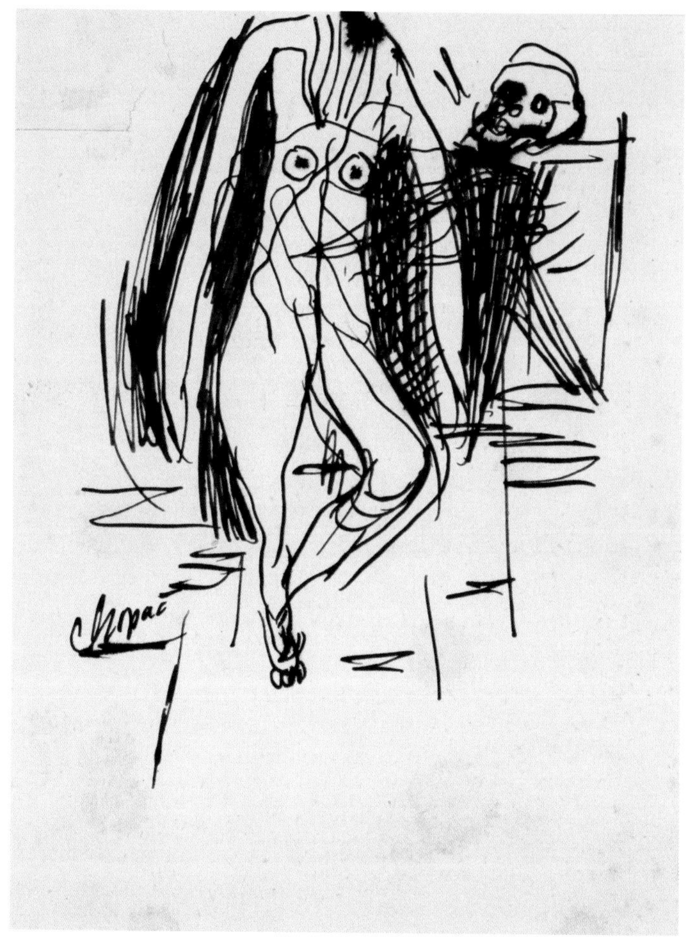

Fig. 11. Slavko Kopač, *Danse des morts*, 1946, inchiostro su carta, 17,5 × 12,5 cm, collezione privata. Foto © Damir Fabijanić

Slavko Kopač, *Danse des morts*, 1946, ink on paper, 17.5 × 12.5 cm, private collection. Photo © Damir Fabijanić

Una barbarie figurativa

Al ritmo degli incontri, e tra tanti nomi che mi restano ignoti, mentre cerco di comprendere come il cammino di Kopač lo conduca a sublimare il proprio smarrimento entro i meandri di un labirinto insieme geografico e mentale, fino a farne un'autentica iniziazione, alcune figure – prima ancora di quelle, quanto mai tutelari, di Breton e di Dubuffet – si impongono al mio sguardo. Scopro così il legame che unisce Kopač alla figura eccentrica e androgina di Fiore de Henriquez, nata a Trieste da un padre appartenente alla nobiltà spagnola della corte asburgica di Vienna e da una madre di origini turche e russe, allieva di Arturo Martini, con la quale Kopač espone a Firenze nel febbraio del 1947 [Figg. 9, 10].
Adolescente fascista, Fiore collabora con il movimento della Resistenza italiana e aiuta i rifugiati a raggiungere luoghi sicuri. Prima di lasciare l'Italia per Londra nel 1949, è la complice stravagante e fuori dal comune di Kopač, con il quale espone opere di espressione primitiva dai motivi di teste geminate e siamesi, e di creature feroci – *Chimères* [Chimere] e *Griffons blessés* [Grifoni feriti], scaturite da un universo insondabile.
Non riesco a rintracciare con precisione le opere esposte allora da Fiore de Henriquez, ma voglio immaginare che il suo temperamento abbia segnato profondamente Kopač; e anche se egli presenta pa-

Figurative Barbarism

As I encounter so many names I'm unfamiliar with, trying to understand how Kopač's journey led him to sublimate his wanderings through the meanders of a geographic and mental labyrinth to inspire a true initiation, certain figures that came before those oh-so-guiding lights, Breton and Dubuffet, stand out. I discover Kopač's connection with the mad, hermaphroditic Fiore de Henriquez, born in Trieste to a father from the Spanish court nobility of the Habsburgs in Vienna and a Turkish-Russian mother, a student of Arturo Martini, with whom Kopač exhibited twice in Florence, in February and April 1947 [Figs. 9, 10].
A fascist as a teenager, de Henriquez worked with the Italian resistance movement and helped transport refugees to safety. Before leaving Italy for London in 1949, she was Kopač's extravagant and extraordinary companion, and with him she exhibited primitive, expressive works featuring matched conjoined heads and fierce

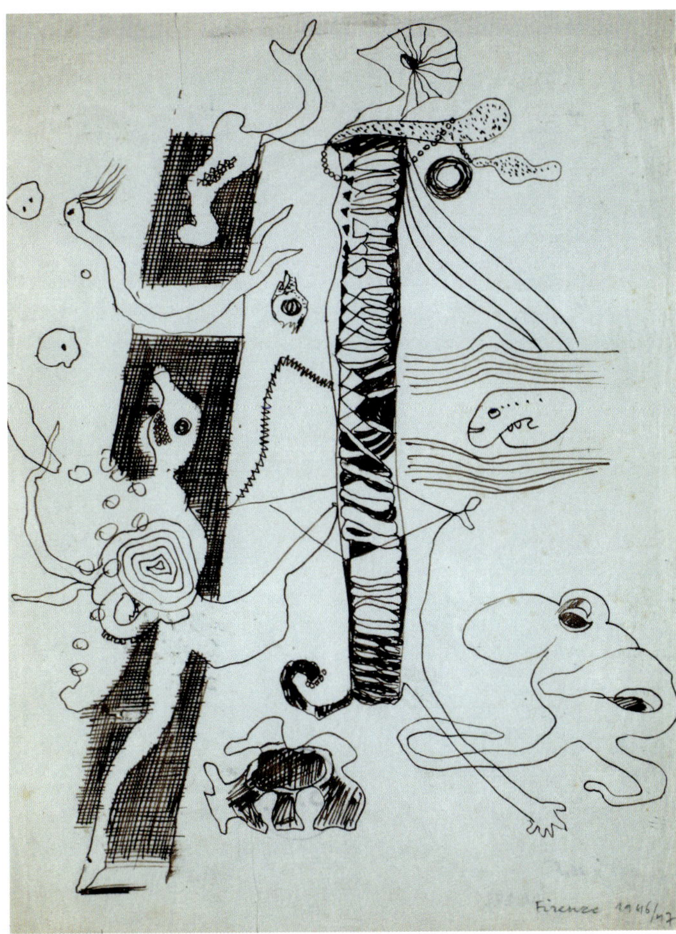

Fig. 12. Slavko Kopač, Senza titolo, 1946-47, inchiostro su carta, 27,5 × 20,7 cm, collezione privata. Foto © Damir Fabijanić

Slavko Kopač, Untitled, 1946-47, ink on paper, 27.5 × 20.7 cm, private collection. Photo © Damir Fabijanić

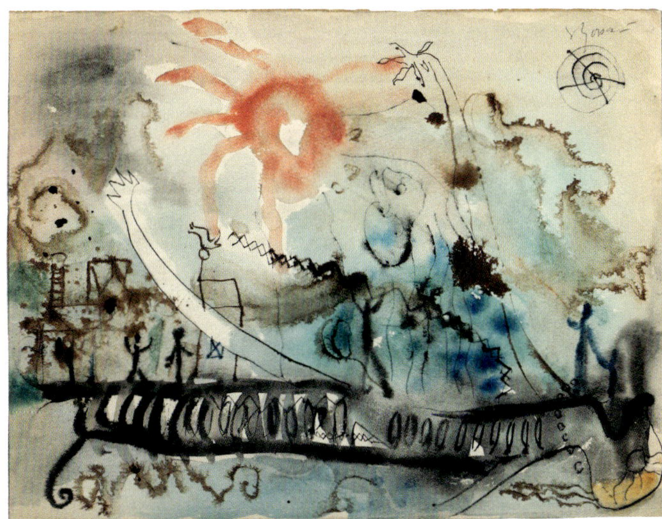

Fig. 13. Slavko Kopač, *Apocalisse*, 1947-1948, acquerello e inchiostro su carta, 24 × 31,8 cm, collezione privata. Foto © Damir Fabijanić

Slavko Kopač, *Apocalisse*, watercolor and ink on paper, 24 × 31.8 cm, private collection. Photo © Damir Fabijanić

esaggi "debussiani" nei quali la pittrice e incisore Zena Checchi riconosce «nebulose oniriche»[31], nessuno potrebbe dubitare dell'impatto della sfolgorante artista sulla sua opera e su alcuni dei lavori che intraprende. Si osservino i suoi disegni a china che abbozzano personaggi primitivi, le sue figurine dal tratto arcaico, o i fogli sui quali Kopač schizza forme immaginarie appartenenti a quella dimensione del meraviglioso e del grottesco di cui non si spoglierà mai più!
Così, in quella magnifica *Danse des morts* [Danza dei morti] (1946) [Fig. 11], inchiostro su carta in cui si intrecciano corpi scheletrici simili a ectoplasmi, o in quell'inchiostro su carta Senza titolo (1946-1947) [Fig. 12], in cui personaggi e larve fantastiche si avviluppano non tanto per significare la realtà, quanto piuttosto un universo bizzarro e immaginifico, biomorfico e ibrido. «Una barbarie figurativa»[32], scrive Falzoni. Una «barbarie figurativa» nata da reminiscenze e ricordi di racconti popolari, echi di opere di Paul Klee e di altri surrealisti che Kopač aveva scoperto alcuni anni prima,

creatures – *Chimères* and *Griffons blessés* – from some unknown universe.
I can't find precisely which works de Henriquez showed at the time, but I can imagine that her temperament had a lasting effect on Kopač; even though he was making 'Debussy-ist' landscapes – in which the painter and printmaker Zena Checchi saw 'dream nebulas'[31] – the impact of her flamboyance on his art is beyond doubt. See his India ink sketches of primitive figures, his figurines with archaic lines, or his drawings of imaginary forms belonging to a marvellous and grotesque dimension that he would never again forsake! Look, for instance, at his magnificent *Danse des morts* (1946) [Fig. 11], an ink on paper that interweaves ectoplasm-like skeletal bodies, or the ink on paper *Sans Titre* (1946–47) [Fig. 12], in which figures and fantastic larvae overlap to signify not so much reality as a phantasmagoric and fantastic universe, biomorphic and hybrid: 'a figurative barbarism', wrote Falzoni.[32] It was a 'figurative barbarism' born of reminiscences and memories of folk tales, as well as echoes of the works of Paul Klee and other Surrealists whom Kopač had discovered a few years before, during his first stay in Paris. Look at *Chevaux* (1947) [Fig. 14], no doubt the most exemplary result of this long period of gestation, an oil on canvas. Although it's easy to see the formal and chromatic kinship with Chagall and Klee, this work conveys, above all, the construction of a world whose parietal contours underscore the search for an enchanted world, no doubt spiritual and cosmic. It was exhibited in the famous 'Roman window' belonging to the singular Tanino Chiurazzi, an actor who consorted with many scholars of the time. Note the warm tonality of the work, an 'extraordinary garden' populated with animals and grotesque and childish figures, like those in *Vachers* (1948).

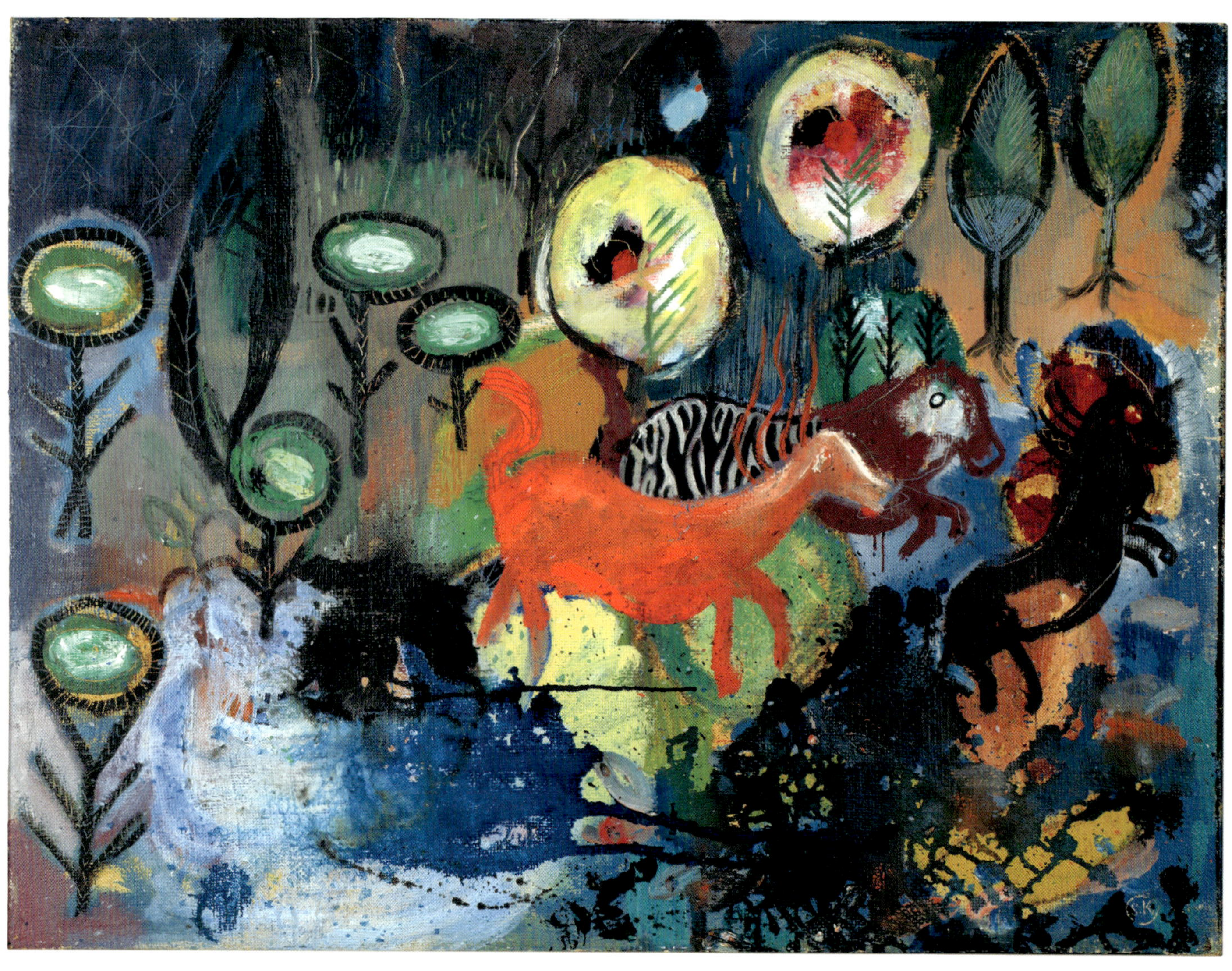

Fig. 14. Slavko Kopač, *Chevaux*, 1947, olio su tela, 61 × 81 cm, collezione privata.
Foto © Damir Fabijanić

Slavko Kopač, *Chevaux*, 1947, oil on canvas, 61 × 81 cm, private collection.
Photo © Damir Fabijanić

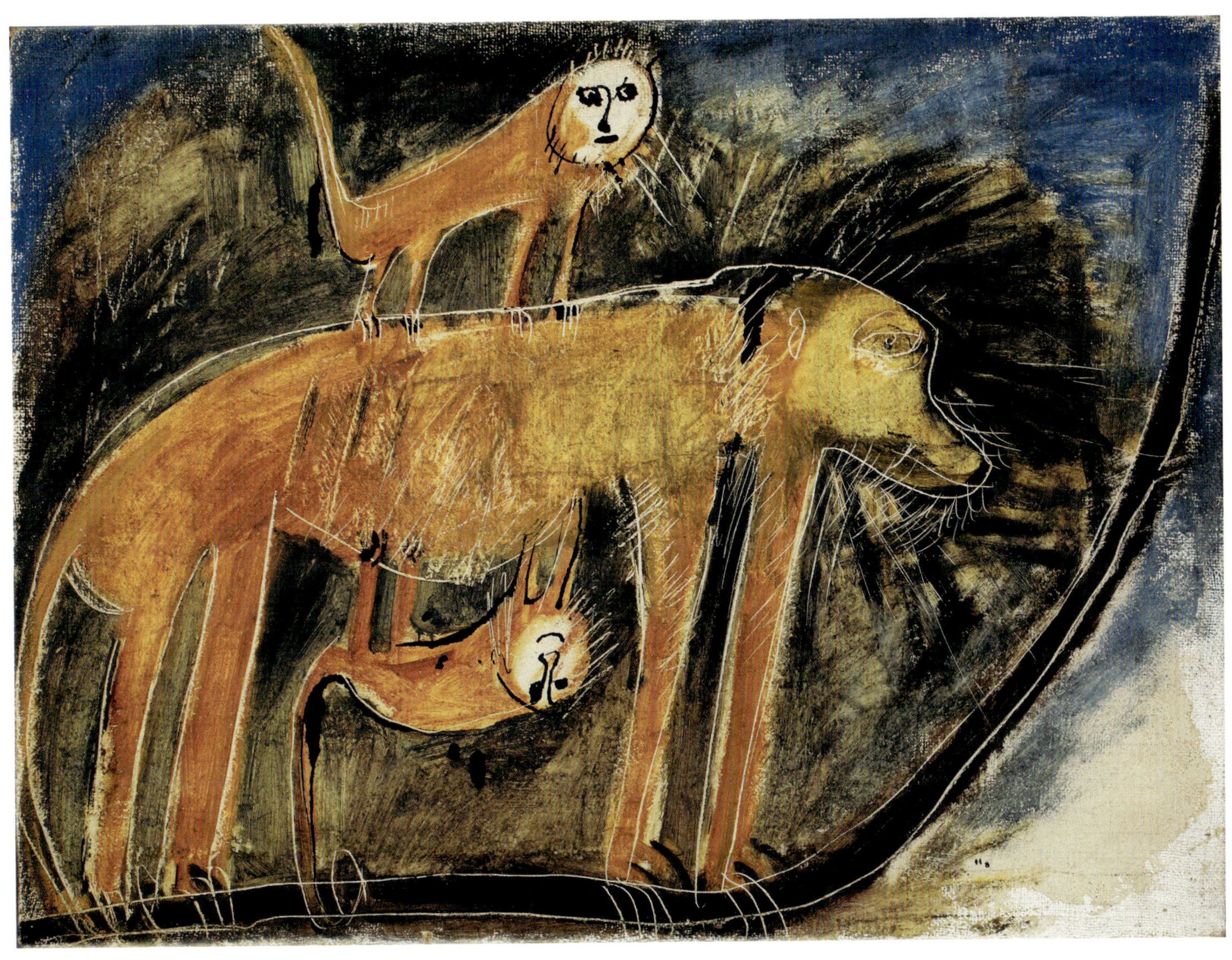

Fig. 15. Slavko Kopač, *Mère*, 1949, olio su tela, 56 × 76 cm, collezione privata. Foto © Damir Fabijanić

Slavko Kopač, *Mère*, 1949, oil on canvas, 56 × 76 cm, private collection. Photo © Damir Fabijanić

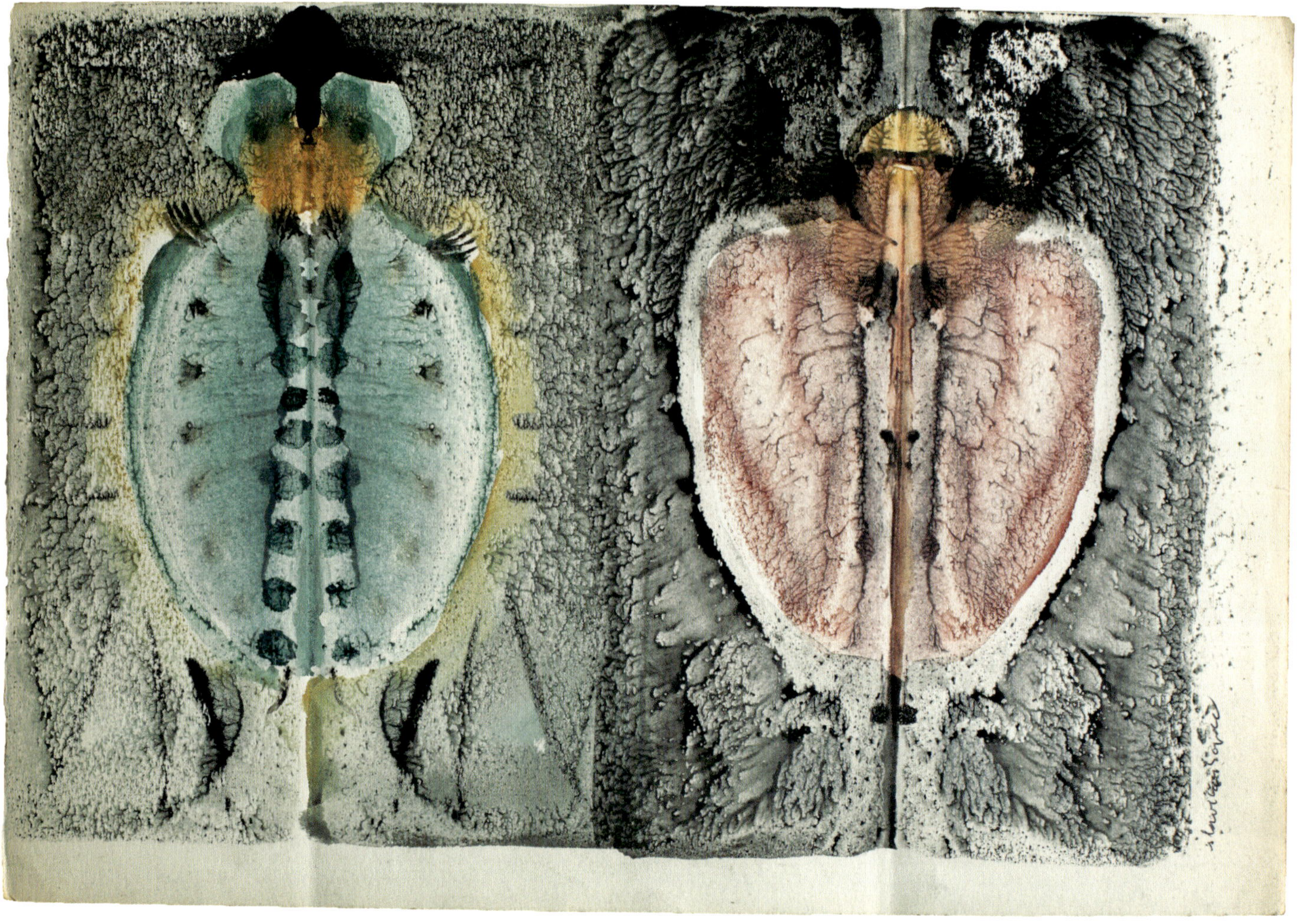

Fig. 16. Slavko Kopač, *Insectes*, ca.1961, gouache, 21 × 31 cm, n° 127, collezione privata. Foto © Damir Fabijanić

Slavko Kopač, *Insectes*, c.1961, gouache, 21 × 31 cm, no. 127, private collection. Photo © Damir Fabijanić

durante il suo primo soggiorno parigino. Si guardi *Chevaux* [Cavalli] (1947) [Fig. 14], forse il compimento più alto di quel lungo periodo di gestazione: un olio su tela in cui sarebbe fin troppo facile evocare le parentele formali e cromatiche con Chagall e con Klee, ma che traduce innanzitutto la costruzione di un universo dai contorni rupestri, in cui si manifesta la ricerca di un mondo incantato, inequivocabilmente spirituale e cosmico, che Kopač presentò nella celebre Vetrina, galleria romana del singolare Tanino Chiurazzi, attore e compagno di strada di molti eruditi dell'epoca. Osservate la tonalità calda dell'opera, questo «giardino straordinario» popolato da animali e figure grottesche e infantili, come quelle dei *Vachers* [Mandriani] (1948). Mandriani e vacche… Un soggetto fin troppo singolare, persino "allegro" e "sottile", che evoca con tale evidenza la *Campagne heureuse* [Jean Dubuffet, 1944] da trascinarci inevitabilmente verso altre affinità.

Cowherds and cows, a subject that is utterly singular, even 'energetic' and 'subtle', and evokes *Campagne heureuse* [Jean Dubuffet, 1944] so strongly that it leads to other affinities.

Magical Thinking

As I wrap up this essay, leaving others who are more qualified than I to write about and describe Kopač's work, I am reading essays by the exiled Romanian philosopher Mircea Eliade that open a perspective to a possible apprehension of his oeuvre. Not that I want to compare the paths of the two, but in his youth Eliade was interested in the natural sciences, chemistry, and occultism, passionate about entomology; his books – in 1921 he wrote *L'ennemi du ver à soie*, an 'occult' text if ever there was one – are unmatched in their methodology. He was a prodigal genius, born in a country that contained 'a world of fairies and witches',[33] who thought about hierophany,

Pensiero magico

Mentre termino queste righe, lasciando ad altri più competenti di me il compito di scrivere e descrivere l'opera di Slavko Kopač, la lettura di alcuni testi di Mircea Eliade, intrapresa parallelamente alla scrittura di questo saggio, mi apre la prospettiva di una possibile interpretazione dell'opera del pittore croato. Non che intenda stabilire un paragone diretto tra il percorso del rumeno e quello di Kopač; il motivo è semmai che alcuni scritti del filosofo esiliato – appassionato, in gioventù, di scienze naturali, chimica e occultismo, fervido cultore di entomologia e autore, nel 1921, di *Il nemico del baco da seta*, testo "occulto" per eccellenza – mi offrono una metodologia senza eguali. Eliade, prodigio geniale, nato in un Paese anch'esso animato da «un mondo di fate e streghe»[33], pensatore della "ierofania", che sostiene che la religione si fonda su una distinzione tra sacro e profano, sempre in cerca di epifanie e di trascendenza. Eliade, ancora, affascinato fin dall'infanzia dal mondo naturale e dal folclore, capace di inghiottire insetti e di scrivere, da giovane, brevi saggi di entomologia. Eliade, travolto dalla violenza dell'intermezzo tra le due guerre e della Seconda guerra mondiale, esule permanente vicino a Bataille, lo leggo ora, osservando *Tir à cible* [Tiro al bersaglio] (1949), straordinario libro in cui Kopač dispiega la propria passione per gli animali singolari: *Mère* [Madre], olio su tela del 1949 [Fig. 15], dove stilizza una scimmia che porta i suoi piccoli aggrappati al dorso e al ventre; *Insectes* [Insetti] (1961 circa) [Fig. 16], in cui con la gouache si concede giochi d'impronte e decalcomanie, in un raffinato gioco di piegature, simile al test di Rorschach... Una pareidolìa senza fine di forme che appaiono sotto la sua mano: una «materia incantata»[34]. Kopač, *bricoleur* al crocevia del pensiero magico descritto altrove da Claude Lévi-Strauss, nutrito dai miti del tempo e della natura, alla ricerca, senza dubbio, di significati universali, là dove altri difendevano modelli fin troppo attesi. Kopač infine, al punto d'incontro di mitologie diverse e distinte, che l'incontro con Dubuffet e con l'art brut – vera e propria rivelazione – spingerà a oltrepassare.

A chi gli chiedeva di definire l'art brut, Slavko Kopač rispondeva: «L'art brut è il lavoro di un uomo che non sa quello che fa»[35]. Di certo egli stesso aveva saputo e fatto troppo per non desiderare imboccare vie traverse e riempire la sua vita di momenti di giubilo e invenzioni, dove, come scrive Jean-Jacques Lévêque, «l'innocenza si accompagna alla saggezza»[36].

Non si potrebbe dir meglio. Non resta che guardare.

believed that religion is based on a distinction between the sacred and the profane, and searched for epiphanies and transcendence. He was fascinated from a young age by the natural world and by folklore, in his youth swallowing insects and writing short essays on entomology. Caught up in the violence of the interwar period and the Second World War, he went into permanent exile near Bataille. I'm reading him at the same time as I'm looking at *Tirs à cible* (1949), a remarkable book in which Kopač echoes his passion for singular animals: *Mère* [Fig. 15], an oil on canvas from 1949 in which he portrays a stylised monkey carrying her offspring as they hold on to her back and belly; *Insectes* (around 1961) [Fig. 16], in which he engages in games of borrowings and transfer prints in a refined play on folding, reminiscent of a Rorschach test, an endless pareidolia of forms appearing under his hand: an 'enchanted material'.[34] Kopač, tinkerer at the crossroads of magical thinking, to use Claude Lévi-Strauss's term, nourished on myths of time and nature, no doubt searching for universals where others promoted too-predictable models. Kopač, finally, at the synthesis of diverse and distinct mythologies that his encounter with Dubuffet and Art Brut – such a revelation – led him to transgress.

Asked to define Art Brut, Kopač said, 'Art brut is the work of a man who doesn't know what he's doing'.[35] No doubt he knew and had done too much to resist taking the side roads and populating his life with moments of jubilation and discoveries in which, as Jean-Jacques Lévêque wrote, 'Innocence rubs shoulders with wisdom'.[36] It couldn't be said better. All you have to do is look.

1 Fabrice Flahutez, Pauline Goutain, Roberta Trapani, *Slavko Kopač. Ombres et matières / Shadows and Materials*, Gallimard, Parigi 2022. Questa monografia di grande pregio rende giustizia all'artista. Va inoltre sottolineata l'intelligenza della struttura del volume e la qualità dei testi, alcuni dei quali hanno costituito il punto di partenza per la stesura di queste riflessioni.

2 Il ruolo di Alphonse Chave (1907-1975) nella diffusione dell'art brut e di artisti vicini ai movimenti dada e surrealista è analizzato con finezza, ivi, nota n. 1, pp. 237-249. Si leggerà con interesse l'intervista al figlio di Alphonse Chave, condotta dai tre autori del volume e realizzata il 1° settembre 2018 e il 24 agosto 2019 a Vence. Vorrei tuttavia esprimere qualche riserva sull'interpretazione di Pierre Chave, oggi scomparso, circa le ragioni che portarono l'istituzione che allora dirigevo a rendere omaggio all'attività di suo padre, nell'ambito del progetto *Galeries du 20e siècle*, realizzato nel 2020 al Musée national d'art moderne - Centre Pompidou.

3 Ante Glibota (1945-2020) è uno storico dell'arte e dell'architettura che ha studiato economia alla Facoltà di Zagabria. Impegnato contro il regime comunista jugoslavo, viene incarcerato nel 1972 e liberato, quindi si rifugia in Francia, dove si iscrive alla Sorbona. Fonda la Galerie d'Art international, quindi dirige fino al 1994 lo spazio interdisciplinare Paris Art Center. Curatore, ha realizzato, nell'ambito di altre collaborazioni con l'artista, la retrospettiva dedicata a Kopač dal titolo *Slavko Kopač, Rétrospective 1936-1981, peintures, sculptures, céramiques*, Paris Art Center, Parigi, 21 ottobre – 21 novembre 1981, mostra prolungata di tre settimane.

4 Marwan Hoss apre a Parigi, al 12 di rue d'Alger, una galleria attiva dal 1985 al 2008. Nato a Beirut nel 1948, pubblica la sua prima raccolta di poesie presso GLM nel 1978. La sua attività artistica e letteraria è tra le più raffinate di quel periodo. Esporrà Kopač in numerose occasioni.

5 Si tratta della mostra *Slavko Kopač 1936-1992*, a cura di Serge Gervin, 18 aprile – 12 luglio 1996, Hôtel de Ville di Parigi, Salle Saint-Jean. Testi in catalogo di Gustave de Staël, Benjamin Péret, Emmanuel Daydé e Annie Le Brun.

6 Flahutez, Goutain, Trapani, *Slavko Kopač, op. cit.*, p. 8.

7 *Ibid*.

8 Slavko Kopač, intervista radiofonica con Lidija Tocilj, "Meetings and Acquaintances", Radiotelevisione croata, 8 agosto 1984 (43 minuti), ivi, p. 50.

9 Slavko Kopač, "Le pays de cœur", in *Glas Slavonije*, mercoledì 6 dicembre 1989, rubrica cultura, p. 9.

10 *Zenit* è fondata da Ljubomir Micić, pubblicata a partire dal 1921 a Zagabria e dal 1923 al 1926 a Belgrado. Promuove lo Zenitismo, movimento vicino al futurismo e a Dada. Rivista militante, anticonformista e internazionalista, scompare con l'esilio del suo fondatore, accusato di bolscevismo. Per uno studio completo, si veda Irina Subotić, "La revue Zenit et ses promoteurs", in *Ligeia*, n. 5-6, 1989.

11 Jacques Rancière, *La Mésentente: politique et philosophie*, Galilée, coll. "La philosophie en effet", Parigi 1995.

12 Annie Le Brun, "Slavko Kopač ou la matière enchantée", in *Un espace inobjectif. Entre les mots et les images*, Gallimard, coll. "Art et Artistes", Parigi 2019, p. 40. Si veda inoltre: "Annie Le Brun. Entretien mené par Pauline Goutain, le 15 février 2020 à Paris", in Flahutez, Goutain e Trapani, *Slavko Kopač, op. cit.*, pp. 228-231. In questo bellissimo dialogo, Annie Le Brun (1942-2024) racconta con passione la sua complicità con Kopač, nata dall'incontro con il poeta e drammaturgo Radovan Ivšić, con cui condividerà la vita fino alla morte di lui a Parigi, nel 2009. Vi critica la mercificazione dell'art brut e il "miserabilismo mendace" che si appropria di tale etichetta. Figura emblematica dell'ultimo Surrealismo, Annie Le Brun incontra André Breton nel 1963 e partecipa alle attività del movimento fino alla sua autodissoluzione nel 1969. Animata da spirito polemico, denuncia con veemenza quella che definisce l'impostura dell'ideologia cosiddetta "neofemminista", una logica identitaria che considera una caricatura del totalitarismo benpensante. Si fa paladina di un romanticismo nero che vede come "il rovescio dei Lumi", pubblica e realizza numerosi progetti su Sade che definisce "il filosofo delle luci della notte" e si dedica all'interpretazione di molti artisti, tra cui Kopač, sul quale scrive numerosi e bei contributi. Muore in Croazia, a ottantun'anni.

13 Michel Braudeau, "Annie Le Brun, Sade et la vache folle", in *Le Monde*, 26 novembre 2000.

14 Sylvie Lopez-Jacob, *Du singulier à l'universel*, 21 settembre 2024, disponibile online: https://www.sylvielopezjacob.fr/du-singulier-a-luniversel

1 Fabrice Flahutez, Pauline Goutain, and Roberta Trapani, *Slavko Kopač. Ombres et matières / Shadows and Materials* (Paris: Gallimard, 2022). This excellent monograph gives Kopač his full due. It is worth noting how intelligently the book is structured and the high quality of its essays, many of which provided material for the writing of this essay.

2 The role of Alphonse Chave (1907–75) in the dissemination of Art Brut and of artists orbiting around Dada and Surrealism is perfectly analysed in the circle in ibid., 237–49, note 1. It is interesting to read the interview with Chave's son Pierre (now deceased), conducted by all three authors on 1 September 2018 and 24 August 2019 in Vence. I have several reservations, however, with regard to Pierre Chave's appreciation of the reasons that led the institution I was leading at the time to pay tribute to his father's activities in the exhibition *Galeries du 20ème siècle*, organised in 2020 at the Musée national d'art moderne-Centre Pompidou.

3 Ante Glibota (1945–2020) was a historian of art and architecture who had studied in the faculty of economics at the University of Zagreb. An opponent of Yugoslavia's communist regime, he was imprisoned in 1972; once freed, he went to France, where he enrolled at the Sorbonne. He created the Galerie d'Art international, then directed the Paris Art Centre, an interdisciplinary venue, until 1994. As an exhibition curator, he organised several exhibitions of Kopač's work, including the retrospective *Slavko Kopač, Rétrospective 1936–1981, peintures, sculptures, céramiques* at the Paris Art Centre, in Paris, 21 October–21 November 1981; the exhibition was extended for three weeks.

4 Marwan Hoss's gallery, at 12 Rue d'Alger in Paris, was active from 1985 to 2008. Born in Beirut in 1948, he published his first collection of poems with GLM in 1978. His artistic and literary activity was among the most subtle of his time. He exhibited Kopač's work many times.

5 This was the exhibition *Slavko Kopač 1936–1992*, Hôtel de Ville de Paris, Salle Saint-Jean, 18 April–12 July 1996.

6 Flahutez, Goutain, and Trapani, *Slavko Kopač,* 8.

7 Ibid.

8 Slavko Kopač, radio interview with Lidija Tocilj, 'Meetings and Acquaintances', Croatian Radio Television, August 8, 1984 (43 min.), quoted in ibid., 50.

9 Slavko Kopač, 'Le pays de cœur', *Glas Slavonije*, culture column (6 December 1989): 9.

10 *Zenit* was founded by Ljubomir Micić, published starting in 1921 in Zagreb and from 1923 to 1926 in Belgrade. It promoted Zenitism, a movement close to Futurism and Dada. An activist, anti-conformist, and internationalist magazine, it disappeared when its founder, accused of Bolshevism, was exiled. For a complete study, see Irina Subotić, 'La revue Zenit et ses promoteurs', *Ligea*, no. 5–6 (April–September 1989): 107–14.

11 Jacques Rancière, *Disagreement: Politics and Philosophy*, trans. Julie Rose (Minneapolis: University of Minnesota Press, 1999), 18.

12 Annie Le Brun, 'Slavko Kopač, ou la matière echantée', in *Un espace inobjectif. Entre les mots et les images* (Paris: Gallimard, 'Art et Artistes', 2019), 40 (our translation). See also 'Annie Le Brun. Entretien mené par Pauline Goutain, le 15 février 2020 à Paris', in Flahutez, Goutain, and Trapani, *Slavko Kopač*, 228–31. In this lovely exchange, Annie Le Brun (1942–2024) passionately recounts her friendship with Kopač, following her encounter with the poet and playwright Rodovan Ivsić, with whom she would share her life until his death in Paris in 2009. In the interview, she criticises the marketing of Art Brut and the 'lying miserabilism' that has appropriated the title. An emblematic figure of late Surrealism, Le Brun met André Breton in 1963 and took part in the movement's activities, until it self-dissolved in 1969. A deliberate polemicist, she vehemently denounced what she called the imposture of 'neo-feminist' ideology, 'an identitary logic, a caricature of right-thinking totalitarianism'. She saw herself as an apostle of a black romanticism that she saw as 'the inverse of the Enlightenment', published and produced numerous projects around de Sade, whom she called 'the philosopher of the lights of night', and fashioned herself as the exegete of many artists, among them Kopač, about whom she wrote numerous beautiful pieces. She died in Croatia at age eighty-one.

13 Michel Braudeau, 'Annie Le Brun, Sade et la vache folle', *Le Monde*, 26 November 2000.

14 Sylvia Lopez-Jacob, *Du singulier à l'universel*, 21 September 2024, https://www.sylvielopezjacob.fr/du-singulier-a-luniversel.

15 "Une traversée du surréalisme", in Flahutez, Goutain, Trapani, *Slavko Kopač, op. cit.*, p. 186.

16 Ivi, p. 190.

17 "Les années italiennes", ivi, p. 55.

18 Annie Le Brun, "Entretien mené par Pauline Goutain, le 15 février 2020 à Paris", ivi, p. 229.

19 Antonio Maraini (1886-1963), uomo politico, scultore e critico d'arte, nasce a Roma e muore recluso a Firenze. Aderisce al fascismo, per il quale ottiene importanti incarichi ufficiali. Da ottobre 1928 al 1942 è segretario generale della Biennale di Venezia. Si veda Massimo De Sabbata, *Tra diplomazia e arte: le Biennali di Antonio Maraini (1928-1942)*, Forum Editrice, Udine 2006.

20 *23ª esposizione biennale internazionale d'arte, 1942*, catalogo della mostra, Officine Grafiche Carlo Ferrari, Venezia 1942, p. 304, cit. in Flahutez, Goutain e Trapani, *Slavko Kopač, op. cit.*, p. 56.

21 *Ibid.*

22 Giovanni Colacicchi (1900-1992) è pittore. Si stabilisce definitivamente a Firenze alla fine della Prima Guerra Mondiale. Sul percorso politico ed estetico dell'artista, si veda Maurizio Fagiolo Dell'Arco, Susanna Ragionieri *et al.*, *Giovanni Colacicchi*, Idea Books, Milano 1991.

23 Opera riprodotta in Flahutez, Goutain e Trapani, *Slavko Kopač, op. cit.*, p. 61.

24 Opera riprodotta ivi, p. 62.

25 "Les années italiennes", ivi, p. 75.

26 Non si sottolineerà mai abbastanza l'importanza e il ruolo di Roberto Longhi (1890-1970), uno dei maggiori storici dell'arte del XX secolo, la cui opera coniuga gli studi sul Rinascimento italiano con l'interesse per la creazione contemporanea del suo paese e la cultura europea, che non cessò mai di esplorare e riscoprire.

27 Si legga a questo proposito il capitolo molto interessante dedicato alla formazione di Kopač intitolato "De Vinkovci à l'Académie des beaux-arts de Zagreb", in Flahutez, Goutain e Trapani, *Slavko Kopač, op. cit.*, pp. 15-27.

28 Cfr. Giordano Falzoni, "Il pittore jugoslavo Slavko Kopač", in *Arte contemporanea*, Roma, aprile-maggio 1947, p. 4, cit. in "Les années italiennes", Flahutez, Goutain e Trapani, *Slavko Kopač, op. cit.*, pp. 55-87.

29 Opera riprodotta ivi, p. 74.

30 Opera riprodotta ivi, p. 152.

31 Zena Checchi, "Firenze", in *Le arti belle: rassegna di arti figurative, decorative e minori*, Milano, Edi, Editoriale Italiana, A. 1, n. 1, maggio 1947, p. 26.

32 Giordano Falzoni, "Il pittore jugoslavo Slavko Kopač", art. cit., p. 4.

33 Slavko Kopač, Intervista con Mirko Galić, ottobre 1982, in *Drugo* čitanje*: razgovori (Seconda lettura: discussioni)*, Zagabria, Matica Hrvatska, 2007; estratti in Flahutez, Goutain e Trapani, *Slavko Kopač, op. cit.*, p. 96.

34 Cfr. Annie Le Brun, "Slavko Kopač ou la matière enchantée", in B. Rauter-Plančic e Annie Le Brun (dir.), *Slavko Kopač. Rétrospective*, Muzejsko Glaerijski Centar Klovicevi Dvori, Zagabria 1997, pp. 19-65. Ripubblicato in Annie Le Brun, *Un espace inobjectif, op. cit.*, pp. 34-59.

35 Slavko Kopač, "Entretien avec Mirko Galić", in Flahutez, Goutain e Trapani, *Slavko Kopač, op. cit.*, p. 97.

36 Jean-Jacques Lévêque, "Slavko Kopač", in *Cimaise*, anno 34, n. 190, settembre-ottobre 1987, p. 66.

15 Flahutez, Goutain, and Trapani, 'Une traversée du surréalisme', in *Slavko Kopač*, 186.

16 Ibid., 190.

17 Flahutez, Goutain, and Trapani, 'Les années italiennes', in *Slavko Kopač*, 55.

18 Flahutez, Goutain, and Trapani, 'Annie Le Brun. Entretien', 229.

19 Antonio Maraini (1886–1963), a politician, sculptor, and art critic, was born in Rome and died as a recluse in Florence. He adhered to fascism, and therefore obtained important official commissions. From October 1928 to 1942, he was the secretary-general of the Venice Biennale. For more information, see Massimo De Sabbata, *Entre diplomatie et art: les biennales d'Antonio Maraini (1928–1942)* (Udine: Forum Editrice, 2006).

20 *23ª esposizione biennale internazionale d'arte*, event catalogue (Venice: Officine Grafiche Carlo Ferrari, Venezia 1942), 304, quoted in Flahutez, Goutain, and Trapani, *Slavko Kopač*, 56.

21 Ibid.

22 The painter Giovanni Colacicchi (1900–92) moved permanently to Florence at the end of the First World War. On his political and aesthetic career, see Maurizio Fagioli Dell'Arco et al., *Giovanni Colacicchi* (Milan: Idea Books, 1991).

23 Reproduced in Flahutez, Goutain, and Trapani, *Slavko Kopač*, 61.

24 Reproduced in ibid., 62.

25 Flahutez, Goutain, and Trapani, 'Les années italiennes', 75.

26 I can never overstate the importance of Roberto Longhi (1890–1970), one of the major twentieth-century art historians, who combined research on the Italian Renaissance with his interest in the contemporary art of his country and in European culture, which he was constantly exploring and rediscovering.

27 On this subject, see the interesting chapter devoted to Kopač's training, 'De Vinkovci à l'Académie des beaux-arts de Zagreb,' in Flahutez, Goutain, and Trapani, *Slavko Kopač*, 15–29.

28 See Giordano Falzoni, 'Il pittore jugoslavo Slavko Kopač', *Arte contemporanea* (April–May 1947): 4, excerpted in Flahutez, Goutain, and Trapani, 'Les années italiennes', 55–83.

29 Reproduced in Flahutez, Goutain, and Trapani, *Slavko Kopač*, 74.

30 Reproduced in ibid., 152.

31 Zena Checchi, 'Firenze', *Le arti belle: rassegna di arti figurative, decorative e minori* (Milan: Edi, Editoriale Italiana) 1, no. 1 (May 1947): 26.

32 Giordano Falzoni, 'Il pittore jugoslavo Slavko Kopač', 74.

33 'Slavko Kopač. Entretien avec Mirko Galić, octobre 1982', in *Drugo čitanje : razgovori* (Second Reading: Chats) (Zagreb: Matica Hrvatska, 2007), quoted in Flahutez, Goutain, and Trapani, *Slavko Kopač*, 96.

34 See Annie Le Brun, 'Slavko Kopač ou la matière enchantée,' in *Slavko Kopač, Rétrospective*, ed. Biserka Rauter-Plančic and Annie Le Brun (Zagreb: Muzejsko Glaerijski, Centar Klovicevi Dvori, 1997), 19–65. Republished in Annie Le Brun, *Un espace inobjectif. Entre les mots et les images* (Paris: Gallimard, 2019), 34–59.

35 'Slavko Kopač. Entretien avec Mirko Galić', 97.

36 Jean-Jacques Lévêque, 'Slavko Kopač', *Cimaise* 34, no 190 (September–October 1987): 66.

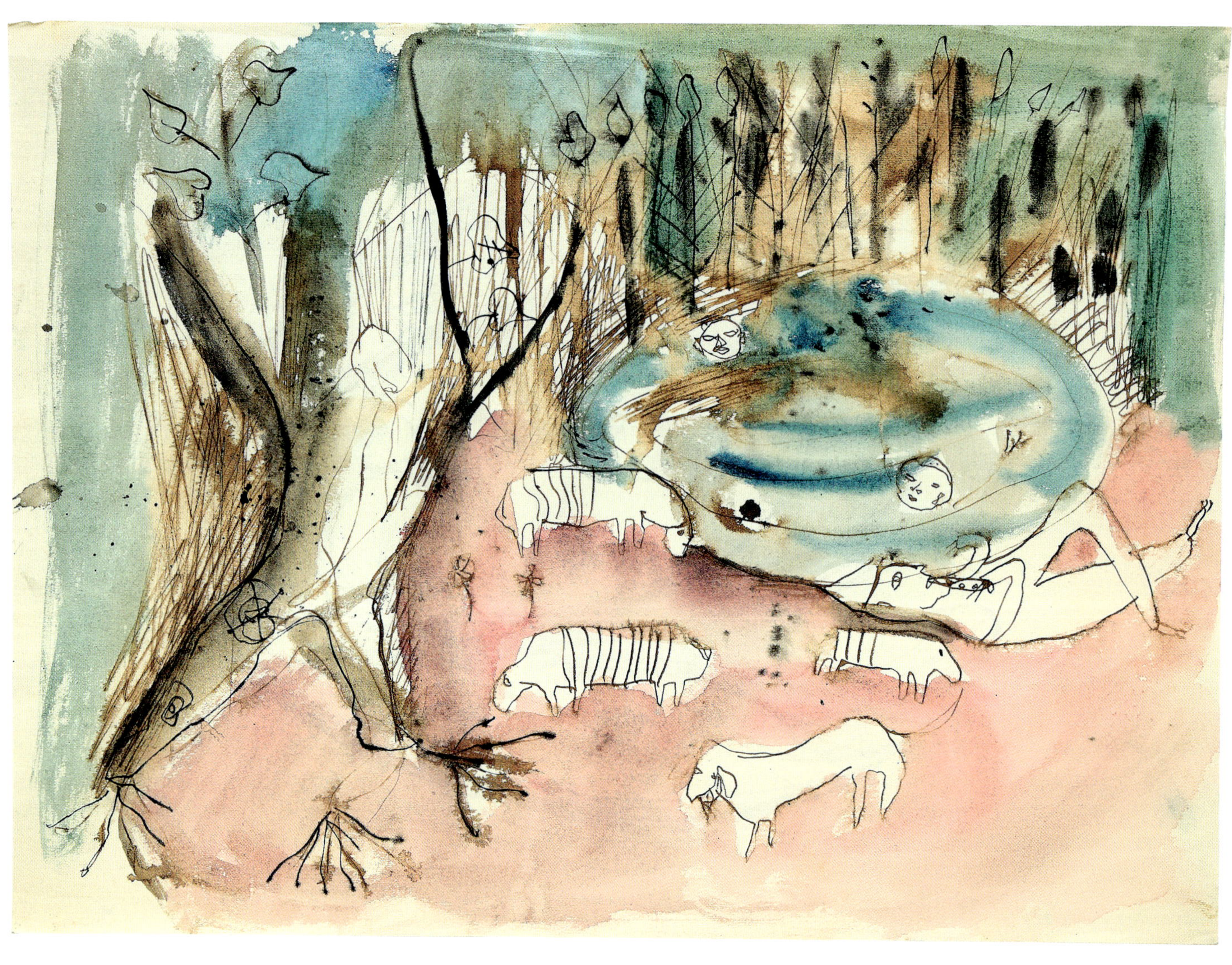

Senza titolo, 1946–1947,
acquerello e inchiostro su carta,
(dipinto recto/verso),
34 × 46,5 cm,
collezione privata.
Foto © Nicola Galli

Untitled, 1946–1947,
watercolour and ink on paper,
(painted recto/verso),
34 × 46.5 cm,
private collection.
Photo © Nicola Galli

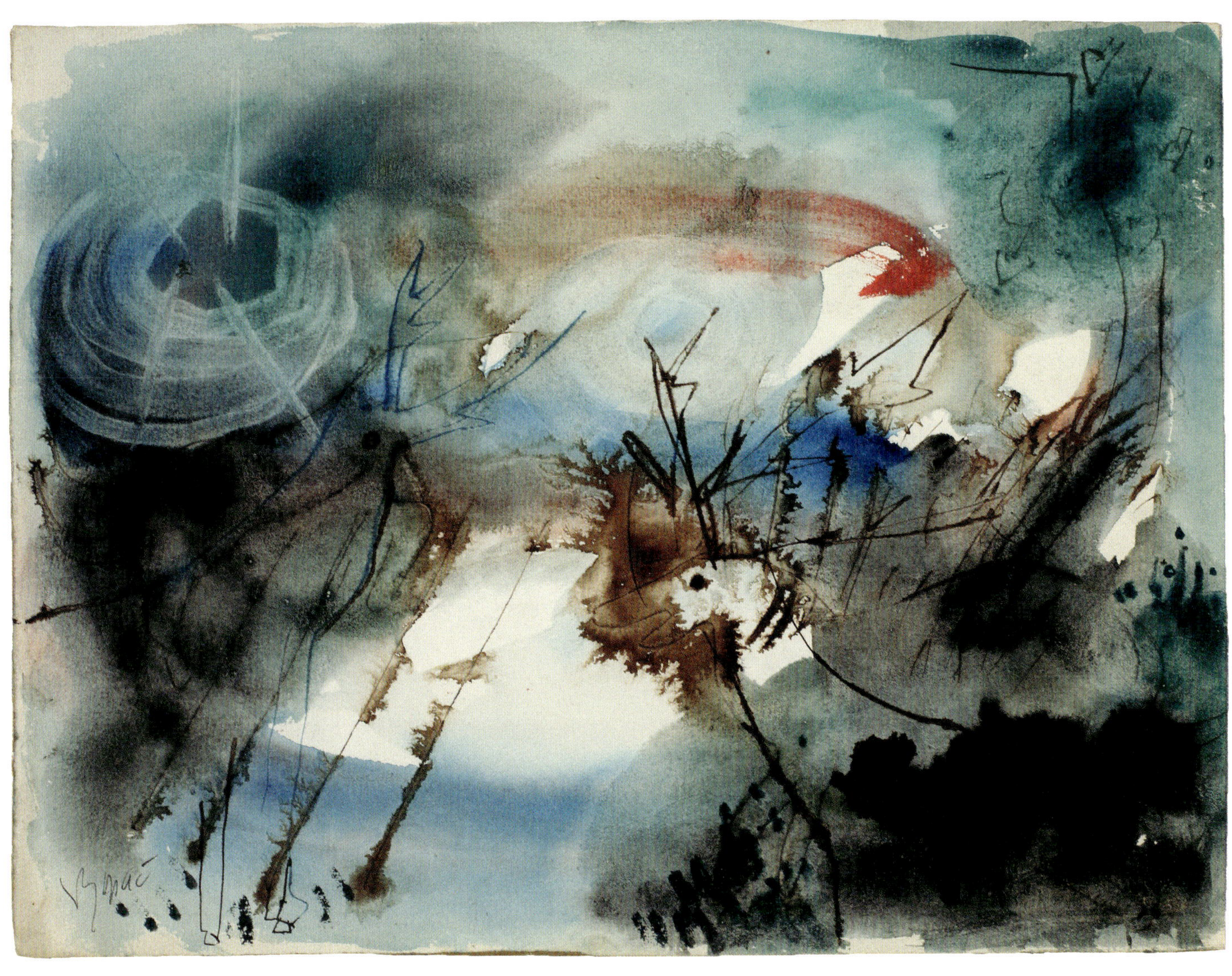

Cerf à la source, 1947–1948,
acquerello e inchiostro su carta,
24 × 32,5 cm,
collezione privata.
Foto © Damir Fabijanić

Cerf à la source, 1947–1948,
watercolour and ink on paper,
24 × 32.5 cm,
private collection.
Photo © Damir Fabijanić

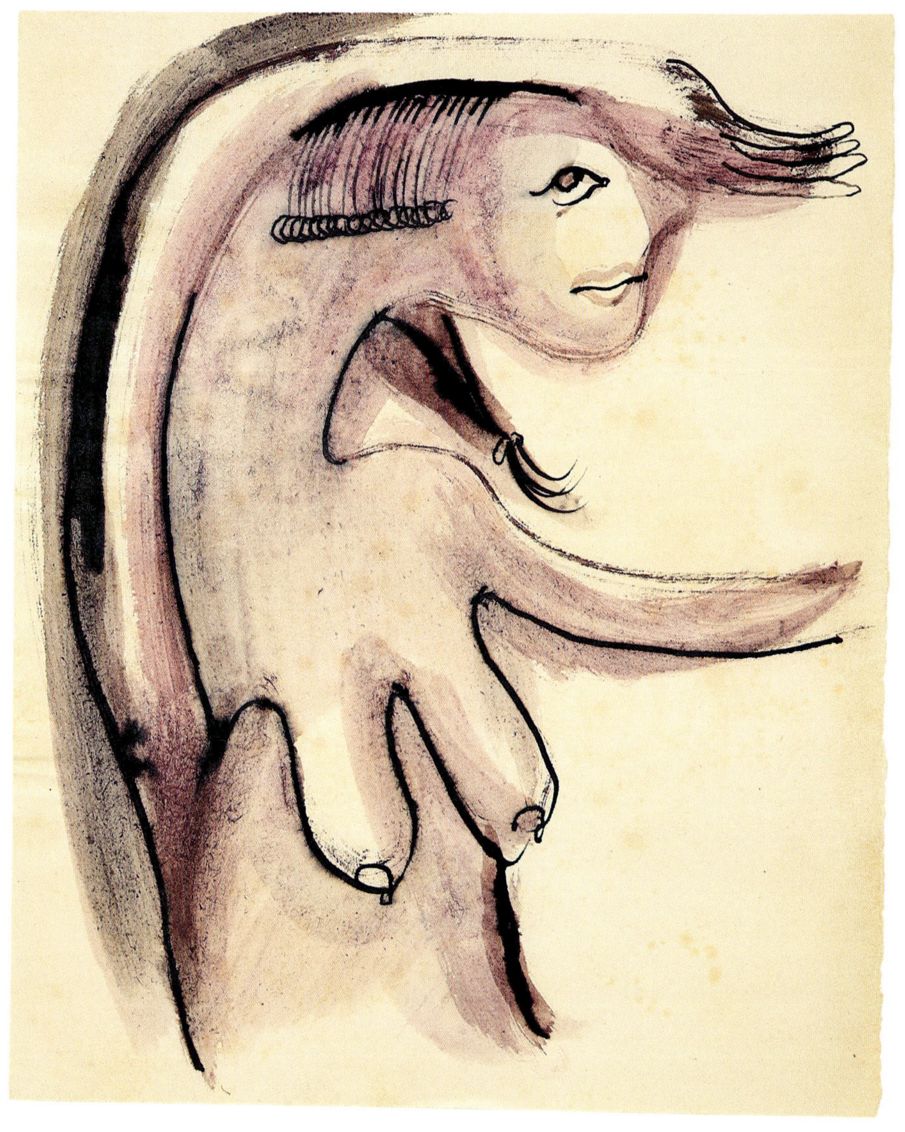

Senza titolo, 1946–1947,
tempera e inchiostro su carta,
20,1 × 16,5 cm,
collezione privata.
Foto © Nicola Galli

Untitled, 1946–1947,
tempera and ink on paper,
20.1 × 16.5 cm,
private collection.
Photo © Nicola Galli

Senza titolo (*Slavko Kopač nei primi di maggio 1947*), maggio 1947,
acquerello e inchiostro su carta,
24,8 × 14,8 cm,
collezione privata.
Foto © Nicola Galli

Untitled (*Slavko Kopač nei primi di maggio 1947*), May 1947,
watercolour and ink on paper,
24.8 × 14.8 cm,
private collection.
Photo © Nicola Galli

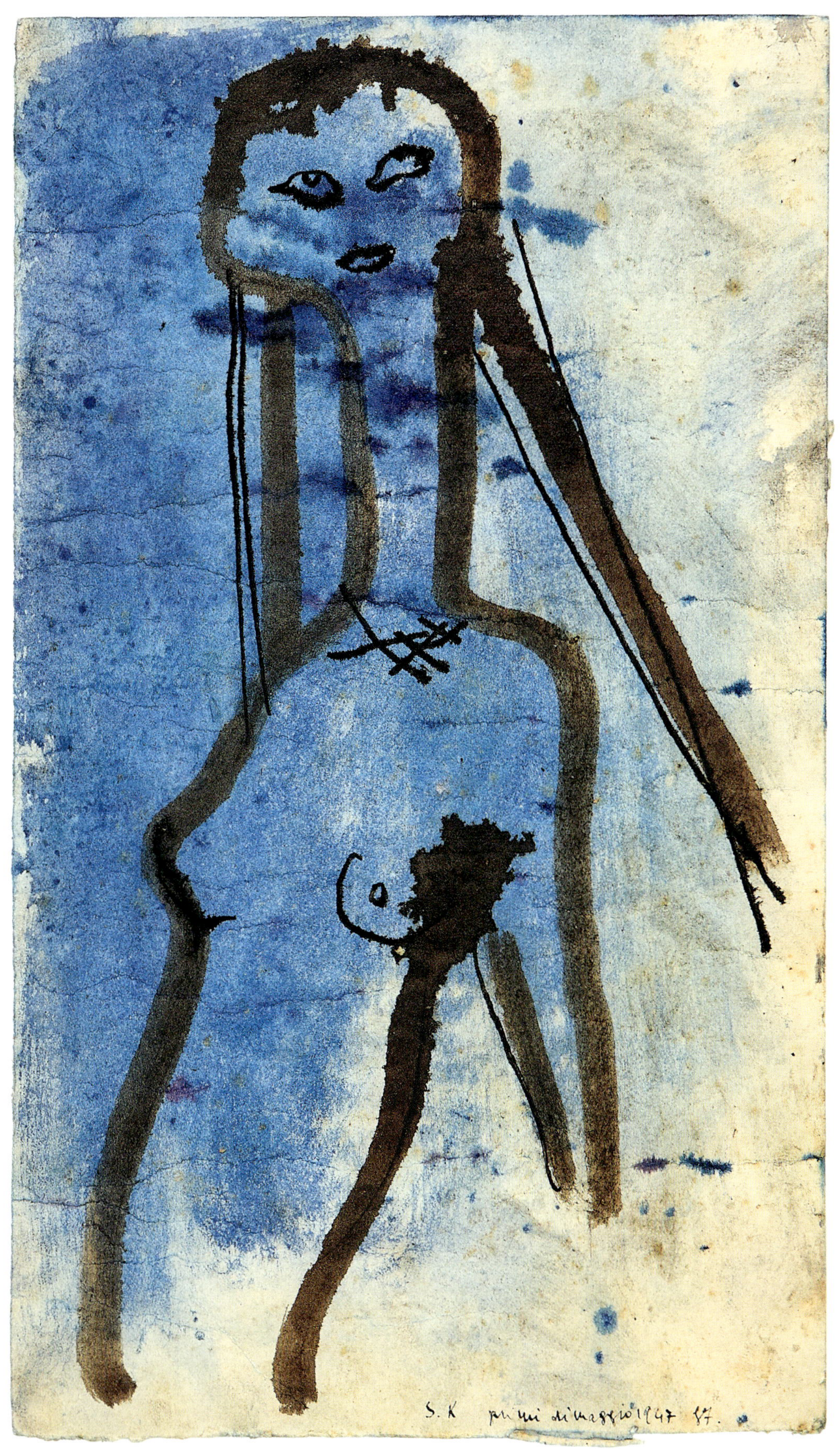
S.K primi di maggio 1947 87.

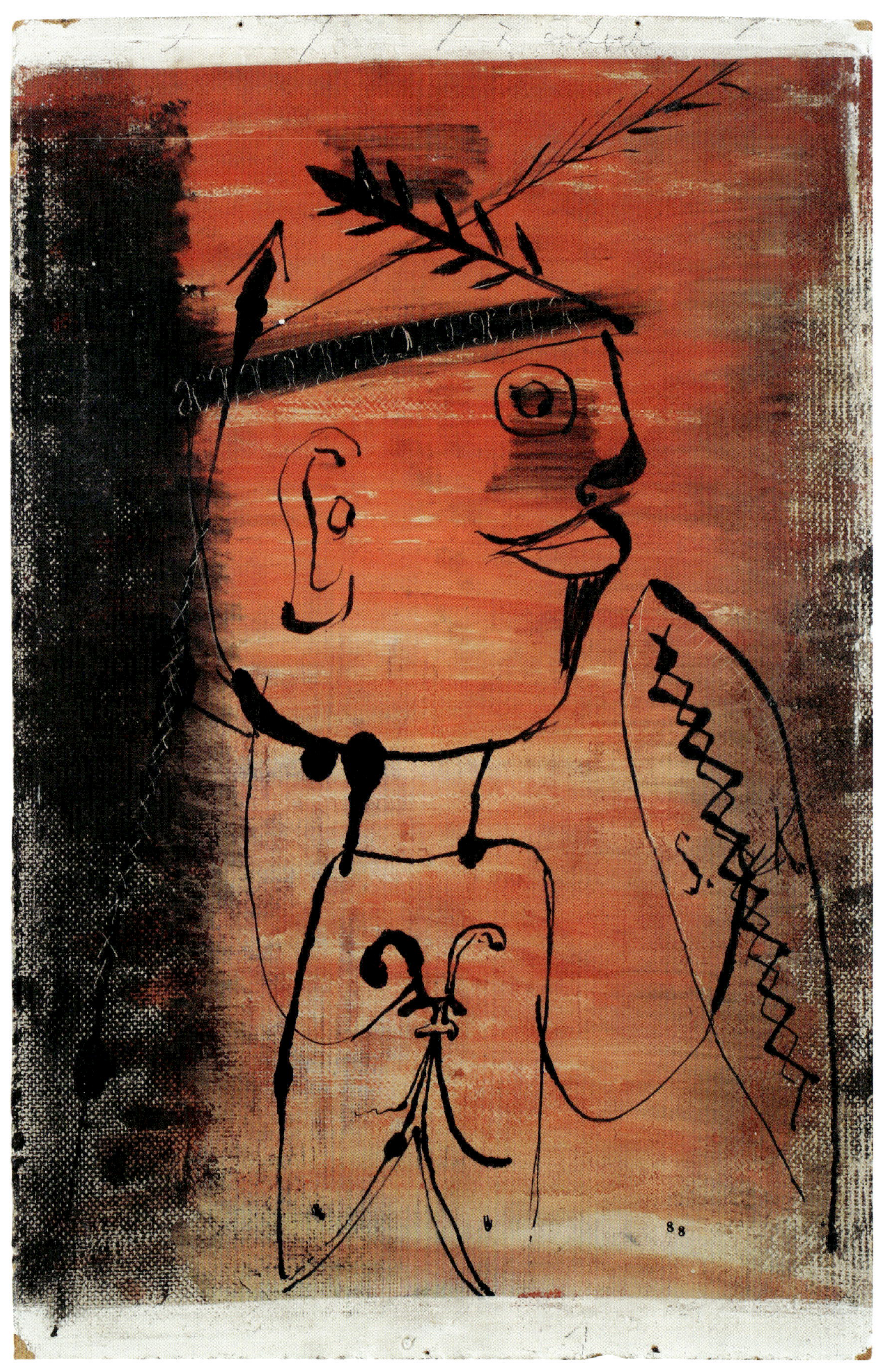

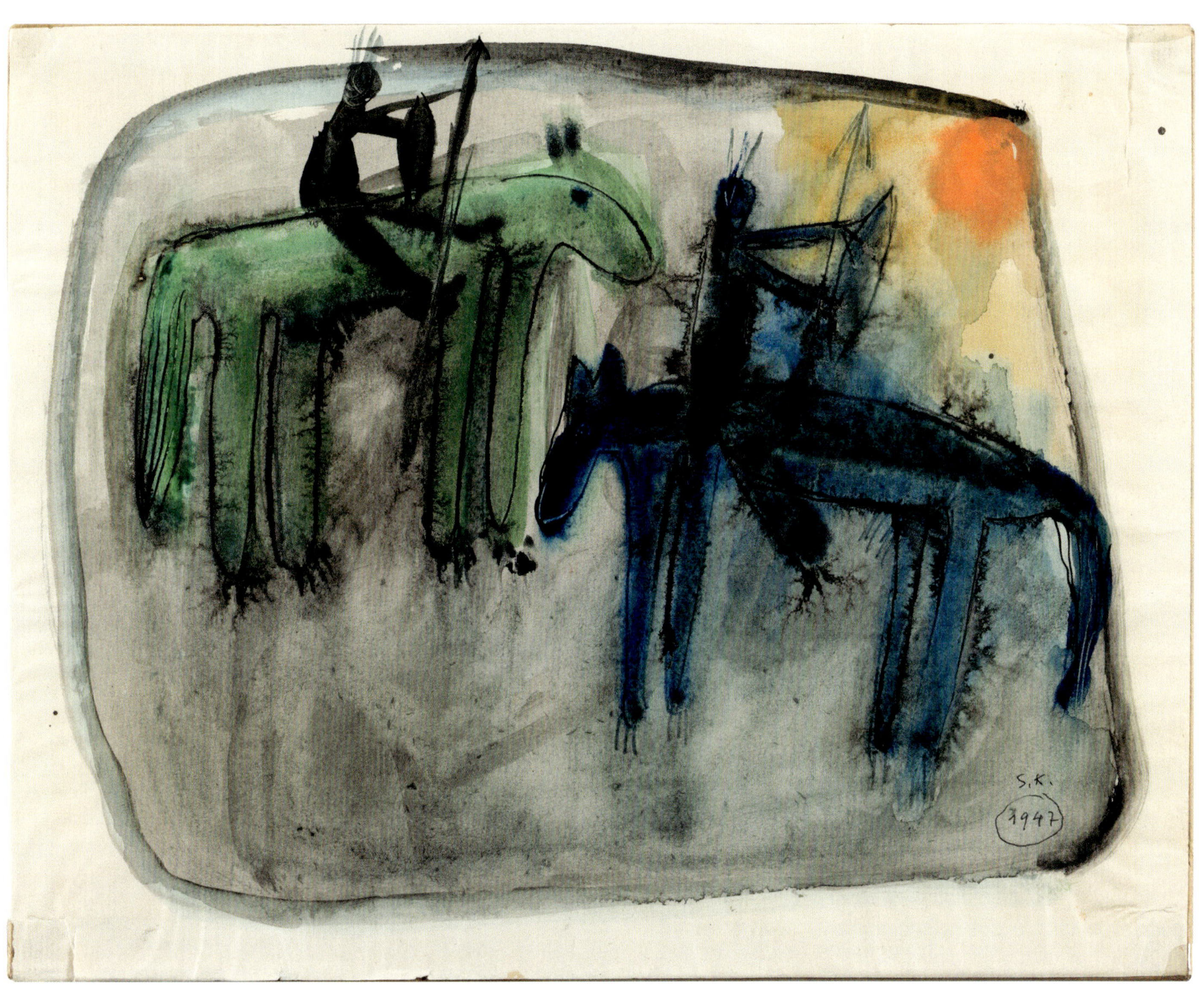

Peau-Rouge, 1948, tecnica mista su tavola, 50 × 33 cm, collezione privata.
Foto © Damir Fabijanić

Peau-Rouge, 1948, mixed-media on board, 50 × 33 cm, private collection.
Photo © Damir Fabijanić

Les Indiens, 1947, acquerello e inchiostro su carta, 21 × 27 cm, collezione privata.
Foto © Damir Fabijanić

Les Indiens, 1947, watercolour and ink on paper, 21 × 27 cm, private collection.
Photo © Damir Fabijanić

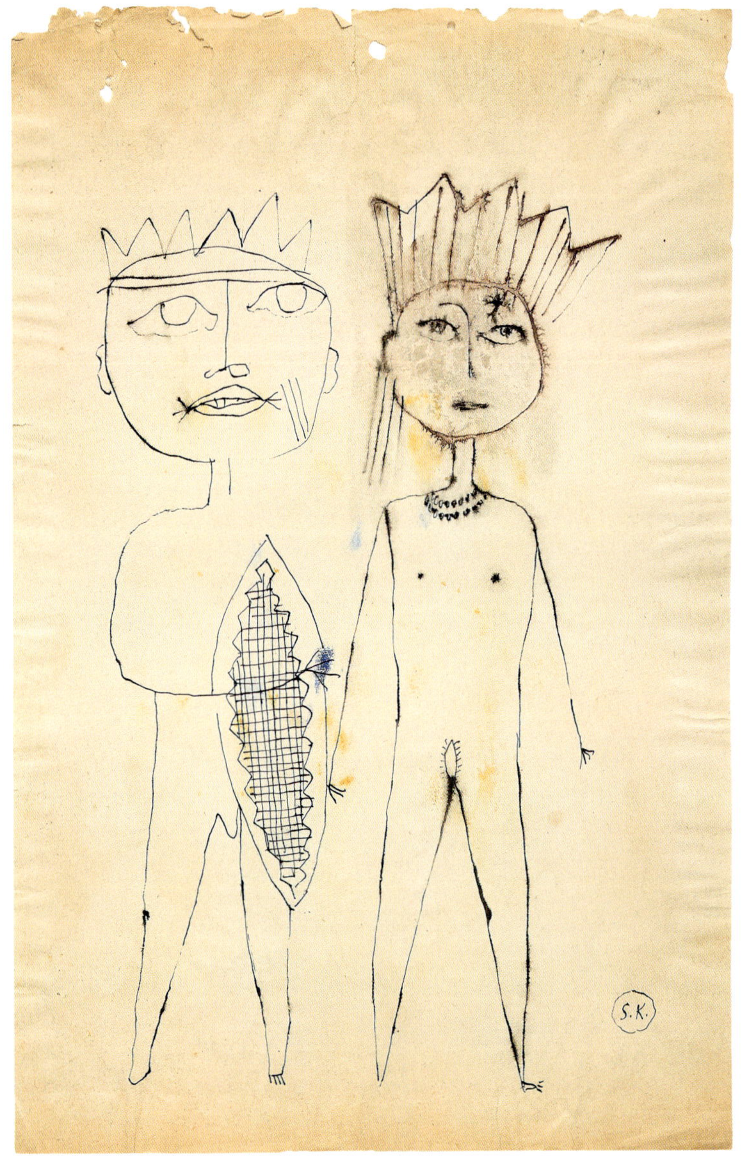

Senza titolo, 1947, acquerello e inchiostro su carta, 33 × 21,5 cm, collezione privata.
Foto © Nicola Galli

Untitled, 1947, watercolour and ink on paper, 33 × 21.5 cm, private collection.
Photo © Nicola Galli

Trois personnages, 1947, acquerello e inchiostro su carta, 43 × 31,5 cm, collezione privata.
Foto © Damir Fabijanić

Trois personnages, 1947, watercolour and ink on paper, 43 × 31.5 cm, private collection.
Photo © Damir Fabijanić

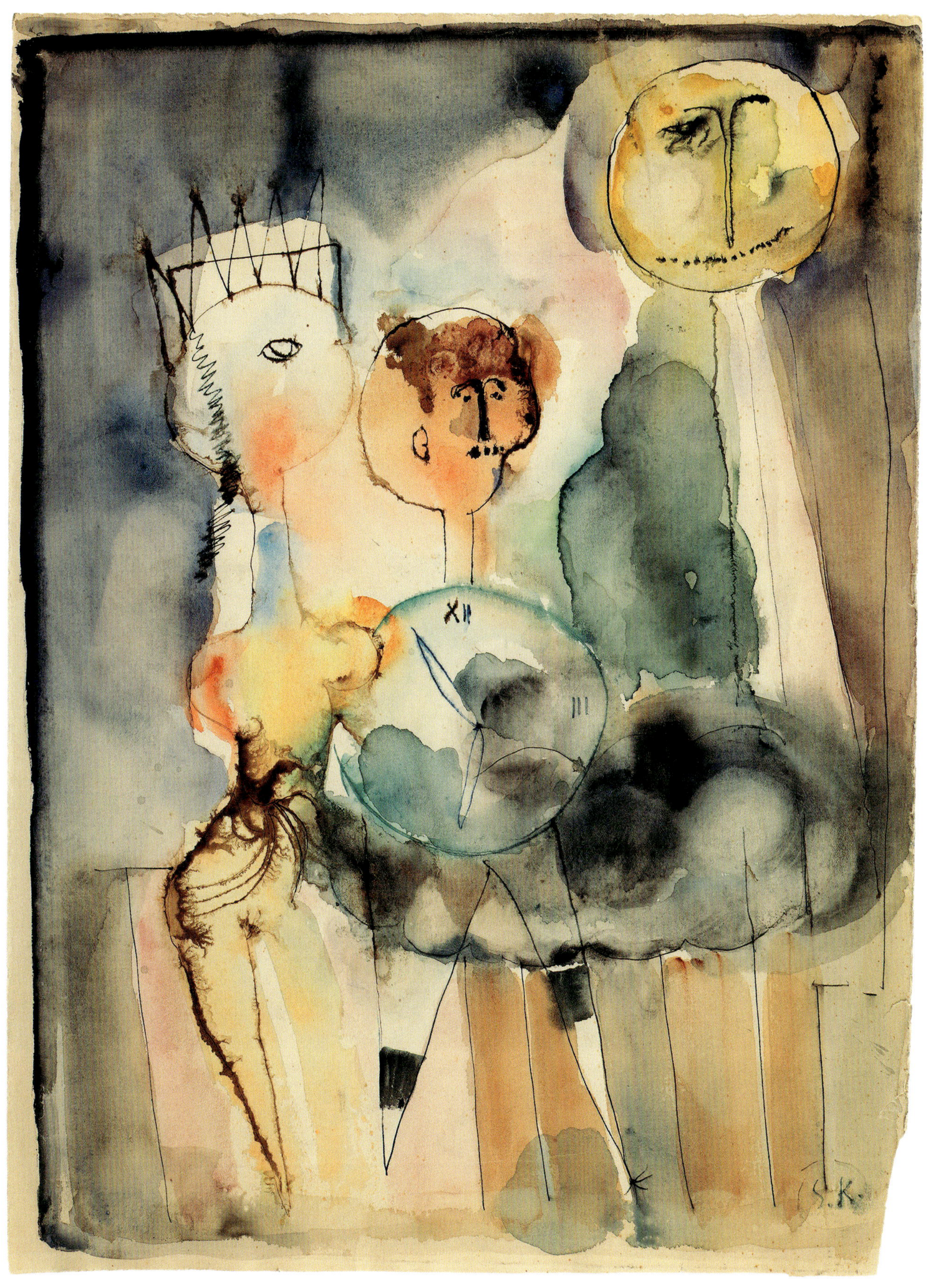
XII
III
S.K.

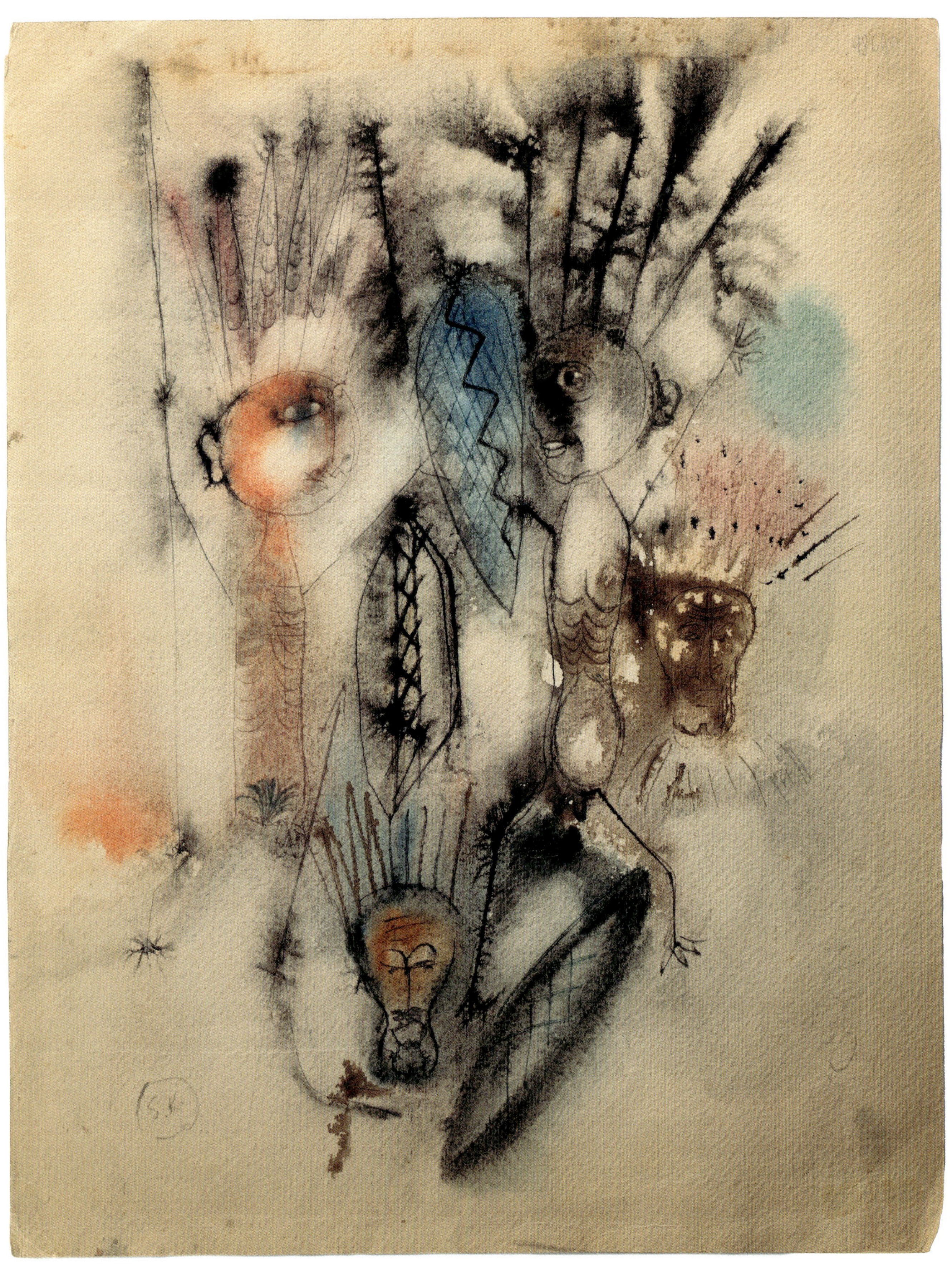

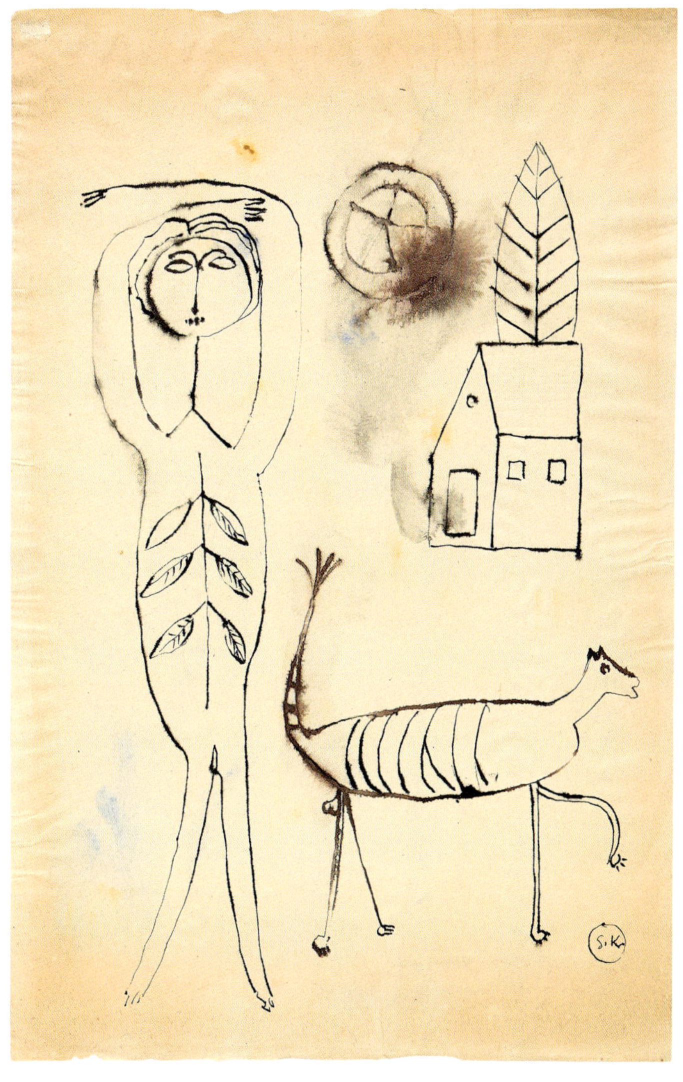

Senza titolo, 1946–1947, acquerello
e inchiostro su carta,
49 × 37,5 cm
collezione privata.
Foto © Damir Fabijanić

Untitled, 1946–1947, watercolour
and ink on paper,
49 × 37.5 cm
private collection.
Photo © Damir Fabijanić

Senza titolo, 1947,
inchiostro su carta,
33 × 21 cm,
collezione privata.
Foto © Nicola Galli

Untitled, 1947,
ink on paper,
33 × 21 cm,
private collection.
Photo © Nicola Galli

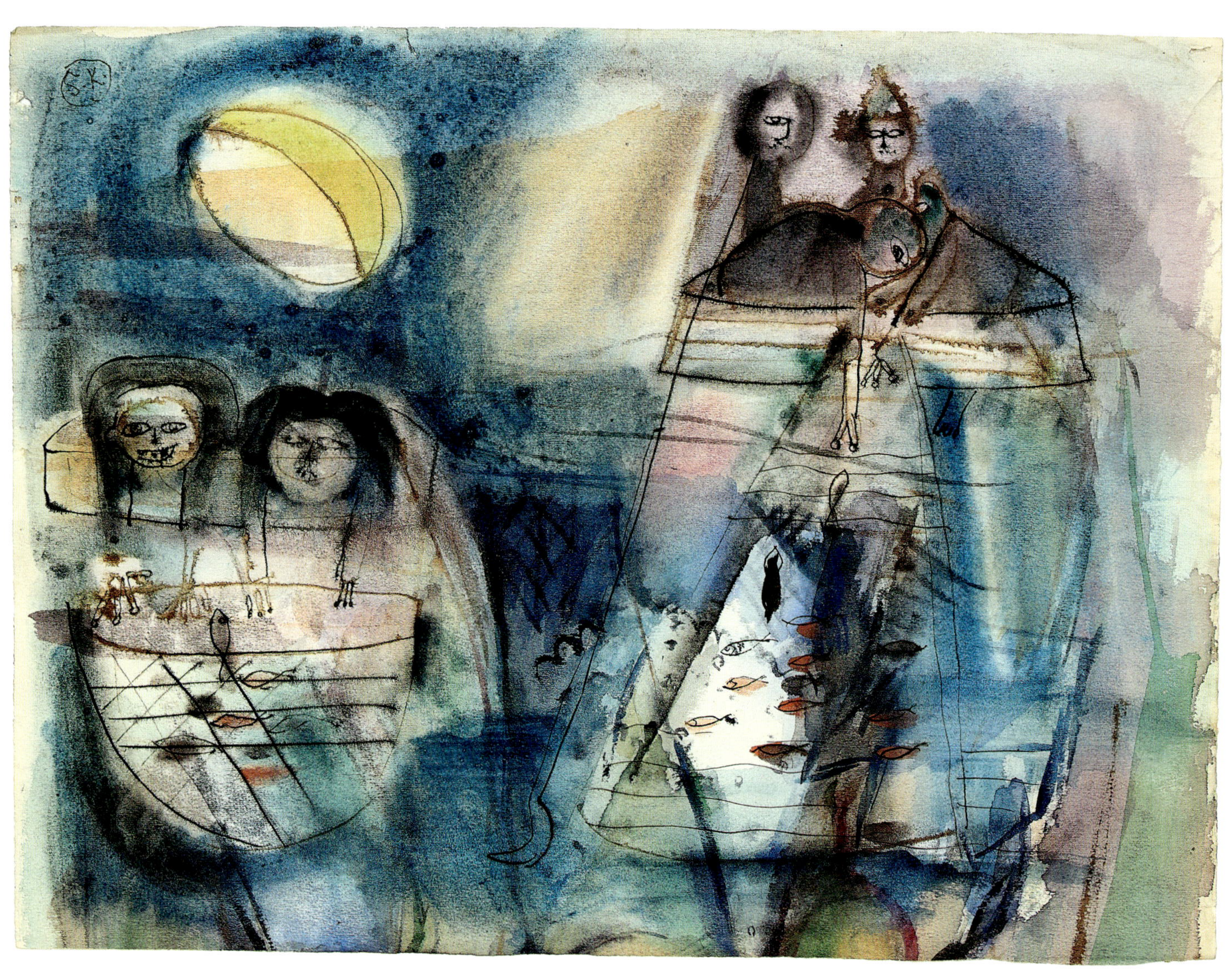

Senza titolo, 1946–1947,
recto: tempera e inchiostro su carta,
35,5 × 47,7 cm,
collezione privata.
Foto © Nicola Galli

Untitled, 1946–1947,
recto: tempera and ink on paper,
35.5 × 47.7 cm,
private collection.
Photo © Nicola Galli

Senza titolo, 1946–1947,
verso: tempera e inchiostro su carta,
47,7 × 35,5 cm,
collezione privata.
Foto © Nicola Galli

Untitled, 1946–1947,
verso: tempera and ink on paper,
47.7 × 35.5 cm,
private collection.
Photo © Nicola Galli

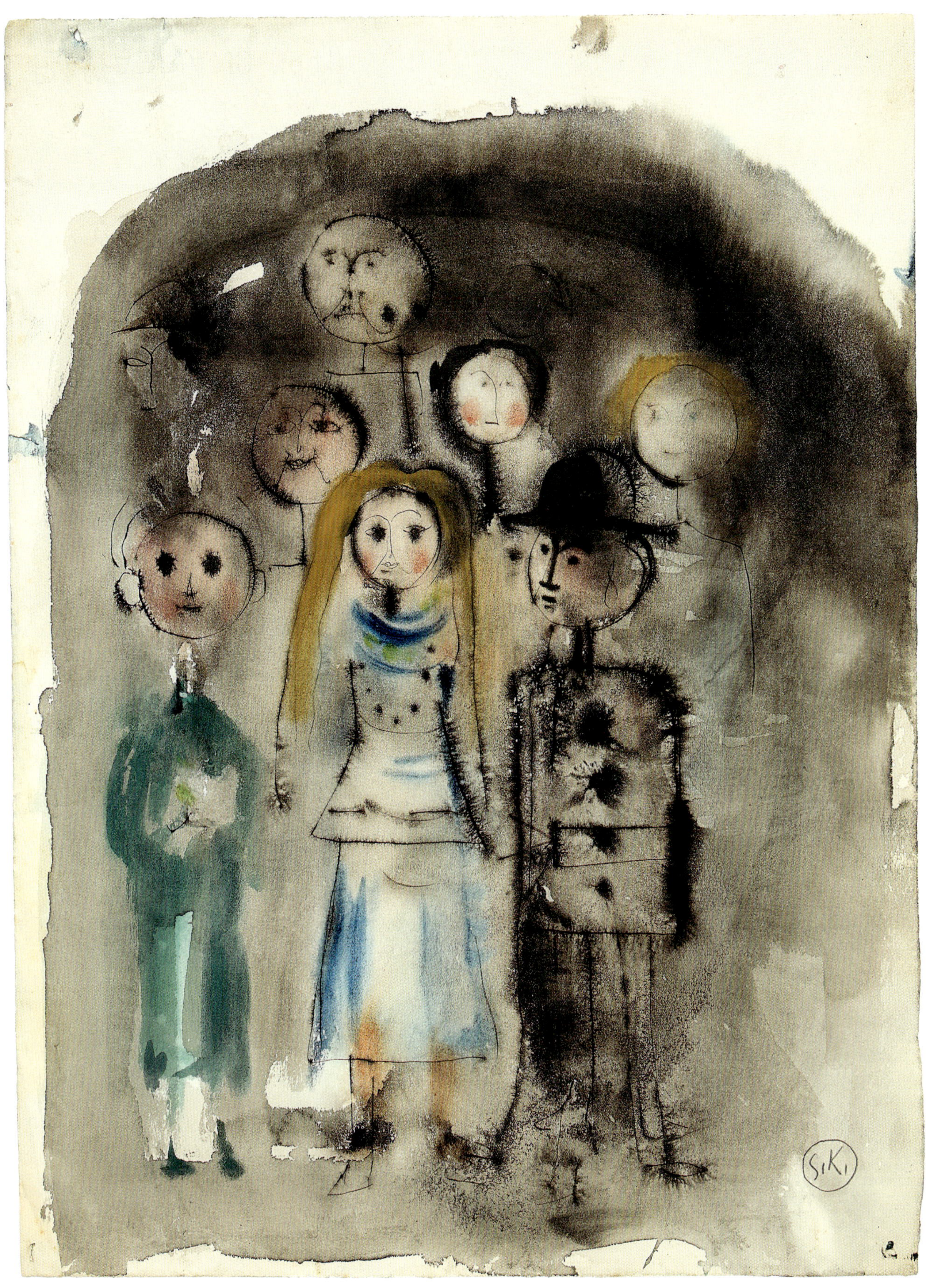
SiKi

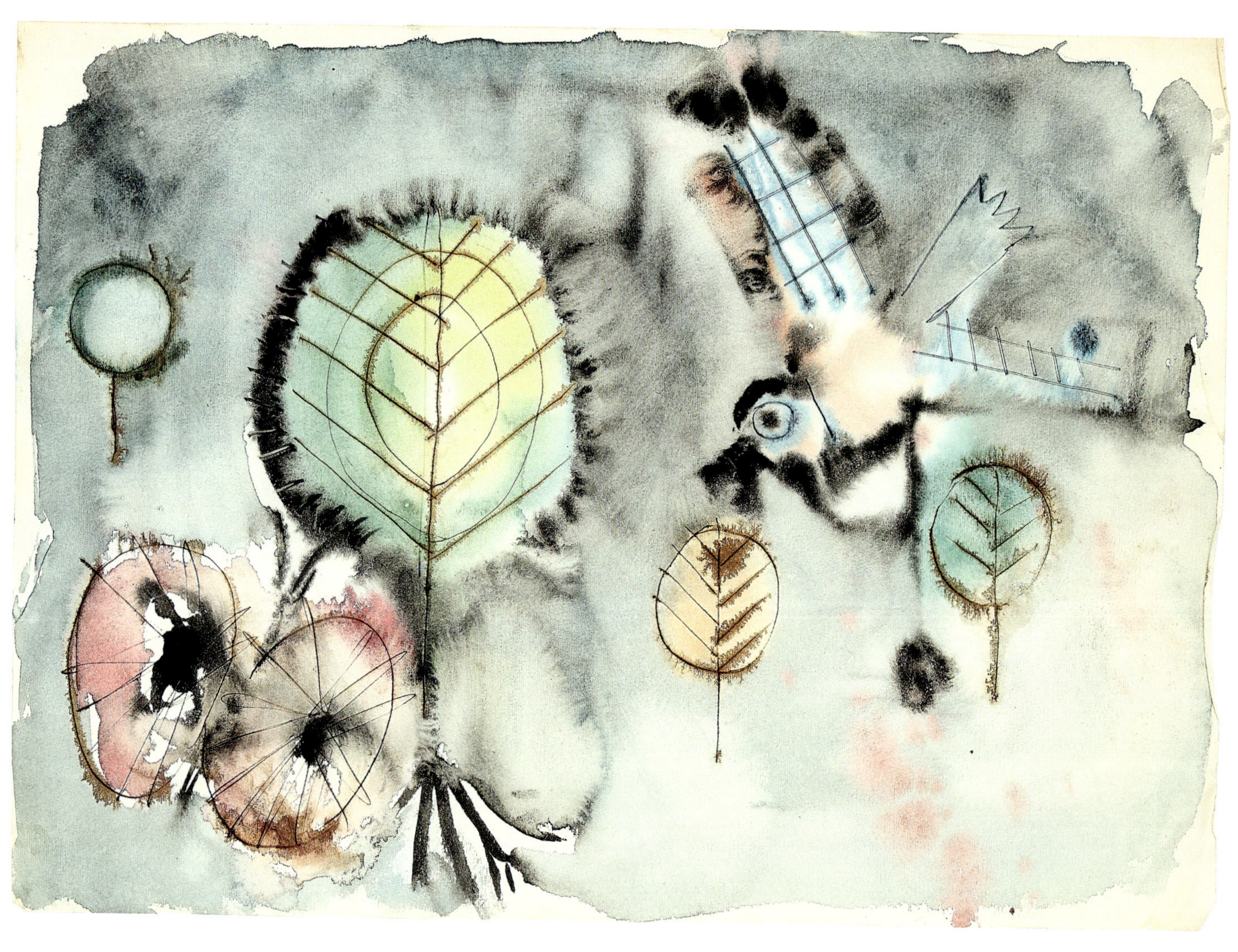

Senza titolo, 1946–1947, acquerello e inchiostro su carta (dipinto recto/verso), 34 × 46,5 cm, collezione privata. Foto © Nicola Galli

Untitled, 1946–1947, watercolour and ink on paper (painted recto/verso), 34 × 46.5 cm, private collection. Photo © Nicola Galli

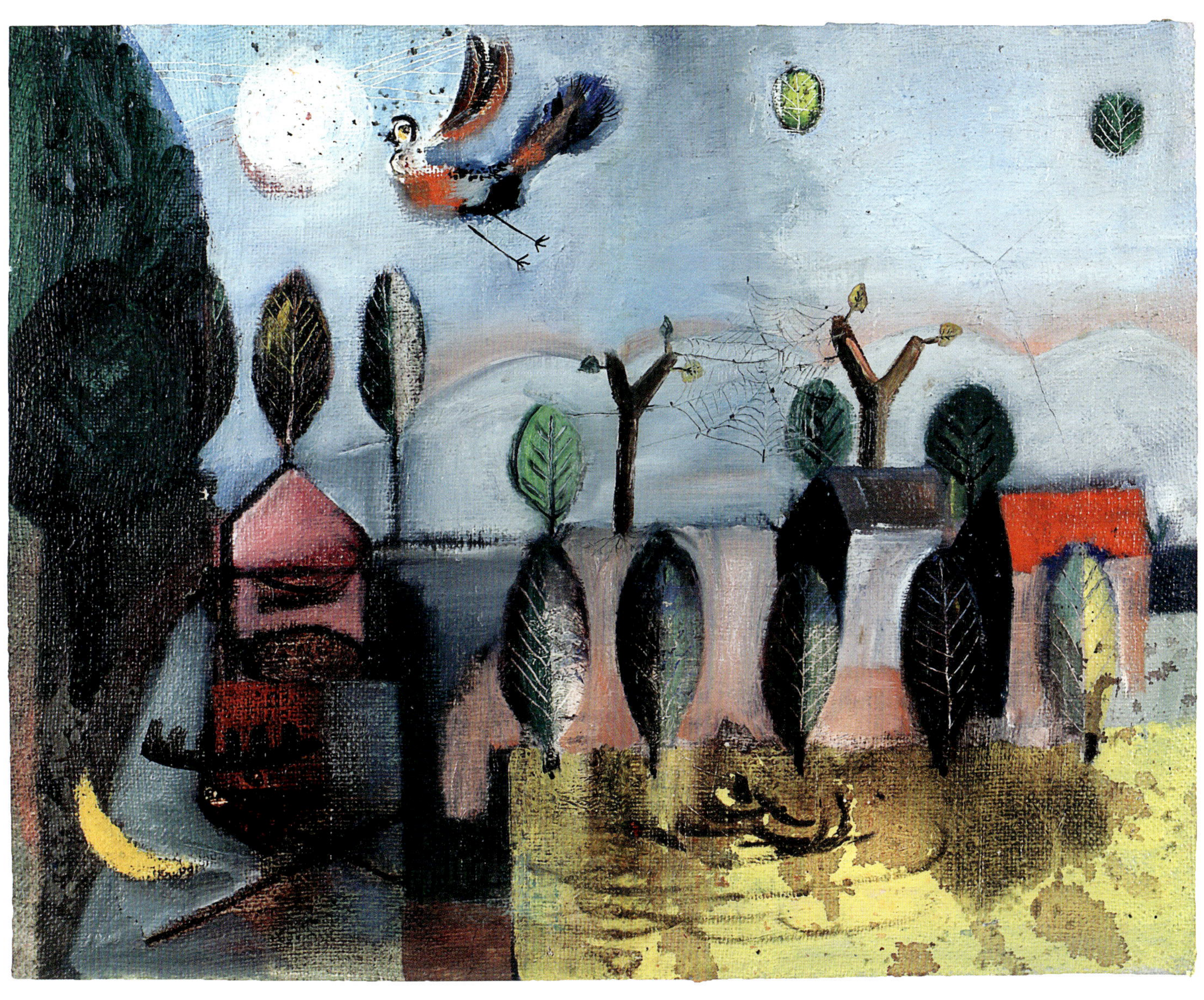

Paysage, 1947, olio su tela,
50 × 65 cm,
collezione privata.
Foto © Damir Fabijanić

Paysage, 1947, oil on canvas,
50 × 65 cm,
private collection.
Photo © Damir Fabijanić

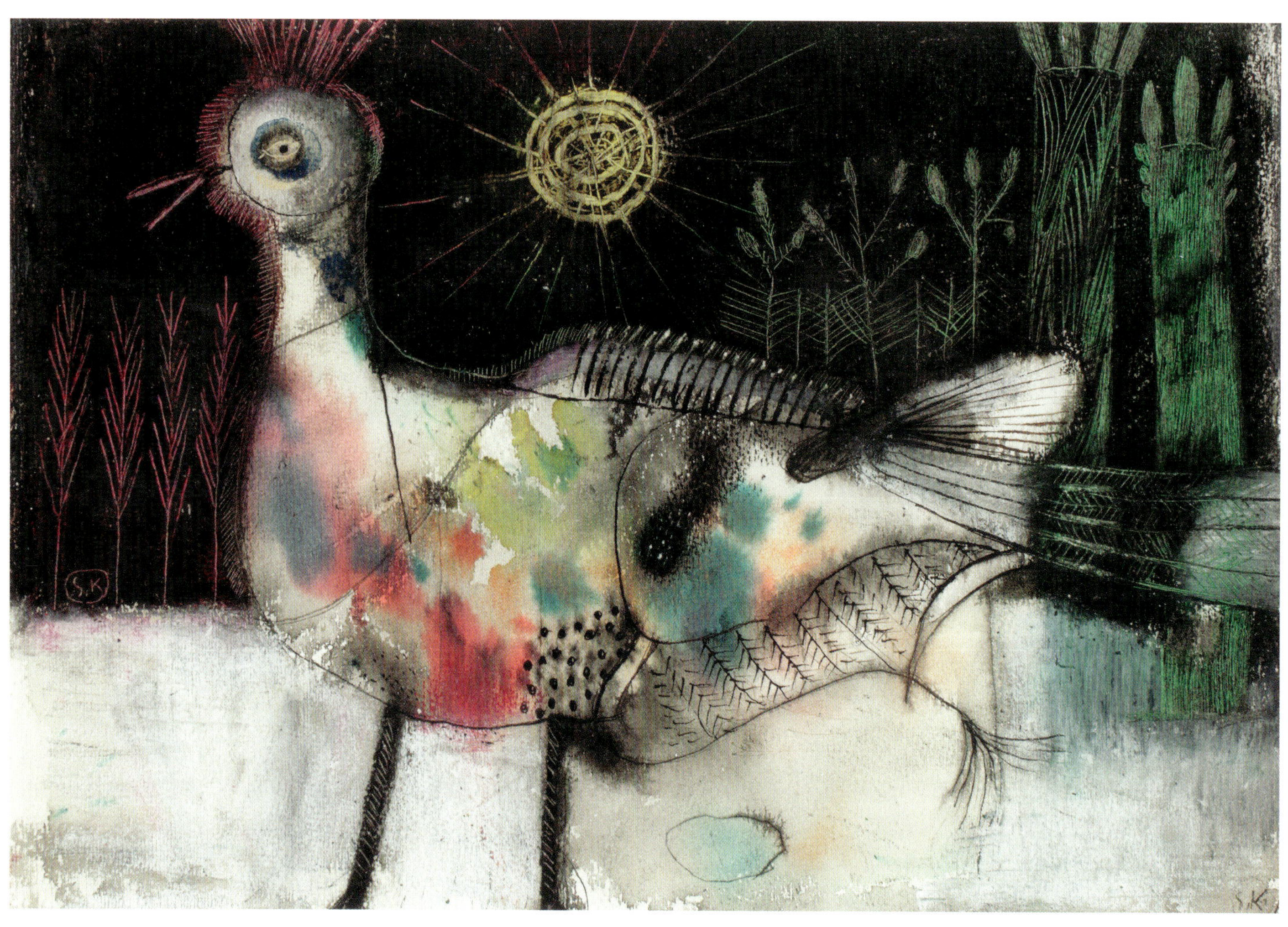

L'oiseau et le soleil, 1948,
acquerello e matita su carta,
24 × 33 cm,
inv. n. GKD-922, Galerija Klovićevi dvori, Zagabria.
© Foto Filip Beusan/Galerija Klovićevi dvori

L'oiseau et le soleil, 1948,
watercolour and pencil on paper,
24 × 33 cm,
inv. no. GKD-922, Galerija Klovićevi dvori, Zagabria.
© Photo Filip Beusan/Galerija Klovićevi dvori

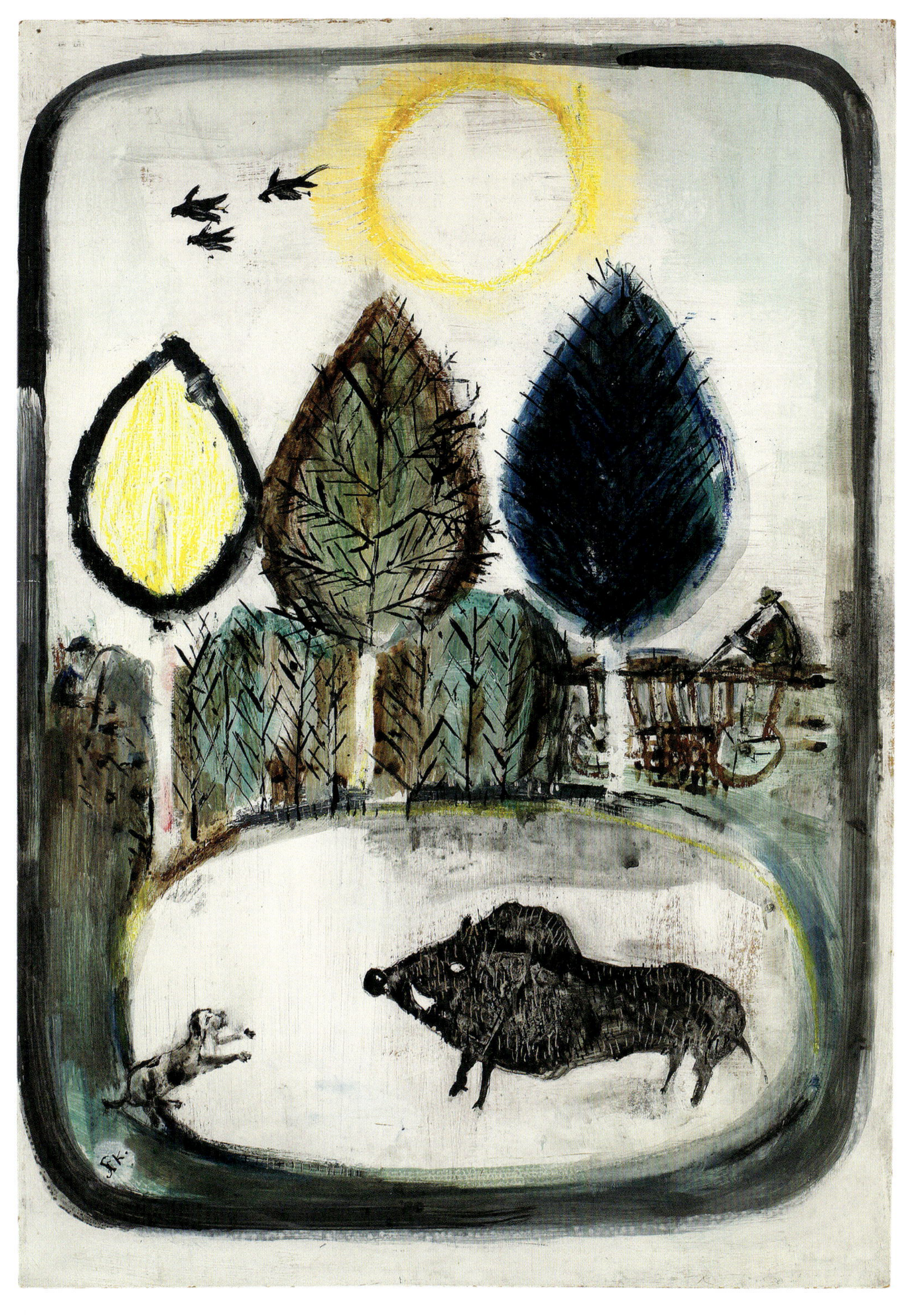

Chasse au sanglier, 1948,
olio su tavola, 70 × 50 cm,
collezione privata.
Foto © Damir Fabijanić

Chasse au sanglier, 1948,
oil on panel, 70 × 50 cm,
private collection.
Photo © Damir Fabijanić

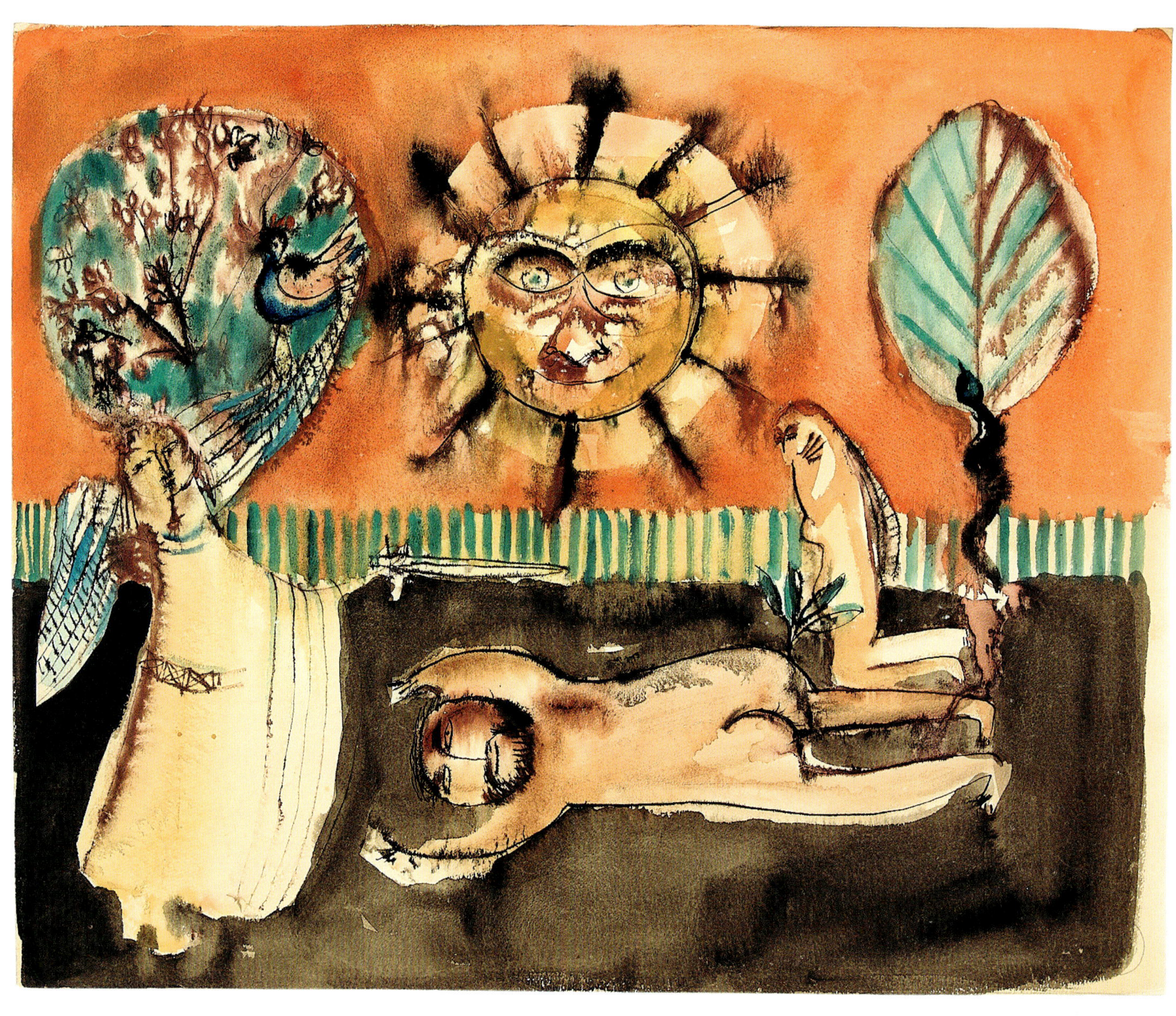

Senza titolo, 1947–1948,
tempera e inchiostro su carta,
38 × 46,7 cm,
collezione privata.
Foto © Damir Fabijanić

Untitled, 1947–1948, tempera
and ink on paper,
38 × 46.7 cm,
private collection.
Photo © Damir Fabijanić

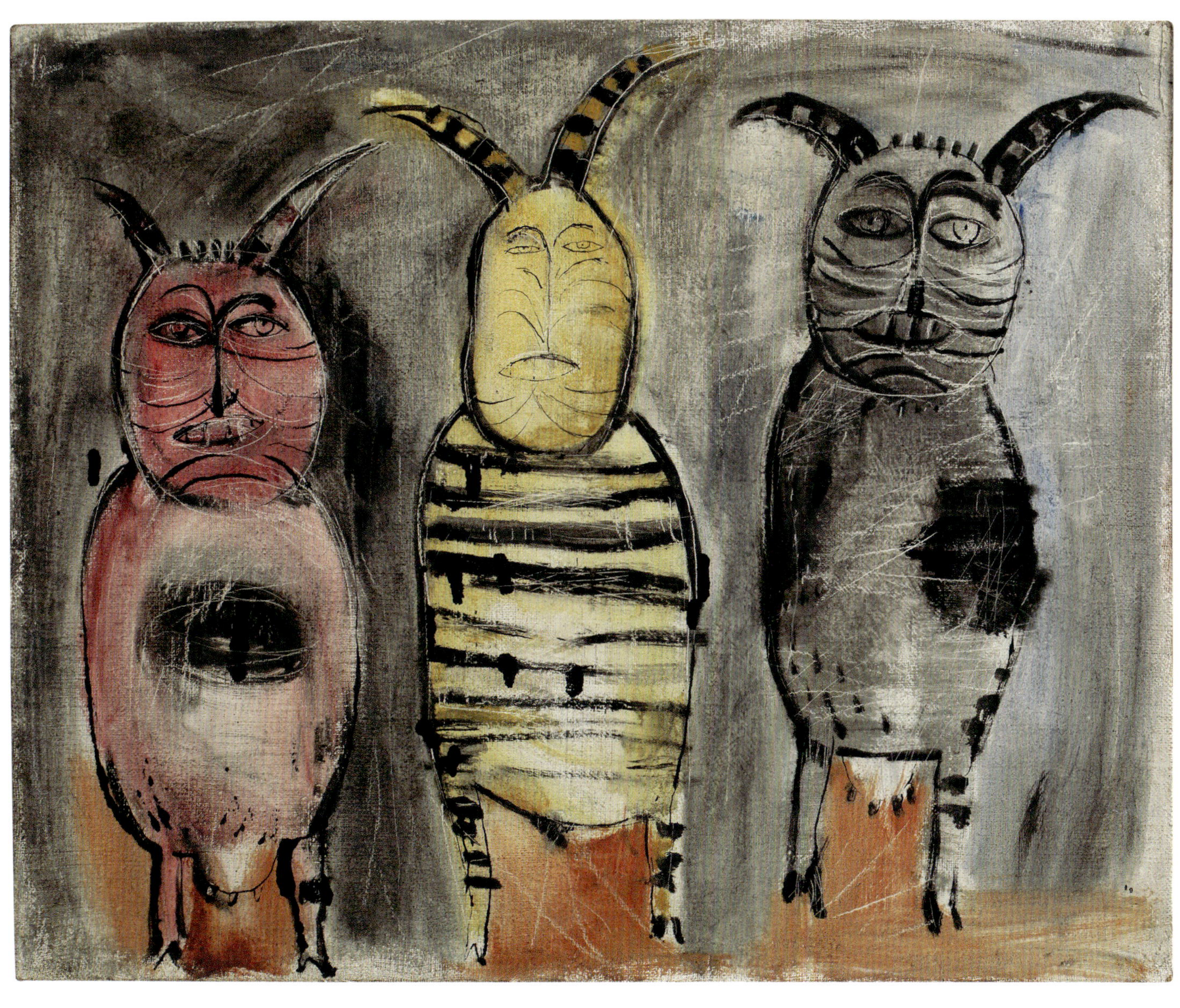

Promenade, 1949, olio su tela,
73 × 92,5 cm,
collezione privata.
Foto © Damir Fabijanić

Promenade, 1949, oil on canvas,
73 × 92.5 cm,
private collection.
Photo © Damir Fabijanić

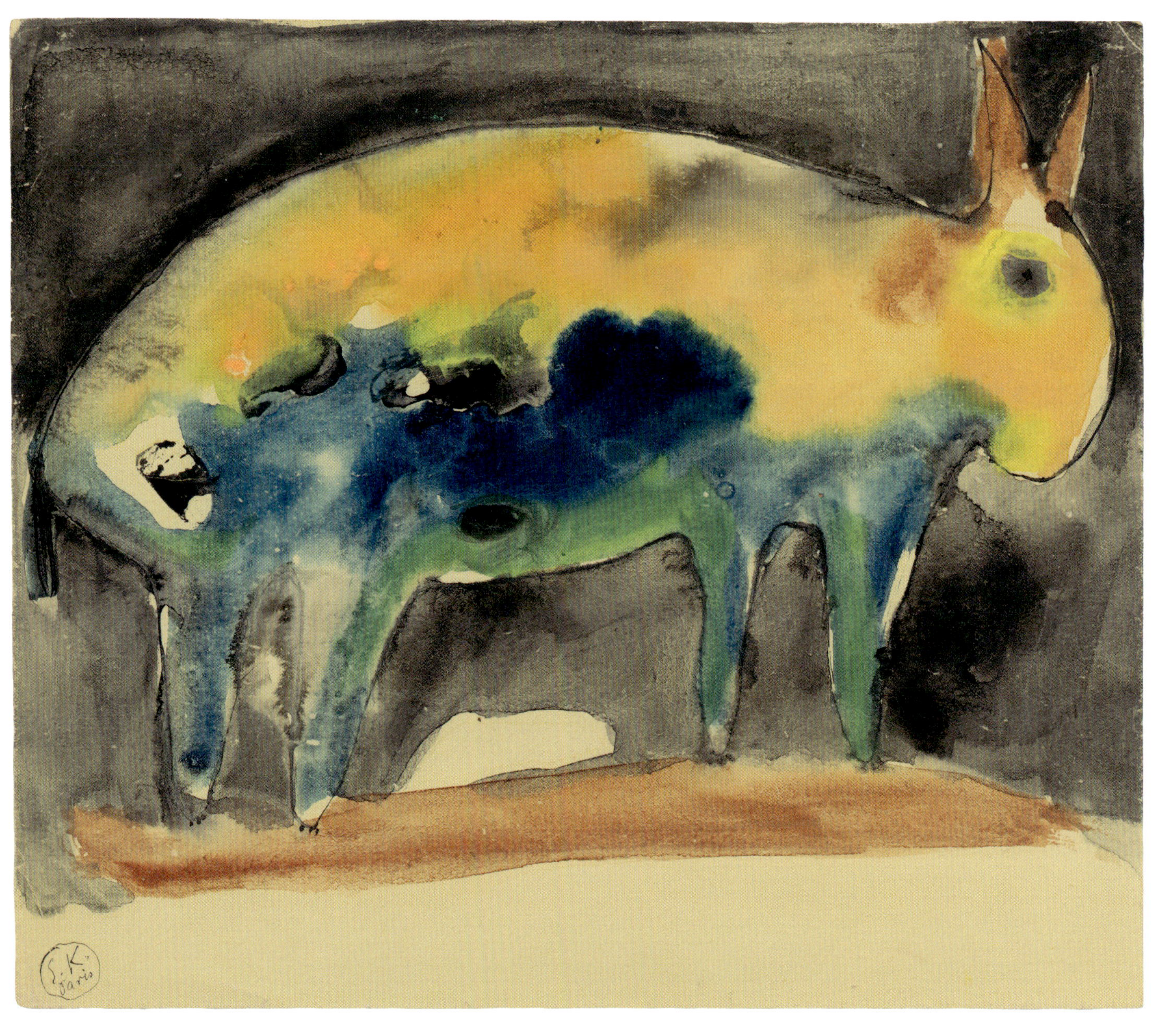

Agneau, 1948–1949, acquerello su carta, 22,5 × 26,3 cm, collezione privata.
Foto © Damir Fabijanić

Agneau, 1948–1949, watercolour on paper, 22.5 × 26.3 cm, private collection.
Photo © Damir Fabijanić

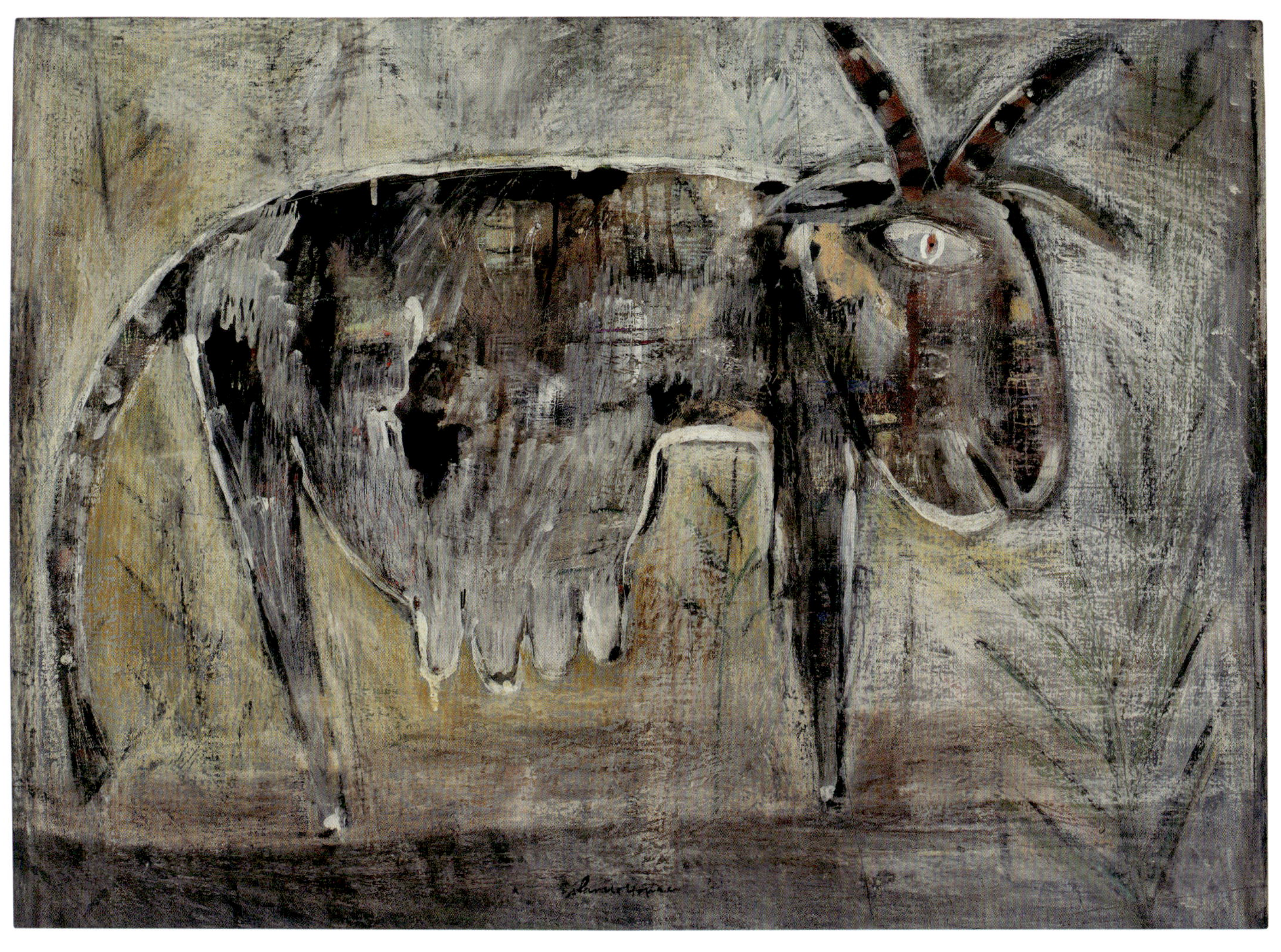

Vache, 1949, olio su tela,
70 × 97 cm, collezione Museo
Nazionale di Arte Moderna, Zagabria.
Foto © Damir Fabijanić, courtesy
NMMU Zagreb

Vache, 1949, oil on canvas,
70 × 97 cm, collection National
Museum of Modern Art, Zagreb.
Photo © Damir Fabijanić, courtesy
NMMU Zagreb

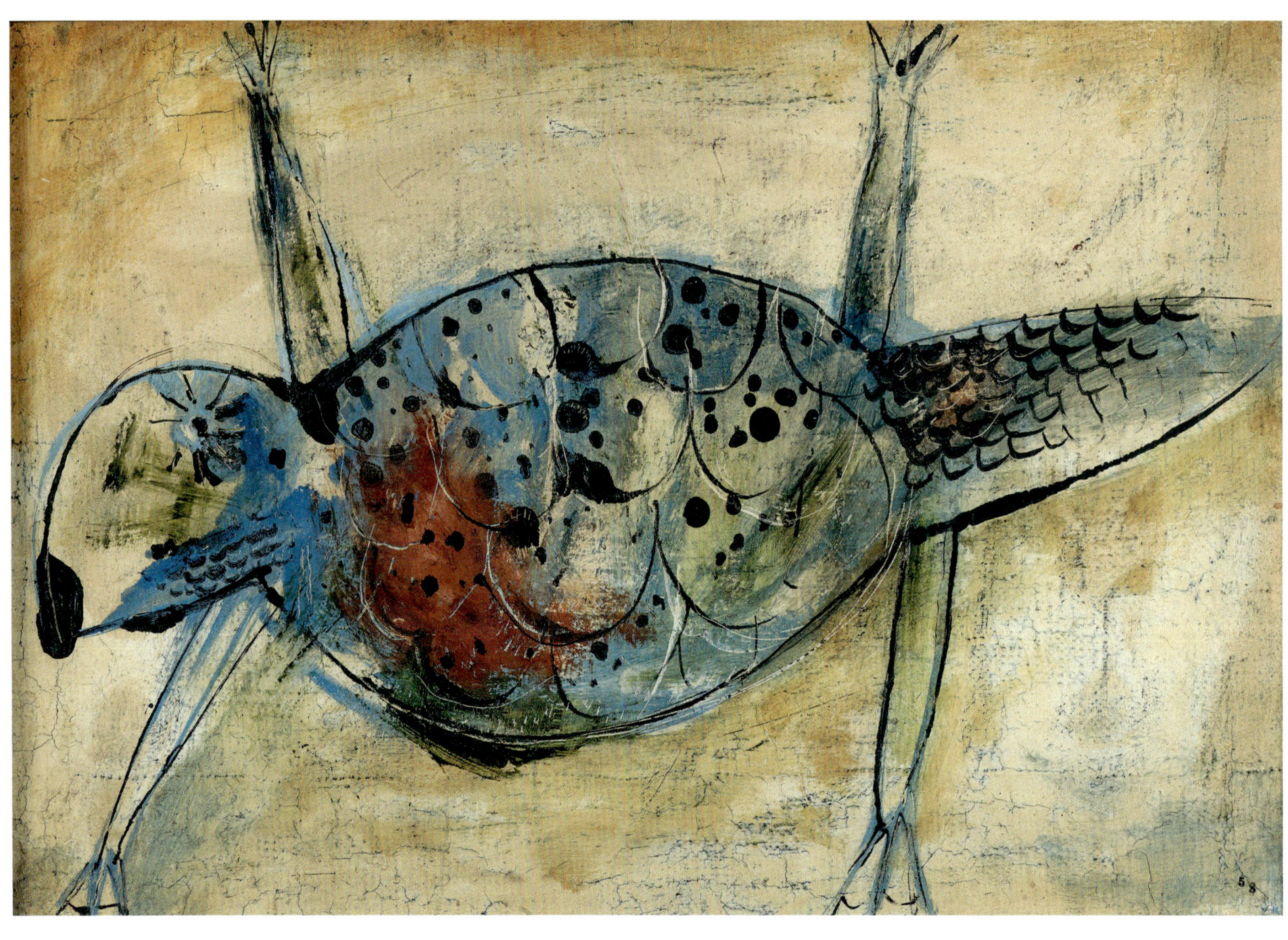

Lézard, 1949,
olio e pittura vinilica su tela,
38 × 55 cm,
collezione privata.
Foto © Damir Fabijanić

Lézard, 1949,
oil and vinyl paint on canvas,
38 × 55 cm,
private collection.
Photo © Damir Fabijanić

Lézard, 1949, olio su tela,
62 × 45 cm,
collezione privata.
Foto © Damir Fabijanić

Lézard, 1949, oil on canvas,
62 × 45 cm,
private collection.
Photo © Damir Fabijanić

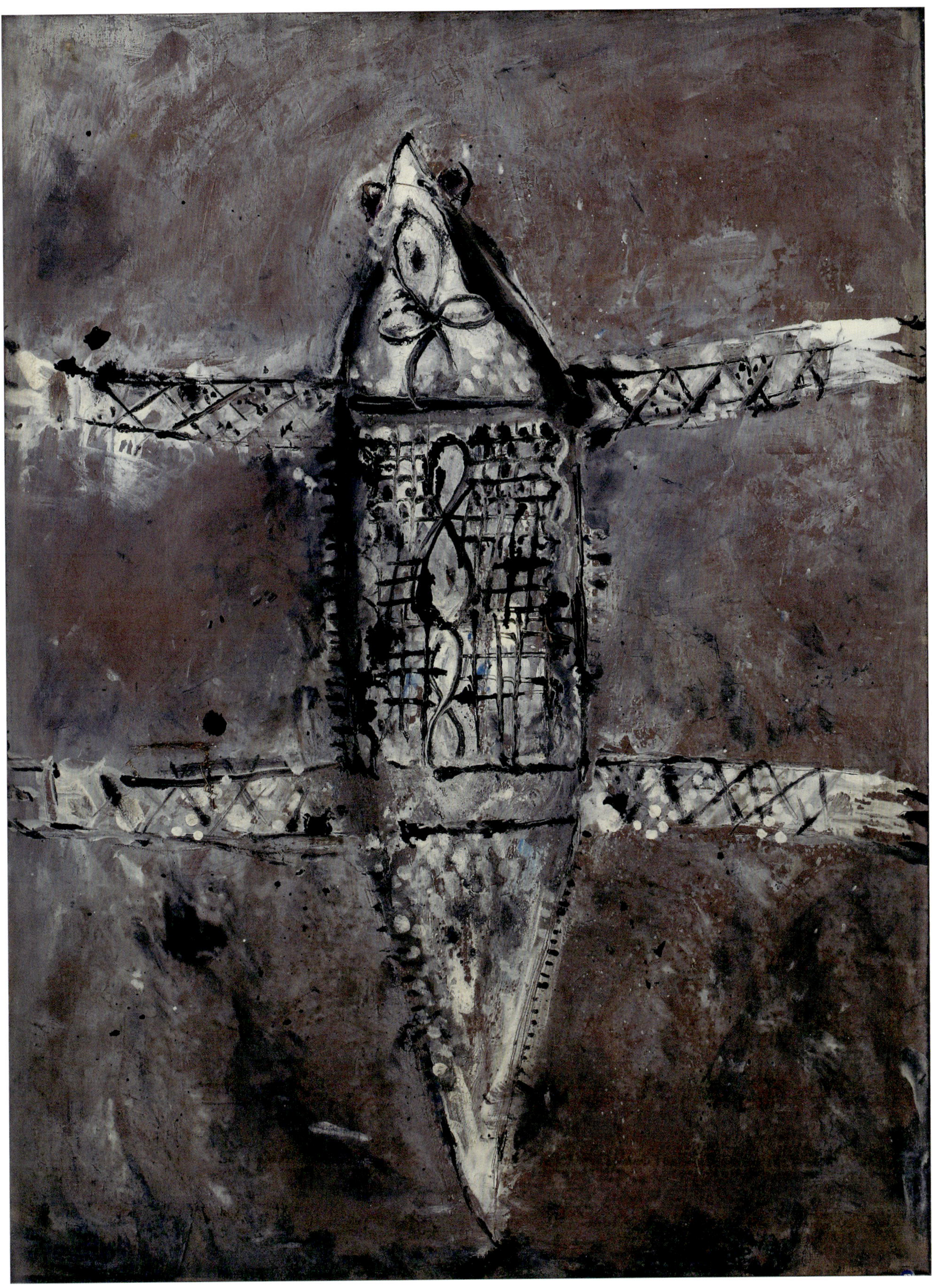

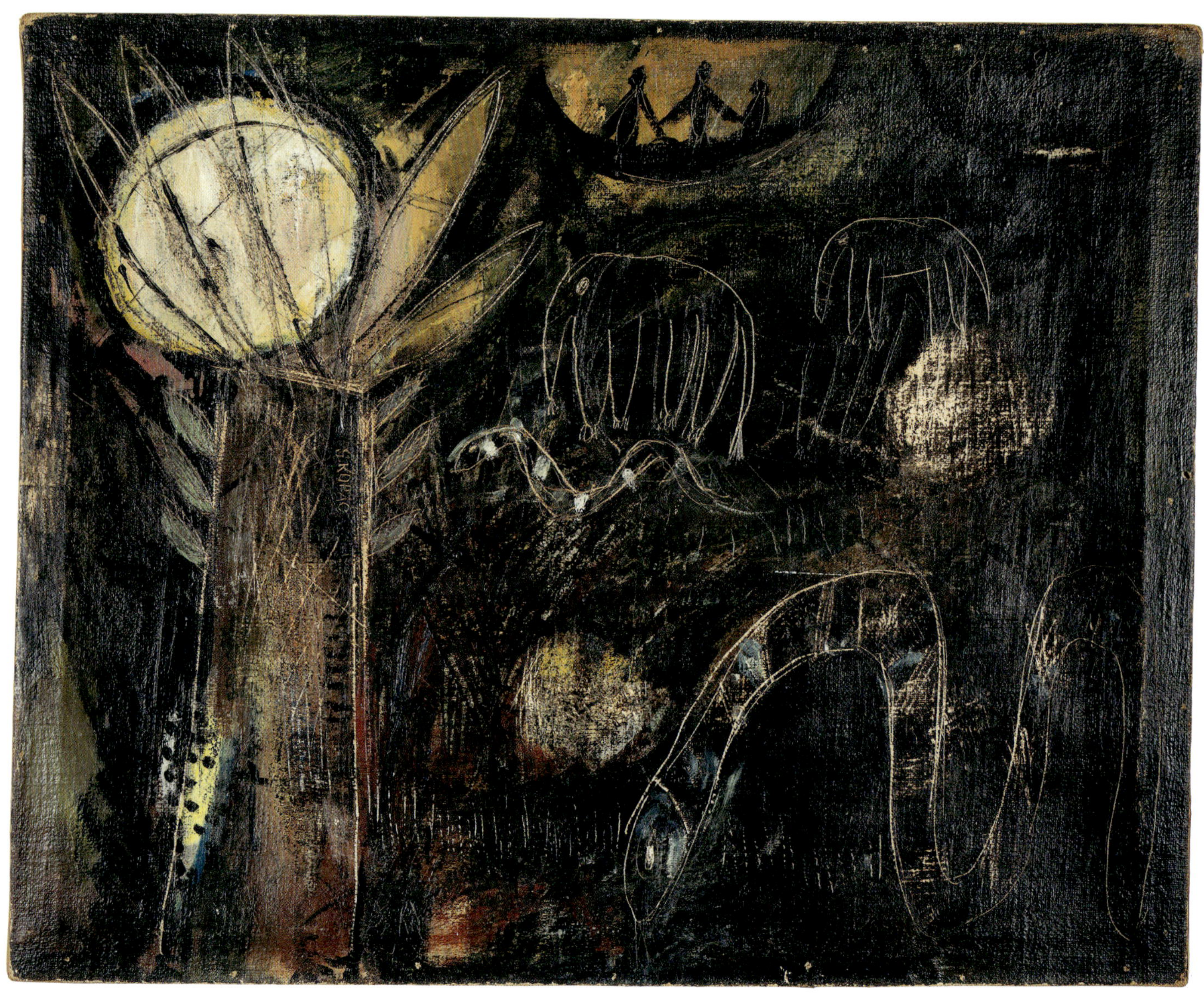

Senza titolo [La Jungle], ca. 1949,
olio su tela, 73 × 92 cm.
Acquisizione 2017 con il sostegno
del Fonds Régional d'Acquisition
des Musées (Hauts-de-France Nord
Pas-de-Calais–Picardie),
inv. 2017.5.1, LaM Lille Métropole
Musée d'art moderne, d'art
contemporain et d'art brut.
© Foto Nicolas Dewitte/LaM

Untitled [La Jungle], c. 1949,
oil on canvas, 73 × 92 cm.
Acquired in 2017 with the support
of the Fonds Régional d'Acquisition
des Musées (Hauts-de-France Nord
Pas-de-Calais–Picardie),
inv. 2017.5.1, LaM Lille Métropole
Musée d'art moderne, d'art
contemporain et d'art brut.
© Photo Nicolas Dewitte/LaM

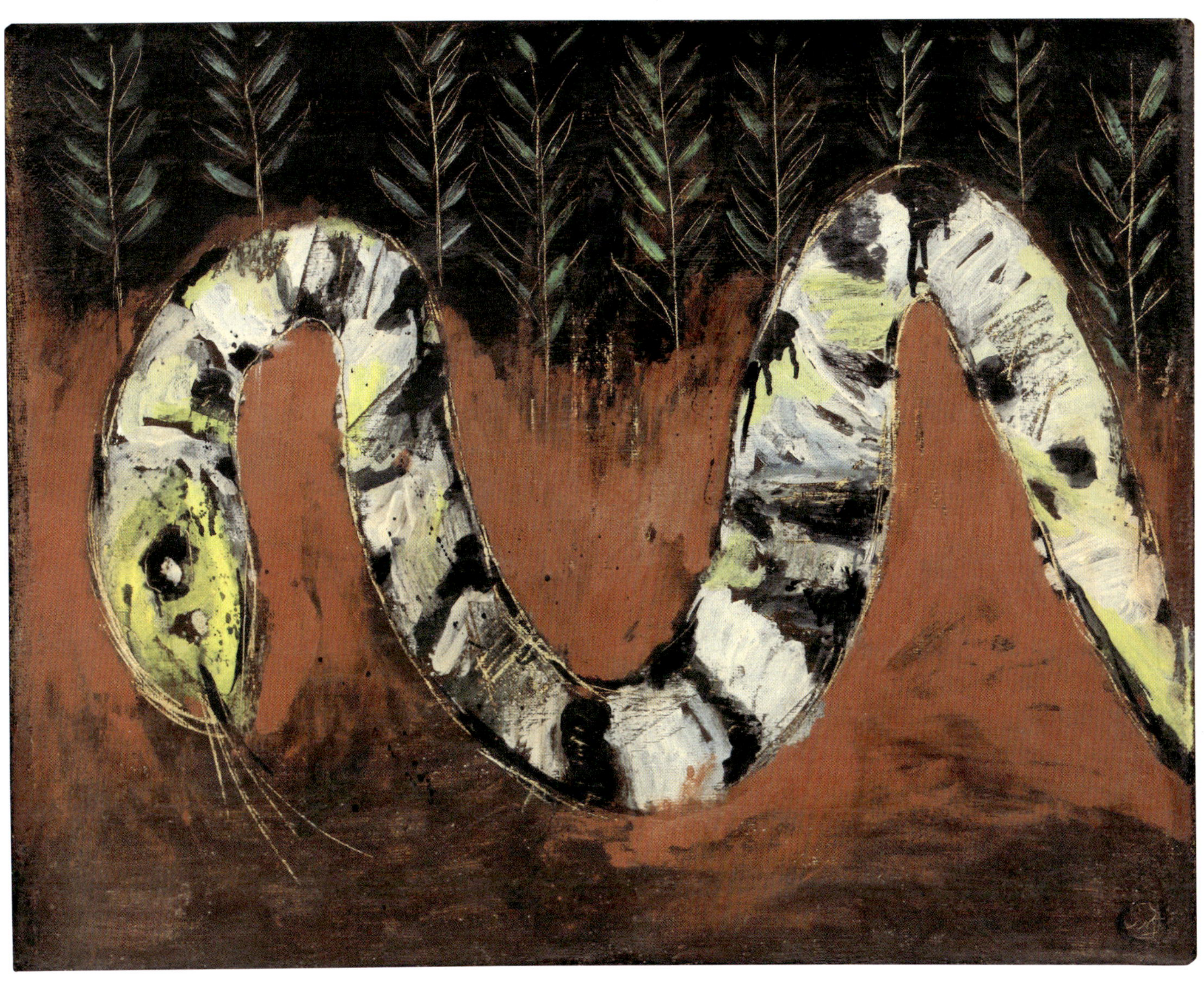

Piton, 1949, olio su tela,
73,5 × 92 cm,
collezione Hervé Lancelin,
Lussemburgo.

Piton, 1949, oil on canvas,
73.5 × 92 cm,
Hervé Lancelin Collection,
Luxembourg.

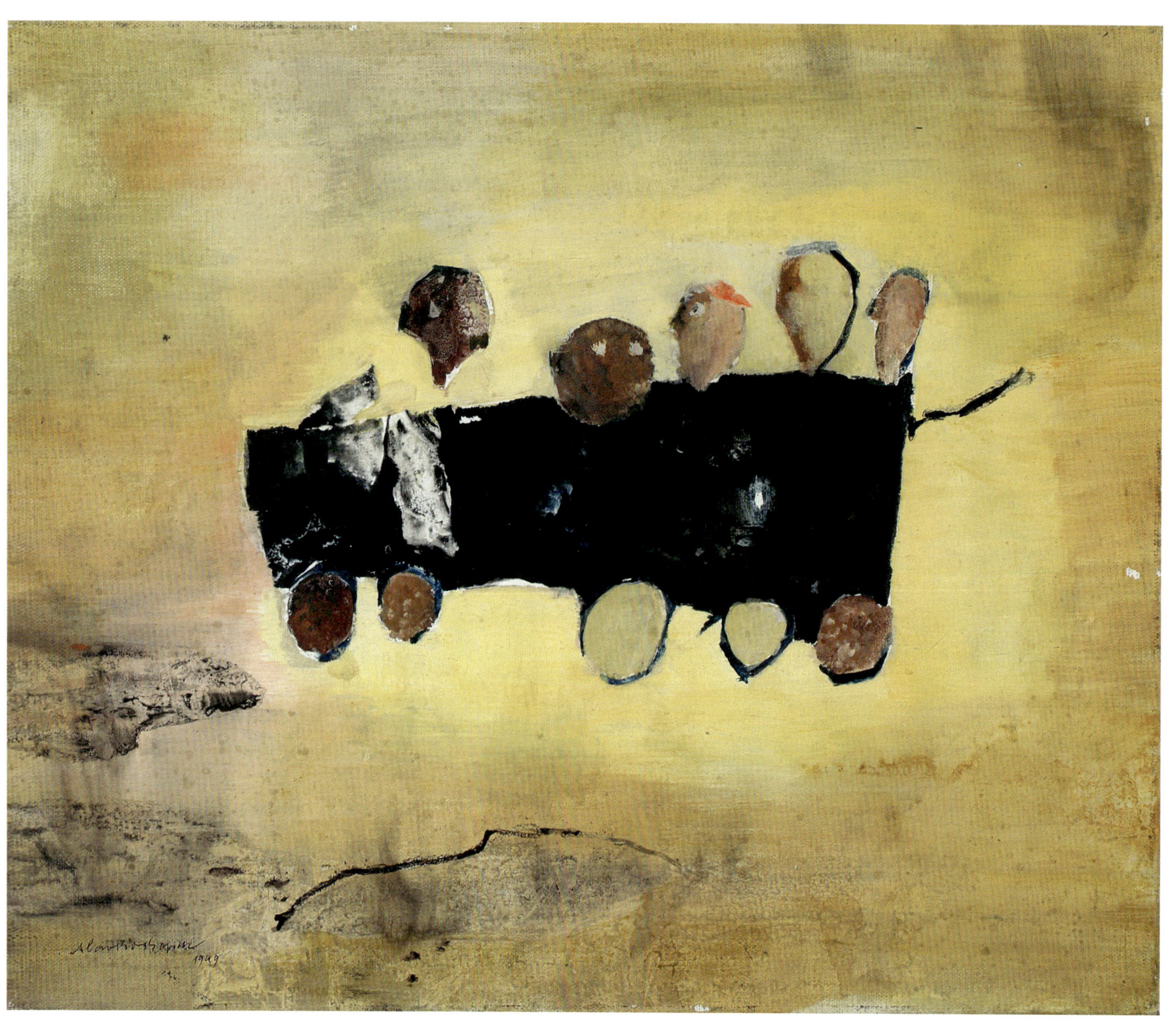

Voiture, 1949, olio su tela,
38 × 46,5 cm,
collezione privata.
Foto © Damir Fabijanić

Voiture, 1949, oil on canvas,
38 × 46.5 cm,
private collection.
Photo © Damir Fabijanić

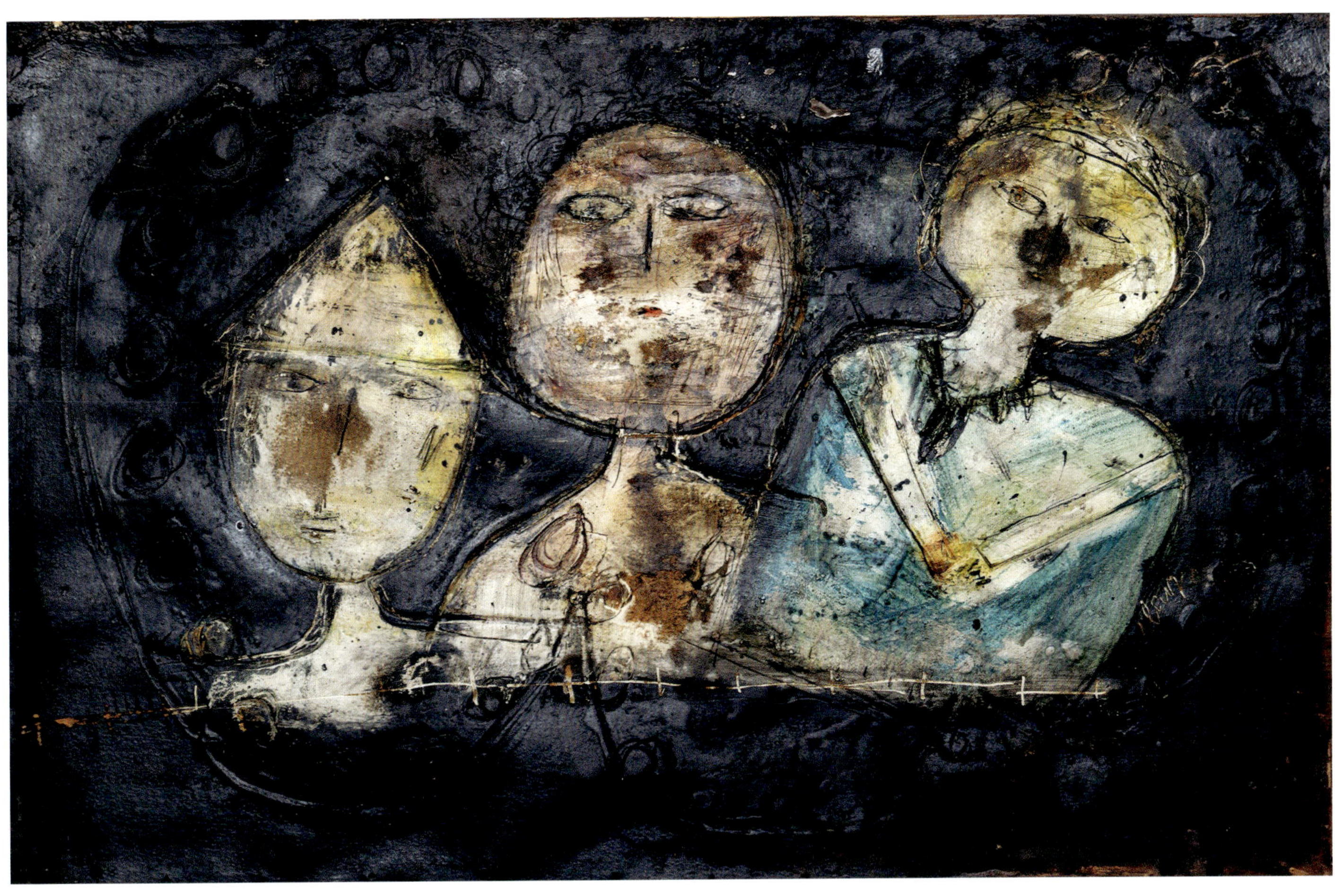

Trois têtes, ca. 1949, olio, gesso e stucco su cartone, 48,2 × 76,3 cm, Musée national d'art moderne, Centre Pompidou, Parigi, inv. AM 2023-135. Foto © Damir Fabijanić, courtesy Musée national d'art moderne, Centre Pompidou

Trois têtes, c. 1949, oil, plaster, and stucco on cardboard, 48.2 × 76.3 cm, Musée national d'art moderne, Centre Pompidou, Paris, inv. no. AM 2023-135. Photo © Damir Fabijanić, courtesy Musée national d'art moderne, Centre Pompidou

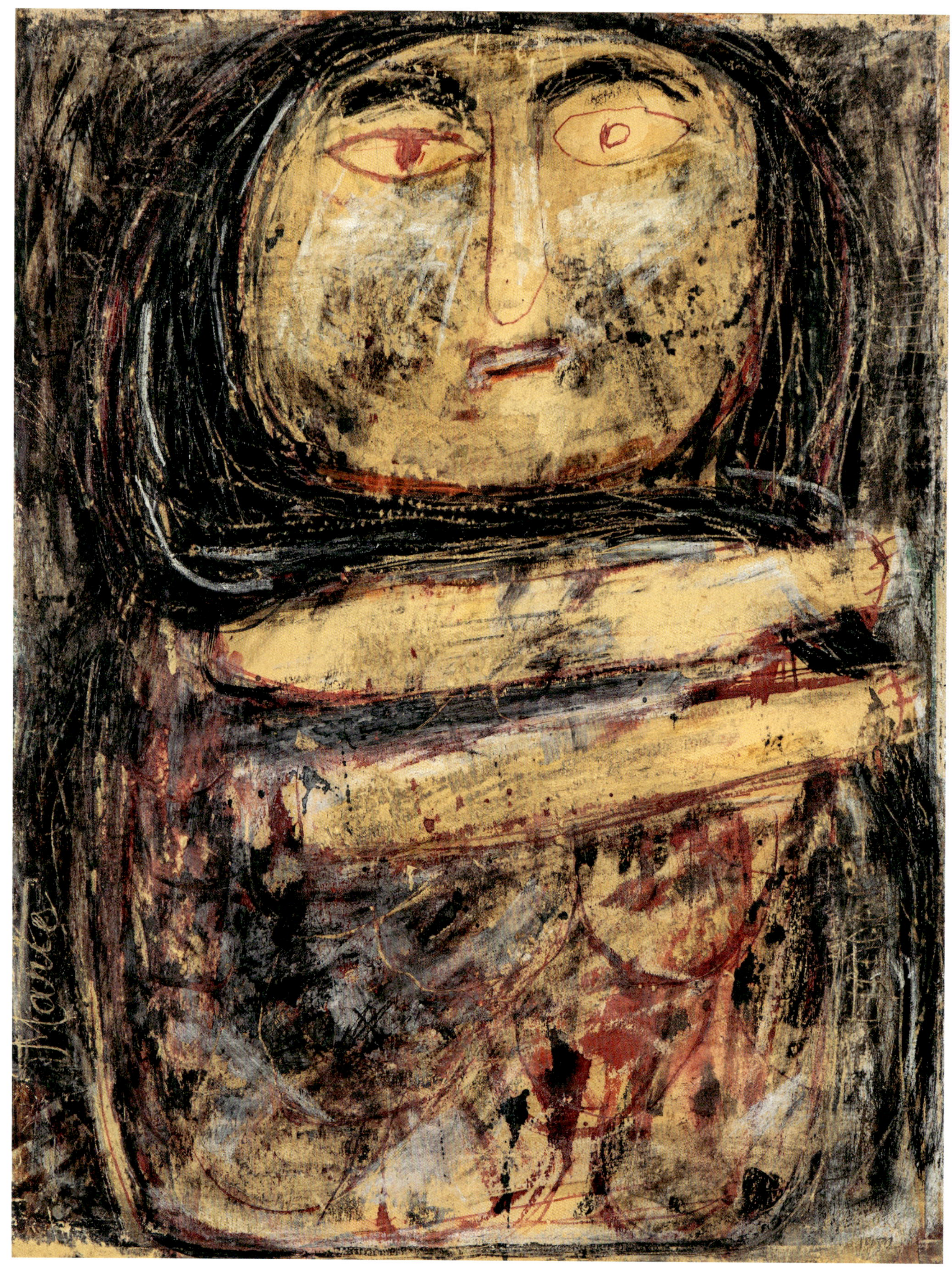

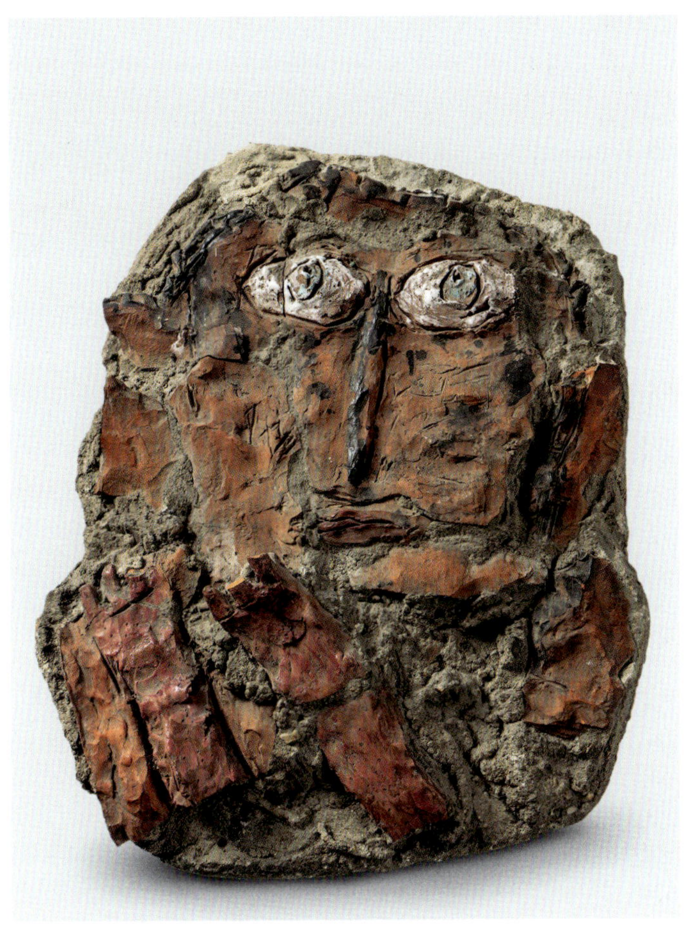

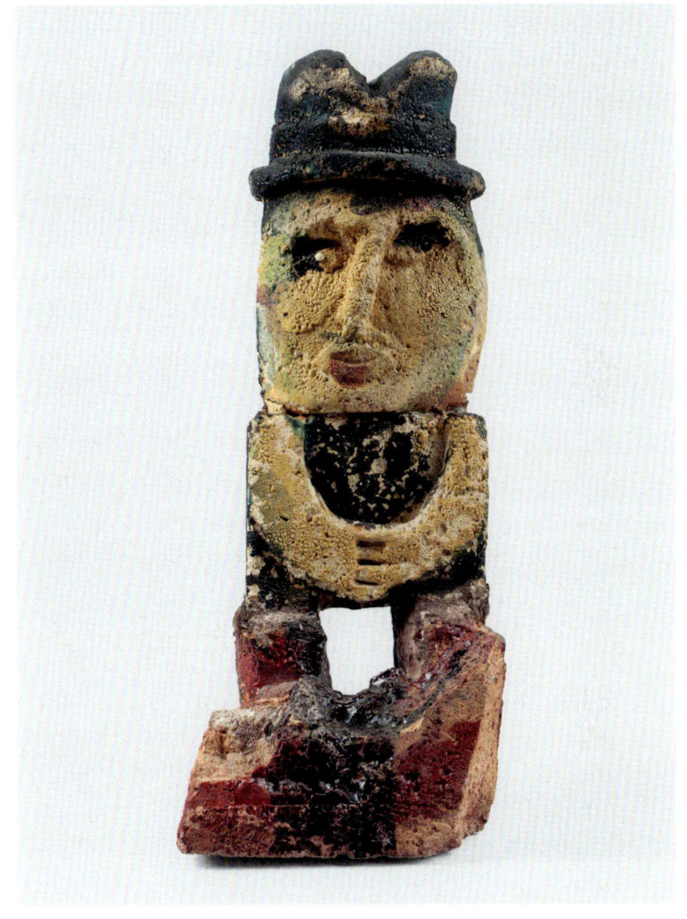

Marie, 1950, olio su carta applicata su tela, 48,5 × 38 cm.
Courtesy of The Museum + Gallery of Everything.

Marie, 1950, oil on paper mounted on canvas, 48.5 × 38 cm.
Courtesy of The Museum + Gallery of Everything.

(in alto sinistra) *Visage*, s.d., cemento parzialmente dipinto e terracotta smaltata, 46 × 37 cm, collezione privata.
Foto © Damir Fabijanić

(top left) *Visage*, n.d., partially painted cement and glazed terracotta, 46 × 37 cm, private collection.
Photo © Damir Fabijanić

(in alto a destra) *L'homme au chapeau*, 1950, mattone refrattario smaltato, H 23,5 cm, Galerija Klovićevi dvori, Zagabria, inv. n. GKD-929.
Foto © Filip Beusan/Galerija Klovićevi dvori

(top right) *L'homme au chapeau*, 1950, enameled refractory brick, H 23.5 cm, Galerija Klovićevi dvori, Zagreb, inv. no. GKD-929.
Photo © Filip Beusan/Galerija Klovićevi dvori

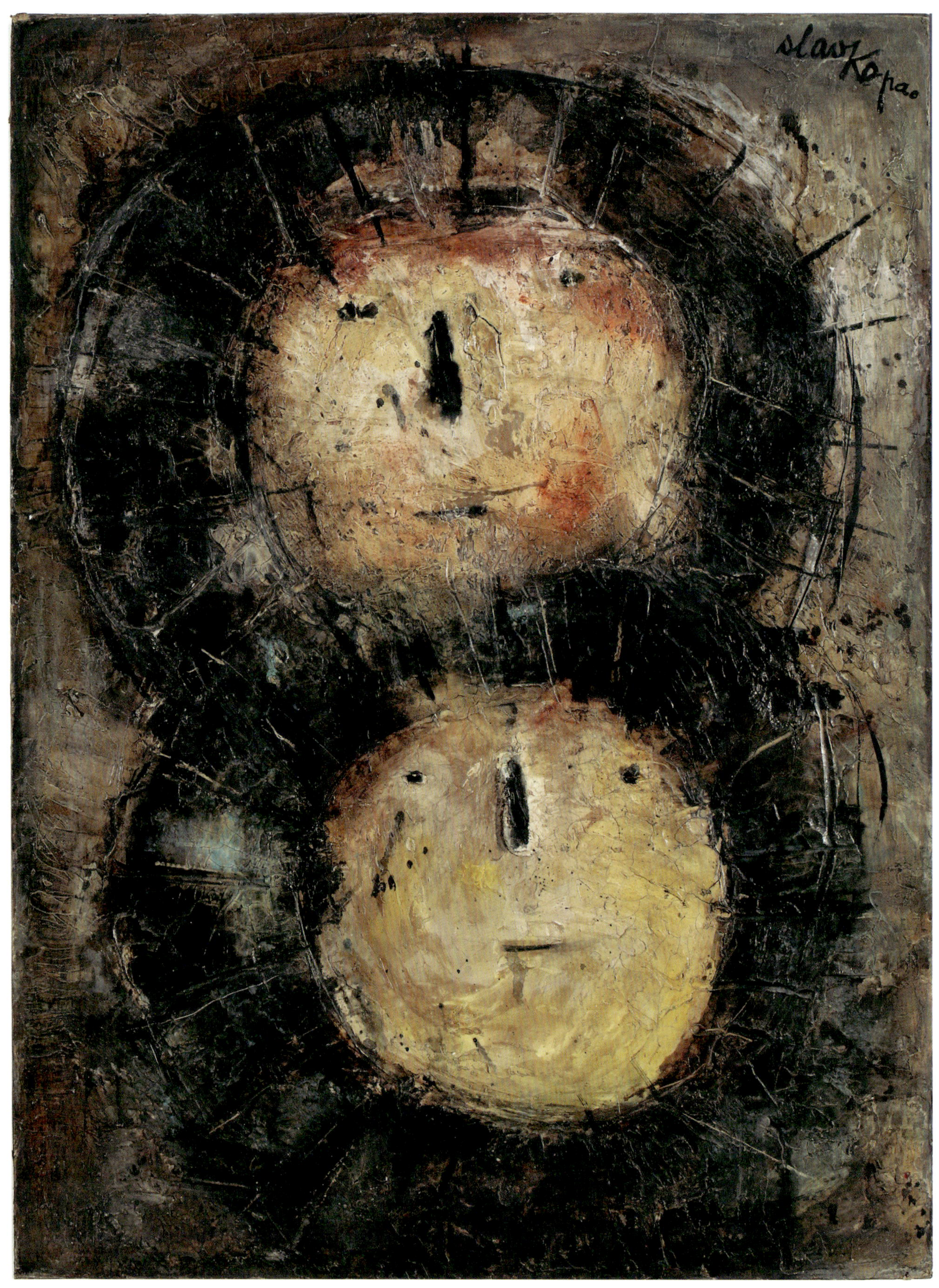

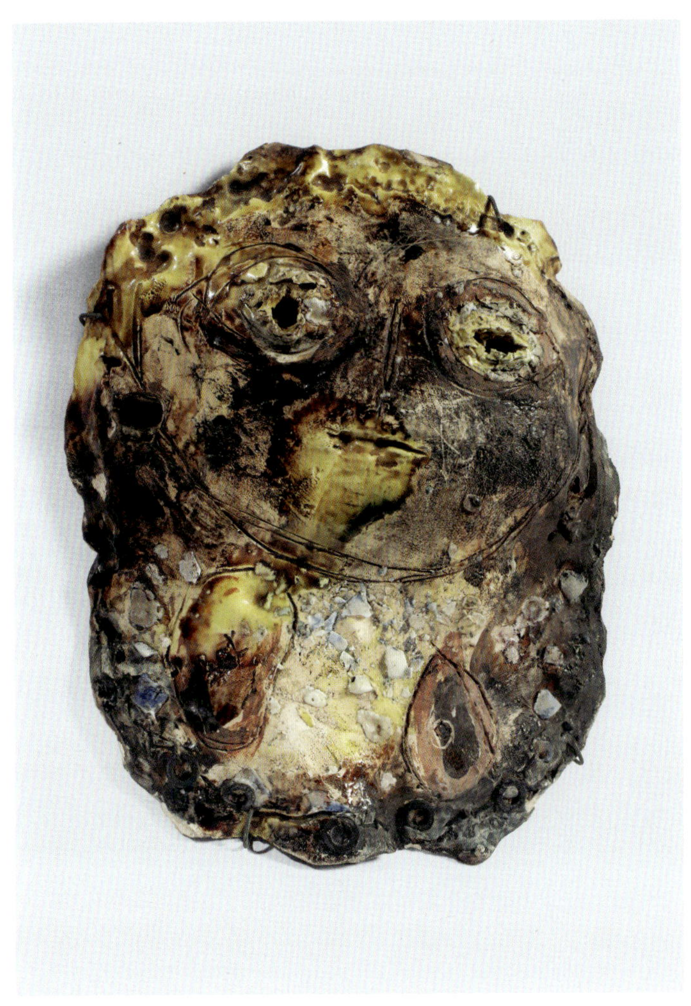

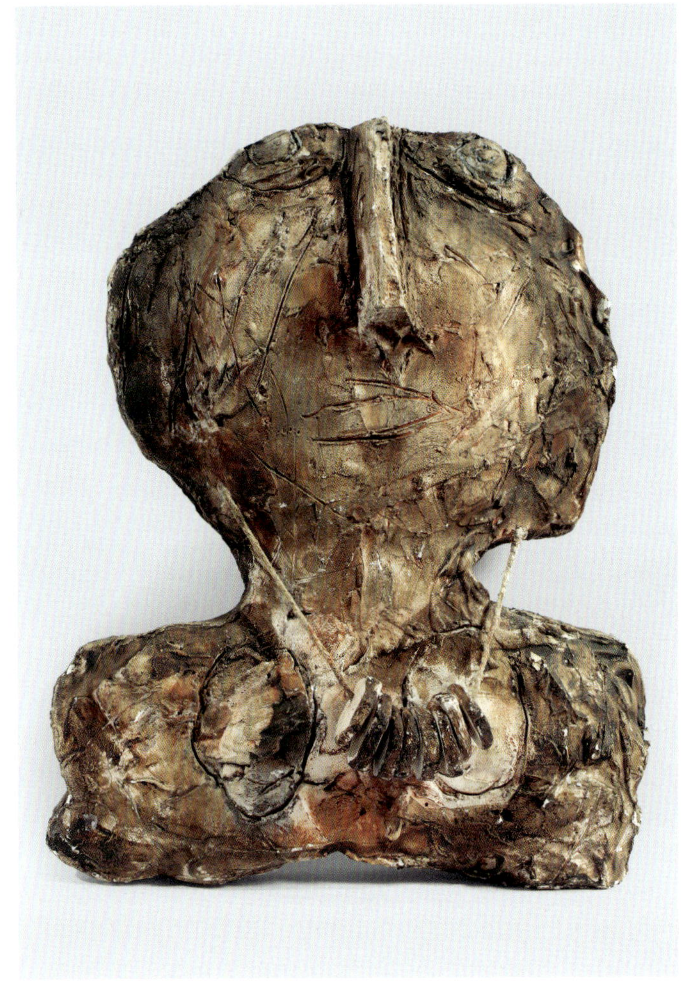

Le Double, [1953], olio su cartone, 80,4 × 60,3 × 3 cm, Centre Pompidou, Musée national d'art moderne, Parigi, inv. n. AM 2023-136. Foto © Damir Fabijanić

Le Double, [1953], oil on cardboard, 80.4 × 60.3 × 3 cm, Centre Pompidou, Musée national d'art moderne, Paris, inv. no. AM 2023-136. Photo © Damir Fabijanić

(in alto a sinistra) *Masque I*, 1952, terracotta, 30 × 24 cm, collezione privata. Foto © Damir Fabijanić

(top left) *Masque I*, 1952, terracotta, 30 × 24 cm, private collection. Photo © Damir Fabijanić

(in alto a destra) *Masque V*, 1952, intonaco dipinto e patina, terracotta, 42 × 36 cm, collezione privata. Foto © Damir Fabijanić

(top right) *Masque V*, 1952, painted plaster and patina, terracotta, 42 × 36 cm, private collection. Photo © Damir Fabijanić

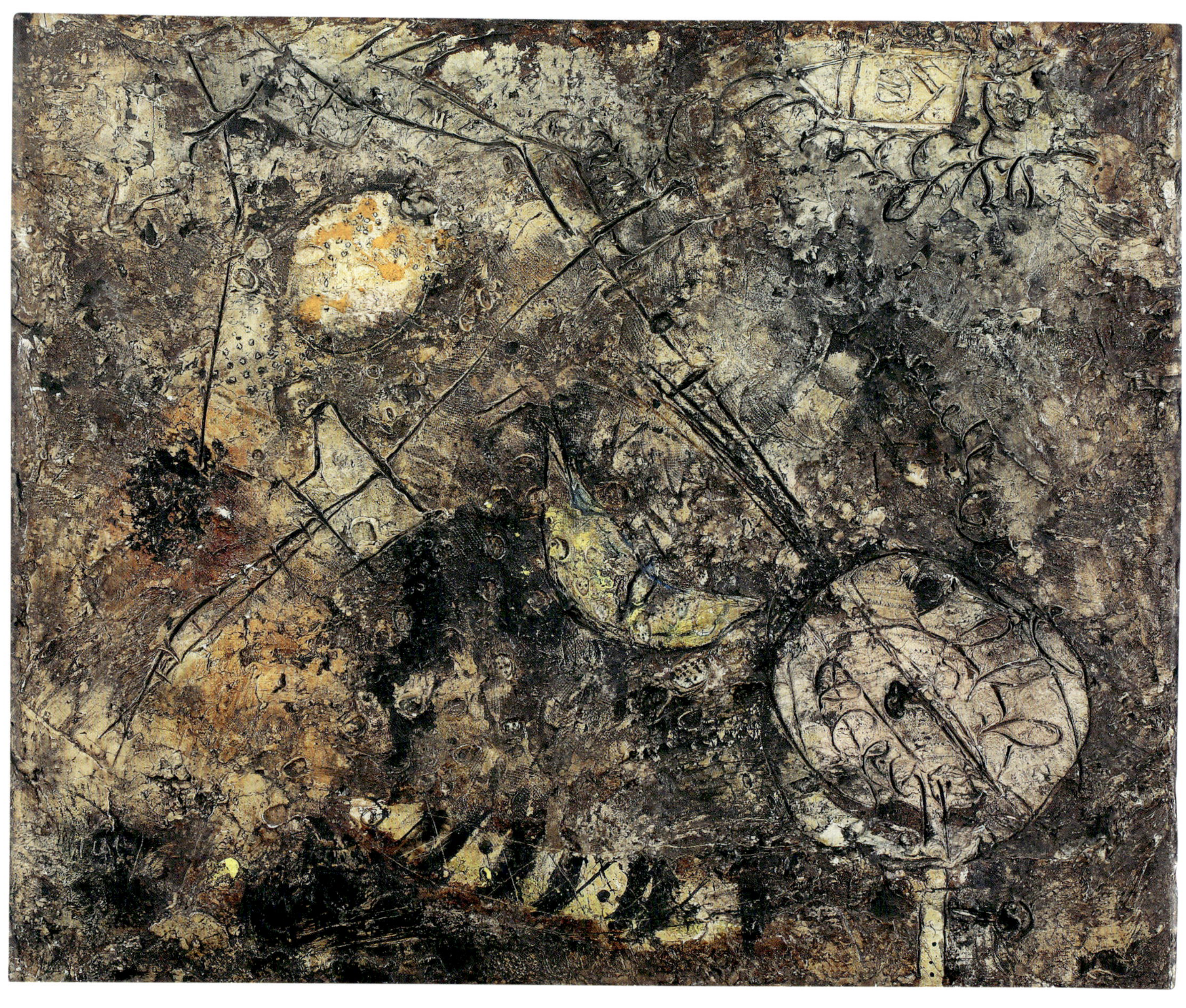

La cité des oiseaux, 1954, tecnica mista su pannello, 38 × 46 cm, collezione privata.
Foto © Damir Fabijanić

La cité des oiseaux, 1954, mixed media on panel, 38 × 46 cm, private collection.
Photo © Damir Fabijanić

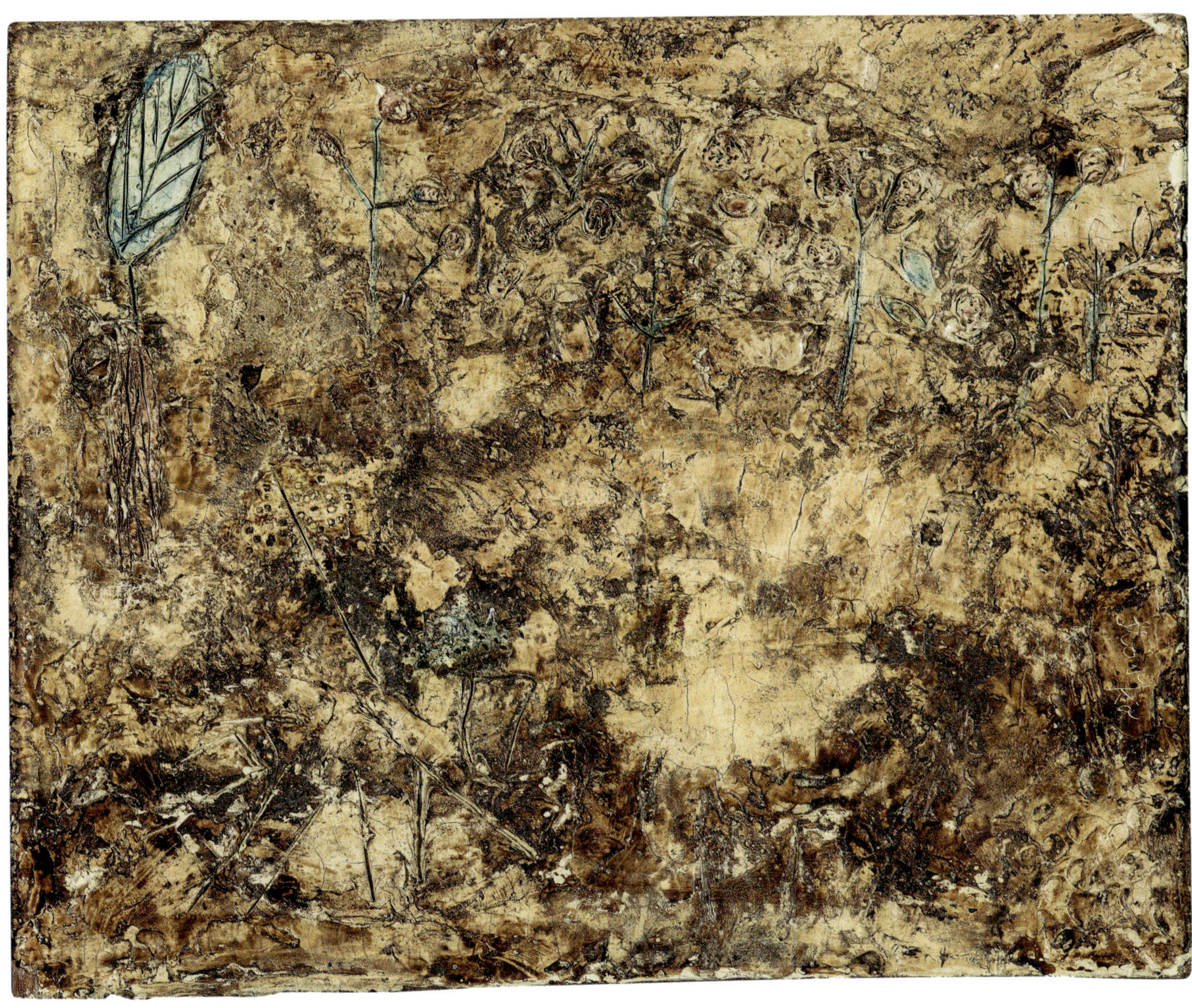

Fleurs du désert, maggio 1954,
olio e stucco grasso su pannello,
32,5 × 40,5 cm, LaM – Lille
Métropole Musée d'art moderne,
d'art contemporain et d'art brut,
dono degli Amici del LaM, 2017,
inv. n. 2017.1.1.
© Foto Nicolas Dewitte/LaM

Fleurs du désert, May 1954,
oil and oil-based primer on panel,
32.5 × 40.5 cm, LaM – Lille
Métropole Musée d'art moderne,
d'art contemporain et d'art brut, gift
of the Friends of LaM, 2017,
inv. no. 2017.1.1.
© Photo Nicolas Dewitte/LaM

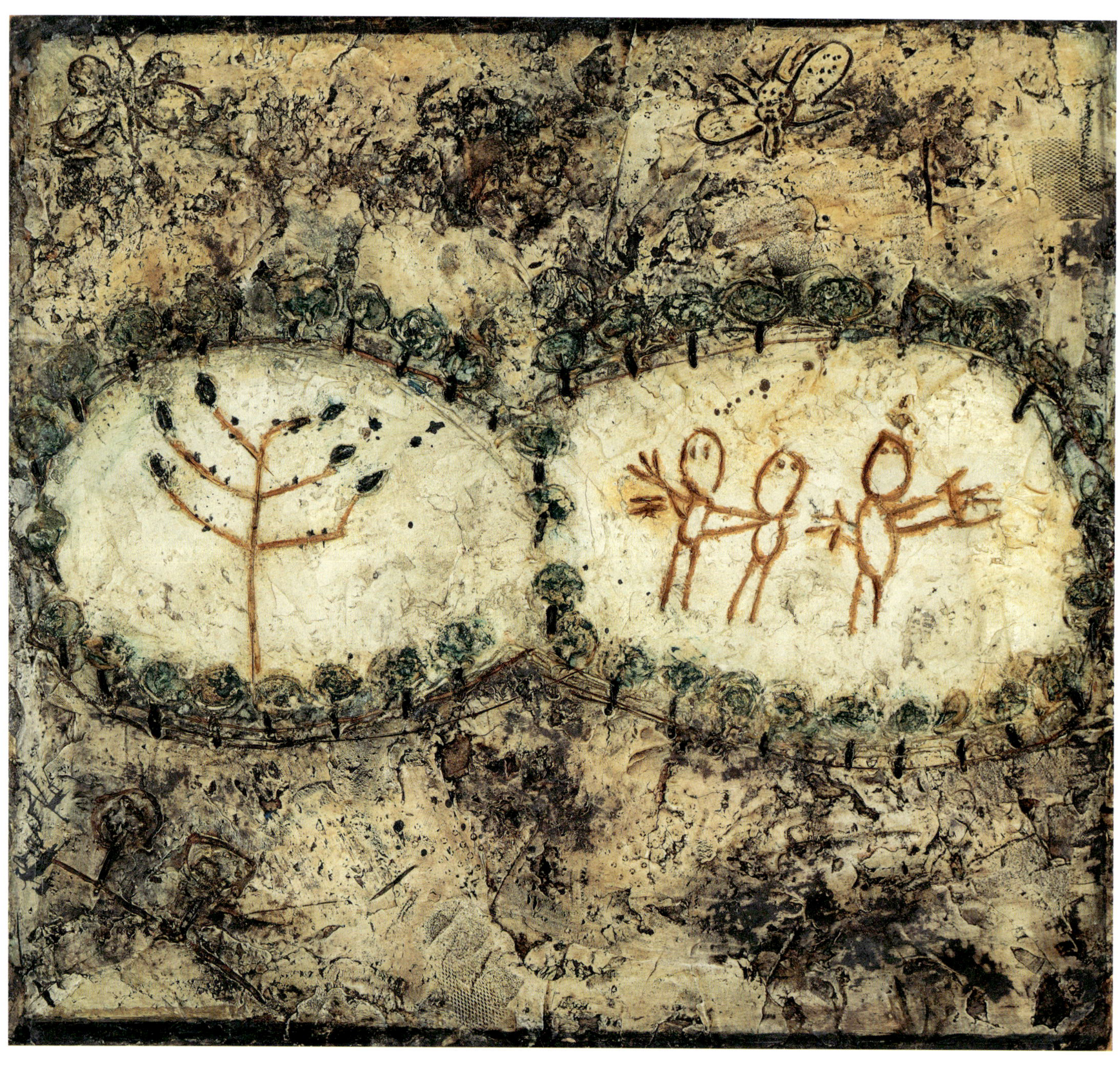

Jardin Public, 1954, tecnica mista su tavola, 40 × 44,5 cm, collezione privata.
Foto © Damir Fabijanić

Jardin Public, 1954, mixed-media on panel, 40 × 44.5 cm, private collection.
Photo © Damir Fabijanić

Tortue, 1962, tecnica mista (impasto, pittura a olio e pneumatico), 100,1 × 80,8 cm, Musée national d'art moderne, Centre Pompidou, Parigi, inv. n. AM 2023-138.
Foto © Damir Fabijanić

Tortue, 1962, mixed media (impasto oil paint and tyre), 100.1 × 80.8 cm, Musée national d'art moderne, Centre Pompidou, Paris, inv. no. AM 2023-138.
Photo © Damir Fabijanić

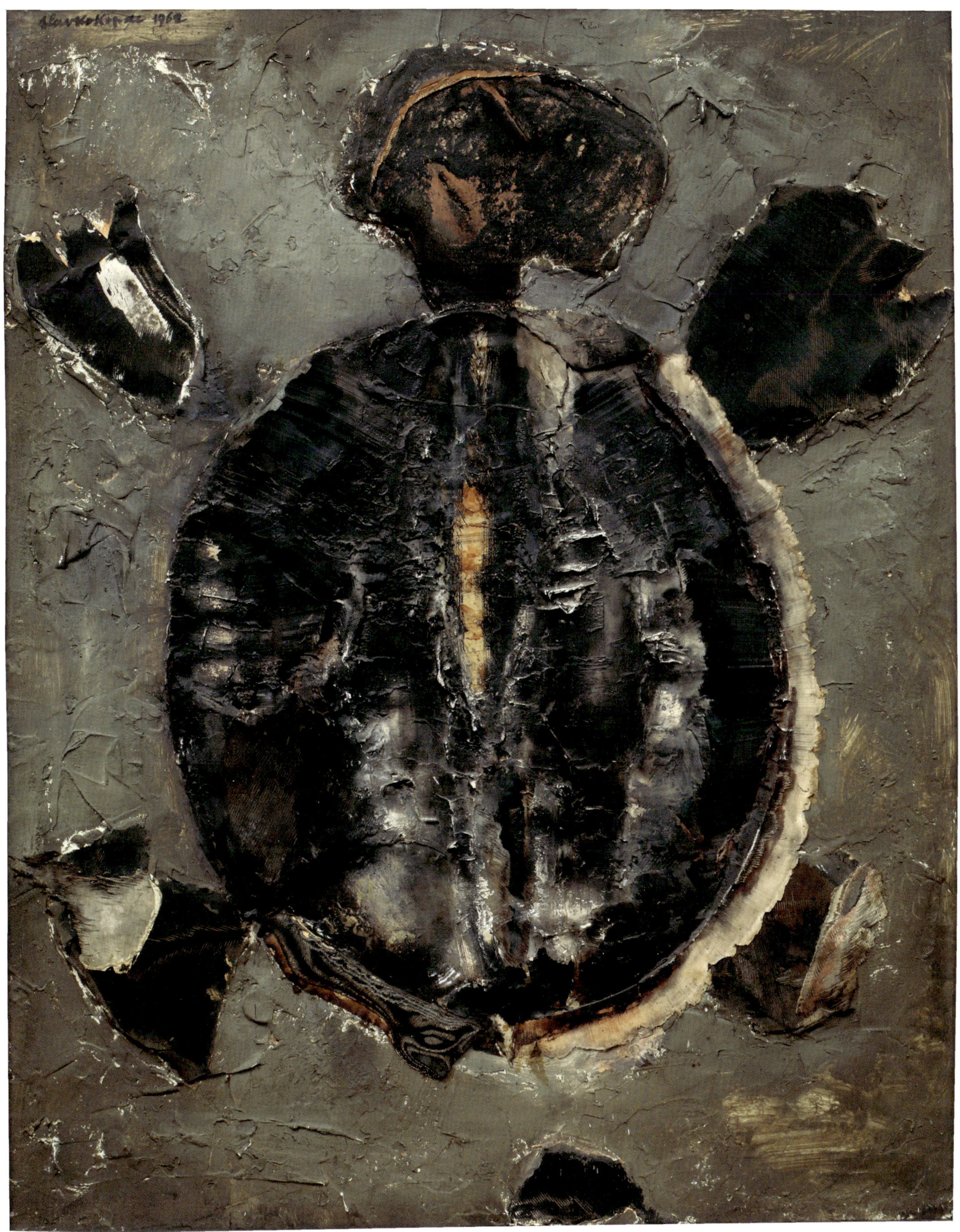

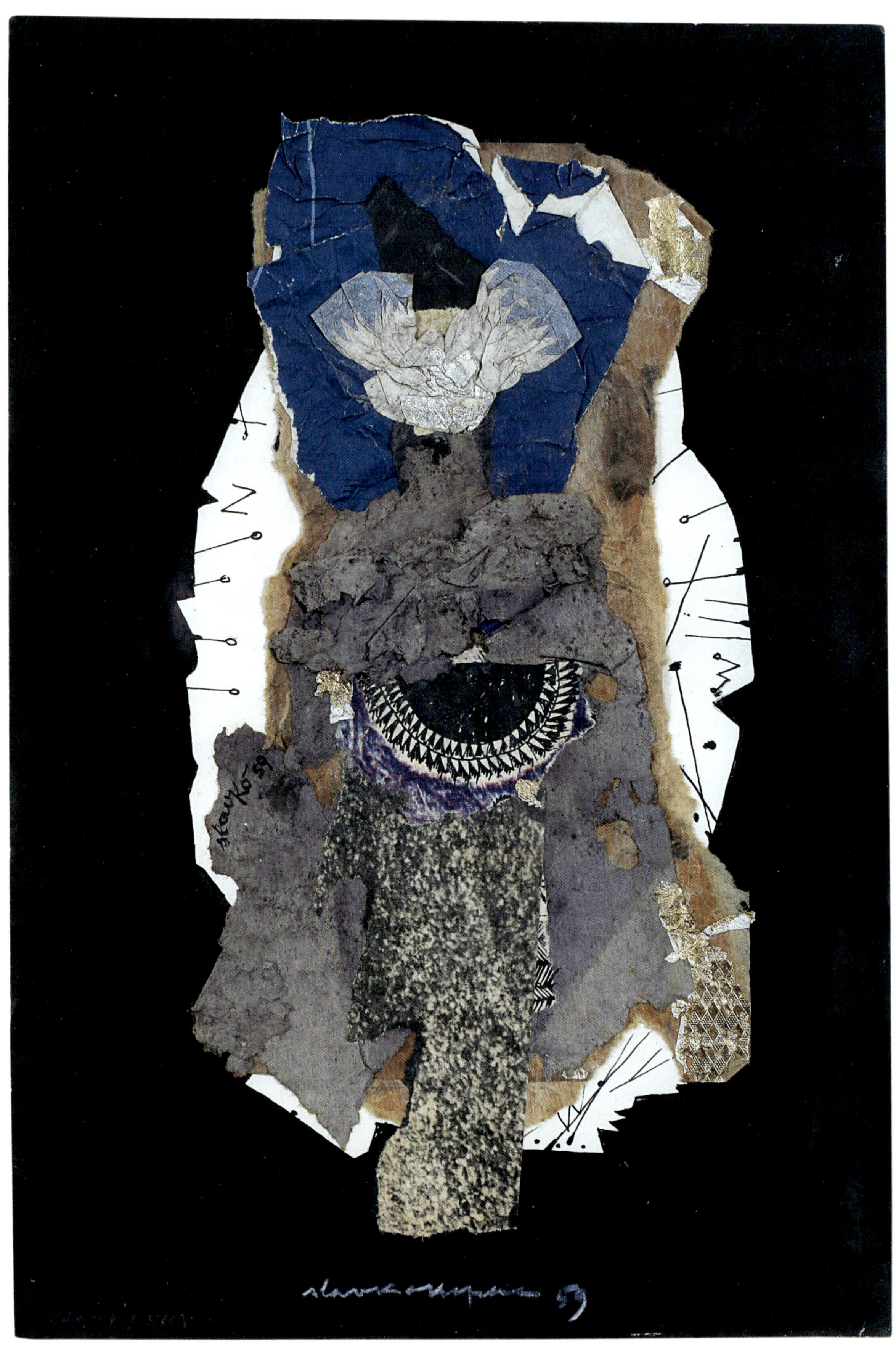

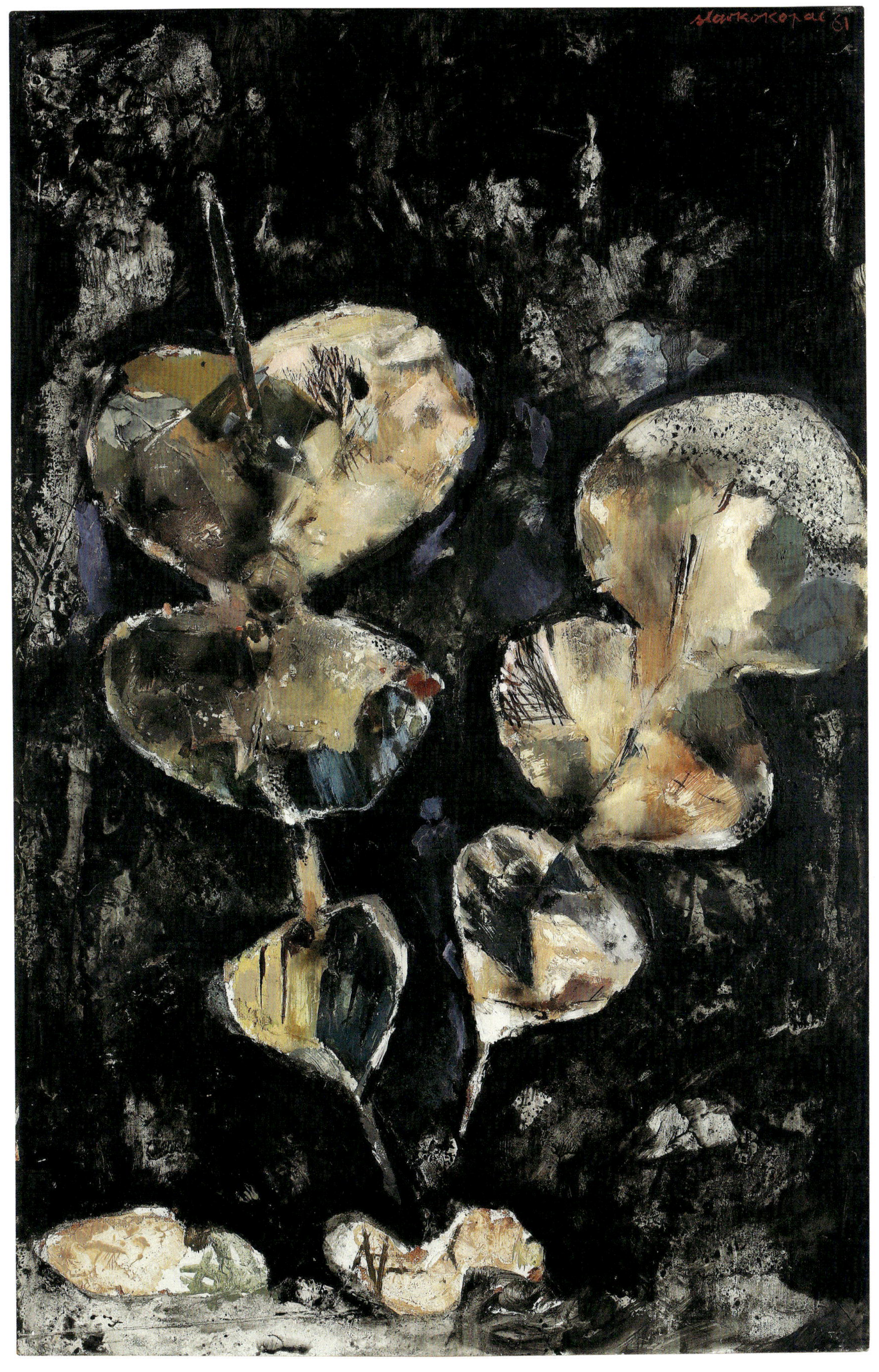
slavkokopac 61

p. 80 *Composition*, 1959,
collage su carta, 30,5 × 20,5 cm,
collezione privata.
Foto © Damir Fabijanić

p. 80 *Composition*, 1959,
collage on paper, 30.5 × 20.5 cm,
private collection.
Photo © Damir Fabijanić

p. 81 *Bannières d'arbres*, 1961,
olio su tela, 91 × 60 cm,
collezione privata.
Foto © Damir Fabijanić

p. 81 *Bannières d'arbres*, 1961,
oil on canvas, 91 × 60 cm,
private collection.
Photo © Damir Fabijanić

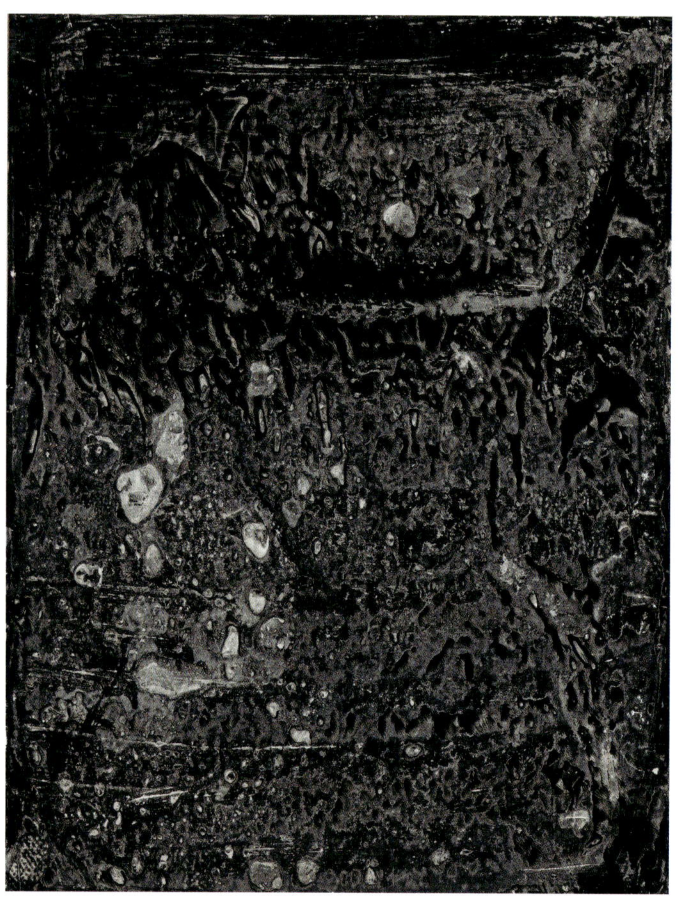

Image de la nuit, 1963, gouache e inchiostro su carta applicata su tela, 40,5 × 31,5 cm, collezione privata.
Foto © Damir Fabijanić

Image de la nuit, 1963, gouache and ink on paper mounted on canvas, 40.5 × 31.5 cm, private collection.
Photo © Damir Fabijanić

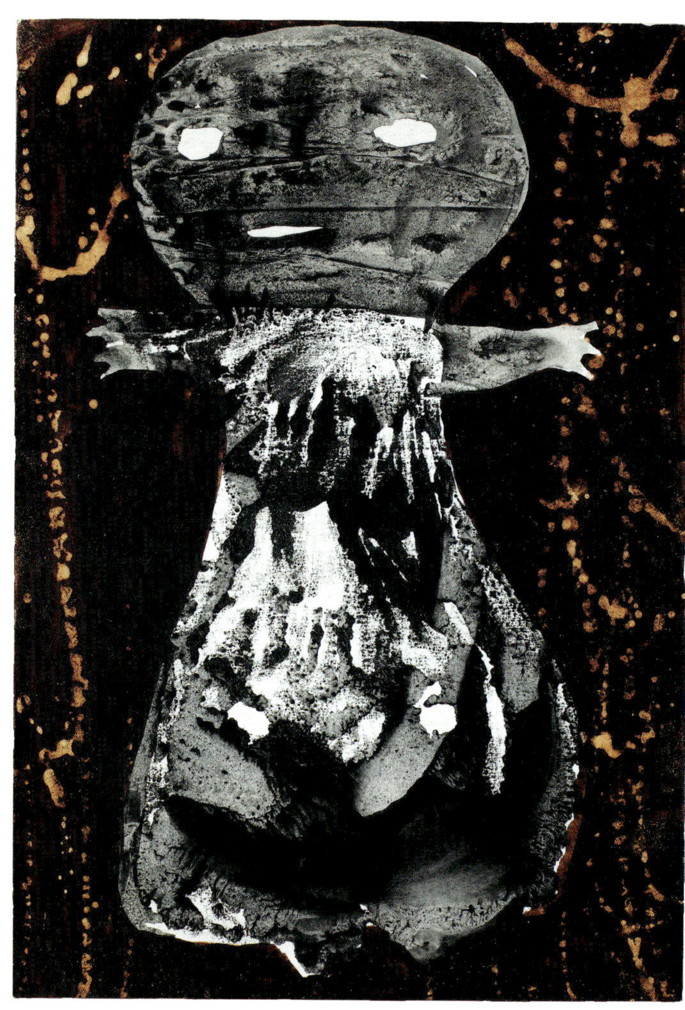

Poritron, 1962, monotipo a gouache su carta, 29,8 × 21 cm, collezione privata.
Foto © Damir Fabijanić

Poritron, 1962, gouache monotype on paper, 29.8 × 21 cm, private collection.
Photo © Damir Fabijanić

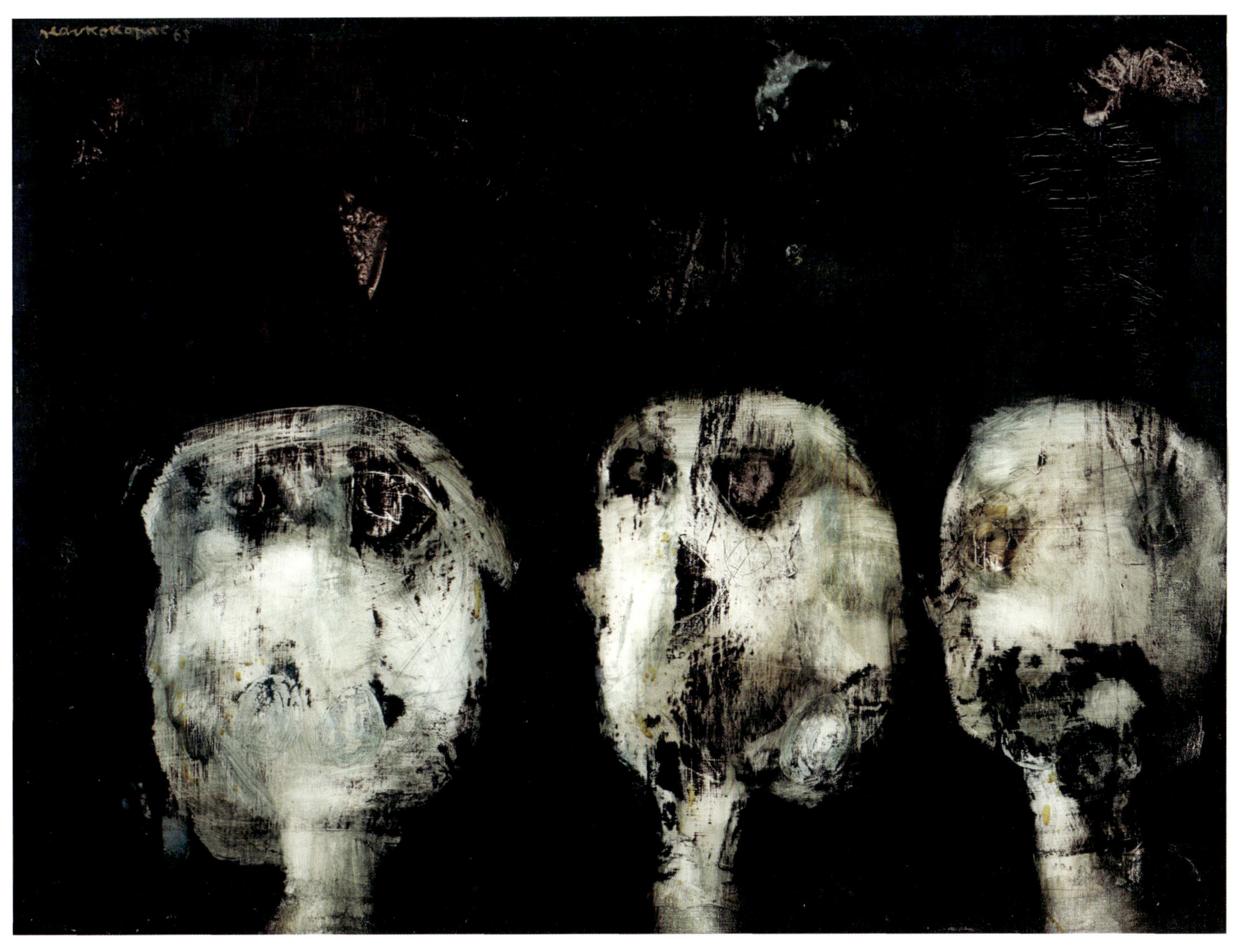

Trois têtes, 1963, tecnica mista su tela, 53 × 71,5 cm, collezione privata. Foto © Damir Fabijanić

Trois têtes, 1963, mixed-media on canvas, 53 × 71.5 cm, private collection. Photo © Damir Fabijanić

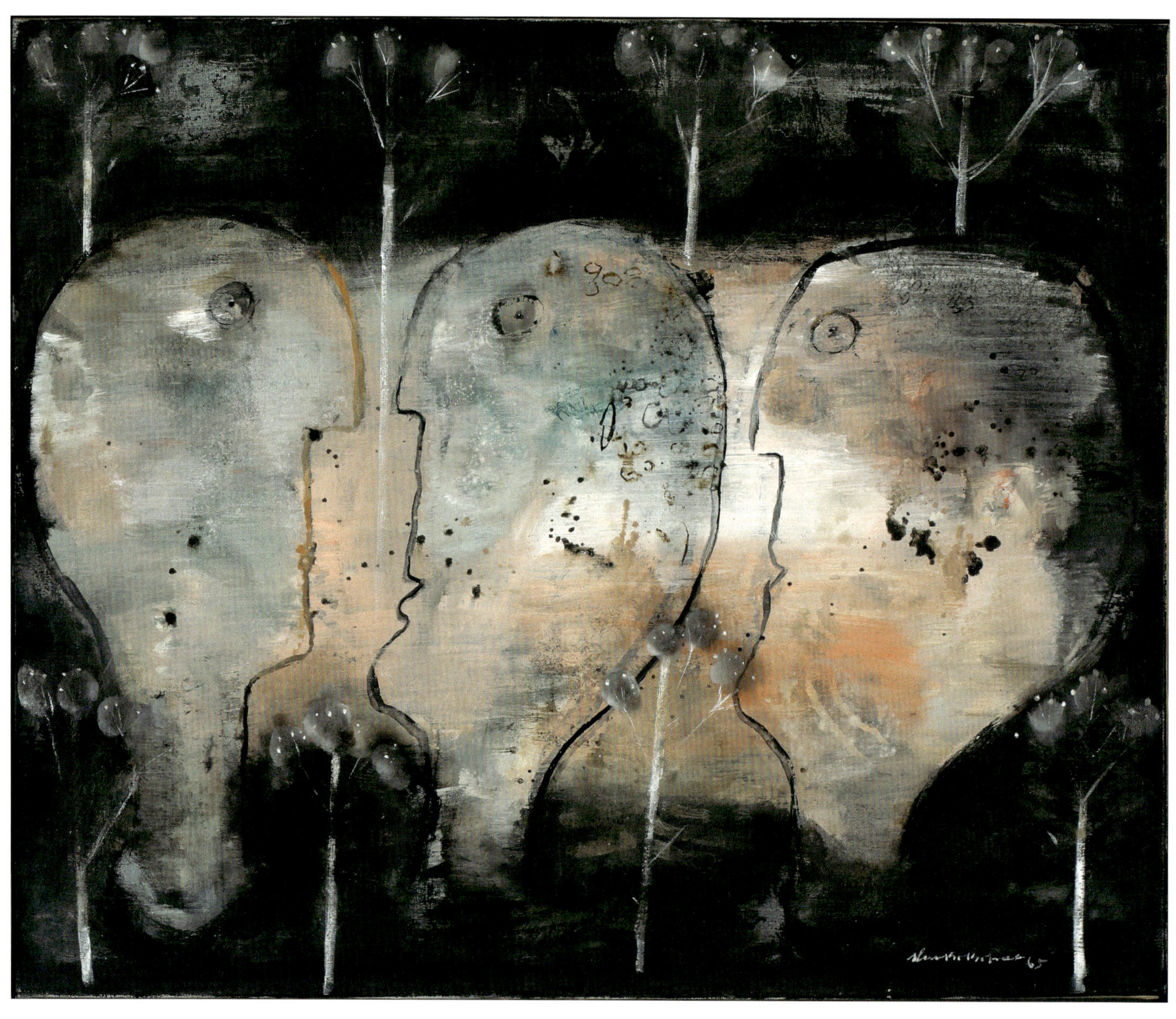

Trois têtes, 1965, olio su tela,
50 × 61 cm,
collezione privata.
Foto © Damir Fabijanić

Trois têtes, 1965, oil on canvas,
50 × 61 cm,
private collection.
Photo © Damir Fabijanić

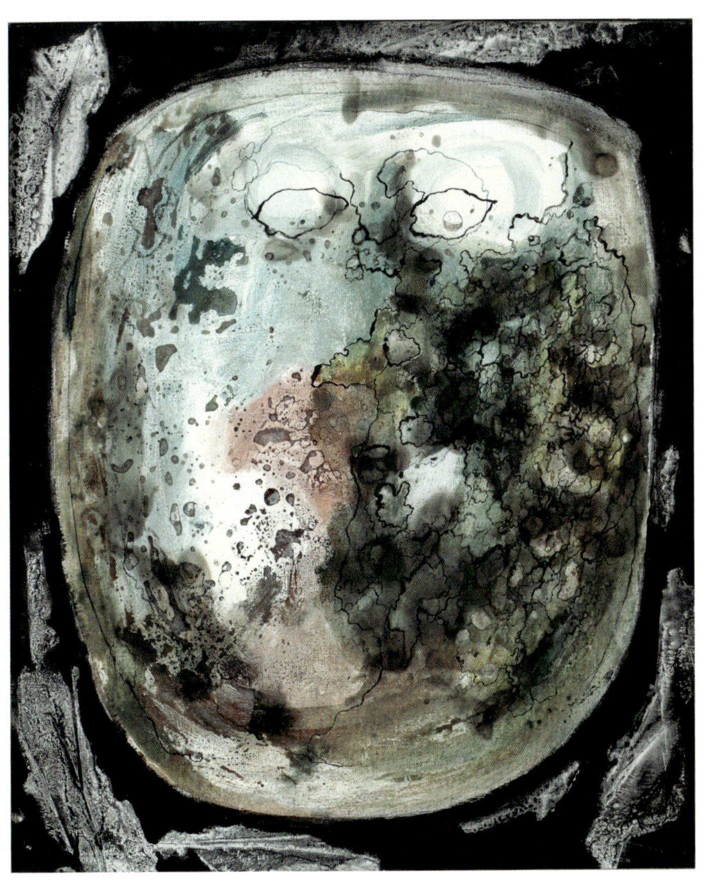

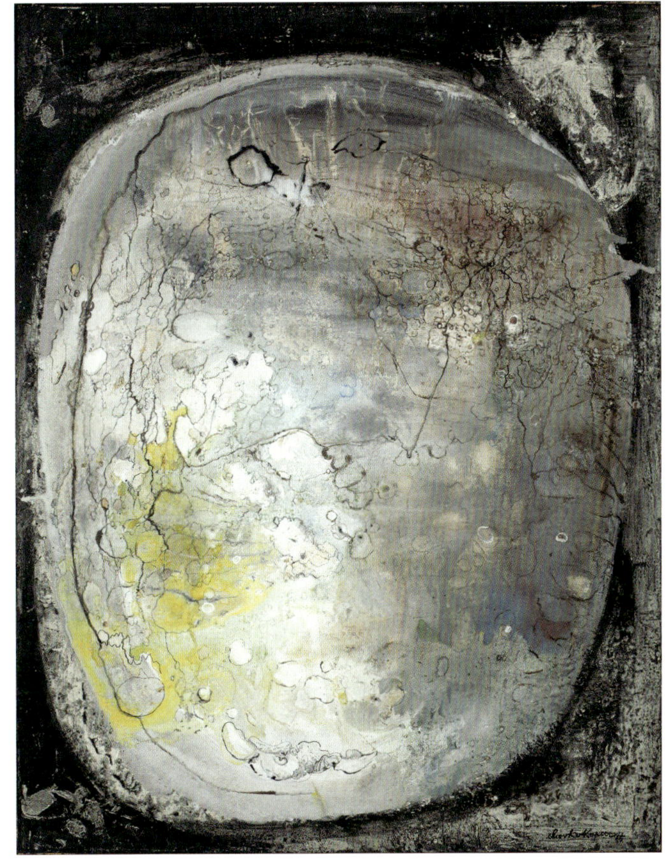

(sinistra) *Printemps*, 1966,
tecnica mista su tela,
65 × 54 cm, collezione privata.
Foto © Damir Fabijanić

(left) *Printemps*, 1966,
mixed-media on canvas,
65 × 54 cm, private collection.
Photo © Damir Fabijanić

(destra) *Automne*, 1966,
tecnica mista su pannello,
70 × 55 cm, collezione privata.
Foto © Damir Fabijanić

(right) *Automne*, 1966,
mixed-media on panel,
70 × 55 cm, private collection.
Photo © Damir Fabijanić

p. 86 *Visage de l'été*, 1967,
acrilico, pittura vinilica e tecnica
mista su tela, 73 × 60 cm,
collezione privata.
Foto © Damir Fabijanić

p. 86 *Visage de l'été*, 1967,
acrylic, vinyl paint and mixed-media
on canvas, 73 × 60 cm,
private collection.
Photo © Damir Fabijanić

p. 87 *Citoyen céleste*, 1966,
pittura vinilica su tela,
73 × 54 cm, collezione privata.
Foto © Damir Fabijanić

p. 87 *Citoyen céleste*, 1966,
vinyl paint on canvas,
73 × 54 cm, private collection.
Photo © Damir Fabijanić

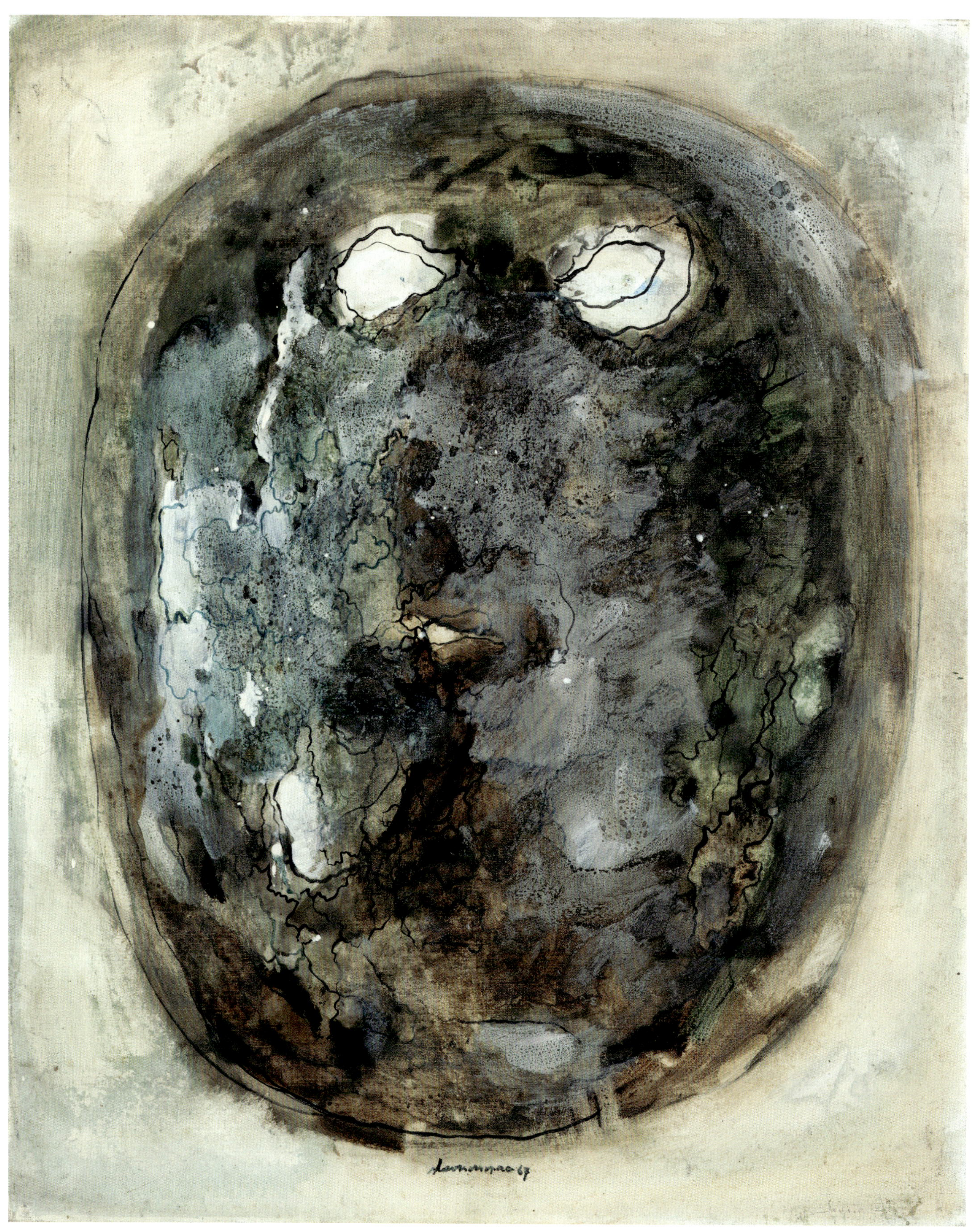

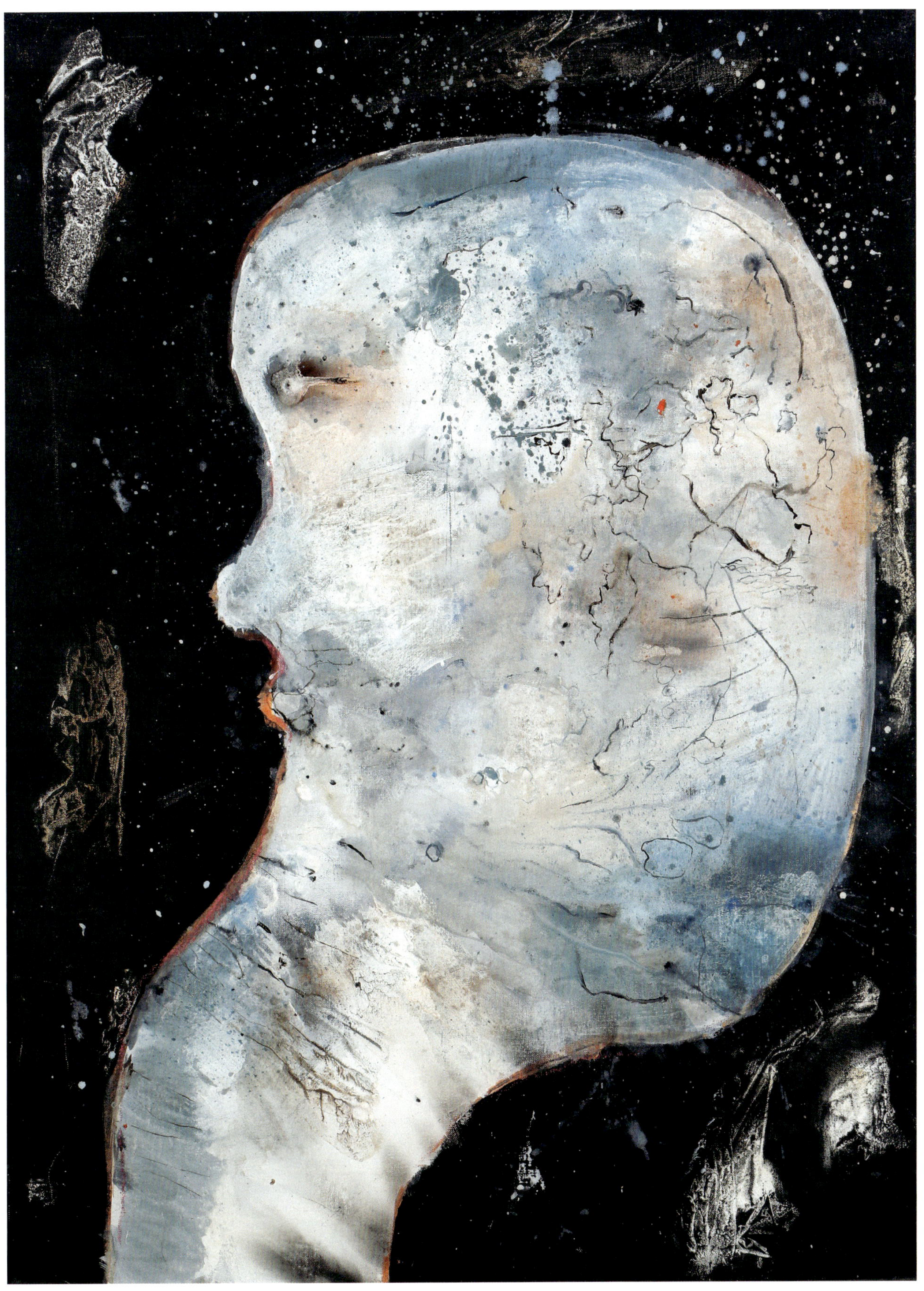

SUSANNA RAGIONIERI, MICHELE AMEDEI

Kopač e Firenze: dall'Accademia di Belle Arti a *Campi Elisi*

Nel pieno della Seconda guerra mondiale, mentre l'Europa attraversa uno dei suoi momenti più oscuri, Slavko Kopač approda a Firenze per perfezionare la propria formazione artistica. A documentarne il passaggio resta un fascicolo personale conservato nell'Archivio storico dell'Accademia di Belle Arti[1] che, a partire da una fotografia in formato tessera, restituisce un insieme di informazioni utili a delineare, sia pur in termini generali, la condizione dell'artista tra il 1942 e il 1944 [Fig. 1]. Un certificato d'identità – vistato dal Console Generale di Zagabria il 30 novembre 1942 – lo qualifica come «professore»[2], titolo giustificato da un iter già compiuto in patria. Dopo la maturità conseguita nel giugno 1933 presso il Ginnasio Reale Statale di Vinkovci, sua città natale, Kopač si era infatti diplomato all'Accademia di Belle Arti di Zagabria nel 1937, completando otto semestri di corsi di disegno che ne attestavano l'abilitazione all'insegnamento[3]. La documentazione include una richiesta del Ministero degli Affari Esteri della Croazia datata 29 gennaio 1943, nella quale si specifica che la sua presenza a Firenze è finalizzata allo «studio del disegno»[4]. La borsa di studio, concessa per l'anno accademico 1942-1943, si inserisce in questo orizzonte di perfezionamento[5].

Nel 1942 Kopač aveva rappresentato la Croazia alla Biennale di Venezia[6], un'edizione segnata dal contesto bellico e attraversata dagli echi del Gran Premio della Pittura assegnato, nell'edizione precedente, a Felice Carena. Figura di primo piano nell'arte italiana del tempo, Carena era presidente dell'Accademia di Firenze e titolare della cattedra di Pittura dal 1924. Dal 1941 il Ministero dell'Educazione Nazionale aveva istituito tre ulteriori cattedre, assegnandole a Primo Conti, Ugo Capocchini e Ottone Rosai, ma la congiuntura bellica – unita alla cronica carenza di spazi – ne aveva reso difficile la frequenza. Gli studenti, infatti, continuavano a seguire Carena, che restava il punto di riferimento dell'Accademia. Non sorprende, dunque, che al suo arrivo a Firenze nel maggio del 1943 Kopač abbia scelto proprio i suoi corsi.

Nella classe frequentata da Kopač spicca la presenza di altri artisti provenienti dai Balcani, tra cui l'albanese Sadik Kaceli[7] e il montenegrino Branko Vujsic[8]; fra gli italiani emerge Antonio Sanfilippo[9], futuro cofondatore del gruppo Forma I. Non è possibile stabilire se Kopač li abbia conosciuti: nei verbali delle sessioni d'esami estiva e autunnale risulta assente, probabilmente a causa del suo arrivo tardivo a Firenze[10]. Nel caso della sessione autunnale, tuttavia, è plausibile che siano intervenuti fattori più gravi. L'8 settembre

SUSANNA RAGIONIERI, MICHELE AMEDEI

Kopač and Florence: From the Accademia di Belle Arti to *Campi Elisi*

At the height of the Second World War, as Europe passed one of its darkest moments, Slavko Kopač arrived in Florence to continue his artistic education. Documenting his progress is his student file, held in the historical archive of the city's Accademia di Belle Arti.[1] Beginning with his passport photograph, the file yields a body of data outlining, albeit in general terms, the artist's circumstances between 1942 and 1944 [Fig. 1]. An identity document – certified by the Consul General of Zagreb on 30 November 1942 – describes him as a 'professor',[2] a title for which he had qualified in his homeland: after graduating in June 1933 from the Royal State Gymnasium of Vinkovci, his hometown, Kopač had completed a diploma in drawing at the Zagreb Academy of Fine Arts in 1937, his eight semesters of courses qualifying him to teach.[3] The file includes a request from the Croatian Ministry of Foreign Affairs, dated 29 January1943, declaring his purpose in Florence as 'the study of drawing'.[4] His scholarship, awarded for the academic year 1942–1943, served the postgraduate refinement of his existing craft.[5]

Kopač represented Croatia at the 23rd Venice Biennale in 1942,[6] which was shaped by its wartime context and bore echoes of Felice Carena's First Prize in Painting two years before. A leading figure in Italian art of the era, Carena had been professor of painting at the Florence Accademia since 1924 and had duly become its president. In 1941, the Ministry of Education had established three additional professorships, assigning them to Primo Conti, Ugo Capocchini, and Ottone Rosai, but wartime – as well as a chronic lack of space – had made attendance of their courses difficult. Indeed, the Accademia's students continued to follow Carena, who had remained the institution's focal point of reference. Unsurprisingly, upon Kopač's arrival in Florence in May 1943, he pointedly chose Carena's courses.

Among Kopač's were counted other Balkan artists, such as the Albanian Sadik Kaceli[7] and the Montenegrin Branko Vujsic;[8] notable among their Italian counterparts was Antonio Sanfilippo, future co-founder of the Forma Uno group.[9] There is no way of knowing whether Kopač was acquainted with them: his name is absent from the minutes of that year's summer and autumn exams, most likely on account of his late arrival in Florence.[10] In the case of the autumn session, however, it may be that more serious factors intervened. September 8 marked the Armistice of Cassibile and, with it, a critical juncture: the German occupation, the birth of the Resistance, the proclamation of the Republic of Salò. The situation, plagued

segna infatti l'armistizio e, con esso, un passaggio cruciale: l'occupazione tedesca, la proclamazione della Repubblica di Salò, la conseguente nascita della Resistenza. Il contesto, segnato da coprifuoco e rastrellamenti, evolve rapidamente verso una situazione prossima alla guerra civile. Nonostante ciò, le attività accademiche proseguono fino alla primavera del 1944, quando Kopač si trova nella necessità di rinnovare la propria borsa di studio. In assenza di prove d'esame, ottiene un'attestazione che riconosce le sue «notevoli capacità artistiche», unite a «buona volontà e diligenza» e alla «necessità di essere aiutato a proseguire i suoi studi»[11]. Nel marzo dello stesso anno si iscrive anche ad un laboratorio di affresco presso l'Istituto d'Arte di Porta Romana, ma la doppia iscrizione genera confusione: Ferruccio Pasqui, direttore dell'Istituto, chiede i documenti all'Accademia, che non può trasmetterli, essendo formalmente incompatibile la frequenza contemporanea di due istituti[12]. È in questo frangente che si può ipotizzare l'inizio del rapporto tra Kopač e Giovanni Colacicchi, titolare della cattedra di Decorazione nominato pro-rettore dall'appena costituito Comitato Toscano di Liberazione Nazionale l'11 agosto 1944, giorno della liberazione di Firenze: sarà lui a firmare, nel gennaio 1945, il primo intervento critico su Kopač.

Tra i lavori ancora segnati da una sensibilità tardo impressionista, presentati alla Biennale di Venezia del 1942, e quelli contraddistinti da una «colorita e delicata freschezza»[13], esposti nella personale alla Galleria Michelangelo [Fig. 3], recensita da Colacicchi, si colloca un'evoluzione espressiva significativa, già messa in luce da studi recenti[14]. «Bella ci è sembrata la fiducia con cui il pittore Kopač ha lavorato a Firenze in quest'ultimo non certo agevole anno», scrive Colacicchi, «producendo opere così fresche libere e gradevoli, nonostante i tempi per lui più che burrascosi addirittura paurosi, se si pensa alla posizione di un giovane cittadino jugoslavo in Italia nella primavera e nella prima estate del 1944»[15]. A quei momenti terribili Kopač aveva saputo reagire rimanendo fedele alla propria vocazione, quella di chi è, scrive ancora Colacicchi, «puramente e solamente pittore». Ne scaturiva una pittura che rivelava «la perizia del disegno» solo in filigrana, «coperta con tanta discrezione dalla pennellata sussultante che ricerca quasi al tasto nel colore la forma»; una pittura capace di restituire «un'accezione così nuova di questo nostro paesaggio fiorentino che ora, più che mai, per la trepidazione delle sofferte rovine, ci è caro»[16].

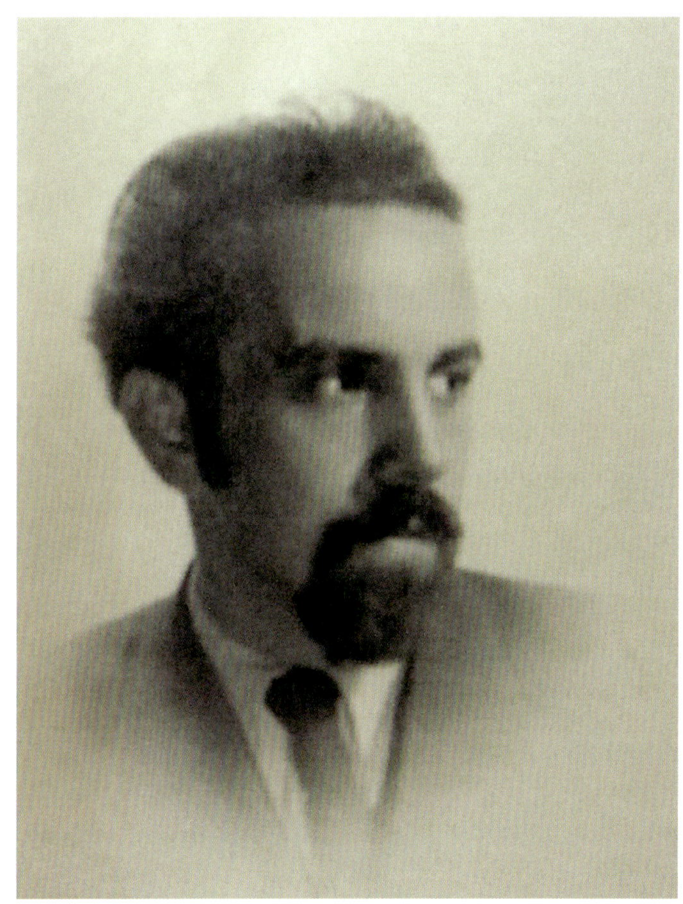

Fig. 1. Slavko Kopač, ca. 1942. Slavko Kopač, c. 1942.

by curfews and raids, rapidly reached the verge of civil war. Classes continued until the spring of 1944 nonetheless, whereupon Kopač found himself obliged to renew his scholarship. Lacking exam results, he procured an attestation to his 'remarkable artistic abilities', his 'goodwill and diligence', and his 'need of assistance in continuing his studies'.[11] In March of the same year he also enrolled in a fresco workshop at the Porta Romana Art Institute, though his double enrolment led to confusion: Ferruccio Pasqui, the Institute's director, requested Kopač's documents from the Accademia, which was unable to comply insofar as simultaneous study at separate

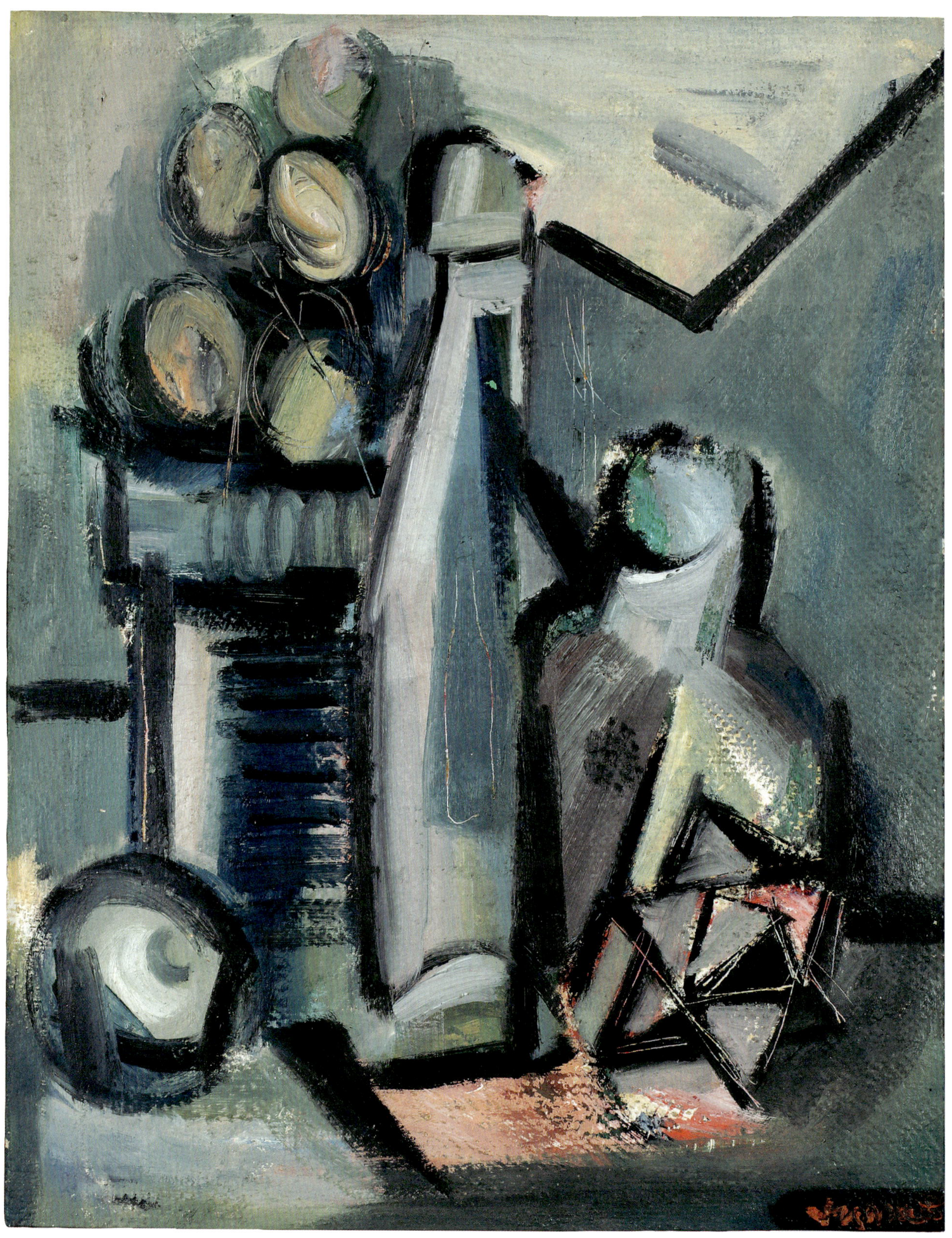

Fig. 2. Slavko Kopač, *Nature morte*, 1946, olio su tela, 57 × 43 cm, collezione privata. Foto © Damir Fabijanić

Slavko Kopač, *Nature morte*, 1946, oil on canvas, 57 × 43 cm, private collection. Photo © Damir Fabijanić

Il riferimento di Colacicchi alla forza del colore e al suo rapporto con la forma rimanda alle ricerche maturate da Kopač soprattutto in dialogo con la tradizione pittorica francese. Nel 1946, queste esplorazioni prendono forma in opere come la *Crocifissione*, presentata al Premio Prato, che mostra un'adesione solo apparente alle istanze postcubiste: una scelta in realtà aperta e problematica. Lo conferma anche la struttura geometrizzante di *Natura morta* [Fig. 2] dello stesso anno, costruita intorno a solidi platonici disposti a suggerire un dialogo con l'antica invenzione prospettica. Quest'ultima è tuttavia da intendere come un elemento riconsiderato e rinnovato, funzionale a una «soluzione architettonica dello spazio»[17], chiarisce l'amico e compagno di percorso Giordano Falzoni: un approccio destinato a trovare sviluppi anche tra i futuri astrattisti classici. Il problema, come rileva ancora Falzoni, si pone in una prospettiva europea più che strettamente italiana, e riguarda il superamento dell'impressionismo inteso come condizione necessaria per gettare le basi di una nuova civiltà, fondata sulla libertà e sull'inscindibilità tra etica ed estetica[18]. Non a caso, *Contenuto e forma di una nuova realtà* sarebbe stato il sottotitolo della I Mostra d'Arte d'Oggi[19], allestita presso la Galleria Firenze[20], alla quale partecipa anche Kopač. La lista degli espositori non riflette un fronte compatto, ma un panorama eterogeneo, unito più da un orientamento progressista e di sinistra che da un programma espressivo condiviso. Di quella eterogeneità facevano parte artisti di diversa provenienza, italiani e stranieri, in particolare tedeschi, giunti a Firenze alcuni anni prima in cerca di un rifugio sicuro dai venti di guerra. Scorrendo i cataloghi delle mostre a cui Kopač prese parte durante il soggiorno fiorentino, emerge chiaramente che espose proprio insieme a quei tedeschi e ad alcuni fiorentini legati all'ambiente dell'Accademia di Belle Arti; tra questi, Silvano Bozzolini e Osvaldo Tordi, definiti da Vinicio Berti tra gli artisti più interessanti del momento[21]. Le occasioni espositive furono numerose e si tennero nelle principali gallerie progressiste della città, tra cui la YMCA e Il Fiore[22]. Tra i tedeschi figuravano Eduard Bargheer, Heinrich Steiner e Franz Furrer, all'epoca residenti nella pensione Bandini, in piazza Santo Spirito. Erano giunti a Firenze tra la fine degli anni Trenta e i primi Quaranta, approfittando delle favorevoli relazioni diplomatiche tra Italia e Germania, consolidate anche dalla presenza in città di Villa Romana[23]. La fine della Seconda guerra mondiale non segnò la conclusione del loro soggiorno in Toscana: erano convinti che la propria esperienza, umana e artistica – nel caso di Steiner arricchita anche da una parentesi all'Accademia, dove fu iscritto alla Scuola di pittura tra il 1938 e il 1939[24] – potesse contribuire a ridare slancio a una comunità locale desiderosa, dopo il 1946, di fondare una nuova "civiltà" artistica. A questa prospettiva guarda Giordano Falzoni in un articolo apparso su *Caratteri* quello stesso anno, dove l'artista moderno, segnato dalla tragedia della guerra, è descritto come capace di superare non solo le leggerezze dell'Impressionismo, ma anche la via dei «ritorni» e del «senso magico dei primitivi», per aprirsi infine a mondi ancora inesplorati. Mondi generati, scrive Falzoni, da una «solitudine» distante «da scuole e manifesti»[25].

institutions was not permitted.[12] It is perhaps at this time that Kopač forged a relationship with Giovanni Colacicchi, the Accademia's professor of decoration, who – on 11 August 1944, the very day of the liberation of Florence – would be appointed its prorector by the newly established Tuscan Committee of National Liberation. In January 1945 he was to pen Kopač's first critical appraisal in Italian. As recent studies have shown,[13] a significant expressive evolution separates Kopač's works presented at the Venice Biennale in 1942, which still evinced a late-Impressionist sensibility, and those exhibited in his solo show at Galleria Michelangelo [Fig. 3], which were distinguished – according to Colacicchi's review – by a 'colourful and delicate freshness'.[14] 'It seemed admirable to us', wrote Colacicchi, 'the faith with which the painter Kopač has worked in Florence over this certainly far-from-easy year, producing such fresh, free and pleasant works despite these times that for him have been beyond squally, even frightening, if one considers the position of a young Yugoslav citizen in Italy in the spring and early summer of 1944'.[15] Kopač had responded to that terrible time by cleaving to his vocation: that of someone who was, Colacicchi wrote, 'purely and exclusively a painter'. So doing, he produced paintings that revealed 'the excellence of his drawing' almost imperceptibly, 'so discreetly veiled by his dancing brush that, almost by touch, seeks form through colour'; paintings that rendered 'such new implications for our Florentine landscape, which, by dint of its anxious, beleaguered ruins, is dearer to us now than ever before'.[16]

Colacicchi's allusion to bold colour and its relationship with form concerns a practice that Kopač had developed through dialogue with the French pictorial tradition in particular. In 1946, these explorations were manifested in works such as *Crucifixion*, exhibited at the Prato Prize, which only apparently adheres to post-Cubist tropes: an approach in fact open and problematic. The same year's geometrically structured *Still Life* [Fig. 2] corroborates as much, built around platonic solids arranged to evoke a dialogue with historic perspectival conventions. As Kopač's friend and colleague Giordano Falzoni observed, however, the latter element had been rethought and renewed, functioning as an 'architectural resolution of space': an approach destined for further elaboration by later classical abstractionists.[17] In Kopač, as Falzoni again indicated, the problem was posed more in European than in strictly Italian terms; it advocated the transcending of Impressionism, a necessary precondition for the founding of a new civilisation founded on liberty and the inseparability of ethics and aesthetics.[18] It was no coincidence that 'Content and form of a new reality' should have been the subtitle of the *1ª Mostra d'Arte d'Oggi* ('First Exhibition of Arte d'Oggi'),[19] shown at Galleria Firenze,[20] in which Kopač also participated. The list of exhibitors reflected not a united front but a heterogeneous cultural milieu, united more by a progressive left-wing orientation than by a common expressive programme.

This heterogeneity accommodated artists from varied backgrounds: both Italians and foreigners – Germans in particular – had decamped

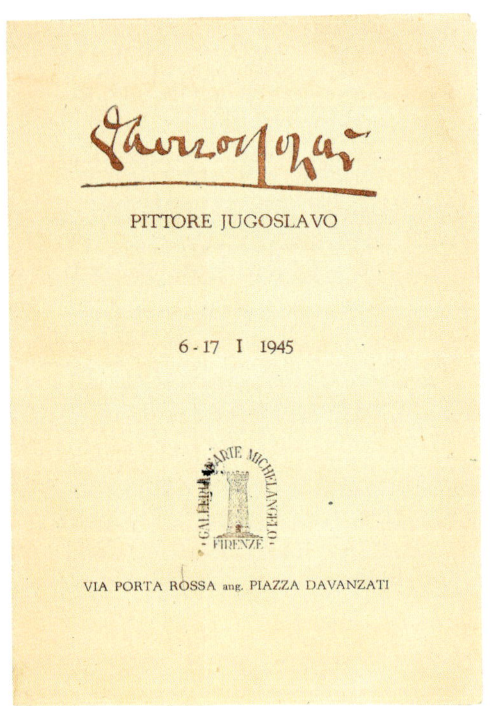

Fig. 3. Catalogo della mostra *Slavko Kopač. Pittore jugoslavo*, Firenze, Galleria Michelangelo, 6-17 gennaio 1945.

Exhibition catalogue *Slavko Kopač. Yugoslav Painter*, Florence, Galleria Michelangelo, 6–17 January 1945.

Non è da escludere, dunque, che durante il suo soggiorno fiorentino, Kopač abbia preso parte attiva a quel giro di artisti tedeschi. Fu probabilmente in quel contesto che il pittore croato poté aggiornarsi su una ricerca figurativa che, tra il 1946 e i mesi precedenti al trasferimento a Parigi nel 1948, combinava suggestioni da Paul Klee con strutture cézanniane di ispirazione neocubista, applicate anche – ma non solo – al genere della natura morta. Un'evoluzione che rafforzava l'orientamento figurativo avviato dopo il viaggio a Parigi del 1939 e che, secondo Falzoni, trovò compimento a Firenze, dove Kopač sviluppò una tecnica «del tutto antimpressionistica, attinta all'insegnamento cezanniano [*sic*], opposta cioè all'automatismo del pittore d'istinto»[26]. L'interesse per il «sinfonismo cromatico» di Klee [Fig. 4] potrebbe essere nato grazie a Bargheer – descritto da Carlo Ludovico Ragghianti come uomo «di una cultura diramata e pesata»[27] – che, a sua volta, aveva conosciuto il maestro svizzero forse tramite l'amico Kurt Craemer[28], artista anch'egli profondamente legato a Firenze. L'influenza dei *fauves* e di un cubismo vicino all'esperienza di Cézanne si deve invece, con ogni probabilità, a Heinrich Steiner. Nel 1938, mentre frequentava la scuola di pittura dell'Accademia fiorentina, Steiner seguiva infatti, privatamente, anche i corsi di Rudolf Levy, artista tedesco formatosi a Parigi sotto la guida di Henri Matisse negli anni in cui quest'ultimo andava rielaborando la pennellata *fauve* alla luce della lezione di Cézanne[29].

to Florence over the few years previous, seeking shelter from the war. Kopač exhibited with those very Germans, as the catalogues for his Florence-era exhibitions attest; also exhibiting were certain Florentines associated with the Accademia di Belle Arti and its circles, including Silvano Bozzolini and Osvaldo Tordi, whom Vinicio Berti considered some of the most interesting artists of that time.[21] Numerous such exhibitions were held at the city's foremost progressive galleries, including Galleria YMCA and Il Fiore.[22] Among the Germans were Eduard Bargheer, Heinrich Steiner, and Franz Furrer, then residents of the Pensione Bandini in Piazza Santo Spirito. They had arrived in Florence in the late thirties and early forties, benefiting from Italy's favourable diplomatic relations with Germany, which were further consolidated by Villa Romana's presence in the city.[23] The end of the Second World War was not to signal the end of their stay in Tuscany: they held that their personal and artistic experience – in Steiner's case, experience also enriched by an interlude at the Accademia, in whose School of Painting he had been enrolled in 1938–1939[24] – could help lend new impetus to a local community eager, post–1946, to establish a new artistic 'civilisation'. Giordano Falzoni adopted the same perspective in an article published in *Caratteri* that same year. His article has it that modern artists, marked by the tragedy of war, were equipped to surpass not only Impressionist fripperies but also notions of a 'return to order' and the 'magical sensibility' of the early-Renaissance 'primitives'; so doing, they would open themselves at last to still-unexplored worlds. Worlds spawned, Falzoni wrote, from a 'solitude' far removed 'from schools and manifestoes'.[25]

It is not unlikely, therefore, that Kopač's Florentine sojourn saw him actively involved with that group of German artists. Such a hypothesis relies, firstly, on his participation in several Florentine exhibitions alongside exponents of that milieu, along with Tuscans like Bozzolini and Tordi, immediately after the war; and, secondly, on his likely contact with the German-speaking circle that had gathered around the Pensione Bandini in the late thirties. It was probably in that context that, between 1946 and the months before his move to Paris in 1948, Kopač's practice could evolve to combine the influence of Paul Klee with neo-Cubist-inspired Cézannian structures, which he applied – though not exclusively – to still life. This evolution reasserted the approach to figuration that Kopač had begun to develop after his 1939 visit to Paris; one that, according to Falzoni, was fulfilled in Florence, where Kopač developed an emphatically 'anti-Impressionistic' technique, 'drawn from the lesson of Cézanne, which is to say, counterpoised to the automatism of the instinctual painter'.[26]

Kopač's interest in Klee's 'chromatic symphonism' [Fig. 4] could have been sparked by Bargheer, described by Carlo Ludovico Ragghianti as a man 'of a widely-branching and considered culture'.[27] Bargheer, for his part, had met the Swiss master; they may have been introduced by Bargheer's friend Kurt Craemer, who also had close ties to Florence.[28] Kopač's Fauvist influences, meanwhile, as well as his Cézannesque cubism, are likely attributable to Heinrich

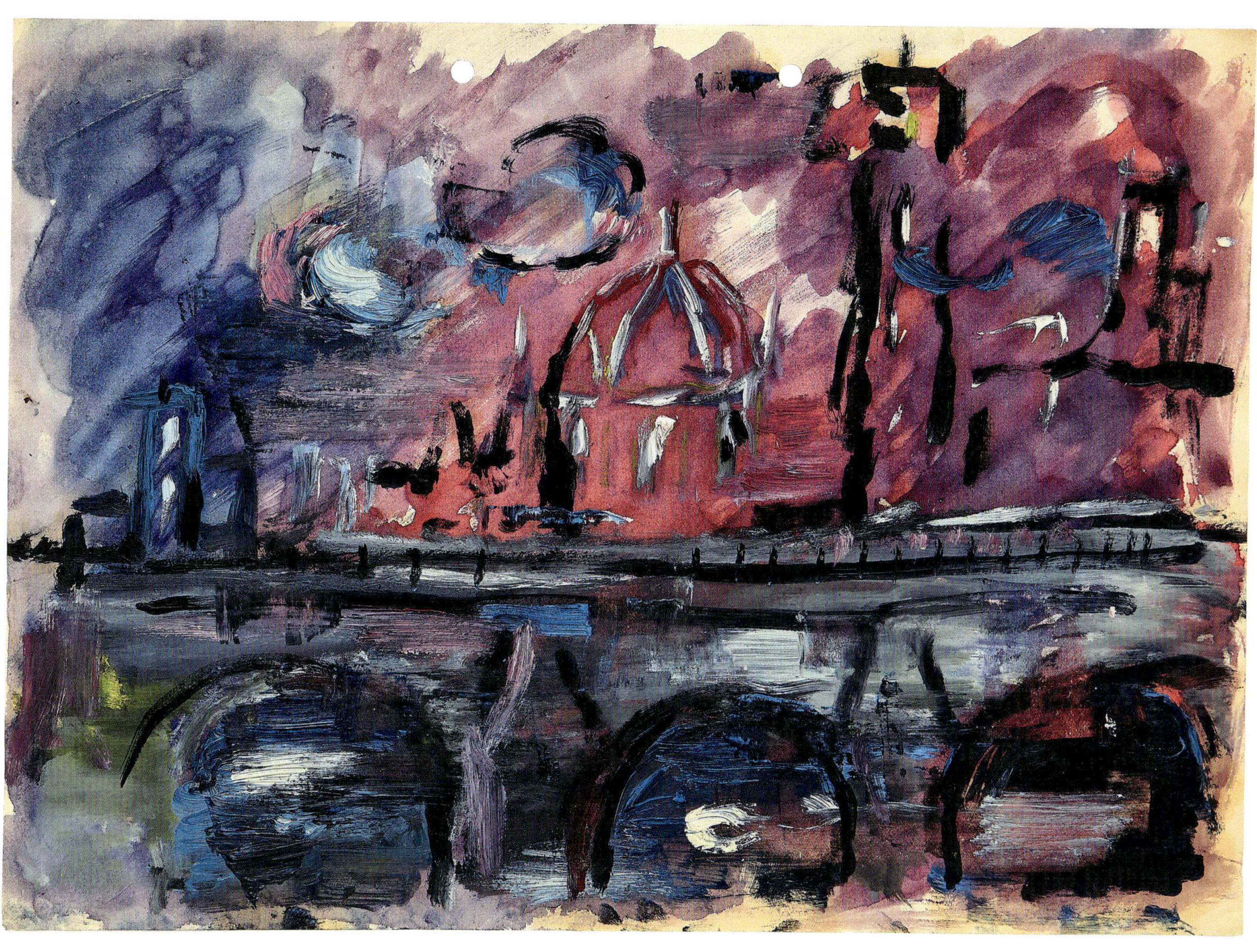

Fig. 4. Slavko Kopač, Senza titolo
[Firenze], 1946-47,
acquerello su carta,
50 × 35 cm, collezione privata.
Foto © Nicola Galli

Slavko Kopač, Untitled
[Florence], 1946–47,
watercolour on paper,
50 × 35 cm, private collection.
Photo © Nicola Galli

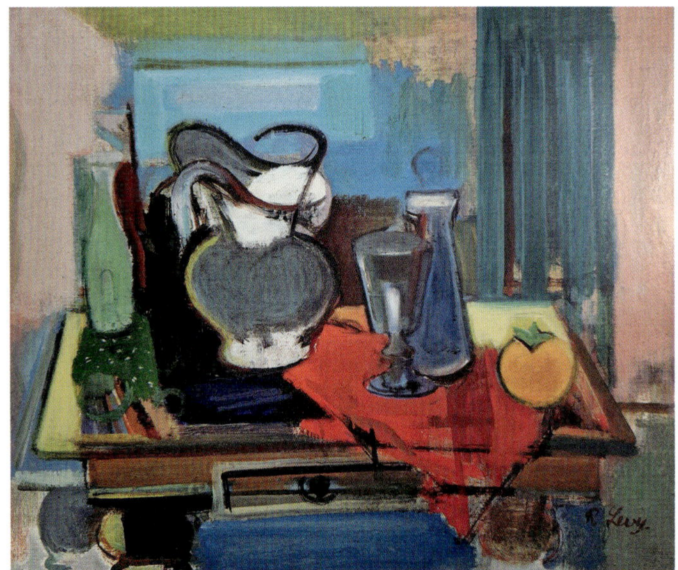

Fig. 5. Rudolf Levy, *Natura morta con drappo rosso*, ca. 1943, olio su tela, 60 × 73 cm, Roma, Galleria Nazionale d'Arte Moderna e Contemporanea.

Rudolf Levy, *Still Life with Red Cloth*, c. 1943, oil on canvas, 60 × 73 cm, Rome, National Gallery of Modern and Contemporary Art.

È forse a Levy [Fig. 5] – la cui opera poté conoscere proprio col tramite di Steiner – che Kopač guarda quando dipinge la già citata *Natura morta* del 1946, probabilmente la stessa definita «architettonica»[30] nell'articolo di Falzoni su *Caratteri*. Un'opera che, per forme e costruzione geometrica, si avvicina anche ad alcune tele realizzate nello stesso anno da pittori legati all'ambiente dell'Accademia e attivi nelle rassegne fiorentine di quel momento, in particolare il già menzionato Osvaldo Tordi [Fig. 6]. Diplomatosi all'Accademia fiorentina nella sessione estiva del 1942 sotto la guida di Carena[31], Tordi fonderà nel 1946, insieme a Mario Fiorani e Adriano Seroni, la rivista *Campi Elisi* alla quale anche Kopač prese parte illustrando una poesia di Berto Morucchio[32] [Fig. 7].

Nata nello stesso anno di *Caratteri*, *Campi Elisi*[33] si proponeva come strumento di diffusione di una poesia di «stringente umanità» e come ponte tra mondo figurativo e letterario nel segno di un comune orientamento umanistico. In questo contesto, l'«Eliseo» veniva inteso come l'«istante che più ci avvicina all'innocenza della scoperta, alla purezza dell'invenzione»[34]. «Solo attraverso i fastigi di una coltura e di una educazione, attraverso una serena e dura familiarità con le parole e con i segni», si legge nell'editoriale a firma di Fiorani, la civiltà moderna potrà riscoprire la «disperata umanità»[35] di un Essere che la guerra aveva inevitabilmente annientato.

Se l'editoriale di *Campi Elisi* auspica una rinascita dell'umano attraverso la cultura e l'arte, la fragilità di quell'umanità perduta trova espressione nei versi di Morucchio illustrati da Kopač. "Tutto trascini

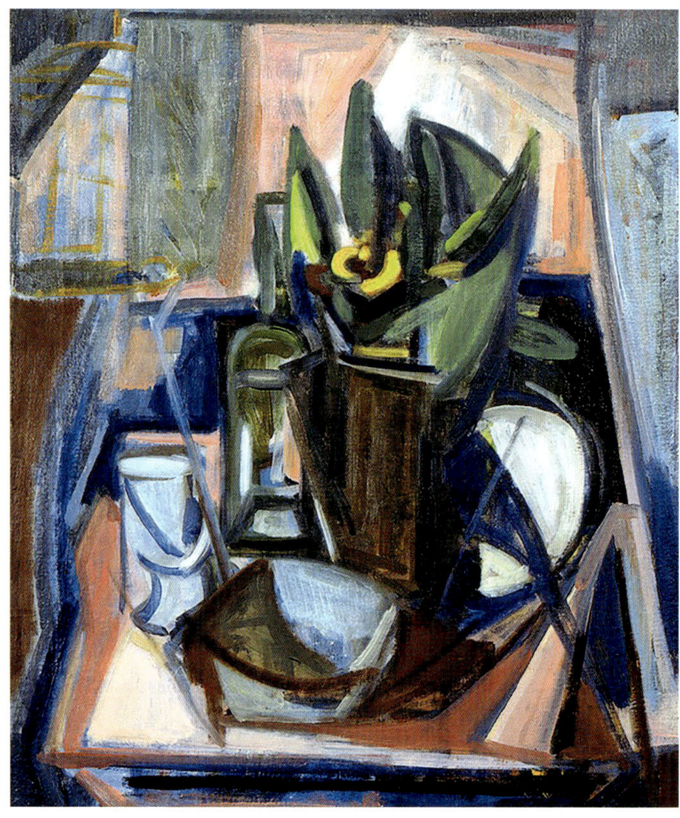

Fig. 6. Osvaldo Tordi, *Natura morta*, ca. 1946, olio su tela, 71,5 × 58,2 cm, Firenze, Gallerie degli Uffizi, Galleria d'Arte Moderna.

Osvaldo Tordi, *Still Life*, c. 1946, oil on canvas, 71.5 × 58.2 cm, Florence, Uffizi Galleries, Gallery of Modern Art.

Steiner. In 1938, while attending the Florence Accademia's School of Painting, Steiner had also studied privately with the German artist Rudolph Levy, who himself had studied in Paris with Henri Matisse during the period in which the latter was reconceiving his Fauvist manner after the example of Cézanne.[29]

It was perhaps to Levy [Fig. 5] that Kopač looked – having been acquainted with his work through Steiner – when he painted the aforementioned 1946 *Still Life*, which is probably the same that Falzoni dubbed 'architectural' in his article in *Caratteri*.[30] The work, given its forms and its geometric construction, also recalls certain canvases executed the same year by Accademia-associated painters then exhibiting in Florence, particularly the above-mentioned Osvaldo Tordi. [Fig. 6] Tordi, who had graduated from the Florence Accademia under Carena in 1942's summer session,[31] founded the magazine *Campi Elisi* (Elysian Fields) with Mario Fiorani and Adriano Seroni in 1946; Kopač also contributed to the magazine by illustrating a poem by Berto Morucchio [Fig. 7].[32]

Founded in the same year as *Caratteri*, *Campi Elisi* declared itself as the vehicle of a poetry of 'urgent humanity' and as a bridge between artistic and literary worlds, emblematic of a common humanistic mindset.[33] In this connection, 'Elysium' was to be understood as

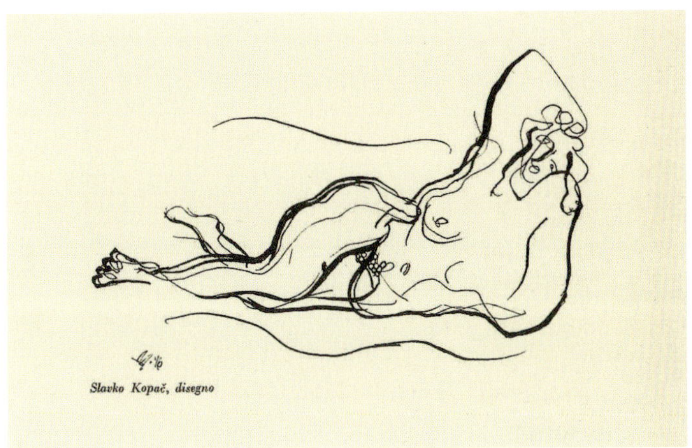

Fig. 7. Slavko Kopač, *Disegno*, pubblicato in *Campi Elisi*, n. 1, agosto-settembre 1946, p. 38.

Slavko Kopač, *Disegno*, published in *Campi Elisi*, no. 1, August–September 1946, p. 38.

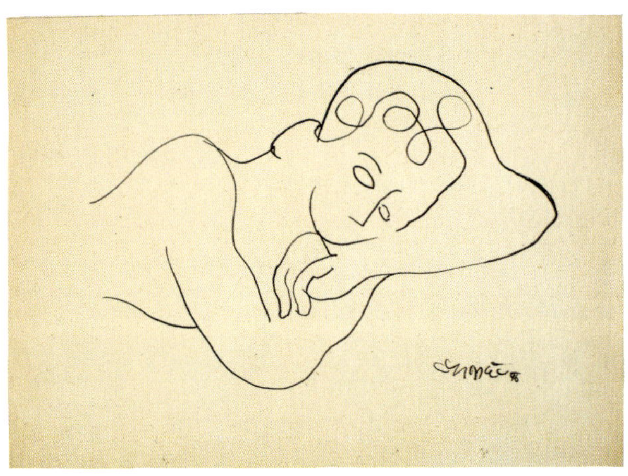

Fig. 8. Slavko Kopač, *Femme couchée*, 1946, inchiostro su carta, 20,3 × 28,7 cm, collezione privata. Foto © Damir Fabijanić

Slavko Kopač, *Femme couchée*, 1946, ink on paper, 20.3 × 28.7 cm, private collection. Photo © Damir Fabijanić

come il bimbo al filo / un aquilone fragile al vento"[36], si legge negli ultimi versi: un'immagine di smarrimento e precarietà ben restituita dal segno «nervoso», avrebbe detto Falzoni[37], con cui l'artista accompagna il componimento, raffigurando un nudo femminile disteso su un fianco, di chiara memoria matissiana [Fig. 7].

Se *Campi Elisi* e *Caratteri* – nate entrambe dal «bisogno comune di chiarimento di alcuni valori che la guerra ha deformato»[38]– si configurano inizialmente come luoghi d'incontro tra generazioni e tendenze diverse, con l'intento di riaprire il dialogo e ricostruire valori comuni nel dopoguerra, il loro ruolo si esaurisce rapidamente. Già nel 1947 e poi con maggior evidenza nel 1948, con la virata in senso astrattista di molti, le posizioni cominciano a definirsi non più per via complementare, ma contrapposta. È in questo scenario che, complice la forte sintonia con Giordano Falzoni, Kopač matura un'inedita apertura che, proprio attraverso quest'ultimo, lo orienta verso la Francia e, più precisamente, verso Jean Dubuffet, con cui si sarebbe presto instaurato un dialogo intenso e fecondo.

the 'instant that draws us nearest to the innocence of discovery, to the purity of invention'.[34] 'Only through the pinnacles of culture and education, through a serene and acute intimacy with words and symbols' – reads Fiorani's editorial – can modern civilisation rediscover the 'desperate humanity' of those states of being inevitably annihilated by the war.[35]

If *Campi Elisi*'s editorial invokes a humanity revived through culture and art, Morucchio's Kopač-illustrated verses convey the frailty of that failed humanity. 'All crawls like a child on a tightrope, / A kite fragile on the wind',[36] read the last lines: an image of loss and uncertainty well-rendered in the 'anxious' hand, as Falzoni would have put it,[37] of the artist's accompanying – distinctly Matissian – depiction of a female nude huddled on her side [Fig. 7].

Campi Elisi and *Caratteri* were born of the 'common need to elucidate certain values that the war has deformed';[38] both were initially conceived as crossroads between different generations and artistic developments; and both sought to foster new dialogue and reestablish collective values in the wake of the war. Such functions, however, were quickly exhausted. By 1947 and still more evidently in 1948, with many artists turning to abstraction, cultural actors began to define their positions in ever-less complementary and ever-more oppositional terms. Amidst these developments, and aided by his emphatic consensus with Giordano Falzoni, Kopač cultivated an uncommon openness. Via Falzoni's intervention, that openness duly led him toward France and specifically toward Jean Dubuffet, with whom he would soon establish an intense and fruitful dialogue.

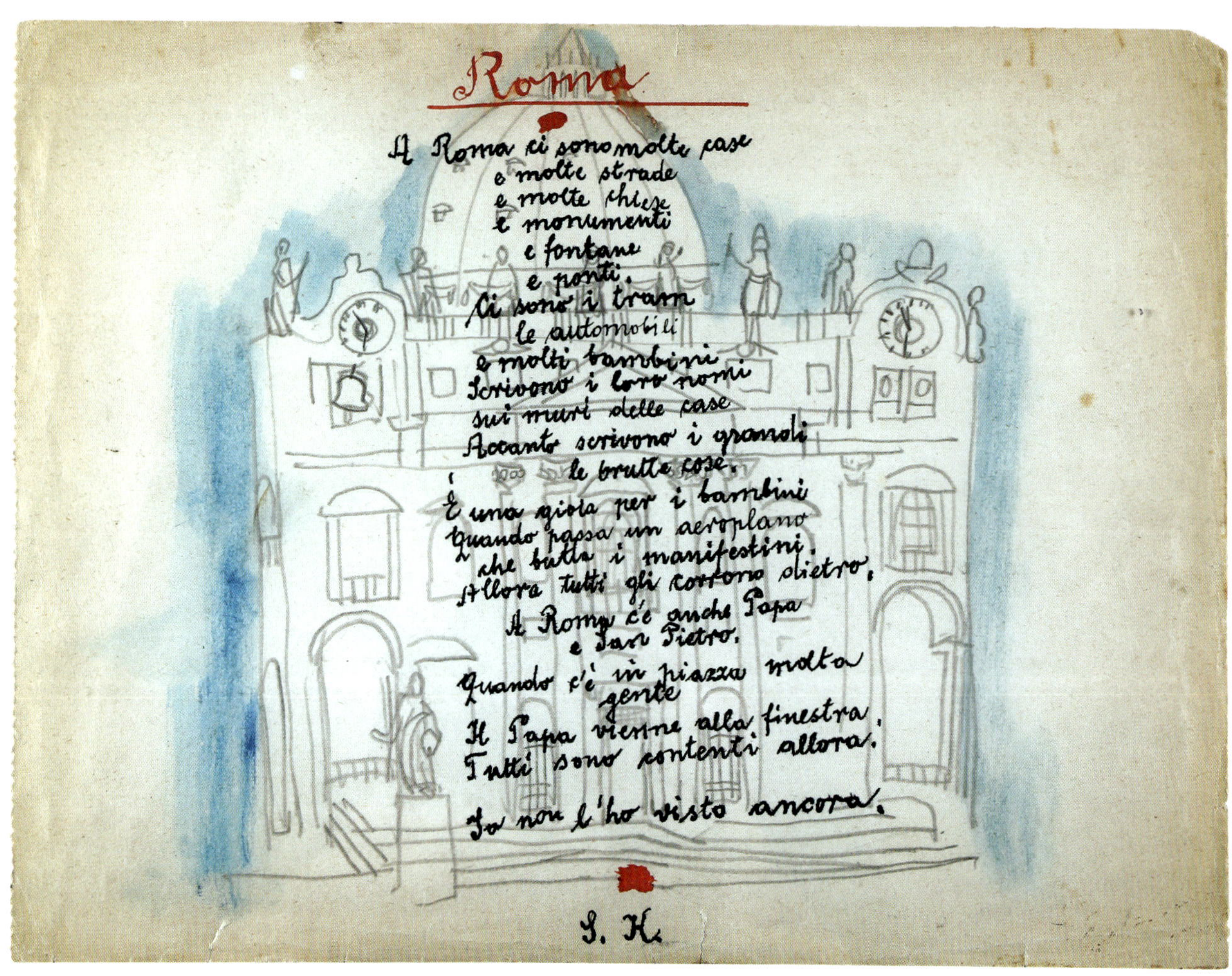

Fig. 9. Slavko Kopač, *Roma*, 1948, inchiostro su carta, dedicato a Giordano Falzoni, 22,5 × 30 cm, collezione privata. Foto © Damir Fabijanić

Slavko Kopač, *Roma*, 1948, ink poem on drawing on paper, dedicated to Giordano Falzoni, 22.5 × 30 cm, private collection. Photo © Damir Fabijanić

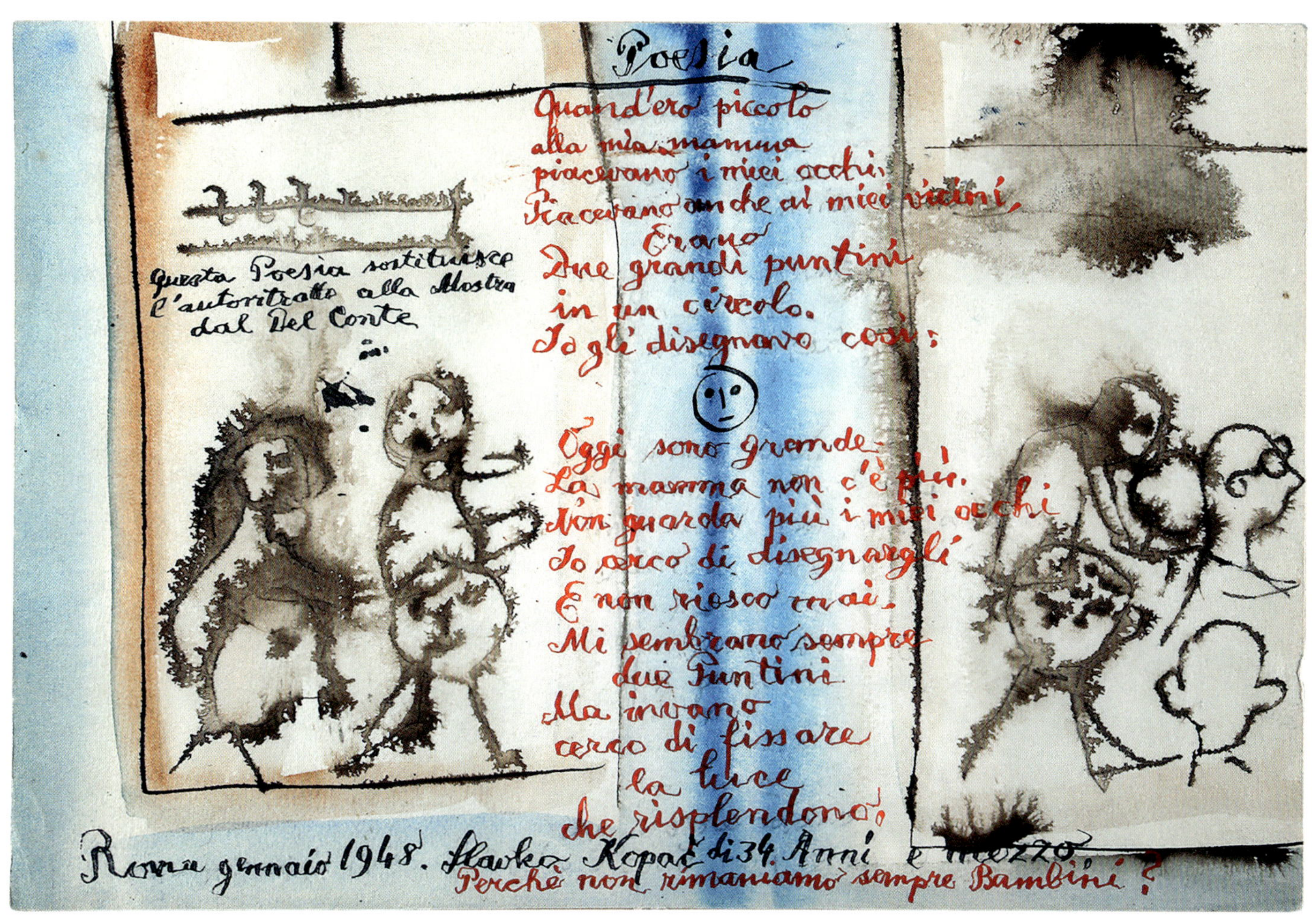

Fig. 10. Slavko Kopač, *Poesia*, 1948, inchiostro su carta, 18 × 27 cm, collezione privata. Foto © Damir Fabijanić

Slavko Kopač, *Poesia*, 1948, ink on paper, 18 × 27 cm, private collection. Photo © Damir Fabijanić

1 AABAFi, Alunni, Fascicoli personali, *Kopač Slavko*.
2 Ivi, Certificato di identità vistato dal Consolato Generale in Zagabria in data 30 novembre 1942.
3 Ivi, Attestato del professor Vladimir Becić.
4 Ivi, Raccomandata del Ministero degli Affari Esteri indirizzata all'Accademia di Belle Arti di Firenze e p.c. al Ministero dell'Educazione Nazionale datata 29 gennaio 1943.
5 Ivi, Dichiarazione su carta intestata "Istituto di Cultura Italiana Zagabria" del direttore datata 5 maggio 1943.
6 Cfr. Elio Zorzi, "La Croazia", in *La XXIII Biennale d'arte di Venezia,* Venezia 1942, p. 116: "Espone un suggestivo *Chiostro dei Gesuiti a Zagabria*".
7 AABAFi, Alunni. Iscrizioni, *Registro Matricola N. 4 (1935-1945)*, 1942-43, pittura, n. 605.
8 Ivi, n. 646.
9 AABAFi, Verbali esami, Pittura, Sessione estiva 1942-43, n. 14.
10 Ivi, n. 3; ivi, Sessione autunnale, n. 2.
11 AABAFi, Alunni, Fascicoli personali, *Kopač Slavko*, certificato rilasciato in data 14 gennaio 1944.
12 Ivi, Lettera del presidente Carena indirizzata a Ferruccio Pasqui, direttore dell'Istituto d'Arte di Porta Romana datata 1° marzo 1944.
13 Giovanni Colacicchi, "Mostre fiorentine: il pittore Slavko Kopač", in *Corriere del Mattino*, 14-15 gennaio 1945.
14 Roberta Trapani, "Les années italiennes", in Fabrice Flahutez, Pauline Goutain, Roberta Trapani, *Slavko Kopač. Ombres et matières / Shadows and Materials*, Gallimard, Parigi 2022, p. 60. Primo studio organico dedicato agli anni italiani di Kopač.
15 G. Colacicchi, *op. cit.*
16 *Ibid.*
17 Giordano Falzoni, "Slavko Kopač", in *Caratteri*, n. 12, 15 settembre 1946, p. 116.
18 Id., "Superamento dell'Impressionismo", in *Caratteri*, n. 9, 1° agosto 1946, p. 76.
19 Arte d'Oggi fu il nome assunto dal gruppo di giovani artisti fiorentini che, nell'immediato dopoguerra, si riunì attorno a un comune spirito di rinnovamento ispirato alla Liberazione e alla ricostruzione, ponendosi in dialogo con esperienze coeve come Forma 1 a Roma e il MAC a Milano.
20 *Bargheer, Berti, Bozzolini, Brunetti, Cipriani, De Angelis, Faraoni, Farulli, Furrer, Grazzini, Kopač, Lardera, Monnini, Picchi, Pregno, Steiner, Tordi, Venturi, Firenze,* Firenze, Galleria Firenze, 3-14 maggio 1947.
21 Le parole di Berti, contenute nel Fondo Berti presso l'Archivio Centrale dello Stato di Roma, carta n. 7, si leggono in Laura Donati, "Biografia", in *Silvano Bozzolini. Pitture 1946-1992,* a cura di Beatrice Buscaroli Fabbri, Carlo Cambi editore, Poggibonsi 2014.
22 Si veda a tal proposito Roberta Trapani, "Les années italiennes", in Flahutez, Goutain, Trapani, *Slavko Kopač*, *op. cit.*, pp. 55-87 e 332-333.
23 Sul soggiorno di quei tedeschi a Firenze vedi, in particolare, Wolfgang Henze, "Pittori e scultori tedeschi in Italia", in Klaus Voigt (dir.), *Rifugio precario: artisti e intellettuali tedeschi in Italia, 1933-1945*, catalogo della mostra (Palazzo della Ragione, Milano, 9 marzo – 30 aprile 1995; Akademie der Künste, Berlino, 29 agosto – 22 ottobre 1995), Mazzotta, Milano 1995, pp. 93-109, ma anche Klaus Voigt (dir.), *Klaus Mann, Eduard Bargheer: due esuli tedeschi nella Firenze liberata 1944-1945. Una mostra per il 60° anniversario della resistenza e della liberazione in Toscana*, catalogo della mostra (Palazzo Vecchio, Firenze, 5-29 ottobre 2004), Polistampa, Firenze 2004, e infine Sergio Tedeschi, Valentina Fogher, Tommaso Paloscia, *Franz Furrer: dipinti 1943 – 1982*, catalogo della mostra (Pietrasanta, Chiostro di S. Agostino, 20 febbraio – 14 marzo 2004), Maschietto, Firenze 2004..
24 AABAFi, Alunni. Iscrizioni, *Registro Matricola N. 4 (1935-1945)*, 1938-39, pittura, n. 336.
25 G. Falzoni, "Superamento dell'Impressionismo", cit.
26 Id., "Slavko Kopač", cit.
27 Vedi l'introduzione al catalogo della mostra *Edoardo Bargheer*, Galleria Il Fiore, Firenze, 7-19 gennaio 1950.
28 Kurt Craemer, nato a Saarbrücken nel 1912, si formò alla Scuola d'Arte Applicata di Colonia con Friedrich Ahlers-Hestermann, allievo di Matisse, e proseguì poi gli studi

1 Accademia di Belle Arti di Firenze, historical archive (hereafter AABAFi), Alunni, Fascicoli personali, 'Kopač, Slavko'.
2 Ibid., certificate of identity stamped by the Zagreb Consulate General, 30 November 1942.
3 Ibid., certification signed by Professor Vladimir Becić.
4 Ibid., registered letter from the Ministry of Foreign Affairs addressed to the Florence Accademia di Belle Arti and forwarded to the Ministry of Education, 29 January 1943.
5 Ibid., director's declaration letterheaded 'Istituto di Cultura Italiana Zagabria', 5 May 1943.
6 Elio Zorzi, 'La Croazia', in *La XXIII Biennale d'arte di Venezia* (Venice, 1942), 116: '[Kopač] exhibits the suggestive *Jesuit Cloister in Zagreb*'.
7 AABAFi, Alunni, Iscrizioni, *Registro Matricola N. 4 (1935–1945)*, 1942–43, Pittura, no. 605.
8 Ibid., no. 646.
9 AABAFi, Verbali esami, Pittura, Sessione estiva 1942–43, no. 14.
10 Ibid., no. 3; ibid., Sessione autunnale, no. 2.
11 AABAFi, Alunni, Fascicoli personali, 'Kopač, Slavko', certificate dated 14 January 1944.
12 Ibid., president Carena's letter to Ferruccio Pasqui, director of the Istituto d'Arte di Porta Romana, 1 March 1944.
13 Roberta Trapani, 'Les Années italiennes', in Fabrice Flahutez, Pauline Goutain, and Roberta Trapani, *Slavko Kopač. Ombres et matières / Shadows and Materials* (Paris: Gallimard, 2021), 60; Trapani's text is the first comprehensive study of Kopač's Italian years.
14 Giovanni Colacicchi, 'Mostre fiorentine: Il pittore Slavko Kopač', *Corriere del Mattino*, 14–15 January 1945.
15 Ibid.
16 Ibid.
17 Giordano Falzoni, 'Slavko Kopač', *Caratteri*, no. 12 (September 1946): 116.
18 Falzoni, 'Superamento dell'Impressionismo', *Caratteri*, no. 9 (August 1946): 76.
19 Arte d'Oggi was the name adopted by a group of young Florentine artists who, in the immediate post-war period, united in a shared spirit of renewal inspired by the Liberation and the Reconstruction, and entered into dialogue with contemporary movements such as *Forma 1* in Rome and the *MAC* in Milan.
20 *Bargheer, Berti, Bozzolini, Brunetti, Cipriani, De Angelis, Faraoni, Farulli, Furrer, Grazzini, Kopač, Lardera, Monnini, Picchi, Pregno, Steiner, Tordi, Venturi, Firenze*, Galleria Firenze, Florence, 3–14 May 1947.
21 Berti's statements, appearing in document 7, Fondo Berti, Central State Archives, Rome, are reproduced in Laura Donati, 'Biografia', in *Silvano Bozzolini: Pitture 1946–1992*, ed. Beatrice Buscaroli Fabbri (Poggibonsi: Carlo Cambi Editore, 2014).
22 See Trapani, 'Les Années italiennes', 55–87; 332–333.
23 On the Germans' Florentine sojourn see in particular Wolfgang Henze, 'Pittori e scultori tedeschi in Italia', in Klaus Voigt (ed.), *Rifugio precario: Artisti e intellettuali tedeschi in Italia, 1933–1945*, catalogue for the exhibition at Palazzo della Ragione, Milan, 9 March – 30 April, 1995; Akademie der Künste, Berlin, 29 August – 22 October, 1995 (Milan: Mazzotta, 1995), 93–109; Klaus Voigt (ed.), *Klaus Mann, Eduard Bargheer: Due esuli tedeschi nella Firenze liberata 1944–1945; Una mostra per il 60° anniversario della resistenza e della liberazione in Toscana*, catalogue for the exhibition at Palazzo Vecchio, Florence, 5 – 29 October 2004 (Florence: Polistampa, 2004); and Sergio Tedeschi, Valentina Fogher and Tommaso Paloscia (eds.), *Franz Furrer: Dipinti 1943–1982*, catalogue for the exhibition at the Chiostro di Sant' Agostino, Pietrasanta, 20 February - 14 March 2004 (Florence: Maschietto, 2004).
24 AABAFi, Alunni, Iscrizioni, *Registro Matricola N. 4*, Pittura, no. 336.
25 Falzoni, 'Superamento'.
26 Falzoni, 'Slavko Kopač'.
27 See the introduction to the catalogue for the exhibition *Edoardo Bargheer*, Galleria Il Fiore, Florence, 7–19 January 1950.
28 Kurt Craemer, born in Saarbrücken in 1912, studied at the School of Applied Art in Cologne under Friedrich Ahlers-Hestermann, a student of Matisse, before continuing his

a Düsseldorf con Werner Heuser e Paul Klee. Espose a Firenze una selezione di opere alla Galleria Il Ponte, sul Lungarno Guicciardini, nell'ottobre del 1941. La galleria era stata aperta da Werner Scheitlin, allora ancora studente di Pittura all'Accademia con Carena. Per approfondimenti sulla biografia di Craemer e il suo legame con Firenze si veda il catalogo della mostra *Kurt Craemer: espressionismo mediterraneo* (Pinacoteca Provinciale, Salerno, 27 marzo – 17 maggio 2009), a cura di Matilde Romito e Antonio D'Avossa, Provincia di Salerno, 2009.

29 Levy lasciò un segno nell'ambiente artistico fiorentino, dove visse fino al dicembre del 1943, quando fu arrestato da due uomini delle SS sulle scale della pensione Bandini. Deportato, morì ad Auschwitz nel febbraio dell'anno successivo. Sui rapporti tra Steiner e Levy, si rimanda a Susanne Thesing, "Il pittore Rudolf Levy", in *Rudolf Levy 1875-1944. L'opera e l'esilio*, catalogo della mostra (Firenze, Le Gallerie degli Uffizi, Palazzo Pitti, 24 gennaio – 30 aprile 2023), a cura di Vanessa Gavioli, Camilla Brunelli e Susanne Thesing, Electa, Milano 2023, in particolare pp. 25-26.

30 G. Falzoni, "Slavko Kopač", cit.

31 AABAFi, Alunni, Fascicoli personali, *Tordi Osvaldo*.

32 Si ringrazia Tamara Floričić dell'associazione ArtRencontre per la segnalazione.

33 Della rivista, che porta il sottotitolo *Quaderno mensile di poesia e arte*, usciranno 5 numeri, da maggio a settembre1946. Stampata da Vallecchi, la redazione principale era a Firenze, ma vi erano altre due redazioni, una a Roma, presso Leone Piccioni, grande amico e studioso di Giuseppe Ungaretti, l'altra a Milano, presso Massimo Carrà, figlio di Carlo. *Campi Elisi* riprende il titolo di una raccolta di poesie di Leonardo Sinisgalli e ospita fra le sue pagine opere di artisti romani fra i quali Mafai, Scialoja, Purificato. Fra i milanesi, una pagina è dedicata al ricordo dell'artista partigiano Ciri Agostoni.

34 Mario Fiorani, "I Campi Elisi", in *Campi Elisi*, n. 1, maggio 1946, p. 3.

35 *Ibid*.

36 "Primo poemetto", in *Campi Elisi*, n. 1, agosto-settembre 1946, pp. 37-38, vv. 37-38.

37 G. Falzoni, "Slavko Kopač", cit.

38 Guido Di Pino, "Premesse", in *Caratteri*, n. 1, 15 febbraio 1946, p. 1. La rivista, quindicinale d'arte e cultura diretta da Di Pino, uscì per 12 numeri fino all'ottobre del 1946.

training in Düsseldorf under Werner Heuser and Paul Klee. In October 1941 he exhibited a selection of works with Galleria Il Ponte in Florence, on the Lungarno Guicciardini. The gallery had been founded by Werner Scheitlin, at the time still a student of painting at the Accademia under Carena. For further reading on Craemer's biography and his connection with Florence, see Matilde Romito and Antonio D'Avossa (eds.), *Kurt Craemer: Espressionismo mediterraneo*, catalogue for the exhibition at the Pinacoteca Provinciale, Salerno, 27 March–17 May 2009 (Salerno: Provincia di Salerno, 2009).

29 Levy left a mark on the artistic circles of Florence, his home until December 1943, when he was arrested by two SS men on the stairs of the Pensione Bandini. Deported, he died in Auschwitz the following February. On Steiner's relationship with Levy, see Susanne Thesing, 'Il pittore Rudolf Levy', in Vanessa Gavioli, Camilla Brunelli, and Susanne Thesing (eds.), *Rudolf Levy 1875–1944: L'opera e l'esilio*, catalogue for the exhibition at Palazzo Pitti, Florence, 24 January–30 April 2023 (Electa: Milan, 2023), particularly pp. 25–26.

30 Falzoni, 'Slavko Kopač'.

31 AABAFi, Alunni, Fascicoli personali, 'Tordi, Osvaldo'.

32 Our thanks go to Tamara Floričić of the Association ArtRencontre, who kindly brought this to our attention.

33 Five issues of the magazine, which bore the subtitle of 'Monthly journal of poetry and art', were published between May and September 1946. Published by Vallecchi, its principal editorial team was based in Florence, although it boasted two subordinate teams: one in Rome under Leone Piccioni, great friend and scholar of Giuseppe Ungaretti; and the other in Milan under Massimo Carrà, son of Carlo. *Campi Elisi* took its title from a collection of poems by Leonardo Sinisgalli and featured works by such Roman artists as Mafai, Scialoja, and Purificato. Among its Milanese subjects was a page dedicated to the memory of the partisan and artist Ciri Agostoni.

34 Mario Fiorani, 'I Campi Elisi', *Campi Elisi*, no. 1 (May 1946): 3.

35 Ibid.

36 'Primo poemetto', *Campi Elisi*, nos. 4–5 (August–September 1946): 37–38, vv. 37–38.

37 Falzoni, 'Slavko Kopač'.

38 Guido Di Pino, 'Premesse', *Caratteri*, no. 1 (15 February 1946): 1. An art-and-culture biweekly directed by Di Pino, *Caratteri* ran for twelve issues until October 1946.

ROBERTA SERPOLLI

«*Comme des frères jumeaux*»: Slavko Kopač e Giordano Falzoni

> Non si può immaginare uomo più amabile e più gentile del vostro amico Slavko Kopač, e non potreste avere a Parigi rappresentante migliore. Ha una grande ammirazione per voi, e a pieno diritto[1].
>
> Jean Dubuffet

È trascorso un anno da quando il ventiduenne Giordano Falzoni (Zagabria, 1925 – Milano, 1998), artista autodidatta e critico, ha pubblicato la prima recensione italiana all'opera di Jean Dubuffet sulle colonne del *Mondo Europeo* [Fig. 1][2]. Del maestro francese lo avevano affascinato il rifiuto del «vizio della cultura» e la recente produzione ritrattistica, esposta presso la galleria René Drouin nel 1947. Ciò aveva determinato una particolare vicinanza tra i due, un'affinità intellettuale e amicale, come testimonia la dedica a Falzoni apposta sui memorabili ritratti di Antonin Artaud e di Henry Michaux, presentati in quella mostra. Falzoni era riuscito a suscitare l'interesse di Dubuffet con l'invio di lettere creative e colorate, popolate da animali fiabeschi, come farfalle e piccoli volatili, che poi si sarebbero estese ai principali protagonisti della Compagnie de l'Art Brut, quali André Breton, Jean Paulhan, Maurice Auberjonois, Michel Tapié e Jacques Berne. Benché recenti, gli scambi epistolari tra il giovane artista e il più affermato pittore francese si soffermavano sugli elementi fenomenologici del fare arte. La curiosità intellettuale di Falzoni si spingeva fino a voler approfondire i legami tra la sua pittura e il pensiero esistenzialista di Jean-Paul Sartre, prontamente rilevati dal critico americano Clement Greenberg, ma che venivano sconfessati dallo stesso Dubuffet proprio in una decisiva missiva a Falzoni[3].

Nel 1948 è portata a compimento la complessa e stratificata attività di coordinamento e di spontanea mediazione intellettuale svolta da Falzoni, poliedrico *trait d'union* tra alcuni dei protagonisti dell'arte del dopoguerra: accortosi di alcune forti affinità elettive, mette in contatto Cesare Zavattini e Dubuffet[4] e introduce senza indugi al maestro francese l'amico e pittore franco-croato Slavko Kopač, futuro conservatore e curatore della collezione d'art brut di Dubuffet, in ragione delle sue qualità artistiche e umane. Quando Dubuffet rileva la grande ammirazione di Kopač per Falzoni, i due artisti avevano intrapreso da qualche tempo un intenso rapporto amicale, nutrito da una forte sintonia artistica e dalla condivisione quotidiana

ROBERTA SERPOLLI

'*Comme des frères jumeaux*': Slavko Kopač and Giordano Falzoni

> One could not imagine a more sympathetic or courteous man than your friend Slavko Kopač, and you could have no better representative in Paris. He holds you in great esteem, and for good reason.[1]
>
> Jean Dubuffet

A year had passed since Giordano Falzoni (Zagreb, 1925–Milan, 1998), a twenty-two-year-old self-taught artist and critic, had published – in the pages of *Il Mondo Europeo* – the first Italian review of the work of Jean Dubuffet [Fig. 1].[2] He had been fascinated by the French master's repudiation of the 'sin of culture' and his recent forays into portraiture, exhibited at the René Drouin Gallery in 1947. This had led to a close friendship between the two, an affinity both intellectual and affective, as evident in the dedications to Falzoni appended to the exhibition's memorable portraits of Antonin Artaud and Henry Michaux. Falzoni had successfully aroused Dubuffet's interest by mailing him colourfully inventive letters abounding in fairy-tale animals, including butterflies and tiny birds; similar correspondence would later be extended to the principal figures of the Collection de l'Art Brut, including André Breton, Jean Paulhan, Maurice Auberjonois, Michel Tapié, and Jacques Berne. Although newly initiated, the young artist's correspondence with the more established French painter stressed the phenomenological aspects of artistic practice. Falzoni's intellectual curiosity even led him as far as exploring the correlations between Dubuffet's paintings and the existentialist philosophy of Jean-Paul Sartre: a connection adroitly detected by the American critic Clement Greenberg, though categorically refuted by Dubuffet himself in a missive to Falzoni.[3]

The year 1948 saw the culmination, on Falzoni's part, of a complex and stratified exercise in interpersonal coordination and spontaneous intellectual mediation whereby he served as a versatile interlocutor between some of postwar art's outstanding figures, having recognised distinct elective affinities between them: it was he who put Dubuffet in contact with Cesare Zavattini and who, in recognition of the artistic and human qualities of his friend Slavko Kopač, French-Croatian painter and future custodian and curator of Dubuffet's collection of Art Brut, promptly introduced Kopač to the French master.[4] Dubuffet was to note Kopač's great admiration

12 IL MONDO EUROPEO . Sabato, 1 Novembre 1947

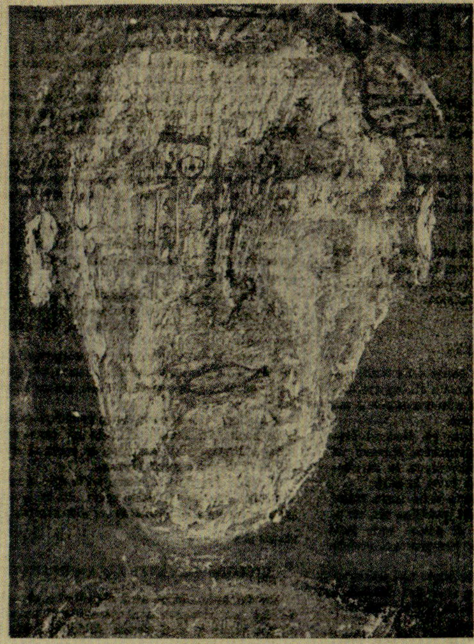

JEAN DUBUFFET - **Ritratto di Jean Paulhan.**

JEAN DUBUFFET

Jean Dubuffet, spettatore delle avventure più ambiziose della cultura europea tra la prima e la seconda guerra mondiale, finiti gli studi classici nel '18, in un anno di Accademia a Parigi e cinque o sei passati ad esplorare da solo l'orizzonte della pittura seguito con interesse da Suzanne Valadon, Raoul Dufy, Max Jacob; esauriva il suo interesse per l'arte con una condanna dei modi e della sostanza di ogni attività artistica.

Quelli erano anni in cui si svolgeva e in parte si preparava il tentativo più perentorio e disperato di un'evasione dell'uomo dal piano dell'arte: tentativo destinato a trovare la sua regione nell'ambito di un limite letterario. Ma questo non era il caso di Dubuffet.

Il suo rifiuto era perentorio e l'abbandono dell'attività pittorica totale.

Si scava in quegli anni trincea incolmabile tra Dubuffet e la sua precedente educazione. (Di questo certo non teneva conto Aline Loucheim quando, in uno studio letto ai microfoni della N. B. C., pur con qualche riserva poteva collocare Dubuffet accanto a Marchand come un pittore che conserva « le fondamentali qualità stilistiche » della scuola di Parigi sviluppando « alcuni dei risultati da essa raggiunti »).

Gli anni da quel rifiuto alla prima ripresa pittorica, argine sono stati, sigillo di una cera durevole alla tentazione di nuove avventure fiorite sul suolo di Parigi.

A suggerirgli una ripresa, sperimentale questa volta, scolastica vorrei dire, dell'avventura interrotta nove anni prima, fu, una prima volta per tentativi, la sillabazione della parola lunga e varia dell'arte popolare, la frequentazione stupita di un mondo umano capace di una vita sospesa a un delirio durevole e non compiaciuto dal quale e per il quale sorgevano modi capaci di larga meraviglia e incanto immediato.

Anni questi dal '33 al gennaio del '37 di analisi procedurale e lessicale e sintattica anni di purgazione dal denunciato vizio di cultura, di attiva se pur non sempre uniformemente diretta quarantena.

Anni seguiti da cinque di incubazione solitaria, nell'esperienza dell'uragano ultimo, a cui tetto era ancora una volta una perentoria solitudine, protetta anche dalle tentazioni di una resistenza declamata o inalberata a un vento non nuovo se pure mosso da sorgenti generose.

Incubazione consapevole e provvista questa volta di strumenti validi e provati per fondare su un piano nuovo l'esperienza del fatto artistico.

Piano diverso per umori diversi e procedimenti diversi e destinazione diversa e diversa ambizione e diverso rapporto al fatto culturale.

Per una pittura che (come impagabilmente ha detto Jean Paulhan) non sia « nè un ministero nè un teorema », ma « qualche cosa come una festa pubblica, una grande farsa ».

Per una pittura sospesa a un delirio durevole su di un'orizzonte quotidiano popolato di profili e simboli e immagini quotidiani e trasferiti nel territorio dell'arte non spogliati, anzi frequentati intensivamente dalla loro accezione terrestre, dagli affetti quotidiani propri, carichi e sostanziati di accezioni individuali e categoriali tali da renderli cippo bifronte ai domini limitrofi di un'attitudine ritrattistica e di una in senso inverso spersonalizzante, volta a tipizzazione. Per un procedimento non più univoco, anzi quasi per un colloquio, per un'avventura reciproca dell'autore e dei materiali e degli utensili, talvolta predisposti, talaltra sopraggiunti all'ultimo momento a dirottare continuamente la barca vagante su mare aperto, che è sempre un quadro di Dubuffet.

Dicevo poco fa di una purgazione, di una quarantena, stata a base del rinnovamento dei modi e della cultura di Dubuffet; ora dico di più: il segno, la grafia, il ductus lineare di Dubuffet è come calato nella calce viva, arso fino al tendine, scarnificato, fiorisce ora sul quadro come emerso dal profondo dell'uomo Dubuffet carico di tutte le suggestioni, i giochi, le emozioni scorticate e vive.

Il ductus di Dubuffet, non perentorio, ma passibile di deviazioni continue, non maschera e non piega la stesura prima del quadro, ma la anima e la arricchisce continuamente.

La stesura del colore, anzi, per meglio dire, della materia colorata sul piano del quadro, avviene a grossi strati in modo che il piano del quadro scompaia sotto una superficie autonoma. Dipingere per Dubuffet vuol dire non tingere la tela, vuol dire lavorare una pasta colorata sul supporto di una tela o di un graticcio di cemento armato, vuol dire animare la pasta colorata di graffiti e graffi, vuol dire talvolta infittire il reticolo inciso su una superficie scura al punto da farne emergere oggetti di una presenza magica ed elegantissima, dalla sottostante preparazione chiara. Un quadro di Dubuffet nasce per tentativi, per esplorazioni continue.

E' un quadro di Dubuffet sempre gremito, ogni angolo o zona della sua superficie essendo popolati d'immagini e di simboli o di un rapporto direttissimo alle immagini prossime e queste immense e presentate con tutti i loro attributi, mai sottintesi perchè lo spazio è tutto spiegato e presente in modo fisico, si piegano, talora gremitissime a riempire tutto lo spazio e a prender posto per intero sulla scena.

Più sopra ho parlato di eleganza che qui corrisponde a nozione di stile. Stile maturo ormai, dopo il periodo lungo degli esperimenti, dopo la censura larga della tradizione.

Stile che se pur maturato inconsapevolmente, sottende una tensione intellettuale continua, arco a una pittura non ingenua ma purificata, con altro sangue che quello di un'infanzia soave, coi segni di una profonda maturità presente per residui essenziali di combustione, per ceneri decantate e raccolte nella larva nuova e non compromessa.

GIORDANO FALZONI

Il 7 di questo mese si è inaugurata a Parigi una mostra di Jean Dubuffet presso la Galleria di René Drouin.

Questa esposizione che comprende solo ritratti è presentata nel Catalogo dall'Autore stesso con una divertente «CAUSETTE».

Abbiamo preferito qui parlare di Jean Dubuffet più in generale riprometendoci in seguito di soffermarci maggiormente sulla sua attitudine ritrattistica.

Pensieri sull'arte

Je crois que les images, certaines images, peuvent être douées d'un pouvoir tel qu' elles exercent sur qui les regarde une action enfiévrante, qu'elles provoquent un choc grave dans tout l'être, une dislocation violente, à la faveur de quoi l'esprit peut, s'appuyant sur elles, se dilater et se fortifier beaucoup, s'illuminer de manière grandement précieuse. Je crois qu'on peut, par le moyen d'images, agir très fortement sur les esprits. C'est là ma facon de croire à la magie des images. Je ne crois pas à la vraie magie proprement dite.

Mais l'humeur de l'homme qui s'adonne à la magie, la démarche psycologique de cet homme, m'interesse et me fascine beaucoup. Je pense souvent magie quand je peins (et spécialement s'agissant de portraits) et me trouve souvent (et même presque continuellement) dans une espèce d'état d'esprit qui est assez du même ordre que l'état d'esprit d'un homme s'adonnant à des opérations de magie proprement dites. Par exemple quand je m'enfièvre à marier le vrai (le plus que vrai, le trop vrai, la dangerousement et vergineusement vrai) avec le faux le plus outrancièrement faux (délire de la tête de l'homme, aberration de l'homme) et à les marier de facon diaboliquement intime et indissoluble (telle est, je crois la démarche dominante de l'elaboration de tous ces portraits que j' expose en ce moment).

(da una lettera di J. D. del 15 ottobre 1947).

• • •

Partendo dall'informe

Il punto di partenza è la superficie da animare — tela o foglio di carta — e la prima macchia di colore o d'inchiostro che vi si getta: l'effetto che ne risulta, l'avventura che ne risulta. E' questa macchia, a misura che la si arricchisce e la si orienta, che deve condurre il lavoro. Un quadro non si edifica come una casa, partendo dagli schizzi dell'architetto, ma: volgendo le spalle al risultato — a tastoni! a ritroso! Non è guardando l'oro, alchimista, che troverai il modo di farne, ma corri alle tue storte, fa bollire dell'orina, guarda, guarda avidamente il piombo, in ciò è l'opera tua. E quanto a te, pittore, delle macchie di colore, delle macchie e dei segni, guarda le tue tavolozze e i tuoi stracci, le chiavi che tu cerchi sono lì.

• • •

L'uomo deve parlare ma anche l'arnese e anche il materiale.

L'arte deve nascere dal materiale e dall'arnese e deve conservare la traccia dell'arnese e della lotta dell'arnese con il materiale. L'uomo deve parlare ma anche l'arnese e anche il materiale.

In compagnia del caso

Cominciare un quadro: un'avventura della quale non si sa dove essa vi condurrà. L'interesse per l'artista sarebbe limitato se egli lo sapesse in anticipo di preciso, se egli dovesse eseguire un quadro che fosse fatto in anticipo e completamente nel suo spirito. Niente di tutto ciò; l'artista è accoppiato al caso; non è un ballo che si balla da soli, ma in due; il caso è della partita. Esso tira a destra e a sinistra, mentre l'artista dirige come può ma con destrezza, occupandosi di trar partito da tutto il fortuito al suo presentarsi, di farlo servire ai suoi fini, senza proibirsi di piegare un poco questi ultimi ogni momento. Ma a ben dire non bisogna parlare qui di caso. Nè qui nè altrove. Il caso non esiste. L'uomo chiama caso tutto ciò che viene da questo gran buco nero delle cause mai conosciute. Per esser precisi l'artista non è alle prese con un caso qualsiasi ma con un caso particolare, proprio della natura del materiale impiegato. Il termine caso è inesatto; bisogna parlare piuttosto delle velleità e delle aspirazioni del materiale che recalcitra.

• • •

Dipingere non è tingere

Tingere è cambiare il colore e niente di più. Il mio fazzoletto, le mie calze, io le inzuppo con una boccetta (di rosso), io non ne modifico notevolmente le qualità essenziali.

La fine tela leggera resta fine tela leggera, la grossa resta grossa, il cotone resta cotone, la lana lana. Il pittore invece, tramuta; egli sa maneggiare le sue materie in modo da trasformare questo linone delicato (o quel muro) in sostanza di foglia d'albero, di legno squadrato, o di scorza, di guscio d'uovo, di ceramica o di tavolato sporco, di pelle di rettile o di pesce, di silice o di ardesia, di crema, di ghiaccio, di felpa, di marezzo o di velluto, o di terreno pietroso.

• • •

Modo di fare un ritratto

Io amo evitare nei soggetti che dipingo tutto ciò che è occasionale, amo dipingere dei fatti generali. Se dipingo un sentiero infossato, voglio che sia un archetipo di sentiero infossato, una sintesi di tutti i sentieri infossati del mondo e se io dipingo l'effigie di un uomo mi sembra sufficiente che la mia pittura evochi effettivamente il volto di un essere umano, ma senza particolarità accidentali che sono così vane.

• • •

Descrivere pensando

Dipingere un volto come si dipinge una mela, mai e poi mai! il pensiero è intimamente mescolato alla descrizione e se io dipingo le orecchie penso al rumore e se dipingo le labbra, alla parola, e se dipingo i denti, ai cibi.

(Da PROSPECTUS AUX AMATEURS DE TOUT GENRE di Jean Dubuffet n.r.f. Collection Metamorphoses XXXI Gallimard 1946 per gentile concessione dell'editore) trad. di *Giordano Falzoni*.

• • •

CENNO BIBLIOGRAFICO

Gallimard ha raccolto nella COLLECTION METAMORPHOSES (XXXI) nrf. molti interessantissimi scritti di Jean Dubuffet che illuminano benissimo i motivi tecnici della sua arte (1946)

Jean Paulhan sotto forma epistolare ha scritto una intelligente esegesi della pittura di Dubuffet in occasione della mostra ottobre-novembre 1944 presso Drouin (Ed. Mourlot).

Michel Tapiè ha presentato in una interessante monografia la pittura di Jean Dubuffet in occasione della sua personale del 1946 sempre da Drouin (Ed. René Drouin, Place Vendome, Paris).

Paul Eluard ha dedicato una poesia alla pittura di Jean Dubuffet.

Pierre Seghers un brano lirico.

Clement Greenberg in «The Nation» del 13 luglio 1946 consacrava gratuitamente Jean Dubuffet pittore esistenzialista seguito da molti giornali francesi che ripetevano questa leggenda riportando brani di quell'articolo con frequenti paragoni tra le opere di Sartre e quelle di Dubuffet.

La conversazione di Aline Loucheim di cui ho fatto cenno nel corso di quest'articolo è quella del 18 agosto 1946 dal titolo: «Una mostra di pittura francese contemporanea a New York» (la mostra comprendeva opere di Picasso, Matisse, Bonnard, Rouault, Marchand e Dubuffet ed era organizzata nella galleria di Pierre Matisse).

Fig. 1. Giordano Falzoni, "Jean Dubuffet", in *Il Mondo Europeo*, III, 17, sabato 1° novembre 1947.

Giordano Falzoni, 'Jean Dubuffet', in *Il Mondo Europeo*, vol. III, no. 17, Saturday, 1 November 1947.

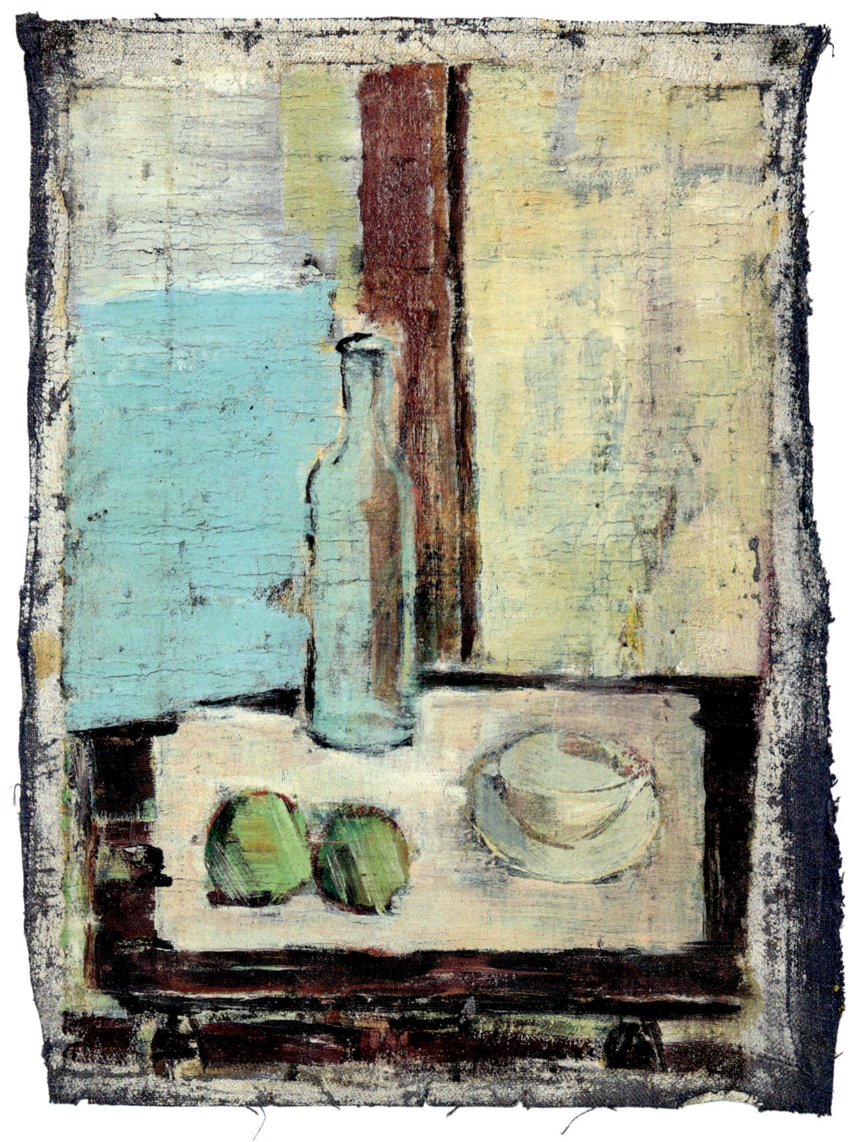

Fig. 2. Slavko Kopač, Senza titolo (*Natura morta*), 1945–1946, olio su tela, 38,5 × 30 cm, collezione privata. Foto © Nicola Galli

Slavko Kopač, Untitled (*Still Life*), 1945–1946, oil on canvas, 38.5 × 30 cm, private collection. Photo © Nicola Galli

della vita culturale nella Firenze del dopoguerra. Nonostante una differenza di dodici anni, il più giovane Falzoni, nato anch'egli in Croazia dove i genitori si erano recati in tournée come violinisti, nel 1946 dedicava la sua colta esegesi alla pittura dell'amico, giunto in Italia tre anni prima per studiare presso l'Accademia di Belle Arti di Firenze. Sebbene sia stato Giovanni Colacicchi, maestro di Kopač in Accademia, a scrivere il primo contributo italiano sulla sua opera, la penna di Falzoni, all'epoca affinata sull'esempio di Mario Salmi, ne ha registrato la svolta cruciale verso una dimensione prospettico-architetturale dello spazio pittorico, a partire dalle sue nature morte [Fig. 2][5].

Ricche di suggestioni visive e concettuali, le sue recensioni – scritte in occasione di mostre collettive e personali dell'amico in Italia[6],

for Falzoni. By then Kopač and Falzoni had been close friends for some time, bonded by artistic like-mindedness and the everyday cultural rhythms of post-war Florence. Despite a twelve-year age difference, the younger Falzoni – he too was born in Croatia, where his parents had toured as violinists – had evinced notable erudition in his 1946 analysis of his friend's painting, penned three years after Kopač had arrived in Italy to study at Florence's Accademia di Belle Arti. Although Giovanni Colacicchi, Kopač's professor at the Accademia, had written the first Italian text on his work, it was Falzoni's article – with an approach then modelled on the example of Mario Salmi – that charted the artist's crucial turn towards a perspectival-architectural understanding of pictorial space, beginning with his still life [Fig. 2].[5]

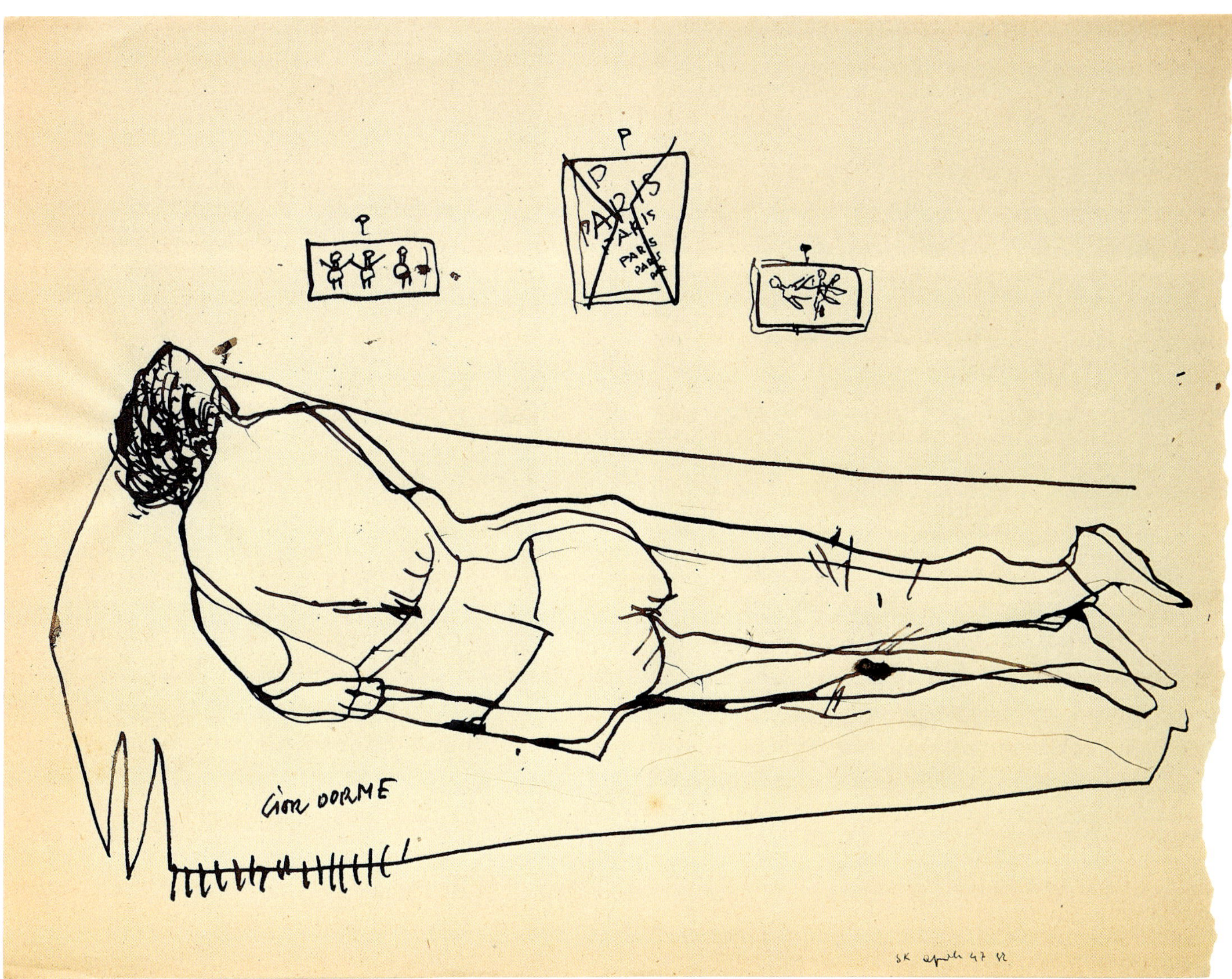

Fig. 3. Slavko Kopač, Senza titolo (*Gior dorme*), 1947, inchiostro su carta, 21 × 28 cm, collezione privata. Foto © Nicola Galli

Slavko Kopač, Untitled (Gior dorme), 1947, ink on paper, 21 × 28 cm, private collection. Photo © Nicola Galli

prima della sua definitiva partenza per Parigi nel 1948 - rimangono ancora oggi la testimonianza più preziosa per ricostruire le vicende pitturali di un artista aperto a molteplici suggestioni, ma in cerca della sua strada. Per parte sua, Giordano si affacciava allora alla creazione artistica preferendo la più intima espressione del piccolo formato, dell'acquerello e della tempera, la rappresentazione evanescente della farfalla e di soggetti d'ascendenza surrealista e informale. Cresciuto in una famiglia colta, dall'esistenza bohémien e dedita alle arti – il padre Giulio, pittore professionista, aveva studiato all'Accademia di Belle Arti di Firenze, mentre la madre Luisa avrebbe collaborato negli anni Cinquanta all'attività della galleria L'Obelisco di Roma – seguì i genitori nei numerosi cambi di residenza tra Firenze, Roma e Milano, respirando già all'epoca un

Rich in visual and conceptual inferences, Falzoni's reviews of his friend's group and solo exhibitions in Italy,[6] prior to Kopač's definitive departure for Paris in 1948, still provide unrivalled source material for reconstructing the pictorial vicissitudes of an artist open to a variety of influences even as he sought his own path. For his own part, in pursuing his personal artistic practice at the time, Falzoni preferred the intimacy of small formats, watercolour and gouache, which he applied to evanescent depictions of butterflies or subjects of Surrealist and Informalist derivation. Falzoni had been raised in a cultured, bohemian, and artistically oriented family: his father, Giulio, a professional painter, had studied at the Florence Accademia di Belle Arti, while his mother, Luisa, was to join the staff of the Galleria dell'Obelisco in Rome in the 1950s. Repeatedly changing residence between

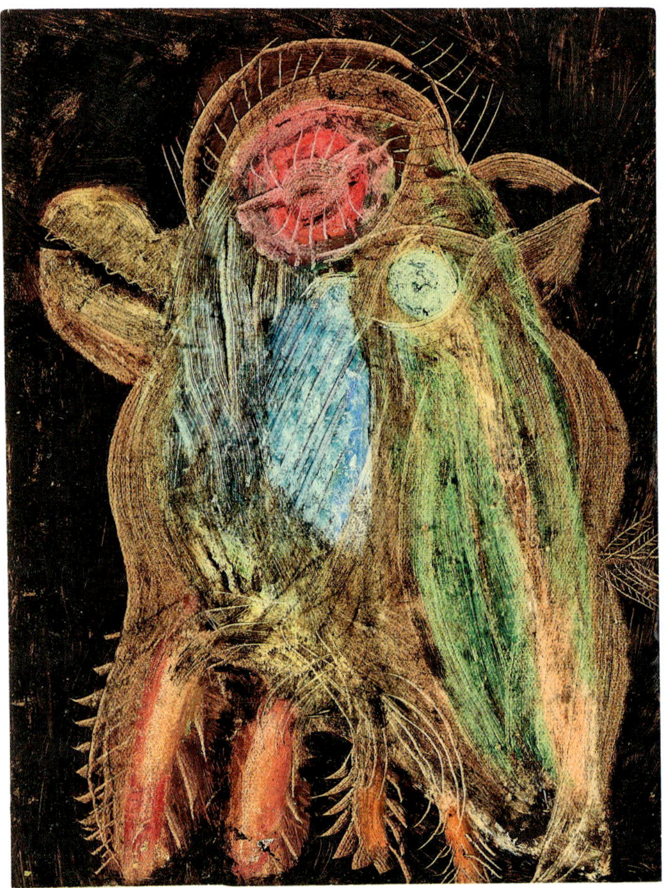

Fig. 4. Giordano Falzoni, Senza titolo, 1947-1948, pastello a cera, tempera e inchiostro su carta, 18,5 × 14 cm, collezione privata. Foto © Nicola Galli

Giordano Falzoni, Untitled, 1947-1948, wax crayon, tempera, and ink on paper, 18.5 × 14 cm, private collection. Photo © Nicola Galli

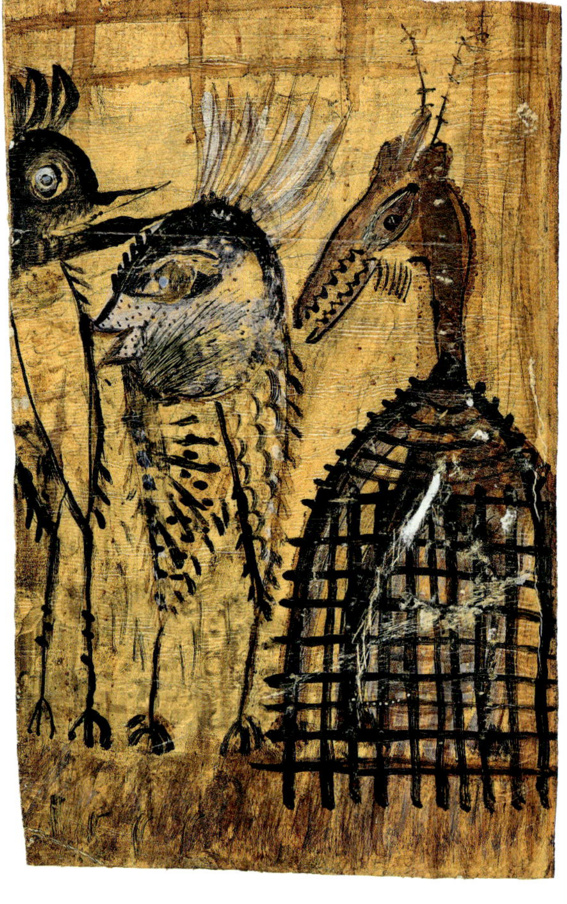

Fig. 5. Slavko Kopač, Senza titolo, 1946–1947, olio e inchiostro su cuoio, 33,5 × 21,5 cm, collezione privata. Foto © Nicola Gall

Slavko Kopač, Untitled, 1946–1947, oil and ink on leather, 33.5 × 21.5 cm, private collection. Photo © Nicola Galli

clima di vasti interessi culturali. Tra il 1945-46 si interessò allo studio della fenomenologia e dell'estetica presso la Sorbona di Parigi, mentre a Firenze approfondiva l'interazione tra filosofia e storia dell'arte, laureandosi nel 1949[7]. Il cosmopolitismo, le incursioni nei territori della cultura e la generosità negli scambi interpersonali lo rendevano un amico fraterno, tanto che Kopač, a distanza di anni, menzionerà lo stimolante confronto con Falzoni: «Un uomo molto intelligente, al tempo stesso poeta, pittore e filosofo, mi ha aiutato, attraverso le nostre conversazioni, a riflettere sulla pittura. Eravamo come fratelli gemelli»[8].

Luogo d'elezione di queste conversazioni fu l'appartamento fiorentino di Giordano Falzoni in via de' Benci, 14 (Borgo Santa Croce), condiviso con Kopač, che lo ritrae nella quotidianità, tratteggiandone con maestria l'indole elusiva, l'atteggiamento serio ed estroso a un tempo. Il disegno Senza titolo (*Gior dorme*) [Fig. 3] custodisce il ricordo di un giorno di aprile del 1947. Nell'intimità del sonno, in una scena d'interno restituita con sensibilità romantica, emerge la vivace allegria dei disegni e delle lettere colorate destinate ai corrispondenti parigini. Per entrambi, come per altri artisti della loro

Florence, Rome, and Milan with his parents, Falzoni had taken precociously to a climate of broad cultural interests. In 1945–46 he had studied phenomenology and aesthetics at the Sorbonne; in Florence he further explored the intersection of philosophy and art history, graduating in 1949.[7] His cosmopolitanism, his forays into various cultural spheres, and his generosity in interpersonal relations made him both friend and brother to Kopač, such that the latter, years later, would thus recall the pair's stimulating exchanges: 'A very intelligent man, a poet, painter, and philosopher, [who] helped me reflect on painting through our conversations. We were like twin brothers.'[8]

Kopač was welcomed into Giordano Falzoni's Florentine apartment at 14 Via de' Benci (Borgo Santa Croce), the setting of choice for their discussions. Kopač also executed Falzoni's portrait there; depicting him in his domesticity, Kopač skilfully captured his elusive character and his at once serious and whimsical disposition. The drawing Untitled (*Gior dorme*) [Fig. 3] preserves the memory of an April day in 1947. In an interior scene sketched with a romantic sensitivity, Falzoni appears in the intimacy of sleep, evoking the joyful vivacity of his drawings and his colourful Parisian correspondence. To both artists,

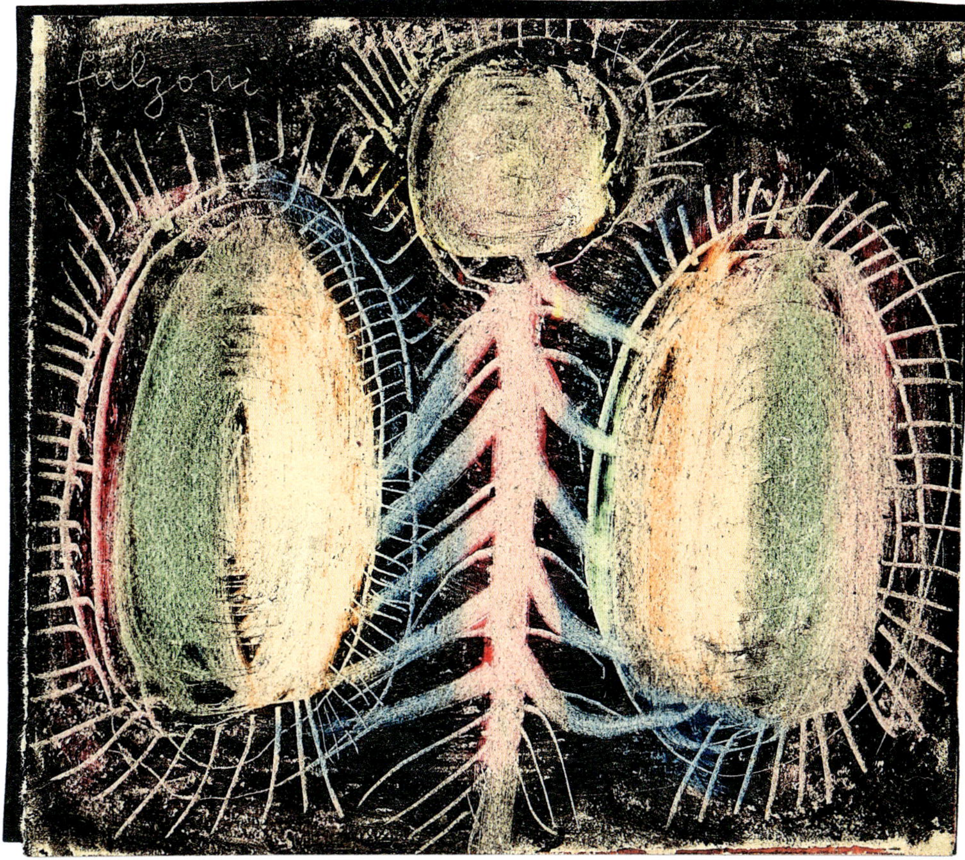

Fig. 6. Giordano Falzoni, Senza titolo, 1948-50, pastello, matite, tempera e inchiostro su carta, 8,2 × 10 cm, collezione privata. Foto © Nicola Galli

Giordano Falzoni, Untitled, 1948-50, crayon, pencils, tempera, and ink on paper, 8.2 × 10 cm, private collection. Photo © Nicola Galli

generazione, Parigi rappresentava il sogno di un'arte radicalmente innovativa, alimentato in quegli anni da importanti collettive - come *Pittura francese d'oggi* (1947) - e dalla vicinanza all'associazione internazionale Art Club. Alla luce di queste esperienze, la produzione artistica di Slavko Kopač prende le distanze dall'iniziale accademismo e, a partire dal 1947, si orienta verso un arcaismo figurale sensibile al richiamo surrealista e alla pittura di Klee[9]. La vicinanza umana e artistica tra Kopač e Falzoni si rivela in un cambiamento di prospettiva sul mondo, veicolato dai loro soggetti pittorici: il lirismo nel rapporto tra esseri umani e animali, la spontaneità dell'espressività infantile, la visionarietà di creature immaginarie [Figg. 4, 5].
Sebbene la parabola di Giordano Falzoni in seno alla Compagnie de l'Art Brut, tra il 1947 e il 1949, sia stata fulminea per intensità e rapidità, egli vi aderì con entusiasmo e senso di partecipazione, come testimoniano la corrispondenza con Dubuffet e i disegni conservati nella sezione *Neuve Invention* della Collection de l'Art Brut di Losanna[10]. Avviati i primi contatti con Dubuffet dall'Italia, il rapporto tra i due si intensifica dopo il ritorno del maestro francese dal primo soggiorno in Algeria del 1947[11]. Al contributo critico

as was true of others of their generation, Paris embodied the dream of a radically innovative art: a dream, in their case, fuelled in those years by important exhibitions such as *Pittura francese d'oggi* (1947) and their mutual affiliation with the Mostra Internazionale dell'Art Club. In light of these influences, Slavko Kopač's artistic output progressively disavowed his earlier academicism and, from 1947, tended to an archaicising figuration sympathetic to Surrealist influences and the paintings of Paul Klee.[9] The human and artistic bond between Kopač and Falzoni was borne out in their changed mutual perspective on the world, apparent in their pictorial subjects: a lyrical conception of humanity's relationship with animals; a childlike, spontaneous expressiveness; and a visionary milieu of imaginary creatures [Figs. 4, 5].
Although the arc of Giordano Falzoni's involvement with the Collection de l'Art Brut, between 1947 and 1949, was to be as meteoric in its brevity as its intensity, he at first embraced the movement with enthusiasm and a participatory spirit, as attested by his correspondence with Dubuffet and his drawings held in the 'Neuve Invention' section of the Collection de l'Art Brut in Lausanne.[10] He first made contact with Dubuffet from Italy, their relationship growing

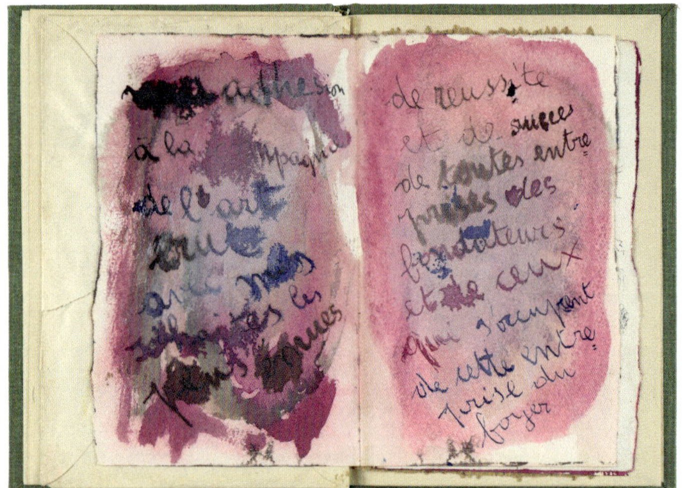

Fig. 7. Giordano Falzoni, Senza titolo, 1948, pittura, inchiostro e gouache su carta, 18,5 × 13,3 × 0,8 cm. Foto © Claudina Garcia, Atelier di digitalizzazione – Città di Losanna. Collection de l'Art Brut, Losanna, ni-11157

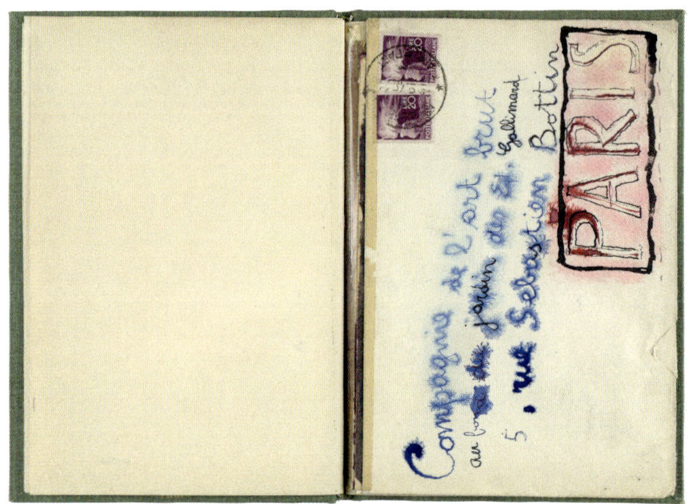

Giordano Falzoni, Untitled, 1948, paint, ink, and gouache on paper, 18.5 × 13.3 × 0.8 cm. Photo © Claudina Garcia, Digitization Studio – City of Lausanne. Collection de l'Art Brut, Lausanne, ni-11157

sul *Mondo Europeo* fa da contrappunto l'invio di *papillon* e piccoli disegni personalizzati [Fig. 6], arricchiti da elementi antropomorfi associati alla natura dei destinatari. Ammiratore divertito di queste creazioni, Jean Dubuffet, ricevutone un esemplare nel luglio del 1947, provvederà a incastonarlo in un piccolo vetro e ad appenderlo nella sua stanza[12].

Non sorprende, pertanto, che Falzoni abbia svolto l'importante ruolo di mediatore nell'incontro tra Jean Dubuffet e Slavko Kopač, quando quest'ultimo decide di partire per Parigi nell'estate del 1948 e lo incontra a pochi giorni dal suo arrivo. In una lettera all'amico italiano, Dubuffet esprime una profonda ammirazione per le recenti opere del pittore croato eseguite a Parigi, tanto da acquistarne un paio per la Collection de l'Art Brut[13]. Falzoni gli scrive più volte per ringraziarlo della calorosa accoglienza riservata a Kopač - il quale manifesta un'affinità artistica con l'opera di Dubuffet[14] - e, all'indomani del trasferimento delle collezioni d'art brut nei locali dell'editore Gallimard, è incaricato di assicurarne l'apertura, la conservazione e la stampa delle *plaquettes* dedicate agli artisti. È l'inizio del suo ruolo decisivo nella gestione della visionaria raccolta riunita da Dubuffet, che avrebbe trovato la sua sede definitiva, dal 1976, nel castello di Beaulieu, a Losanna. Indicato espressamente come amico di Falzoni nel catalogo di quella mostra inaugurale, Kopač vi espone il dipinto su carta *Dresseur de cheval*, mentre l'amico italiano presenta uno dei suoi *papillon*, oggi conservato a Losanna[15].

Nel frattempo, Falzoni aderisce alla Compagnie, come testimonia l'entusiastica *Lettre d'adhésion à l'Art Brut* [Fig. 7], divenendo il corrispondente e portavoce delle nuove istanze o, come lo definisce Dubuffet, «l'ambasciatore ufficiale dell'Art Brut in Italia»[16]. Se Dubuffet restava il referente principale, occorre rilevare che Falzoni – pur trovandosi ancora in Italia mentre Kopač era già a Parigi – continuava

more animated after the French master's return from his first Algerian sojourn in 1947.[11] Falzoni's contribution of critical texts to *Il Mondo Europeo* was counterpointed by the mailing of his *Papillons* and small personalised drawings to his various correspondents, each embellished with anthropomorphic details adapted to its recipient's character [Fig. 6]. An amused admirer of these *Papillons*, Dubuffet framed one specimen, sent to him in July 1947, behind glass and hung it in his bedroom.[12]

It is thus unsurprising that Falzoni should have played an important mediatory role in Jean Dubuffet's acquaintance with Slavko Kopač: when the latter resolved to leave for Paris in the summer of 1948, he and Dubuffet met within days of his arrival. In a subsequent letter to his Italian friend, Dubuffet expressed his profound admiration for the Croatian painter's recent Parisian works, such that he purchased a pair for the Collection de l'Art Brut.[13] Several of Falzoni's letters thanked Dubuffet for his warm reception of Kopač, who shared Falzoni's own artistic affinity with Dubuffet's works and who – following the transfer of the Brut collection to the offices of the publisher Gallimard – was subsequently entrusted with its accessibility, its safekeeping, and the printing of its limited-edition artists' booklets.[14] This marked the beginning of Kopač's decisive role in the management of Dubuffet's visionary collection, which would find its definitive home in 1976 at the Château de Beaulieu in Lausanne. Expressly described as a friend of Falzoni in the catalogue of the collection's inaugural exhibition, Kopač exhibited *Dresseur de cheval*, a painting on paper, while his Italian friend exhibited one of his *Papillons* now held in Lausanne.[15]

Falzoni enlisted in the Compagnie during the same period, as his enthusiastic 'Lettre d'adhésion à l'Art Brut' attests [Fig. 7]. He thus became the Italian correspondent and spokesman for the move-

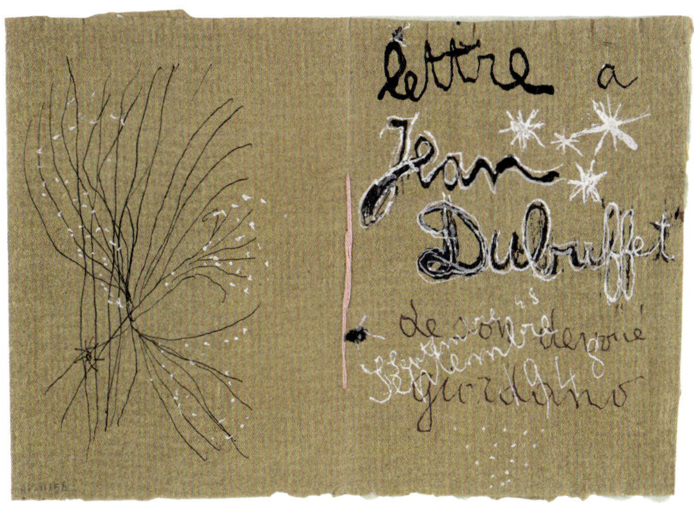

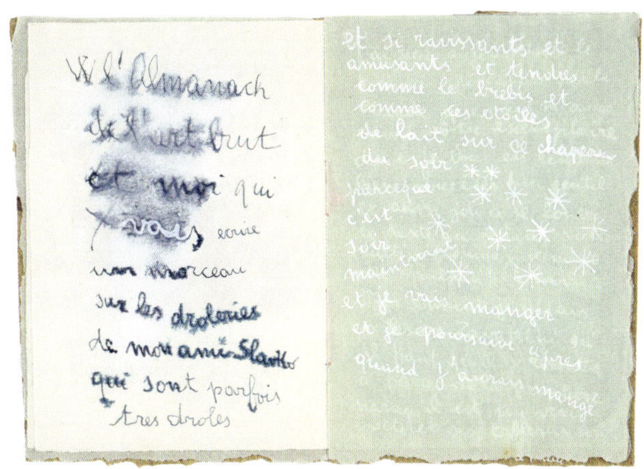

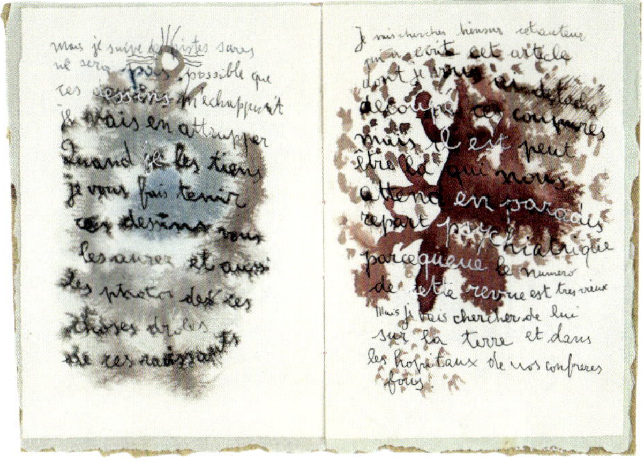

Fig. 8. Giordano Falzoni, Senza titolo, 1948, pittura, inchiostro e gouache su carta, 12,8 × 18,5 cm.
Foto © Claudina Garcia, Atelier di digitalizzazione – Città di Losanna
Collection de l'Art Brut, Losanna, ni-11158

Giordano Falzoni, Untitled, 1948, paint, ink, and gouache on paper, 12.8 x 18.5.
Photo © Claudina Garcia, Digitization Studio – City of Lausanne.
Collection de l'Art Brut, Lausanne, ni-11158

a promuovere la sua opera e le sue qualità umane agli altri sostenitori dell'Art Brut, tra cui Jean Paulhan, con il quale collaborerà[17], e André Breton. Invitato da Dubuffet a Parigi, dove soggiorna nel novembre del 1948, Falzoni era stato coinvolto qualche mese prima nell'ambizioso progetto editoriale dell'*Almanach de l'Art Brut* - rimasto inedito fino alla sua recente pubblicazione - con la proposta di eseguire alcune incisioni e di redigere un testo sull'amico croato[18]. Tuttavia, sarà lo stesso Dubuffet a dedicargli un breve scritto, interamente incentrato sulla loro fratellanza: «Amici al punto da diventare quasi sosia, entrambi portano sul mento lo stesso pizzo di barba nera che sembra finto. È così che si manifesta l'amicizia quando è profonda: attraverso forme di mimetismo fisico»[19].
Per il numero di gennaio dell'*Almanach*, Jean Dubuffet redige anche *Nouvelles de Giordano Falzoni*, lasciandoci così il più vivido e brillante ritratto che gli sia stato dedicato. Da sempre sensibile alla discrasia tra apparenza e sostanza, lo descrive come: «[…] un austero professore, dall'aria estremamente precisa, meticolosa fino al dettaglio, quale effettivamente è. Ma questo non impedisce nulla. È nell'ordine delle cose che la fantasia si presenti con tratti che non sono quelli che ci si aspetta da lei. Quando qualcosa si presenta con apparenze attese e dimostrativamente evidenti, attenzione! È moneta falsa. Bisogna ricordarselo anche quando si giudica l'arte»[20].

ment's new mandate – or, as Dubuffet dubbed him, 'the official ambassador of Art Brut in Italy'.[16] While Dubuffet remained the movement's chief spokesman, it bears noting that – although Kopač had already relocated to Paris – Falzoni assiduously continued to commend his work and his human qualities to the other protagonists of Art Brut, including Jean Paulhan (to whose journal Falzoni would contribute)[17] and André Breton. Invited to Paris by Dubuffet, Falzoni visited in November 1948. Some months earlier he had been attached to the ambitious publishing project *Almanach de l'Art Brut* (which was to remain unpublished until its recent facsimile edition) with the prospect of contributing a number of engravings and an article on his Croatian friend.[18] Dubuffet elected to furnish his own short text on Kopač, however, which would be overwhelmingly concerned with the latter's brotherhood with Falzoni: 'Friends so close as to be somewhat identical, both bear the same false-looking black goatee on their chin. And it is thus that deep friendships declare themselves: through forms of physical emulation.'[19]
For the *Almanach*'s January issue, Jean Dubuffet also wrote the text 'Nouvelles de Giordano Falzoni', thus providing its subject's most vivid and brilliant portrait to date. Alert as ever to the discrepancy between appearance and substance, Dubuffet described Falzoni: 'He has the air of an austere, meticulously exact and scrupulous professor, which is what in effect he is. But that is no impediment to him.

Purtroppo, queste righe così intense rappresentano il canto del cigno del rapporto tra i due. Durante il suo soggiorno parigino, Falzoni è oggetto di un lapidario giudizio da parte del pittore francese, che in una lettera a Jacques Berne del 16 novembre 1948 scrive: «Falzoni è a Parigi. Non corrisponde all'idea che mi ero fatto di lui, è solo un piccolo ebreo intrigante, agitato e avido, molto intellettuale e senza radici, senza linfa e senza odore proprio, mi ha molto deluso»[21]. Di conseguenza, il rapporto tra i due s'incrina, come Falzoni confida all'amico Zavattini: «Le mie relazioni con Dubuffet sono da qualche tempo in crisi a causa del suo ostinato e feroce antisemitismo. A un certo momento gli è venuto in mente che io fossi ebreo (a causa forse del nome o perché io ho contraddetto violentemente le sue espressioni antisemite)»[22].
Ciononostante, Falzoni è accolto nell'*entourage* surrealista, la cui poetica rimarrà una costante della sua successiva produzione creativa. Grazie alla stima di Breton, nel 1954 gli viene dedicata una personale presso la galleria parigina À l'Étoile scéllée, dove l'anno prima aveva esposto Kopač, presentato da Benjamin Péret. Insieme condividono alcune esperienze di ambito surrealista, quale la partecipazione all'*Almanach Surréaliste du demi-siècle* del 1950[23]. A partire dagli anni Cinquanta, però, i due amici intraprenderanno percorsi diversi nel mondo dell'arte: Kopač si dedicherà a pieno ritmo alla Collection de l'Art Brut e al proprio percorso creativo in Francia, mentre Falzoni, fedele alla sua poliedrica natura di sperimentatore, arricchirà la propria attività con la letteratura d'avanguardia, il teatro, la performance e il cinema.

It is a fact of life that imagination presents itself in unforeseen ways. When something presents itself in predictable and self-evident fashion, watch out! It's counterfeit currency. To judge art, you must always bear this in mind.'[20]
Unfortunately, these charged lines were to be the pair's swan song as friends. During his Paris sojourn, Falzoni became the object of the French artist's summary condemnation, who wrote to Jacques Berne on 16 November 1948: 'Falzoni is in Paris. He does not resemble the idea I had formed of him; he is merely a little scheming, restless, and greedy Jew – very intellectual, without roots, without sap, without any personal scent. He greatly disappointed me.'[21] As a result, their relationship visibly deteriorated, as he confided to his friend Zavattini: 'My relations with Dubuffet have for some time been in crisis because of his stubborn and ferocious anti-Semitism. At some point it occurred to him that I was Jewish (perhaps on account of my name or because I violently contradicted his anti-Semitic pronouncements).'[22]
Nevertheless, Falzoni was welcomed into the Surrealist camp, whose vernacular was to remain a constant in his subsequent creative output. Courtesy of Breton's endorsement, he staged a solo exhibition at the Paris gallery Á l'Étoile Scéllée in 1954. Kopač had preceded him there the year before, his exhibition prefaced with an encomium by Benjamin Péret. Kopač and Falzoni were also joined in certain other Surrealist undertakings, such as their mutual involvement in the 1950 'Almanach Surréaliste du demi-siècle'.[23] From the 1950s onward, however, the two friends were to embark on separate paths through the art world. Kopač was to commit himself wholly to the Collection de l'Art Brut and his own creative journey in France, while Falzoni – true to his multifarious personality and his experimental bent – expanded his activities into avant-garde literature, theatre, performance art, and cinema.

1 Lettera di Jean Dubuffet a Giordano Falzoni, mercoledì [1948], Milano, collezione privata.
2 Giordano Falzoni, "Jean Dubuffet", in *Il Mondo Europeo*, III, 17, sabato 1 novembre 1947, p. 12.
3 Clement Greenberg, "Jean Dubuffet", in *The Nation*, New York, 13 luglio e 29 giugno 1946; entrambi poi in Enrico Crispolti, *L'Informale. Storia e poetica,* 2 voll., Carucci, Assisi 1971, vol. IV, pp. 72-73. Cfr. *Lettera di Jean Dubuffet a Giordano Falzoni*, Parigi, giovedì 14 agosto [1947], Milano, collezione privata.
4 Si rimanda a Roberta Serpolli, "Affinità elettive: Falzoni, Dubuffet e Zavattini", in *Rivista dell'Osservatorio Outsider Art*, VIII, 14, autunno 2017, pp. 108-129.
5 Giovanni Colacicchi, "Il pittore Slavko Kopač", in *Corriere del Mattino*, 14-15, gennaio 1945; Giordano Falzoni, "Slavko Kopač", in *Caratteri. Rivista sperimentale di arte e cultura,* 12, 15 settembre 1946, p. 116.
6 Tra le mostre italiane di Kopač si segnalano: *Slavko Kopač. Pittore jugoslavo*, Firenze, Galleria d'Arte Michelangelo (6-17 gennaio 1945); Concorso Nazionale di Pittura Premio Prato – *Arte italiana d'oggi*, Prato, Collegio Cicognini (settembre 1946); *Fiore de Henriquez – Slavko Kopač*, Firenze, Galleria Rizzi (15-28 febbraio 1947).

1 Jean Dubuffet to Giordano Falzoni, wednesday [1948], private collection, Milan.
2 Giordano Falzoni, 'Jean Dubuffet', *Il Mondo Europeo*, no. 17 (November 1947), 12.
3 Clement Greenberg, 'Review of an Exhibition of School of Paris Painters' and 'Jean Dubuffet and French Existentialism', *The Nation*, 29 June and 13 July 1946, collected in Greenberg, *The Collected Essays and Criticism Volume 2: Arrogant Purpose; 1945–1949*, ed. John O'Brian (Chicago: University of Chicago Press, 1986), 87–92; Jean Dubuffet to Giordano Falzoni, 14 August 1947, Paris, private collection, Milan.
4 See Roberta Serpolli, 'Affinità elettive: Falzoni, Dubuffet e Zavattini', *Rivista dell'Osservatorio Outsider Art*, no. 14 (Autumn 2017), 108–129.
5 Giovanni Colacicchi, 'Il pittore Slavko Kopač', *Corriere del Mattino*, nos. 14–15 (January 1945); Falzoni, 'Slavko Kopač', *Caratteri: Rivista sperimentale di arte e cultura*, no. 12 (September 1946), 116.
6 Kopač's Italian exhibitions include: *Slavko Kopač. Pittore jugoslavo*, Galleria d'Arte Michelangelo, Florence, 6–17 January 1945; the Prato National Painting Prize exhibition *Arte italiana d'oggi*, Collegio Cicognini, Prato, September 1946; *Fiore de Henriquez – Slavko Kopač*, Galleria Rizzi, Florence, 15–28 February 1947.
7 Falzoni graduated with a thesis titled *Aspetto ludico di alcune attività umane* (The Ludic Aspect of Certain Human Activities). There is a telling correlation between his

7 Si laurea con una tesi dal titolo *Aspetto ludico di alcune attività umane.* Suggestiva appare la corrispondenza tra l'interesse verso il tema dell'*homo ludens* e la diffusione in Italia del testo di Johan Huizinga *Homo ludens*, tradotto nel 1946 per Einaudi, con un saggio introduttivo di Umberto Eco.

8 Slavko Kopač, Intervista con Mirko Galić, ottobre 1982, in Fabrice Flahutez, Pauline Goutain, Roberta Trapani, *Slavko Kopač. Ombres et matières / Shadows and Materials*, Gallimard, Parigi 2022, p. 92.

9 Giordano Falzoni, "Il pittore jugoslavo Slavko Kopač," in *Arte Contemporanea*, aprile-maggio 1947, p. 4.

10 Sezione dedicata ad autori marginali rispetto al sistema dell'arte, ma più integrati o consapevoli rispetto ai creatori di art brut.

11 Si rimanda a R. Serpolli, "1947-1949. Giordano Falzoni negli anni dell'adesione all'Art Brut e del contributo critico su Jean Dubuffet", in Stefano Cecchetto, Maurizio Vanni (dir.), *Jean Dubuffet e l'Italia*, catalogo della mostra (Lucca, Lu.C.C.A. - Center of Contemporary Art, 12 febbraio – 15 maggio 2011), Silvana Editoriale, Cinisello Balsamo 2011, pp. 92-101.

12 Lettera di Jean Dubuffet a Giordano Falzoni, mercoledì 16 luglio [1947], Milano, collezione privata.

13 Lettera di Jean Dubuffet a Giordano Falzoni, 18 ottobre 1948, Milano, collezione privata.

14 Carnet "Giordano Falzoni", *Lettre du 18-10-1948*, archivi della Collection de l'Art Brut, Losanna.

15 Cfr. *Ouverture du nouveau Foyer de l'Art Brut*, catalogo della mostra (Parigi, 7 settembre – 1° ottobre 1948), Parigi 1948, s.i.p., archivi della Collection de l'Art Brut, Losanna.

16 Lettera di Jean Dubuffet a Giordano Falzoni, Parigi 2 ottobre 1948, Milano, Collezione privata. Carnet "Giordano Falzoni", *Lettre d'adhésion à L'Art Brut*, s.d., archivi della Collection de l'Art Brut, Losanna.

17 Giordano Falzoni, "La vie comme aventure", in *Les cahiers de la Pléiade*, 4, primavera 1948, pp. 94-97.

18 Lettera di Jean Dubuffet a Giordano Falzoni, mercoledì [1948], cit., Milano, collezione privata.

19 Jean Dubuffet *et al.*, *Almanach de l'Art Brut*, riproduzione in facsimile ed edizione critica a cura di Sarah Lombardi e Baptiste Brun, in collaborazione con Vincent Monod, 5 Continents Editions, Milano 2016, p. 95.

20 Jean Dubuffet, "Nouvelles de Giordano Falzoni", ivi, p. 83.

21 Lettera di Jean Dubuffet a Jacques Berne, 16 novembre 1948, in *Jean Dubuffet, Lettres à J. B., 1946-1985*, Hermann, Parigi 1991, p. 43.

22 Lettera di Giordano Falzoni a Cesare Zavattini, non datata [1949], Reggio Emilia, Biblioteca Panizzi, Archivio Cesare Zavattini, *Lettere e Carteggi, Falzoni Giordano*, F56/16.

23 "Almanach Surréaliste du demi-siècle", in *Nef*, 7, 63-64, Parigi, marzo-aprile 1950. Kopač interviene nell'*Almanach* corredando il testo di Robert Lebel *La Clivadière*. Falzoni illustra il testo di André Liberati, *Où me cacher*, pp. 106-108.

interest in the theme of *homo ludens* and the availability in Italy of Johan Huizinga's book *Homo Ludens*, published in translation by Einaudi in 1946.

8 Slavko Kopač, interview by Mirko Galić, October 1982, in Fabrice Flautez, Pauline Goutain, and Roberta Trapani, *Slavko Kopač. Ombres et matières / Shadows and Materials* (Paris: Éditions Gallimard, 2022), 101–102.

9 Falzoni, 'Il pittore jugoslavo Slavko Kopač', *Arte Contemporanea* (April–May 1947), 4.

10 A section dedicated to artists of a marginal status relative to the art system, if more established or self-aware than the authors of unadulterated Art Brut.

11 See Serpolli, '1947–1949: Giordano Falzoni negli anni dell'adesione all'Art Brut e del contributo critico su Jean Dubuffet', in Stefano Cecchetto and Maurizio Vanni (eds.), *Jean Dubuffet e l'Italia*, catalogue for the exhibition at Lucca Center of Contemporary Art, Lucca, 12 February–15 May 2011 (Cinisello Balsamo: Silvana Editoriale, 2011), 92–101.

12 Jean Dubuffet to Giordano Falzoni, 16 July [1947], private collection, Milan.

13 Jean Dubuffet to Giordano Falzoni, 18 October 1948, private collection, Milan.

14 Giordano Falzoni to Jean Dubuffet, 18 October 1948, Archives de la Collection de l'Art Brut, Lausanne.

15 See *Ouverture du nouveau Foyer de l'Art Brut*, catalogue for the exhibition at the Foyer de l'Art Brut, Paris, 7 September–1 October 1948 (Paris: n.p., 1948).

16 Jean Dubuffet to Giordano Falzoni, 2 October 1948, Paris, private collection, Milan. Falzoni, 'Lettre d'adhésion à L'Art Brut', n.d., Carnet Giordano Falzoni, Archives de la Collection de l'Art Brut, Lausanne.

17 Falzoni, 'La vie comme aventure', *Les cahiers de la Pléiade*, no. 4 (spring 1948), 94–97.

18 Jean Dubuffet to Giordano Falzoni, n.d. [1948], private collection, Milan.

19 Dubuffet et al., *Almanach de l'Art Brut*, facsimile edition, ed. Sarah Lombardi and Baptiste Brun (5 Continents Editions: Milan, 2016), 95.

20 Dubuffet, 'Nouvelles de Giordano Falzoni', in Dubuffet et al., 83.

21 Jean Dubuffet, *Lettres à J. B., 1946–1985* (Paris: Hermann, 1991), 43.

22 Giordano Falzoni to Cesare Zavattini, n.d. [1949], Lettere e Carteggi, Falzoni Giordano, F56/16, Archivio Cesare Zavattini, Biblioteca Panizzi, Reggio Emilia.

23 'Almanach Surréaliste du demi-siècle', special issue of *La Nef*, nos. 63–64 (March–April 1950). Kopač contributed to the 'Almanach' by illustrating Robert Lebel's text 'La Clivadière', 47–48. Falzoni illustrated André Liberati's text 'Où me cacher', 106–108.

PAULINE GOUTAIN

Kopač, costruttore dell'immaginario: "Un'altra figurazione"

> L'arte di Slavko Kopač è un'arte di marcata originalità. [...]
> Un'arte sorprendentemente inventiva,
> sorprendentemente poetica [...] un'arte immediatamente
> connessa agli spettacoli che ci offre la vita quotidiana[1].
>
> Jean Dubuffet, 1982

Le opere di Slavko Kopač hanno suscitato, e continuano a suscitare, una profonda fascinazione per la loro densità materica. Jean Dubuffet elogiava il suo impiego di «ogni sorta di materiale inaspettato»[2]; Annie Le Brun ne ha esaltato la «materia incantata»[3]; un intero capitolo dedicato a questo aspetto è nella monografia *Slavko Kopač. Ombres et matières / Shadows and Materials*[4].

Accanto a questa potente dimensione materica si rivela un altro tratto della creazione di Kopač, di pari rilievo benché finora raramente indagato: la sua figurazione.

L'opera di Kopač non è mai astratta: è costantemente figurativa. Ciò assume un valore rilevante nel contesto del secondo dopoguerra, epoca in cui l'astrazione occupa una posizione dominante sulla scena artistica. Formatosi all'Accademia di Belle Arti di Zagabria tra il 1933 e il 1937, e in seguito a quella di Firenze negli anni Quaranta, Kopač possiede un solido bagaglio classico, da cui tuttavia si emancipa progressivamente attraverso il contatto con gli ambienti d'avanguardia croati, italiani e parigini. A partire da questo *humus* accademico, e sorretto da un immaginario radicalmente personale, Kopač dà forma a «un mondo» nutrito dal quotidiano. Condensa «l'universo in un pugno»[5] – per citare le parole del gallerista e storico dell'arte Ante Glibota – un universo nel quale ciascuno è libero di vagare a proprio piacimento. Lo scriveva egli stesso: «Ciò che semino, ciò che plasmo, è il mio mondo. Vi entri chi ne è attratto»[6].

«L'isola solitaria»[7] che Kopač ha saputo creare lo avvicina, in modo paradossale, proprio a coloro di cui si è preso cura per quasi trent'anni. Egli stesso riconosce quanto debba a quelle opere che, ciascuna a suo modo, custodiscono una propria cosmogonia: «I lunghi anni trascorsi circondato da lavori *brut* mi hanno insegnato qualcosa di essenziale. Questo: "La vera arte non si fabbrica, non si costruisce, non si impara: cresce, come l'erba"»[8]. La maggior parte degli artisti di cui Kopač fu

PAULINE GOUTAIN

Kopač, Builder of the Imaginary: 'A Different Figuration'

> Slavko Kopač's art is highly original. [. . .]
> A stunningly inventive art, a stunningly poetic art [. . .]
> an art immediately connected to the spectacles
> that daily life offers us.[1]
>
> Jean Dubuffet, 1982

The materiality of Kopač's works has been, and continues to be, fascinating. Jean Dubuffet applauded his use 'of all sorts of unpredictable materials';[2] Annie Le Brun celebrated his 'enchanted material';[3] and my colleagues and I devoted an entire chapter to this aspect of his work in the monograph *Slavko Kopač. Ombres et matières / Shadows and Materials*.[4] Alongside this materiality, there is a dimension of Kopač's creation that is just as important and yet, up to now, has rarely been analysed: his figuration.

Kopač's work is never abstract; it is always figurative. This was significant in a context – after the Second World War – in which abstraction had overtaken much of the art world. Trained at the Fine Arts Academy in Zagreb from 1933 to 1937, and then at art school in Florence in the 1940s, Kopač had a classical background from which he liberated himself by spending time in Croatian, Italian, and Parisian avant-garde circles. Starting from this academic background and with his singular imagination, Kopač built a 'world' nourished on the everyday. He condensed 'the universe into a fist',[5] as the gallery owner Ante Glibota put it, in which the public could travel freely. Kopač himself wrote: 'What I sow, what I shape, is my world. Anyone who wishes may enter'.[6]

The 'solitary island'[7] that Kopač created paradoxically brought him closer to the works for which he was responsible for almost three decades. He admitted how much he owed to these works, each of which bore its own particular cosmogony: 'The long years that I spent surrounded by art brut taught me something essential. This: "True art is not made, constructed, learned; it grows, like grass."'[8] Most of the artists for whom Kopač was the custodian were 'figurative'. Out of the 172 creators integrated into the Collection de l'Art Brut between 1945 and 1976, only about fifteen were using abstract forms, and they did so non-exclusively.[9] The works that Kopač handled on a daily basis were populated, historical, total. It is easy to imagine Kopač – a discreet, soft-spoken man – patiently looking at and listening to these inner worlds, these unparalleled imaginations, and

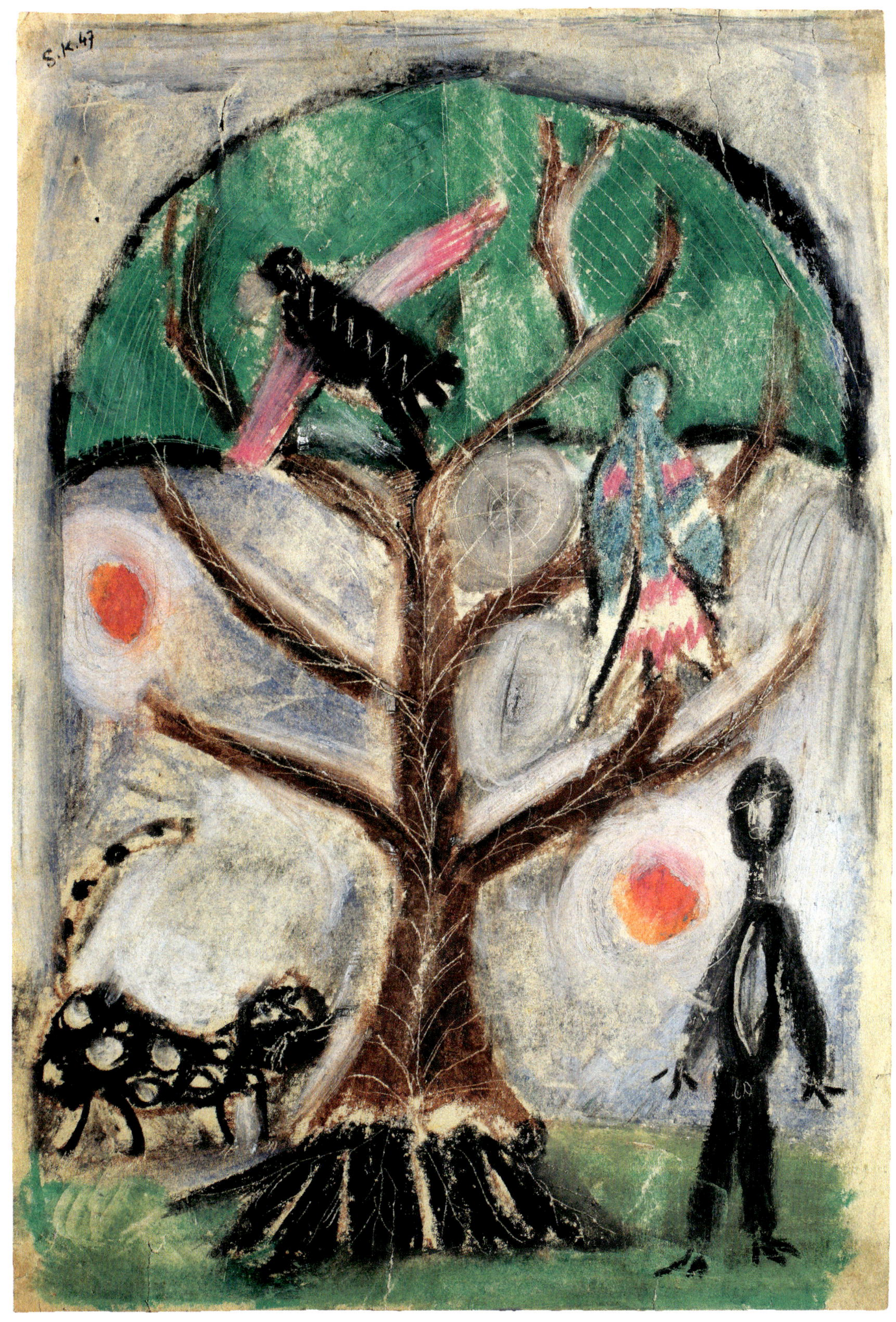

Fig. 1. Slavko Kopač, Senza titolo, 1947, pastello su carta, 32 × 22 cm, collezione privata. Foto © Damir Fabijanić

Slavko Kopač, Untitled, 1947, pastels on paper, 32 × 22 cm, private collection. Photo © Damir Fabijanić

custode erano figurativi. Dei centosettantadue autori inclusi nella Collection de l'Art Brut tra il 1945 e il 1976, solo una quindicina fa uso di forme astratte, e non in modo esclusivo[9]. Le opere che Kopač manipolava quotidianamente erano istoriate, abitate da presenze, totali. È facile immaginare quest'uomo, riservato e di poche parole, osservare e ascoltare con pazienza quei mondi interiori, quegli immaginari senza eguali, e trarne ispirazione: i messaggi cosmici di Jeanne Tripier; la saga romantica di Aloïse Corbaz; i volti e le città kafkiane di Adolf Wölfli; le creature ibride di Gaston Dufour; le fiere insolite di Auguste Forestier; e così via. Accanto a questi linguaggi figurativi insulari, Kopač ha costruito il proprio, come un narratore capace di trasportarci nello spazio e nel tempo, in un presente elementare e in luoghi che disorientano, meravigliano[10].

Le opere di Kopač possiedono, in modo indiscutibile, una dimensione narrativa e immaginifica. Fu una qualità che non sfuggì ai suoi contemporanei. Radovan Ivšić paragonò l'amico a un «fervido narratore, che predilige la mano sinistra e giocosa all'altra, decaduta per via dell'addestramento e del lavoro»[11]. Nel 1953 Benjamin Péret lo descrisse come il «creatore di un folclore personale e singolare», capace di offrire «esseri in attesa della loro storia e totem in cerca del proprio popolo»[12]. A Kopač bastava un frammento di carta, un telegramma poetico, per spalancarci le porte del suo paese interiore, come rivelano questi pochi versi: «Nel palmo della mia mano vive un coniglietto / ogni mattina mi sveglia / e corre tra le linee della mia mano / E a tarda sera / Entrambi stanchi / Guardiamo accanto al fuoco / le immagini del cielo e della terra / nello specchio del mio cuore»[13]. Le parole si fanno immagini, le immagini si fanno parole. Le sue opere raccontano storie seguendo il ritmo incantato di un "c'era una volta". Possiamo immaginare un prima, un durante e un dopo de *L'arbre-parapluie* [L'albero-ombrello]: la pioggia che cade e gli animali che si rifugiano sotto questo ponte vegetale [Fig. 1]. Possiamo anche proiettarci in quel *Jardin public* [Giardino pubblico] (1954) dove tre bambini danzano in cerchio, circondati dagli alberi, reminiscenza del legame speciale che Kopač intrattenne per un tempo con l'infanzia in qualità di insegnante[14]; o ancora, immaginarsi su quella barca prossima a rovesciarsi, che evoca l'esperienza dell'esilio. *Promenade* [Passeggiata] (1949) mette a confronto con piccoli mostri, quasi diavoletti, che percorrono uno spazio notturno. Perfino i soggetti religiosi ci vengono narrati in chiave incantatrice: l'Arca di Noè [Fig. 5], Adamo ed Eva cacciati dal Paradiso, Maria e Gesù bambino [Fig. 2].

L'immaginario di Kopač e la sua vocazione al racconto devono molto alle sue radici croate, a una memoria collettiva costellata di fiabe popolari. Pur non avendo avuto accesso alla sua biblioteca personale, è facile supporre che conoscesse *Racconti di tempi lontani*, celebre raccolta per l'infanzia pubblicata nel 1916 da Ivana Brlić-Mažuranić. Soprannominata "l'Andersen croata", l'autrice visse non lontano da Vinkovci, città natale di Kopač[15].

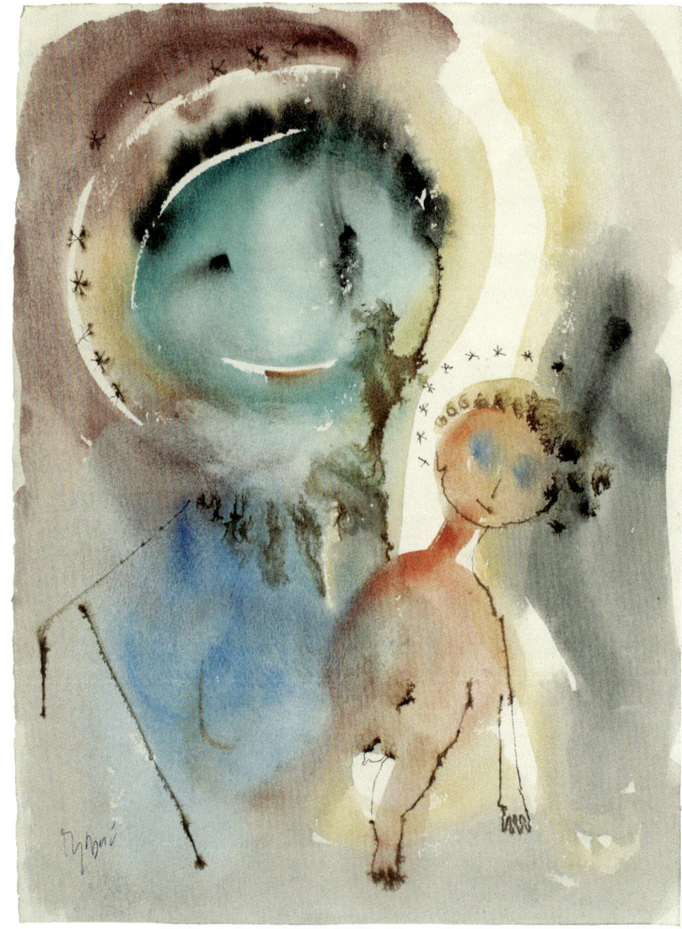

Fig. 2. Slavko Kopač, *Madonna*, 1947-1948, acquerello e inchiostro su carta, 32 × 23,8 cm, collezione privata. Foto © Damir Fabijanić

Slavko Kopač, *Madonna*, 1947–1948, watercolour and ink on paper, 32 × 23.8 cm, private collection. Photo © Damir Fabijanić

being inspired by them: Jeanne Tripier's planetary messages; Aloïse Corbaz's romantic saga; Adolf Wölfli's Kafkaesque faces and cities; Gaston Dufour's hybrid beings; Auguste Forestier's singular beasts; and more. Beside these insular figurative languages, Kopač built his own; like a storyteller, he transported us through time and space, in a simple present tense and to disorienting places.[10]

Kopač's works undeniably have a narrative and imaginary dimension. This quality drew his contemporaries' attention. Radovan Ivšić likened his friend to a 'warm narrator who prefers the cheerful left hand to the other hand, deprived by training and work'.[11] In 1953, Benjamin Péret described him as the 'creator of a personal and unique folklore' who 'showed beings waiting for the stories and totems that claimed their people'.[12] All Kopač needed was a bit of paper, a poetic telegram, to open the doors to his country, as these lines show: 'In the palm of my hand lives a little rabbit / each morning he wakes me up / and runs along the lines of my hand / And late in the evening / both of us tired / By the fire we look at / images of the sky and the earth / in the

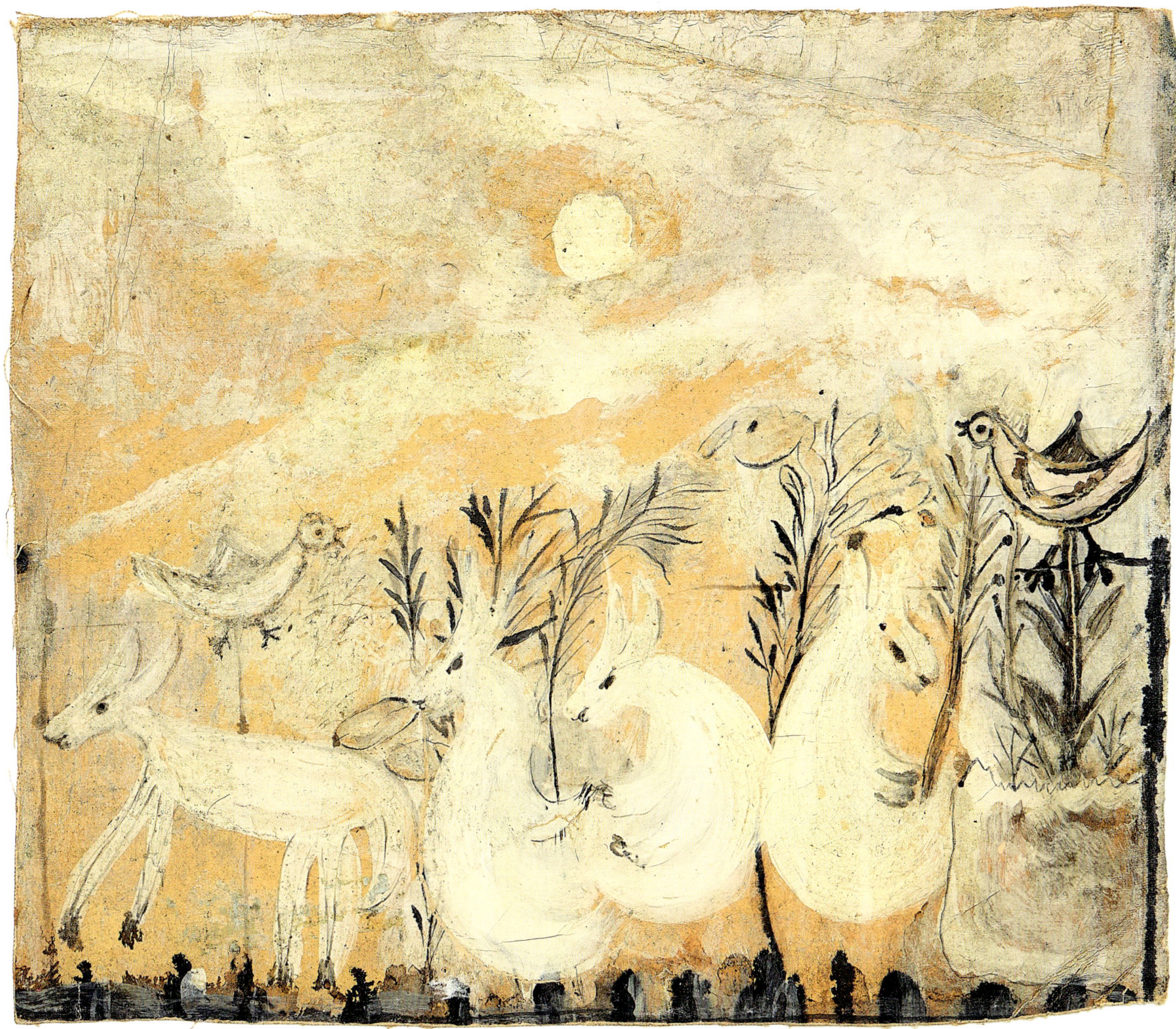

Fig. 3. Slavko Kopač, Senza titolo, 1945–1947, olio su tela, 21,5 × 25,5 cm, collezione privata. Foto © Nicola Galli

Slavko Kopač, Untitled, 1945–1947, oil on canvas, 21.5 × 25.5 cm, private collection. Photo © Nicola Galli

Le pagine di quel volume sono abitate da fate, da un principe musicista, da Dio, dal diavolo, da un gigante, un serpente, una rana, una capra e molte altre creature, tutte portatrici di morali colme di gentilezza, immerse in un universo in cui la natura è onnipresente.

Come ricordano coloro che lo conobbero, Kopač era profondamente legato alla sua terra d'origine – la Slavonia –, ai suoi paesaggi e al suo folclore. Amava indossare abiti tradizionali e nutriva una particolare predilezione per l'artigianato locale[16].

mirror of my heart.'[13] Words are transformed into images, and images into words. His works tell us stories that seem to begin with 'Once upon a time'. We can imagine the before, during, and after of *L'arbre-parapluie* – the rain falling and the animals taking shelter under the archway of plants [Fig. 1]. We can also teleport ourselves into *Jardin public* (1954), in which three children perform a farandole surrounded by trees – reminiscences of the special relationship that Kopač, as a teacher, once had with children[14] – or onto the boat about to capsize that is not without recalling the experience of exile. *Promenade* (1949)

Simbolo della Slavonia e legno pregiato impiegato della tradizione ebanistica, la quercia offrì a Kopač l'ispirazione per alberi, foreste, sottoboschi. Che provengano da una natura selvaggia o addomesticata, esotica o familiare, le creature viventi trovano tutte posto nell'universo di Kopač: il cervo, il cinghiale, il gregge con il suo mandriano, il serpente, la lucertola, la libellula, la farfalla, gli insetti, gli uccelli, i cavalli, la scimmia, il leone, la tartaruga, il lupo [Figg. 3-8]. Le sue scelte tematiche rivelano una spiccata sensibilità nei confronti dell'ambiente: l'acqua scorre nelle sue opere come sorgente, stagno, fiume o mare in tempesta. Kopač si presenta come un artista-giardiniere: in *La Jungle* [La Giungla] (1949) come in *Jardin public* [Giardino pubblico] (1954) semina germogli di stupore con mano lieve e poetica. Un giorno confidò: «Preferisco la boscaglia al prato rasato»[17]. Il ciclo delle stagioni scandisce la sua creazione, come testimonia la serie del 1966: una medesima forma ovoidale vi declina la primavera, l'estate e l'autunno attraverso una gamma cromatica che spazia dal giallo al blu. Su questi dipinti, due occhi suggeriscono con discrezione il legame sottile fra l'uomo e la natura. Questa sintonia con il respiro della natura emerge anche in *Graffiti* (1949), incisa con le parole: «L'inverno senza acqua né erba è qualcosa di molto triste per gli uccellini». Kopač agisce come un naturopata. «Guardando i suoi dipinti», scriveva Michel Ragon, «si pensa alla primavera»[18]; Jean-Jacques Lévêque paragonava il suo universo a «un giardino favoloso, dove accadono cose assai strane»[19].

Se Kopač attinge al quotidiano, lo fa per trasfigurarne la materia, sottraendola alla consuetudine e tenendola «il più a lungo possibile segreta e distante dalle [sue] lotte quotidiane con il mondo esterno»[20]. Quest'attitudine a liberare le cose dalla loro ordinarietà, per proiettarvi narrazioni immaginarie, ha spinto Michel Ragon a definirlo un «visionario» e, in tal senso, a riconoscerlo tra i «veri realisti»[21].

Per descrivere l'arte di Kopač, Michel Ragon conia la nozione «un'altra figurazione»[22]. Michel Tapié la inscrive nel più ampio orizzonte dell'Informale. Queste etichette vanno però contestualizzate all'interno del vivace panorama degli anni 1950-1970, segnato da accesi dibattiti sul ruolo dell'arte e sul rapporto di quest'ultima con il reale. I sostenitori dell'astrazione si contrappongono ai fautori della figurazione, e viceversa. Il critico statunitense Clement Greenberg elogia un'arte ridotta ai suoi soli elementi formali, priva di ogni intento narrativo[23].

In Francia, Jean Bouret, firmatario del *Manifeste de l'homme témoin* (1948), prende invece le difese di un realismo "autentico", contrapposto tanto all'immaginario surrealista quanto all'astrazione, da lui liquidata come una sorta di «nuovo accademismo»[24]. Al di là di questa contrapposizione semplificatrice, emergono nuove denominazioni per descrivere pratiche di confine come quella di Kopač.

Le riflessioni critiche formulate mentre l'artista franco-croato era in vita rivelano il tentativo, sempre più evidente negli anni del

shows us little creatures, almost imps, crossing a nocturnal space. Even his religious subjects are narrated under an enchanting angle: Noah's ark [Fig. 5], Adam and Eve expelled from paradise, Mary and Baby Jesus [Fig. 2].

Kopač's imagination and storytelling abilities owe a great deal to his roots in Croatia, where folk tales are an integral part of the collective memory. Although we don't have access to his library, we can easily imagine that he read *Croatian Tales of Long Ago*, a popular children's book by Ivana Brlić-Mažuranić published in 1916. Known as the 'Croatian Andersen', Brlić-Mažuranić lived in the town of Vinkovci, not far from where Kopač was born.[15] In her book are fairies, a musician prince, God, the devil, a giant, a snake, a frog, a goat, and other animals that deliver kindly morals in a world full of nature. As people who knew him tell us, Kopač was attached to the landscapes and folklore of Slavonia, his native region. He liked to wear traditional garments and was particularly fond of local crafts.[16] The oak, a Slavonian symbol, whose wood was used to make high-quality furniture, inspired his trees, forests, and underbrush. All manner of species living in nature – whether wild or domesticated, whether exotic or local – found a place in Kopač's world: deer and boars; flocks of sheep and their dogs; snakes and lizards; dragonflies, butterflies, and other insects; birds, horses, monkeys, lions, turtles, wolves [Figs. 3-8]. His chosen subjects reveal his great sensitivity to the environment: water flows in his works in the form of springs, ponds, rivers, or a tormented sea. He presented himself as an artist gardener: in *La Jungle* and *Jardin public*, he sows seeds of wonder on all types of terrain with a light and poetic hand. One day he confessed: 'I prefer scrubland to grass'.[17] His creations were swept by the cycle of the seasons, as his series produced in 1966 shows. A single ovoid form combines fall and spring in a colour palette ranging from yellow to blue. On these paintings, two eyes discreetly indicate the connection between human beings and nature. This empathy for the cycle of nature also emerges in *Graffiti* (1949),which is engraved with the words: 'Winter without water and without grass is something very sad for the little birds'. Kopač acted as a naturopath. 'When we look at Kopač's paintings, we think of spring', wrote Michel Ragon.[18] And Jean-Jacques Lévêque compared his works to 'a fabulous garden in which many strange things happen'.[19]

If Kopač departed from the everyday, from known things, he transformed them to keep his works 'secret as long as possible and far from [his] daily entanglements with the outside world'.[20] This capacity to extract things from their ordinariness and to project imaginary stories into the material caused Ragon to say that Kopač was a 'visionary' and that he was one of the 'true realists'.[21]

To describe Kopač's art, Ragon invented the notion of 'an other figuration'.[22] Michel Tapié spoke of Informal Art. These labels were recontextualised from the 1950s to the 1970s through intense debates around the role of art and its relationship with reality. Proponents of abstraction rose up against proponents of figuration and vice-versa. The American critic Clement Greenberg

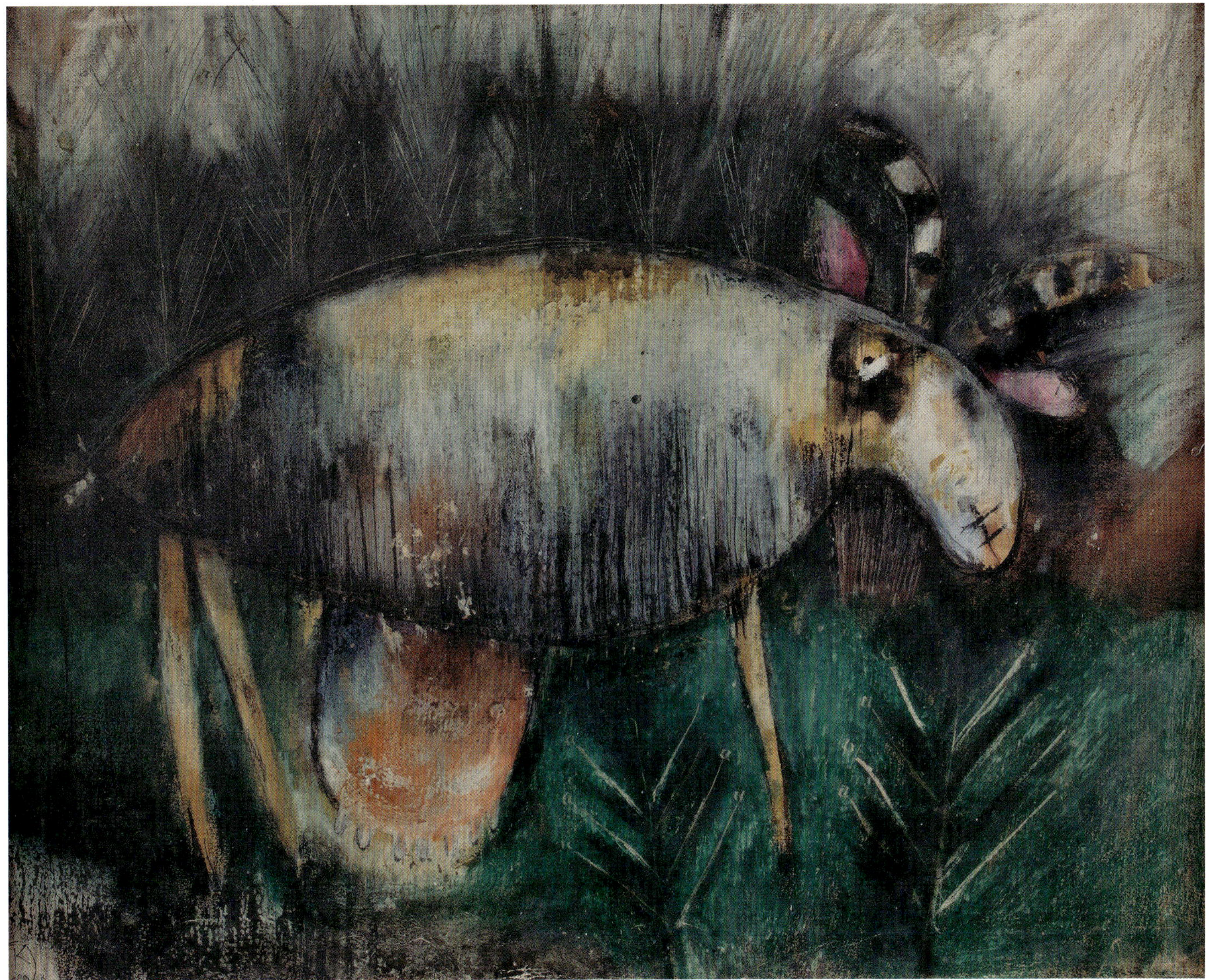

Fig. 4. Slavko Kopač, Senza titolo**,** 1949, acquerello, pastello e matita su carta, 43,5 × 53 cm, courtesy of The Museum + Gallery of Everything.

Slavko Kopač, Untitled, 1949, watercolour, pastel and pencil on paper, 43.5 × 53 cm, courtesy of The Museum + Gallery of Everything.

dopoguerra, di superare la rigida bipartizione che allora dominava la scena artistica (e politica). Nel 1961, Michel Ragon osservava: «Siamo giunti a un momento in cui un certo numero di artisti situati "fuori", le cui opere erano rimaste al margine perché non assimilabili ai movimenti dominanti, [...] iniziano improvvisamente a brillare di tutta la luce del loro esempio solitario»[25]. Dopo aver citato Zoltan Kemeny e Asger Jorn – «anima del movimento nordico CO.BR.A.» –, Ragon vi associa anche Kopač. L'accostamento a Jorn non è casuale: nel 1961, Kopač si apprestava a riprendere il ruolo di curatore delle collezioni di art brut, mentre Jorn aderiva alla seconda Compagnia, appena rifondata. In

championed a form of art reduced to its formal components and stripped of all narrative.[23] In France, Jean Bouret, signatory of the *Manifeste de l'homme témoin* in 1948, promoted a 'real' realism against the surrealistic imaginary and the discredited abstraction of 'new academism'.[24] Beyond this reductive opposition, new terms were coined to describe adjacent practices such as Kopač's.
Commentaries during Kopač's lifetime reveal these attempts to go beyond the binary division of the art (and political) scene after the Second World War. In 1961, Ragon observed: 'We're reaching a point when some "outsider" artists, whose works remained marginal because they couldn't be incorporated into the currents that drew

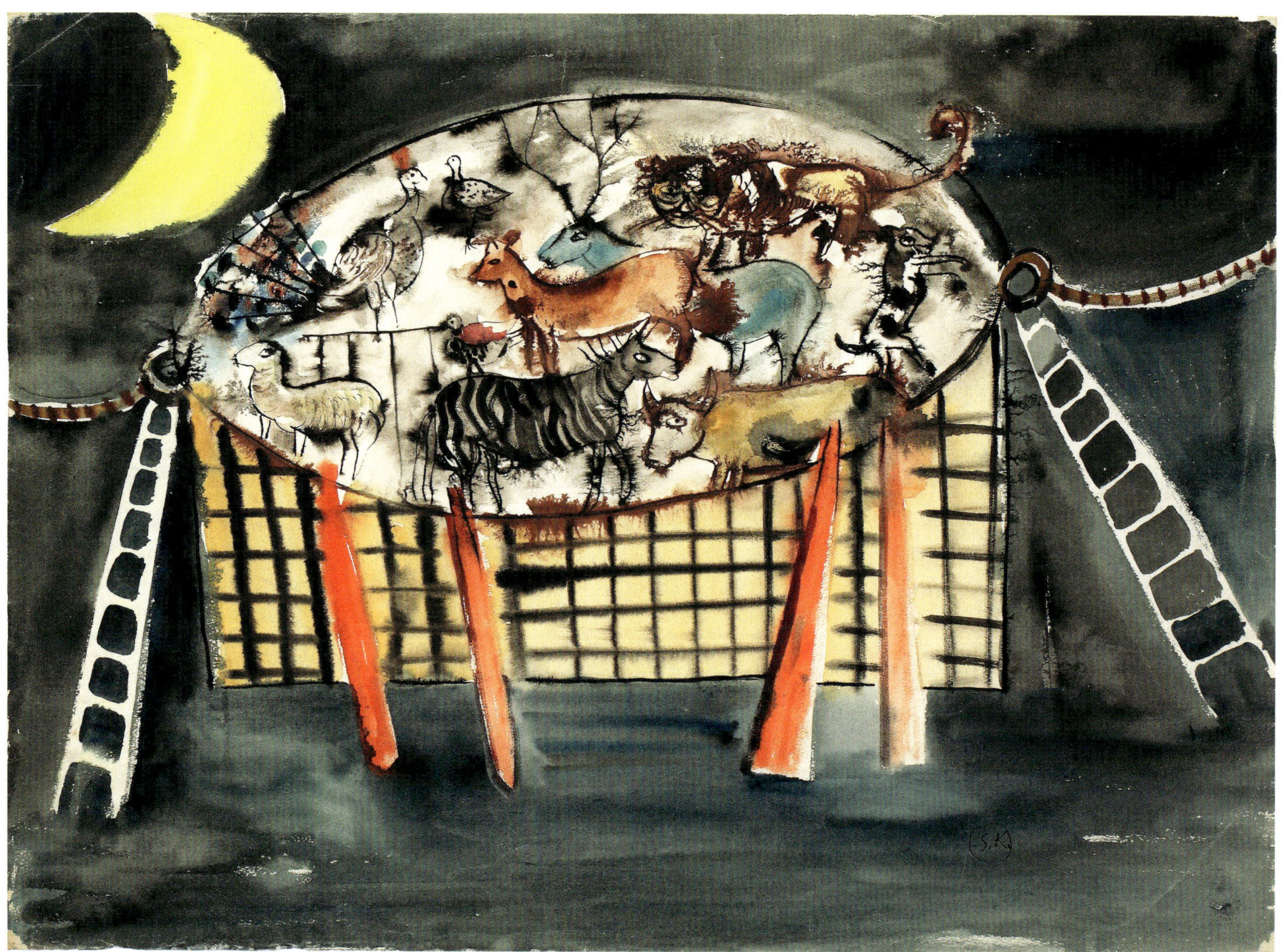

Fig. 5. Slavko Kopač, *Nouvelle Arche*, 1947, acquerello e gouache su carta, 47,7 × 65,5 cm, collezione privata. Foto © Damir Fabijanić

Slavko Kopač, *Nouvelle Arche*, 1947, watercolour and gouache on paper, 47.7 × 65.5 cm, private collection. Photo © Damir Fabijanić

quello stesso periodo Dubuffet incideva con il pittore danese l'album sperimentale *Musique phénoménale*[26]. Kopač e Jorn sono accomunati da una profonda affinità con l'art brut e da una passione dichiarata per la ceramica. Kopač entra così a far parte di quella «nuova costellazione di artisti strani» che rompono tanto con «il conformismo della buona pittura artigianale astratta» quanto con quello «della buona pittura artigianale figurativa»[27].

Dopo essere rimasta troppo a lungo nell'ombra, l'opera di Kopač riemerge oggi per la gioia dello sguardo. Come le farfalle del suo mondo che sfuggono alla presa, come le sue danzatrici, la sua arte è una stella cadente: attraversa il tempo per dissolverlo e invita a sognare. Il gallerista Pierre Chave, tra i principali sostenitori di Kopač, ha detto di lui: «Era un poeta fuori dal tempo. [...] Forse

attention [. . .] are suddenly beginning to shine with all the brilliance of their solitary example'.[25] After citing Zoltan Kemeny and the Danish painter Asger Jorn, 'instigator of the northern COBRA movement', Ragon added Kopač. The association with Jorn is not coincidental. In 1961, Kopač was preparing to return to his position as curator of collections at Art Brut and Jorn had joined the second, recently reconstituted Compagnie. Dubuffet and Jorn had just recorded the experimental album *Musique phénoménale*.[26] Kopač and Jorn shared an affinity for art brut, and both were particularly fond of ceramics. Kopač therefore joined 'his new constellation of strange artists' who broke with 'the conformism of good artisanal abstract painting' and that 'of good artisanal figurative painting'.[27]

After remaining in the shadows for many long years, Kopač's work has re-emerged to delight the eyes. Like the butterflies of his

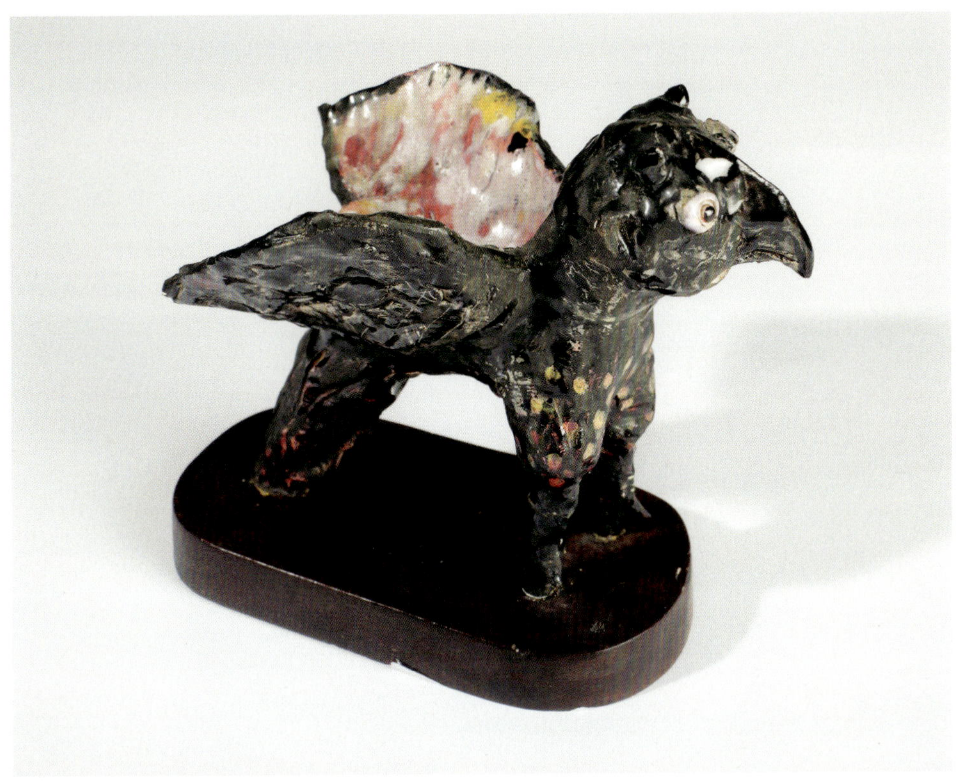

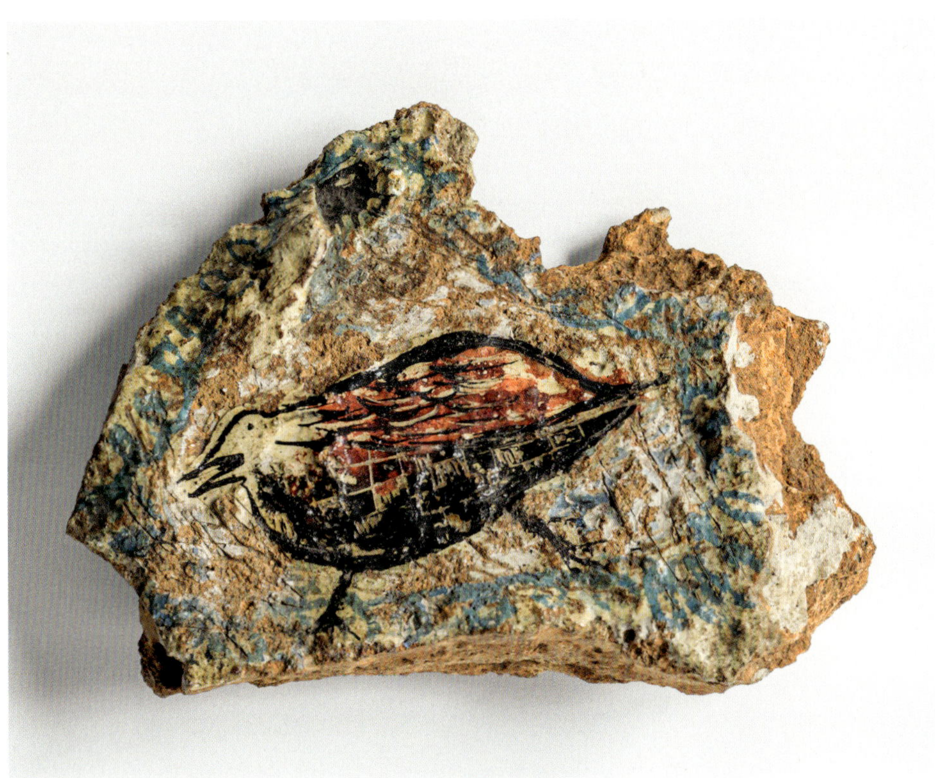

Fig. 6. Slavko Kopač, *Oiseau noir*, 1950, terracotta, H 13 cm, collezione privata.
Foto © Damir Fabijanić

Slavko Kopač, *Oiseau noir*, 1950, terracotta, H 13 cm, private collection.
Photo © Damir Fabijanić

Fig. 7. Slavko Kopač, *Oiseau*, primi anni 1950, materiali diversi, pittura, smalto su pietra, 11 × 15 cm, courtesy of The Museum + Gallery of Everything.

Slavko Kopač, *Oiseau*, early 1950s, mixed media, paint, glaze on stone, 11 × 15 cm, courtesy of The Museum + Gallery of Everything.

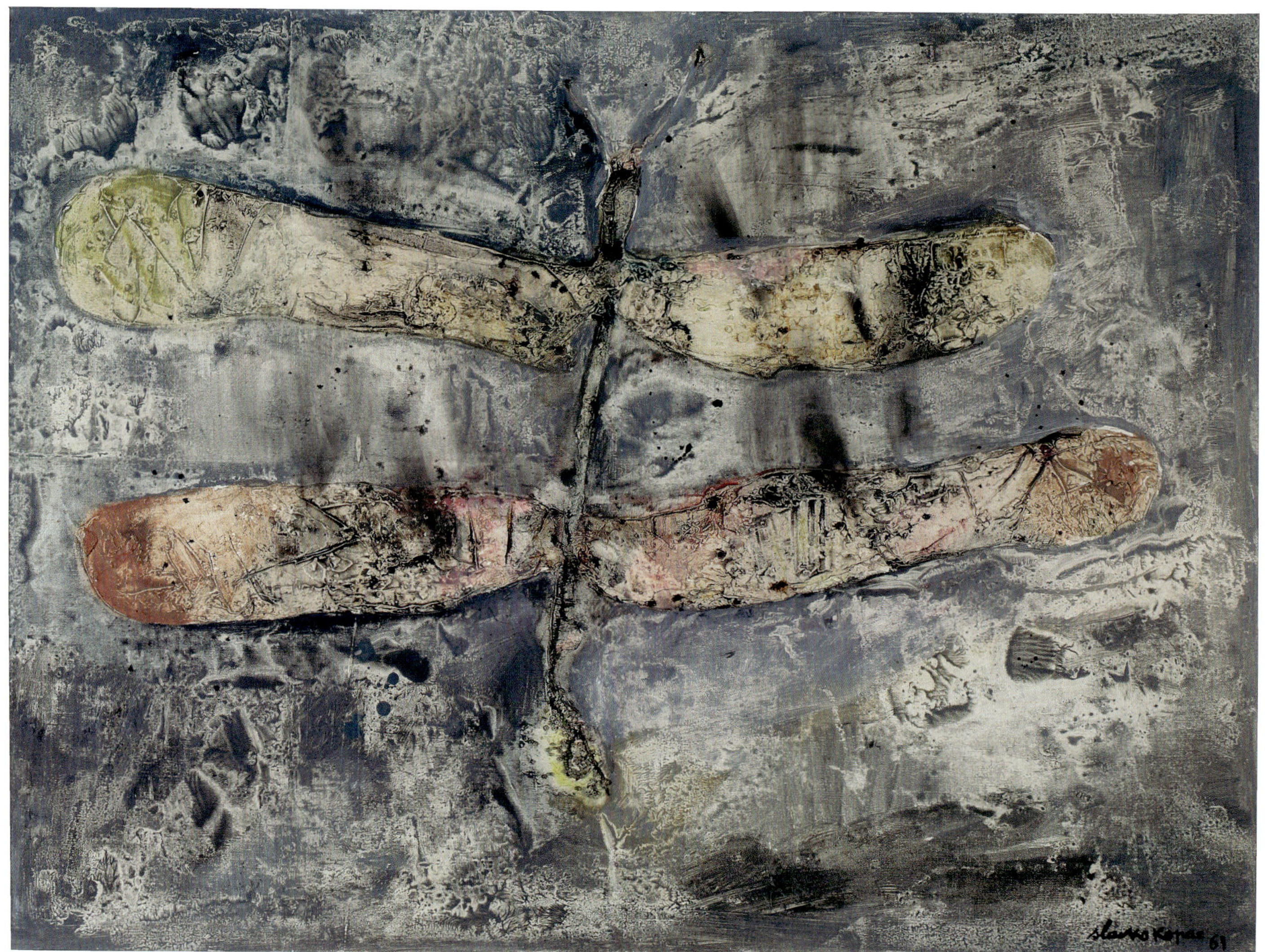

Fig. 8. Slavko Kopač, *Papillon-feuille*, 1961, tecnica mista su tela, 21,1 × 31 cm, collezione privata. Foto © Damir Fabijanić

Slavko Kopač, *Papillon-feuille*, 1961, mixed media on canvas, 21.1 × 31 cm, private collection. Photo © Damir Fabijanić

uno degli aspetti più singolari del suo lavoro è quello di essere lontano da ogni competizione»[28].
Allora soffermiamoci su questa singolarità e ricordiamo l'invito di Kopač: «Vi dico cosa mi muove [...] non voglio piacere, ma nemmeno dispiacere. Offro un mondo; se chi vi si trova davanti desidera entrarvi, può farlo»[29].

world that are difficult to catch, like his dancers, Kopač's work is a shooting star that wipes away time and invites us to dream. The gallery owner Pierre Chave, who supported Kopač's work until his death, said of him: 'He was a timeless poet [. . .] That his work is beyond competition is perhaps one of its original aspects.'[28]
So, let us dwell on this uniqueness and remember Kopač's invitation: 'I tell you my motivation [. . .] I don't want to please, but I don't want to displease either. I offer a world; if someone finds himself outside and wants to enter, he may enter.'[29]

1 Jean Dubuffet, testo datato 14 novembre 1982, in *Prospectus et tous écrits suivants*, III, Gallimard, Parigi 1995, p. 267.
2 *Ibidem*.
3 Annie Le Brun, "Slavko Kopač ou la matière enchantée", in Annie Le Brun, Biserka Rauter Plancić, *Slavko Kopač,* Muzejsko Galerijski Centrar Klovićevi Dvori, Zagabria 1997, pp. 19-65.

1 Jean Dubuffet, text dated 14 November 1982, *Prospectus et tous* écrits *suivants*, vol. 3 (Paris: Gallimard, 1995), 267.
2 Ibid. .
3 Annie Le Brun, 'Slavko Kopač ou la matière enchantée', in Annie Le Brun and Biserka Rauter Plancić, *Slavko Kopač* (Zagreb: Muzejsko Galerijski Centrar Klovićevi Dvori, 1997), 19–65.

4 Fabrice Flahutez, Pauline Goutain, Roberta Trapani, *Slavko Kopač. Ombres et matières / Shadows and Materials*, Gallimard, Parigi 2022.
5 Ante Glibota, "L'univers dans un poing, merveille en devenir", cit. in *Slavko Kopač. Rétrospective 1936-1981 (peinture, sculpture, céramique)*, catalogo della mostra (Parigi, Paris Art Center, 21 ottobre – 21 novembre 1981), Paris Art Center, Parigi 1981.
6 Slavko Kopač, in *Slavko Kopač*, Association pour la Promotion des arts à l'Hôtel de Ville de Paris, Parigi 1996, s.i.p.
7 Jean-Jacques Lévêque, "Slavko Kopač", in *Cimaise*, a. 34, n. 190, settembre-ottobre 1987, p. 61..
8 Slavko Kopač, cit. in *Slavko Kopač*, cit.
9 Si fa riferimento al catalogo delle collezioni pubblicato nel 1971 e redatto dallo stesso Slavko Kopač. Tra gli artisti che impiegano un linguaggio astratto – senza tuttavia limitarsi a esso – possiamo citare: Victor Waedemon, Henriette Zéphir, Jeanne Tripier, Jane Ruffié, Palondier, Francis Palanc, Raphaël Lonné, Fernande Le Gris, Laure Pigeon, Magalí Herrera, Emmanuel Derriennic, Georges Demkin, Le Voyageur français, Rose Aubert, oltre ad alcuni artisti anonimi.
10 Si ricorda che la fiaba è un genere narrativo, orale o scritto, volutamente fittizio che ha per sfondo principale il mondo umano e il suo ambiente – animale, vegetale e minerale – e racconta fatti immaginari.
11 Radovan Ivšić, "Slavko Kopač ou l'ancre ailé", in *Style*, Genève 1963, n. 4, p. 79.
12 Benjamin Péret, testo scritto in occasione della mostra di Slavko Kopač del 1953 presso la galleria À l'Étoile scellée.
13 Poema manoscritto riprodotto in *Slavko Kopač, op. cit.*
14 Parole di Kopač nella trasmissione "Peintres et ateliers", condotta da Michel Chapuis su France Culture il 4 dicembre 1986: «All'inizio, quando sono arrivato in Francia, ho lavorato in una scuola, dove mi occupavo dei bambini più piccoli durante le attività manuali. [...] Il valore di quello sguardo infantile conta molto più della vostra realtà».
15 Nata nel 1874 a Ogulin, nell'ovest della Croazia, Ivana Brlić-Mažuranić si trasferì a Brod na Savi (oggi Slavonski Brod), in Slavonia, dopo il matrimonio nel 1892. Vi trascorse la maggior parte della sua vita.
16 Conversazione avvenuta il 7 settembre 2018 a Zagabria tra Pauline Goutain e Biserka Rauter Plančić, allora direttrice della Moderna Galerija di Zagabria.
17 Parole di Kopač riferite da Emmanuel Daydé durante una conversazione con Pauline Goutain, 11 novembre 2020.
18 Testo di Michel Ragon in *Kopač*, Galerie Mona Lisa, Parigi, maggio 1961, s.i.p.; Ragon incontra Kopač per la prima volta nel 1950, quando ricopre il ruolo di segretario del Foyer de l'Art Brut, nei locali del Padiglione Gallimard.
19 Jean-Jacques Lévêque, "Slavko Kopač", in *Cimaise*, *op. cit.*, p. 61.
20 Slavko Kopač, Lettera a Željko Grum, datata 25 gennaio 1970, riprodotta nel catalogo della mostra del 1977.
21 Michel Ragon, in *Kopač, op. cit.*
22 *Ibid.*
23 Cfr. Clement Greenberg, *Art and Culture. Critical essays*, Beacon press, Boston 1961.
24 Jean Bouret, *Manifeste de l'homme témoin* (in occasione della mostra alla Galerie du Bac, Parigi, 21 giugno - 21 luglio 1948) e *Second Manifeste de l'homme témoin* (in occasione della mostra alla Galerie Claude, Parigi, 29 ottobre – 15 novembre 1949).
25 Michel Ragon, in *Kopač, op. cit.*
26 Dubuffet scrisse un testo su Asger Jorn nell'ottobre 1981, a testimonianza del loro lavoro comune e della loro amicizia. Questo scritto è pubblicato accanto a quello di Kopač in *Prospectus et tous écrits suivants*, *op. cit.*, pp. 265-266.
27 Michel Ragon, in *Kopač, op. cit.*
28 Intervento di Pierre Chave, riportato in Flahutez, Goutain, Trapani, *Slavko Kopač, op. cit.*, p. 250.
29 Dichiarazione di Slavko Kopač in M. Chapuis, intervista per "Peintres et Ateliers", cit. nota 14.

4 Fabrice Flahutez, Pauline Goutain, and Roberta Trapani, *Slavko Kopač. Ombres et matières / Shadows and Materials* (Paris: Gallimard, 2022).
5 Ante Glibota, 'L'univers dans un poing, merveille en devenir', in *Slavko Kopač. Rétrospective 1936–1981 (peinture, sculpture, céramique)*, exhibition catalogue (Paris Art Center, 21 October to 21 November 1981) (Paris: Paris Art Center, 1981).
6 Slavko Kopač quoted in Le Brun and Plancić, *Slavko Kopač*, n.p.
7 Jean Jacques Lévêque, 'Slavko Kopač', *Cimaise*, no. 190 (Sept.–Oct. 1987): 61 (our translation).
8 Slavko Kopač, quoted in Le Brun and Plancić, *Slavko Kopač*.
9 We refer to the collections catalogue published in 1971, prepared by Kopač himself. Among the artists using abstract language, though without limiting themselves to it, were Victor Waedemon, Henriette Zéphir, Jeanne Tripier, Jane Ruffié, Palondier, Francis Palanc, Raphaël Lonné, Fernande Le Gris, Laure Pigeon, Magalí Herrera, Emmanuel Derriennic, Georges Demkin, Le voyageur français, Rose Aubert, and several unnamed artists.
10 As a reminder, a story is a deliberately fictional genre, spoken or written, whose main framework is the human world with its animal, plant, and mineral environment, and that recounts imaginary facts.
11 Radovan Ivšić, 'Slavko Kopač ou l'ancre ailé', *Style* (Geneva), no. 4 (1963): 79.
12 Benjamin Péret, text for the exhibition *Slavko Kopač* at the gallery À l'Étoile scellée, 1953.
13 Handwritten poem reproduced in Le Brun and Plancić, *Slavko Kopač*, n.p..
14 Michel Chapuis, interview with Kopač for the program 'Peintres et ateliers', France culture, 4 December 1986: 'At first, when I came to France, I worked in a school where I taught small children for practical work [. . .] the value of the child's gaze counts much more than your reality'.
15 Born in 1874 in Ogulin, in western Croatia, Ivana Brlić-Mazuranic moved to Brod na Savi (today Slavonski Brod), in Slavonia, after she married in 1892. She lived there for most of her life.
16 Interview by Biserka Rauter Plancić, at the time director of the Moderna Galerija in Zagreb, with Pauline Goutain, 7 September 2018, in Zagreb.
17 Kopač's words reported by Emmanuel Daydé, during an interview with Pauline Goutain conducted 11 November 2020.
18 Essay by Michel Ragon in *Kopač* (Paris: Galerie Mona Lisa, May 1961), n.p. Ragon met Kopač for the first time in 1950, when he was secretary of the Foyer de l'Art Brut, in the Pavillon Gallimard.
19 Jean Jacques Lévêque, 'Slavko Kopač', *Cimaise*, no. 190 (Sept.– Oct. 1987): 61.
20 Slavko Kopač, letter to Zeljko Grum dated 25 January 1970, reproduced in the 1977 exhibition catalogue.
21 Ragon, essay in *Kopač*.
22 Ibid.
23 See Clement Greenberg, *Art and Culture: Critical Essays* (Boston: Beacon Press, 1961).
24 Jean Bouret, *Manifeste de l'homme témoin* (1948, in conjunction with the exhibition at the Galerie du Bac, 21 June–21 July 1948) and *Second Manifeste de l'homme témoin* (1949, in conjunction with the exhibition at Galerie Claude, 29 October–15 November 1949).
25 Ragon, essay in *Kopač*.
26 Dubuffet wrote an essay about Jorn in October 1981 attesting to this work and their friendship. The essay was published alongside Kopač's in *Prospectus et tous écrits suivants*, vol. 3 (Paris: Gallimard, 1995), 265–66.
27 Ragon, essay in *Kopač*.
28 Pierre Chave's words reported in Flahutez, Goutain, and Trapani, *Slavko Kopač*, 250.
29 Kopač quoted in Chapuis, interview for 'Peintres et ateliers'.

DÉBORAH LEHOT-COUETTE

Jean Dubuffet e Slavko Kopač. Cronaca di un sodalizio artistico

Estate 1985. Vence si tinge dei colori di Jean Dubuffet e di Slavko Kopač. Il programma estivo della Galleria Chave è interamente dedicato alla mostra delle opere dei due artisti che rappresenta fin dagli anni Cinquanta: *Jean Dubuffet et Slavko Kopač*. Il titolo scelto, di un'assoluta semplicità ed efficacia, sarà riformulato qualche settimana prima dell'inaugurazione. La mostra, inaugurata il 13 luglio, vigilia della festa nazionale, si svolgerà in assenza di Jean Dubuffet. L'artista francese era deceduto il 12 maggio. La galleria Chave e Slavko Kopač uniscono le forze per salutarlo un'ultima volta. La mostra viene ribattezzata *Salut à Jean Dubuffet* ed è accompagnata da un catalogo la cui copertina, improvvisata, illustrata e impaginata da Slavko Kopač, testimonia il rapporto amicale e artistico che intercorreva tra i due uomini [Fig. 1]. Il carattere di omaggio attribuito a posteriori alla mostra conferisce a questo evento una dimensione storica. Ma, in realtà, tutto avviene prima del suo inizio.

Jean Dubuffet è un artista solitario, che nel corso della sua vita ha rifiutato di vedere i suoi lavori esposti accanto a quelli di altri. Ha sempre declinato qualunque proposta di mostre collettive – né a quattro, né a tre, né a due – accettando di esporre in musei e gallerie a condizione di essere solo. La mostra *Jean Dubuffet et Slavko Kopač* organizzata da Pierre Chave costituisce un'eccezione. Per la prima volta, Jean Dubuffet accetta di vedere la sua opera entrare in dialogo con quella di un altro artista. Bisogna dire, però, che Slavko Kopač non è uno qualunque: non solo ha prodotto un'opera che Jean Dubuffet ammira e difende, ma è anche l'uomo in cui ha riposto tutta la sua fiducia per organizzare e gestire il suo bene più prezioso, ovvero la sua collezione di art brut.

L'approvazione di Jean Dubuffet per questo progetto espositivo è tanto rara quanto straordinaria. La sua lettera di approvazione assume il valore di un lasciapassare, al punto che il gallerista di Vence non esiterà a riprodurla nelle prime pagine del catalogo della mostra. Anche i giornalisti non mancheranno di notare questa corrispondenza, utilizzandola per rafforzare l'immagine di Slavko Kopač come «pupillo di Dubuffet»[1], che acconsentì al progetto a condizione che anche Kopač desse il proprio consenso[2].

Come Dubuffet, Kopač non gradiva che il suo lavoro fosse soggetto a confronti. In un'intervista del 1982 confessa: «Non amo essere paragonato a nessuno, nemmeno a Dubuffet, al quale sono tuttavia molto legato»[3]. Due anni più tardi l'artista croato accetta comunque, senza la minima riluttanza, di esporre con Dubuffet, per il quale pro-

DÉBORAH LEHOT-COUETTE

Jean Dubuffet and Slavko Kopač: A Story about Painters

Summer 1985. Vence was drenched in the colours of Jean Dubuffet and Slavko Kopač. The summer program at Galerie Chave was entirely given over to an exhibition of works by the two artists, whom the gallery had represented since the 1950s, with the planned eponymous title *Jean Dubuffet et Slavko Kopač*. This utterly simple – and accurate – title was rethought a few weeks before the opening. The show's vernissage, on 13 July, the eve of France's national holiday, took place without Dubuffet, who had died on 12 May. Galerie Chave and Slavko Kopač came together to honour him one last time, and the show was renamed *Salut à Jean Dubuffet*. It was accompanied by a catalogue whose cover – improvised, illustrated, and laid out by Kopač – attested to the friendship and artistic relationship that had existed between the two men [Fig. 1]. The sense of homage attributed retrospectively to the exhibition made it a historic event. In reality, though, things had played out well beforehand.

Dubuffet was a solitary artist. Throughout his life, he refused to have his works displayed alongside works that he had not produced. He never accepted offers to join group exhibitions, nor did he agree to have his works included in four-, three-, or even two-artist shows; his stipulation to museums and galleries was that his exhibitions feature his works exclusively. Therefore, the show that Pierre Chave had put together was exceptional: for the first time, Dubuffet was allowing his work to be seen in dialogue with work by another artist. It must be said that Kopač was not just any artist. Not only had he produced a body of work that Dubuffet admired and promoted, but he was also the one whom Dubuffet had trusted unconditionally to organise and manage his most valuable asset: his collection of Art Brut works.

Dubuffet's approval of this exhibition project presented such an extraordinary opportunity that Chave had his letter of agreement reproduced in the front pages of the exhibition catalogue. Nor did the letter escape the attention of journalists, who used it to claim that Kopač was 'Dubuffet's darling'.[1] Dubuffet accepted the project on condition that Kopač also agreed.[2] Like Dubuffet, Kopač was not thrilled to have his work subjected to artistic confrontations. In a 1982 interview, he confided, 'I don't like to be compared to anyone, not even Dubuffet, although I feel very attached to him'.[3] Two years later, Kopač nevertheless agreed, unhesitatingly, to the joint exhibition with Dubuffet, for whom he felt sincere affection and recognition. 'Permit me to tell you, to tell you again', he wrote to Dubuffet, 'that what has been the leitmotif for my entire life, which, as you say

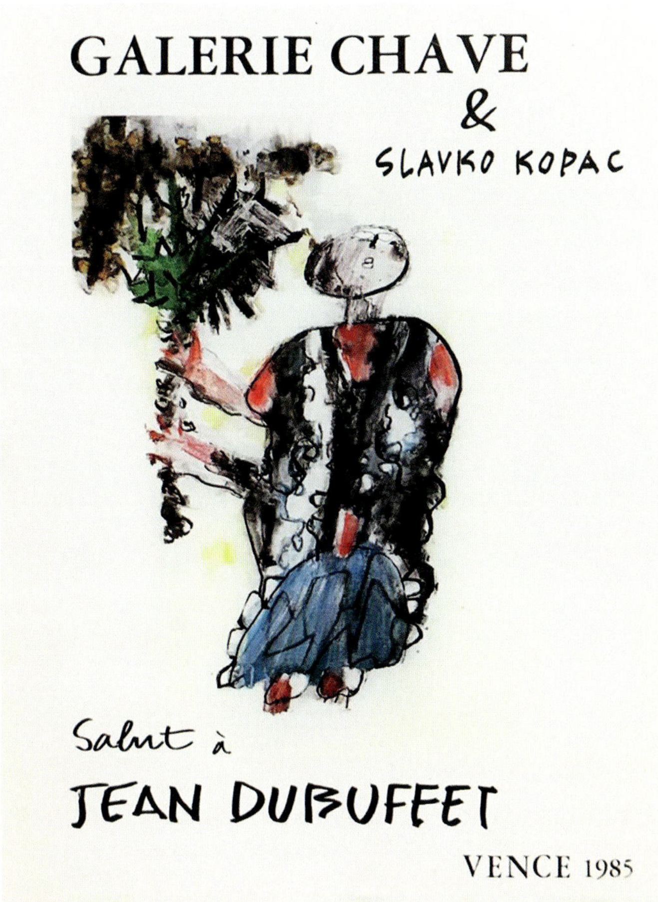

Fig. 1. Copertina del catalogo della mostra *Salut à Jean Dubuffet*, Vence, Galerie Chave, 1985.

Cover of the exhibition catalogue *Salut à Jean Dubuffet*, Vence, Galerie Chave, 1985.

vava un'affezione e una gratitudine sinceri: «Mi permetta di dirle, di ripeterle, quale sia stato il leitmotiv di tutta la mia vita che, come dice con tanta gentilezza, è stata un successo – dovuto soprattutto alla fortuna che ho avuto nell'incontrarla. Con Lei ho trovato la tranquillità materiale che il rifugiato che ero cerca [*sic*] e sogna. In Lei, la comprensione, l'incoraggiamento e i preziosi consigli che solo un grande spirito, il grande maestro che Lei è, può dare. Spero vorrà perdonarmi questa confessione»[4] [Fig. 2]. Se il tono di questa lettera, datata gennaio 1980, è segnato da una certa deferenza, il contenuto mette in luce il ruolo svolto dall'artista francese. Jean Dubuffet, pittore e amico controverso di Kopač[5], lo sostenne anche sul piano economico, offrendogli un impiego come conservatore delle collezioni di art brut tra il 1948 e il 1975[6] e affidandogli occasionalmente incarichi pittorici legati ai suoi progetti architettonici[7]. Tra le forme di sostegno materiale vi furono l'invio di colori per dipingere[8], il prestito del proprio atelier di Vence, e la disponibilità di una stanza dell'immobile parigino che ospitò le collezioni di art brut dal 1962 al 1975, dove Kopač poté dipingere e conservare le sue opere[9]. Un

so kindly, has been successful – is due mainly to my good luck in meeting you. With you, I found the material peace of mind that I, as a refugee, was seeking and dreamed of; in you, the comprehension, encouragement, and valuable advice that only a great mind, the great master that you are, can give. I hope you will forgive me this confession'[4] [Fig. 2]. Both the deferent tone of this letter, dated January 1980, and its content underscore the role that Dubuffet played in Kopač's life. Dubuffet, painter and Kopač's controversial friend,[5] provided him with financial assistance by offering him employment as curator of the Collection de l'Art Brut – a job that he held from 1948 to 1975[6] – and by occasionally engaging him to work on paintings for his architectural model projects.[7] He also provided material sustenance by giving him paints,[8] lending him his studio in Vence, and letting him use one of the rooms in the Paris hotel where the Art Brut collections were housed from 1962 to 1975 to paint and to store his paintings.[9] And he lent his moral support by purchasing his ceramics and drawings between 1948 and 1984.[10] In addition, he put him in contact with art dealers, among them the gallery owners Alphonse Chave, Daniel Cordier, and Alain Bourbonnais, and with the influential critics and art historians Michel Tapié, Michel Ragon, and Germain Viatte.[11] Finally, he proved to be a supportive friend by helping out when needed [Fig. 3].

In October 1984, Dubuffet penned a quick note to Dominique Bozo about a dire situation that Kopač was facing.[12] His home and workplace, at 4 rue du Ruisseau in the 18th arrondissement of Paris, where he had lived since 1951, was slated for demolition, as the Direction de la Construction et du Logement de la Ville de Paris was planning to build a nursery school on the site. This decision, Dubuffet explained, would 'cruelly remove the possibility for [Kopač] to continue his work, which has great artistic value'.[13] On 1 January 1985, Kopač wrote to Dubuffet to thank him: 'Dear Jean Dubuffet, it is again with the greatest sense of gratitude that I send you my most sincere wishes for the coming year. As you have done so often in my life, you have come to my rescue with endearing promptness, and I am deeply touched by your brotherly intervention.' With no idea that this would be his last letter to Dubuffet, Kopač concluded by expressing 'the hope that the days to come will be filled with sun, free of suffering, and, for many years to come, rich and with a constant capacity to enthuse, enthral, and delight us'[14] [Fig. 4].

The meeting of Dubuffet and Kopač in 1948 seemed fore-ordained.

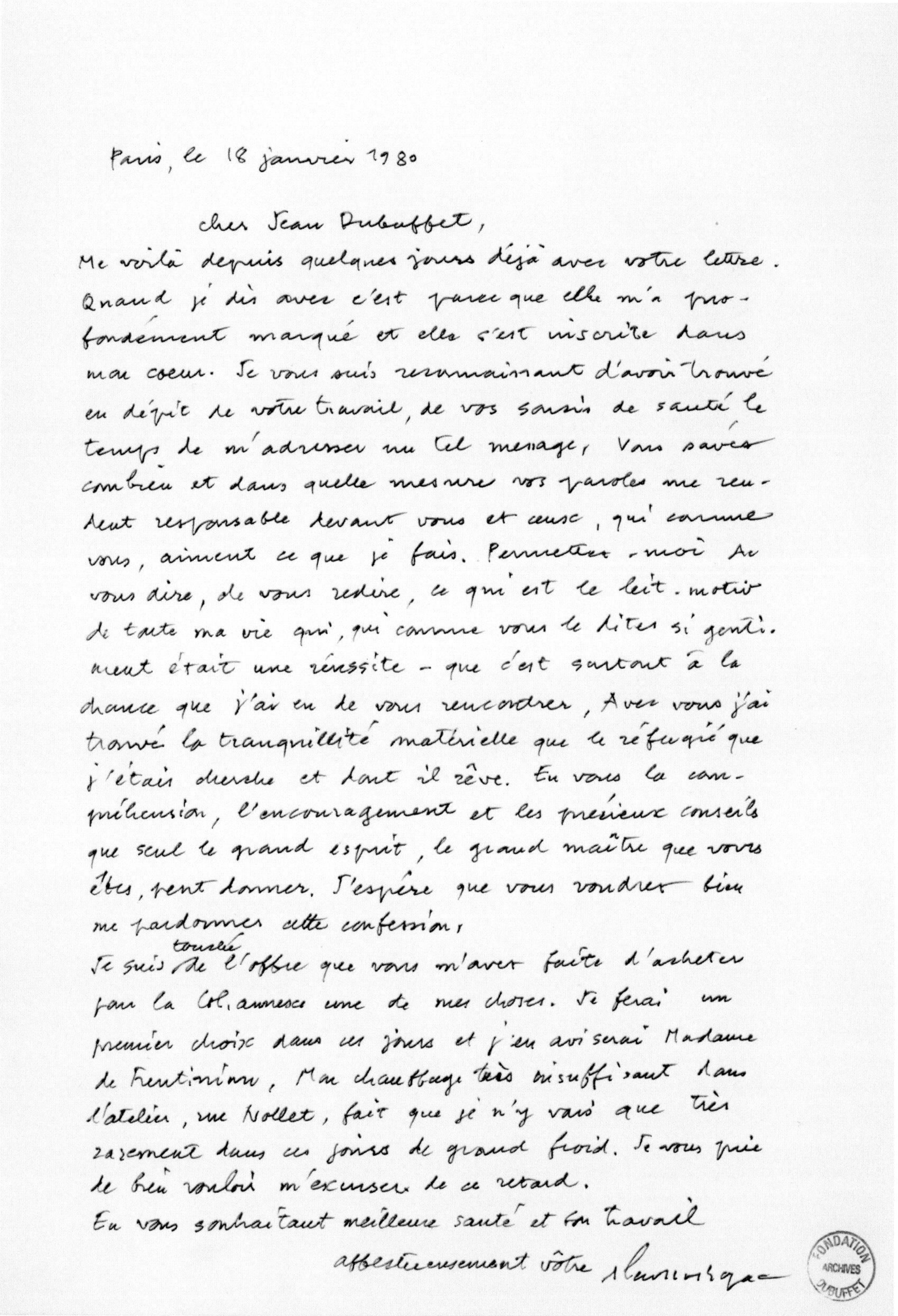

Paris, le 18 janvier 1980

cher Jean Dubuffet,

Me voilà depuis quelques jours déjà avec votre lettre. Quand je dis avec c'est parce que elle m'a profondément marqué et elle s'est inscrite dans mon coeur. Je vous suis reconnaissant d'avoir trouvé en dépit de votre travail, de vos soucis de santé le temps de m'adresser un tel message. Vous savez combien et dans quelle mesure vos paroles me rendent responsable devant vous et ceux, qui comme vous, aiment ce que je fais. Permettez-moi de vous dire, de vous redire, ce qui est le leit-motiv de toute ma vie qui, qui comme vous le dites si gentiment était une réussite – que c'est surtout à la chance que j'ai eu de vous rencontrer. Avec vous j'ai trouvé la tranquillité matérielle que le réfugié que j'étais cherche et dont il rêve. En vous la compréhension, l'encouragement et les précieux conseils que seul le grand esprit, le grand maître que vous êtes, peut donner. J'espère que vous voudrez bien me pardonner cette confession.

Je suis touché de l'offre que vous m'avez faite d'acheter pour la Col. annexe une de mes choses. Je ferai un premier choix dans ces jours et j'en aviserai Madame de Trentinian. Mon chauffage très insuffisant dans l'atelier, rue Nollet, fait que je n'y vais que très rarement dans ces jours de grand froid. Je vous prie de bien vouloir m'excuser de ce retard.

En vous souhaitant meilleure santé et bon travail

affectueusement vôtre Slavko Kopac

Fig. 2. Lettera di Slavko Kopač a Jean Dubuffet, Parigi, 18 gennaio 1980, archivi della Fondation Dubuffet, Parigi.

Letter from Slavko Kopač to Jean Dubuffet, Paris, 18 January 1980, Fondation Dubuffet archives, Paris.

sostegno morale fu espresso nell'apprezzamento per la sua opera attraverso l'acquisizione di numerose ceramiche e disegni tra il 1948 e il 1984[10]. A questo si aggiunse un sostegno relazionale, poiché Dubuffet mise in contatto Kopač con mercanti e critici influenti come Alphonse Chave, Daniel Cordier e Alain Bourbonnais sul versante galleristico; e Michel Tapié, Michel Ragon e Germain Viatte, sul versante critico e storico[11]. Infine, un sostegno amicale si tradusse in presenza concreta e disponibilità ogni volta che l'artista croato ne ebbe bisogno [Fig. 3].

Nell'ottobre del 1984 Jean Dubuffet redige di getto una comunicazione indirizzata a Dominique Bozo in merito alla minaccia che incombe su Slavko Kopač[12]. La sua abitazione e il suo atelier, situati al numero 4 di rue du Ruisseau, nel XVIII arrondissement di Parigi, dove risiede dal 1951, sono infatti a rischio di demolizione. La Direzione dell'Edilizia e dell'Abitazione del Comune di Parigi aveva infatti previsto la costruzione di una scuola materna proprio in quell'area. Una decisione che, secondo Dubuffet, avrebbe significato «privarlo crudelmente della possibilità di proseguire il suo lavoro, il cui interesse artistico è grande»[13]. Il 1° gennaio 1985 Slavko Kopač gli scrive per ringraziarlo: «Caro Jean Dubuffet, è ancora una volta con il più profondo senso di gratitudine che Le rivolgo i miei più sinceri auguri per l'anno appena iniziato. Come tante volte nella mia vita, Lei è stato colui che è accorso in mio aiuto con premurosa prontezza, e sono profondamente toccato dal Suo fraterno intervento». Il pittore, inconsapevole che quella sarebbe stata la sua ultima lettera a Dubuffet, conclude esprimendogli «l'augurio che i giorni a venire siano soleggiati, senza sofferenze e a lungo ricchi e costantemente capaci di entusiasmarci, appassionarci e incantarci»[14] [Fig. 4].

L'incontro tra Dubuffet e Kopač nel 1948 sembra da subito del tutto naturale. Quando l'artista croato, trentacinquenne, giunge a Parigi l'8 agosto 1948, chiede un appuntamento al suo illustre collega. Dubuffet, pur molto impegnato, accetta. I due parlano di pittura. «È stato un incontro fantastico», ricorda Kopač. «Tutto ciò di cui abbiamo parlato, nel mio francese mescolato all'italiano, ci ha portato alla conclusione che, pur essendo molto diversi l'uno dall'altro, camminavamo sullo stesso sentiero, guardavamo nella stessa direzione»[15]. Meno di una settimana dopo quel primo appuntamento, i due pittori fissano un nuovo incontro. Kopač mostra allora a Dubuffet il proprio lavoro. Quest'ultimo osserva, guarda, scruta e – stando al racconto di Kopač –- lo invita immediatamente a seguirlo nel suo atelier di rue de Vaugirard, affinché possa constatare di persona che ciò che lui faceva in Italia, Dubuffet lo stava facendo lì a Parigi[16]. La storia non ci dice quali furono i dipinti e i disegni mostrati. Kopač aveva forse con sé *Chevaux* [Cavalli] del 1947, *Chasse au sanglier* [Caccia al cinghiale] o *Vachers* [Mandriani] [Fig. 5], entrambi realizzati nel 1948? Nulla lo conferma[17]. Eppure, la somiglianza con *Chevaux à la lune* [Cavalli alla luna], *Bocal à vache* [Boccale per mucca] e *Vaches et soigneurs* [Mucche e guardiani], tutti dipinti nel 1943 da Dubuffet, è sorprendente[18] [Figg. 7, 8]. La scelta dei temi, la composizione, il

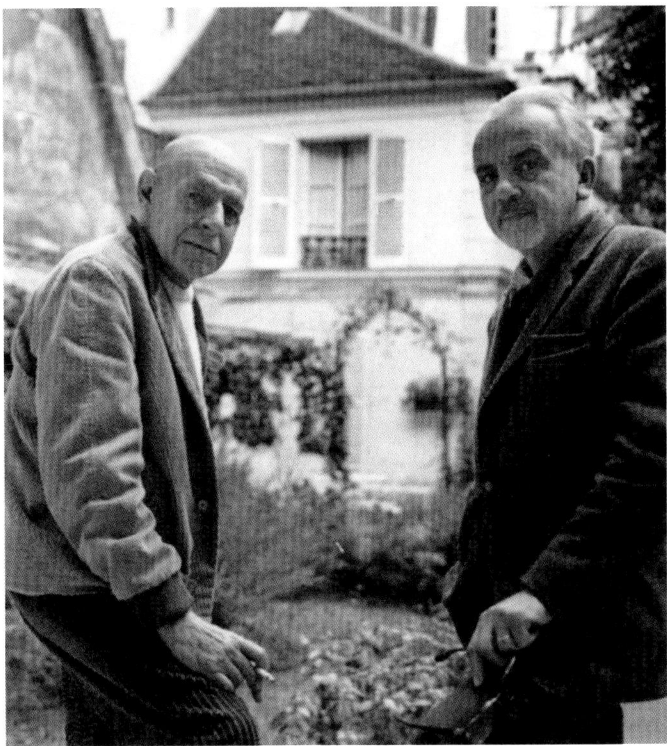

Fig. 3. Slavko Kopač e Jean Dubuffet a Parigi, 1970, archivi della Fondation Dubuffet, Parigi. Foto © Kurt Wyss, Basilea

Slavko Kopač and Jean Dubuffet in Paris, 1970, Fondation Dubuffet archives, Paris. Photo © Kurt Wyss, Basel

When Kopač, age thirty-five, landed in Paris on 8 August 1948, he reached out to Dubuffet to ask for an appointment. Dubuffet, although very busy, accepted. The two men talked painting. 'It was a great meeting', Kopač recalled. 'Everything we discussed – me, in my French mixed with Italian – all of this led to the conclusion that although we were very different from each other, we were walking on the same path, we were looking in the same direction.'[15] Less than a week after this first encounter, the two painters made another date. On this occasion, Kopač showed his work to Dubuffet. Dubuffet observed, examined, scrutinised, and, according to Kopač, immediately asked him to come to his studio on rue de Vaugirard so that he could see for himself that what he, Kopač, had been doing in Italy, he, Dubuffet, was doing here, in Paris.[16] History has not recorded which paintings and drawings were presented. Had Kopač taken *Chevaux*, created in 1947, or perhaps *Chasse au sanglier* or *Vachers* [Fig. 5], from 1948? There's no way of knowing.[17] But these paintings' resemblance to Dubuffet's *Chevaux à la lune*, *Bocal à vache*, and *Vaches et soigneurs* [Figs. 7, 8], all painted in 1943, is striking.[18] The choice of themes, the composition, and the childlike nature of these works denoted obvious affinities between the two men. Painting would cement their friendship. Indeed, in a note written in 1979, Dubuffet observed: 'Kopač and I met when he arrived in Paris more than thirty years ago. His art was already constituted as it

mardi le 1 janvier 1984

cher Jean Dubuffet,

c'est encore avec le plus grand sentiment de gratitude que je vous adresse mes très sincères voeux pour l'année qui commence.
comme si souvent dans ma vie vous avez été celui qui est accouru à mon secours avec une étonnante promptitude et je suis profondément touché par votre fraternelle intervention.
Un calme rélatif nous permet de vivre un peu plus tranquillement ces jours d'attente. Voilà qui me conduit de vous exprimer le souhait que les jours à venir soient ensoleillés, sans souffrance et pour longtemps riche et sain, sans cesse capable de nous enthousiasmer, de nous passionner et ravir.

Nous vous embrassons ainsi que Madame Dubuffet

Paulette et Slavko

Fig. 4. Lettera di Slavko Kopač a Jean Dubuffet, datata erroneamente martedì 1° gennaio 1984 invece di martedì 1° gennaio 1985. Archivi della Fondation Dubuffet, Parigi.

Letter from Slavko Kopač to Jean Dubuffet, mistakenly dated Tuesday, 1 January 1984 instead of Tuesday, 1 January 1985. Fondation Dubuffet archives, Paris.

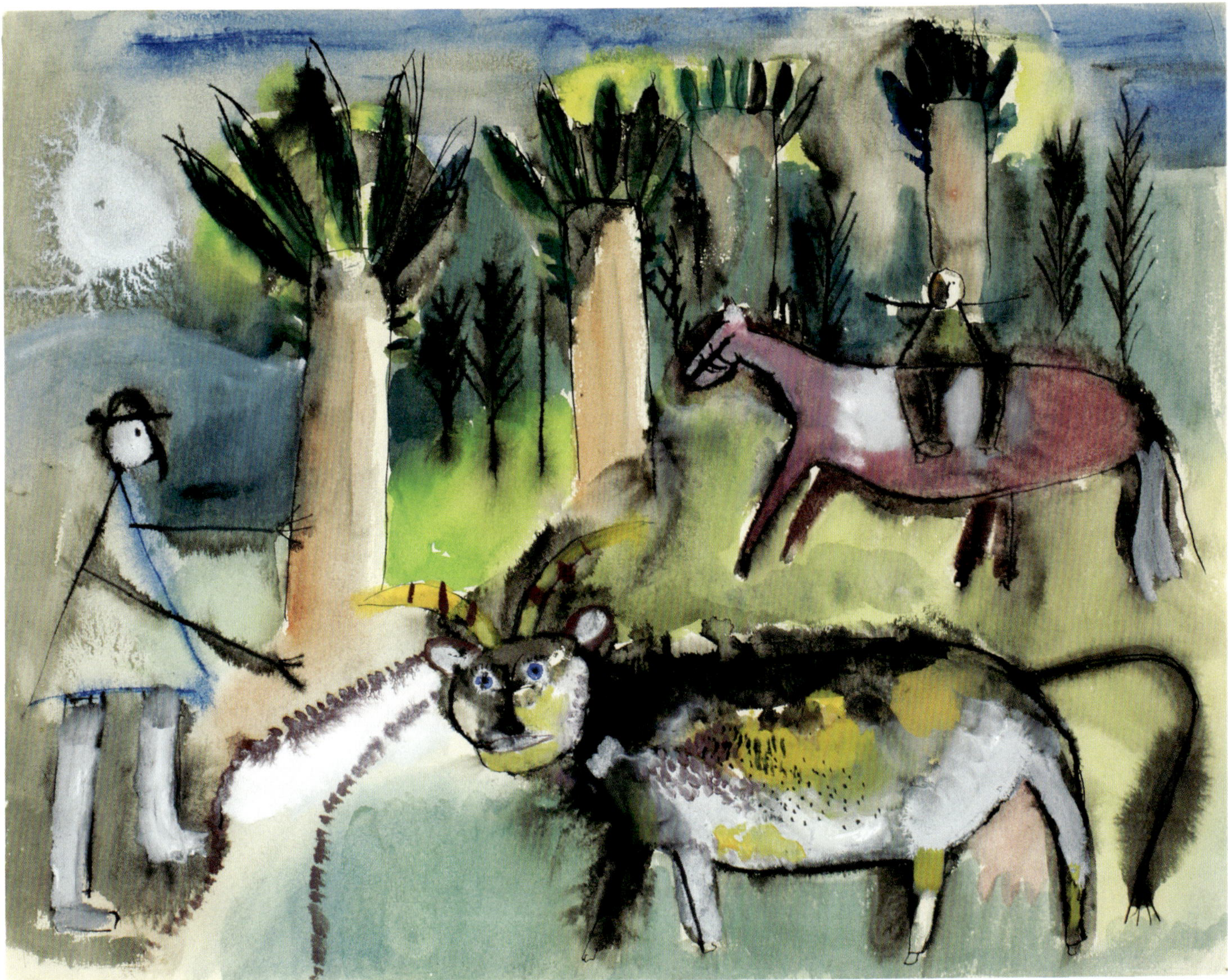

Fig. 5. Slavko Kopač, *Vachers*, 1948, acquerello e inchiostro su carta, 31,6 × 41 cm, collezione privata. Foto © Damir Fabijanić

Slavko Kopač, *Vachers*, 1948, watercolour and ink on paper, 31.6 × 41 cm, private collection. Photo © Damir Fabijanić

carattere infantile di queste opere rivelano evidenti affinità tra i due artisti. Sarà la pittura a costituire il cemento della loro amicizia. Così, in un testo dedicato all'amico pittore, Dubuffet scrive nel 1979: «Incontrai Kopač quando arrivò a Parigi, più di trent'anni fa. La sua arte era allora già pienamente formata, così com'è rimasta: le sue posizioni, già saldamente affermate, non sono cambiate in seguito. Delle mie opere – che condividevano intenti simili – non conosceva nulla, così come io ignoravo le sue. Furono le nostre aspirazioni comuni ad avvicinarci, ponendo le basi di una solida amicizia. Ho grande affetto per i suoi lavori: mi trasmettono una viva emozione e una profonda ammirazione»[19]. Questo testo, erroneamente datato 1981, sarà il primo che l'artista francese accetterà di scrivere per

has remained; his positions, strongly taken then, have not changed since. At the time, he knew nothing of my paintings, which proceeded from similar ambitions, and I knew nothing of his. Our shared aspirations brought us together and were the basis for our solid friendship. I like his works a great deal; I feel strong emotion and admiration for them.'[19] This text, dated 1981 (in error), was the first that Dubuffet agreed to write to promote Kopač's work – yet another gesture worth attention.

Dubuffet wrote a great deal about his own work and that of Art Brut creators. However, he was not in the habit of writing about or for artists. When asked, he refused – not only because he was a painter above all, and certainly not an art critic, but also because his

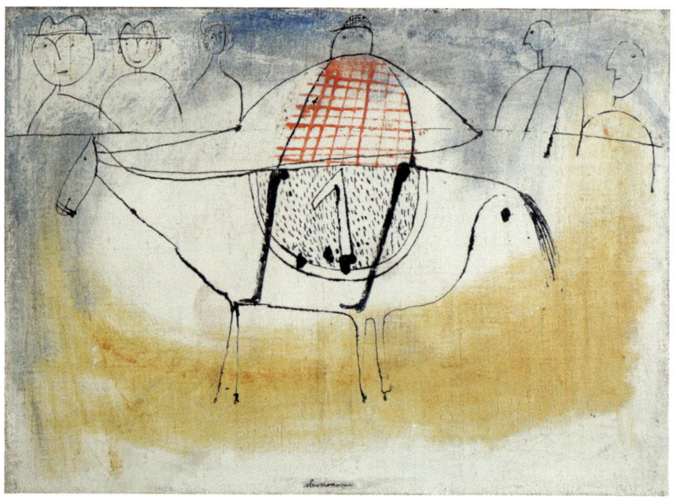

Fig. 6. Slavko Kopač, *Le vainqueur*, 1948, olio su tela, 65 × 92 cm, collezione privata. Foto © Damir Fabijanić

Slavko Kopač, *Le vainqueur*, 1948, oil on canvas, 65 × 92 cm, private collection. Photo © Damir Fabijanić

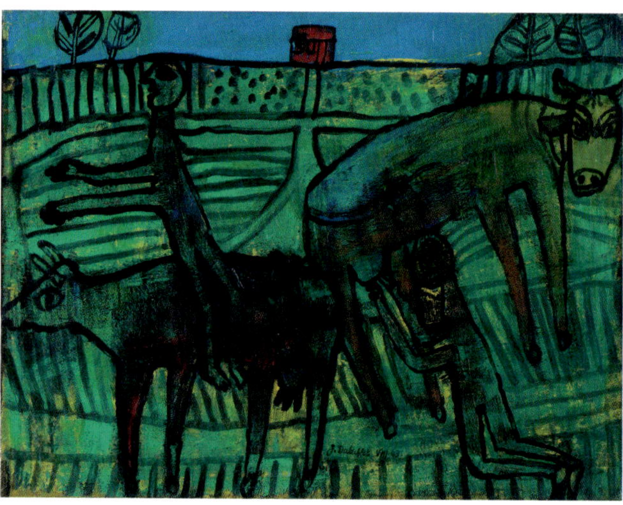

Fig. 7. Jean Dubuffet, *Vaches et soigneurs*, agosto 1943, olio su tela, 50 × 65 cm (Fasc. I N°162), Musée d'Unterlinden, Colmar (Francia).

Jean Dubuffet, *Vaches et soigneurs*, August 1943, oil on canvas, 50 × 65 cm (Fasc. I, no. 162), Musée d'Unterlinden, Colmar, France.

difendere l'opera di Slavko Kopač. Anche in questo caso, il gesto merita attenzione.

Jean Dubuffet ha scritto molto sulla propria opera e su quella degli autori dell'art brut. D'altro canto, scrivere sugli artisti o per gli artisti non rientrava nelle sue abitudini: quando gli veniva chiesto, rifiutava l'esercizio, non solo perché si considerava innanzitutto un pittore e di certo non un critico d'arte, ma anche perché le opere dei suoi contemporanei, semplicemente, non lo interessavano[20]. Slavko Kopač è tra i pochi artisti della sua generazione ad aver davvero catturato la sua attenzione. Non gli dedica uno, ma ben due testi, redatti a tre anni di distanza l'uno dall'altro. Il primo è del 1979. Quando Kopač lo riceve per la prima volta, rimane spiazzato: Dubuffet esprime giudizi fin troppo lusinghieri[21]. Quando lo riceve per la seconda volta, dieci giorni dopo, ne è profondamente commosso. Desiderava riprodurre il testo di Jean Dubuffet con la sua firma; l'autore glielo restituirà interamente scritto di suo pugno: «Non avrei mai osato sperare tanto. Con questo gesto, Lei ha aggiunto un altro capitolo alla lunga serie di attenzioni e generosità che mi ha dimostrato in questi trent'anni di amicizia»[22]. In questo testo, pubblicato per la prima volta nel 1985 nel catalogo della mostra *Salut à Jean Dubuffet* in versione dattiloscritta, il pittore sottolinea l'atteggiamento contestatario di Slavko Kopač nei confronti dell'arte ufficiale, e la sua capacità di generare un'opera di «pura invenzione» e di un'«intensità che le produzioni accademiche non conoscono più»[23].

L'istanza di originalità, centrale per Jean Dubuffet, farà da premessa al secondo testo che dedicherà all'amico. «L'arte di Slavko Kopač», scrive, «è fortemente originale; non ne conosco altre che le assomiglino»[24]. Il 27 settembre 1982 Veseljko Velčić, direttore della Bibliote-

contemporaries' works simply didn't interest him.[20] Kopač was among the few artists of his generation who caught his attention. He wrote not one but two essays about him, three years apart. The first dates from 1979. When Kopač read it initially, he was embarrassed by how complimentary Dubuffet was.[21] When he read it a second time, ten days later, he was deeply moved by it. He hoped to reproduce it with Dubuffet's signature. Dubuffet sent it to him again, written out by hand. 'I would never have hoped for so much', Kopač responded. 'With this gesture, you have added to the long list of kindnesses and favours that you have bestowed on me throughout the thirty years of our friendship.'[22] In this text, which was finally published for the first time in 1985, in a typed version, in the catalogue for the exhibition *Salut à Jean Dubuffet*, Dubuffet emphasised Kopač's attitude of dissent with regard to official art and his ability to create a work of 'pure invention' and of an 'intensity that academic productions don't have'.[23] The aspect of originality that Dubuffet cherished served as the introduction to the second text that he composed for his friend. 'Slavko Kopač's art', he wrote, 'is highly original; I don't know of any other art that resembles it'.[24] On 27 September 1982, Veseljko Velčić, director of the National and University Library in Zagreb, asked Dubuffet to write a preface for a book that the institution was preparing to publish on Kopač's drawings.[25] Dubuffet accepted the invitation quickly, in a letter dated 18 October. He was concerned, however, that the project wasn't exhaustive enough: 'You speak in your letter of a book about Kopač's drawings', he wrote, 'but I hope that the book will deal not just with the drawings but also with the paintings, collages, and all his other pieces. It would be desirable to deal with all aspects of his work'.[26]

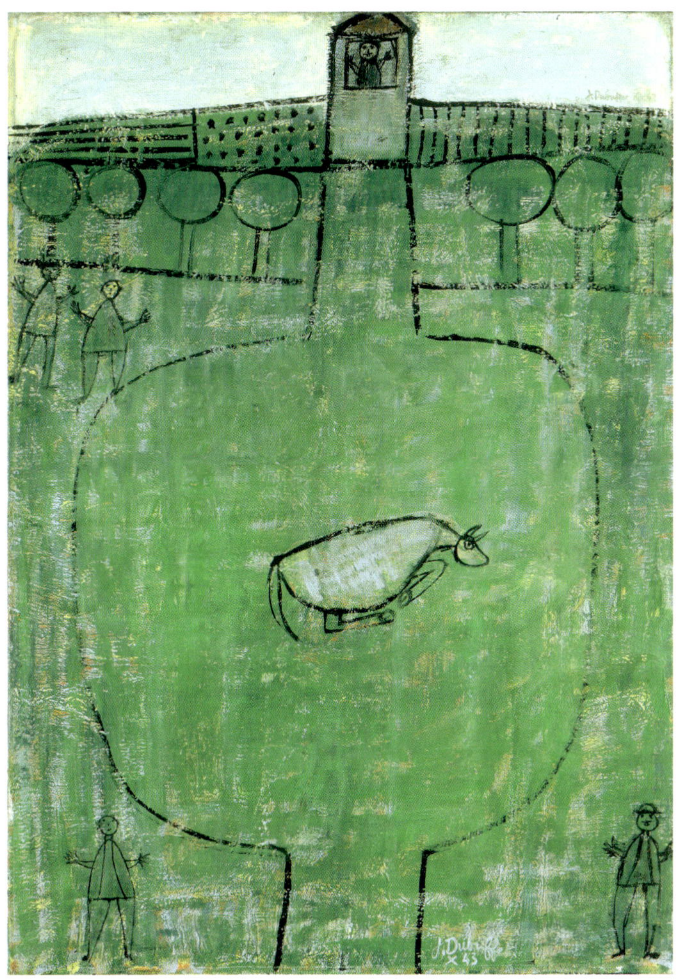

Fig. 8. Jean Dubuffet, *Bocal à vache*, ottobre 1943, olio su tela, 92 × 65 cm (Fasc. I, n. 201), collezione Hersaint, Suisse.

Jean Dubuffet, *Bocal à vache*, October 1943, oil on canvas, 92 × 65 cm (Fasc. I, no. 201), Hersaint collection, Switzerland.

ca nazionale e universitaria di Zagabria, chiede a Jean Dubuffet di scrivere la prefazione per un volume che l'istituzione si apprestava a pubblicare sui disegni di Kopač[25]. L'artista accetta immediatamente la proposta in una lettera datata 18 ottobre, pur esprimendo una certa preoccupazione per il carattere troppo parziale del progetto: «Nella sua lettera Lei menziona un'opera dedicata ai disegni di Kopač, mi auguro tuttavia che il libro prenda in considerazione non soltanto i disegni, ma anche i dipinti, i collage e tutte le altre sue opere. Sarebbe davvero auspicabile che la sua produzione venisse considerata nei suoi diversi aspetti»[26].
Si interroga anche sulle tempistiche previste. Fervente ammiratore dell'arte di Slavko Kopač, che definisce «sorprendentemente inventiva», «sorprendentemente poetica», non tarda a trovare le parole giuste per celebrarla. Firma la sua prefazione il 14 novembre 1982, prima ancora che il committente avesse avuto il tempo di indicargli – in una lettera datata 25 novembre – che attendeva il testo per la primavera del 1983! Il diretto interessato, Slavko Kopač, ne aveva già

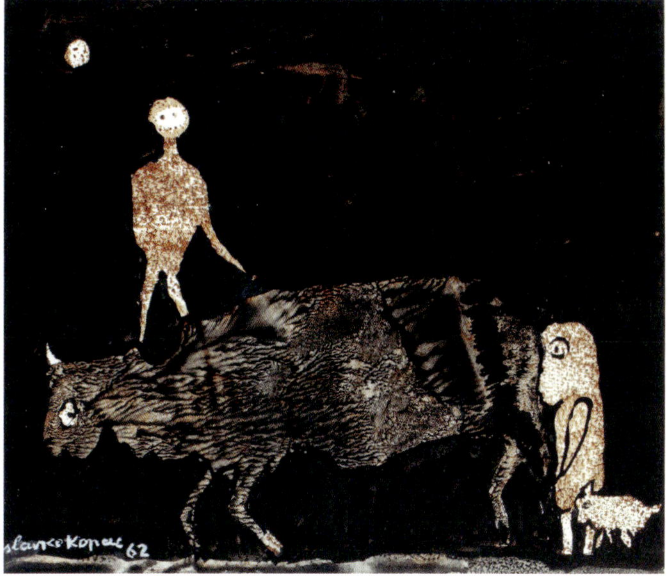

Fig. 9. Slavko Kopač, *Les bergers*, 1962, gouache su carta, 40 × 44,5 cm. Foto © Filip Beusan, courtesy Galerija Klovićevi dvori, Zagabria

Slavko Kopač, *Les bergers*, 1962, gouache on paper, 40 × 44.5 cm. Photo © Filip Beusan, courtesy Galerija Klovićevi dvori, Zagreb

He also wondered about the expected delays. A fervent admirer of Kopač's work, which he found 'stunningly inventive' and 'stunningly poetic', he spent little time finding the words to celebrate his work. He finished writing his preface on 14 November 1982, even before Velčič had time to tell him, in a letter dated 25 November, that he was expecting to receive the text in spring 1983! The subject of the essay, Kopač, had read it on 21 November. In a letter to Dubuffet, he expressed his deep gratitude: 'It is with great emotion, and blushing, that I read the text you devoted to me. And when I say that – I have to confess – it's because throughout the years spent in your company I've had an opportunity to understand how much such work (such a chore!) is in contradiction with your positions and your determination to distance yourself from this exercise of writing prefaces.'[27] For Dubuffet, it wasn't a chore. It was important to him to see Kopač's work presented in its full light.
In 1983, Dubuffet acknowledged receipt of an article to be published in the magazine *Arts PTT*. He wrote to its author, Henri Raynal, 'I'm really happy that you were so strongly impressed by Slavko Kopač's works. Myself, I am very attached to him. His case is extraordinary, and it is rather sad that his works have remained almost unknown in promotional circuits, despite their very great merit. This is due to his modesty – his extreme, exemplary taste for discretion. But it also says something about the blindness of the promotional circuits.'[28] Fortunately, the wind was now turning in Kopač's favour.

preso visione il 21 novembre. La lettera che invia a Jean Dubuffet mostra quanto bene conoscesse il pittore: «È con grande emozione, e arrossendo, che leggo il testo che mi ha dedicato. E se lo dico – devo confessarlo – è perché nel corso degli anni trascorsi accanto a Lei ho avuto modo di comprendere quanto questo tipo di lavoro (questa corvée!) sia in contrasto con le Sue posizioni e con la Sua determinazione a tenersi lontano da ogni esercizio da prefatore»[27]. Per Dubuffet non fu però affatto una corvée, ma l'espressione di un desiderio autentico: che l'opera di Slavko Kopač fosse finalmente portata alla luce. Nel 1983 Jean Dubuffet conferma di aver ricevuto un articolo in via di pubblicazione sulla rivista *Arts PTT*. Scrive al suo autore, Henry Raynal: «Sono molto lieto che sia rimasto fortemente colpito dalle opere di Slavko Kopač. Io stesso vi sono profondamente legato. Il suo caso è straordinario, e piuttosto triste, poiché le sue opere sono rimaste praticamente sconosciute nei circuiti di promozione, nonostante il loro altissimo valore. Ciò è dovuto alla sua modestia, al suo gusto per la discrezione, che è estrema, esemplare. Ma è istruttivo sulla cecità dei circuiti promozionali»[28]. Fortunatamente, il vento sta finalmente cambiando per Slavko Kopač.

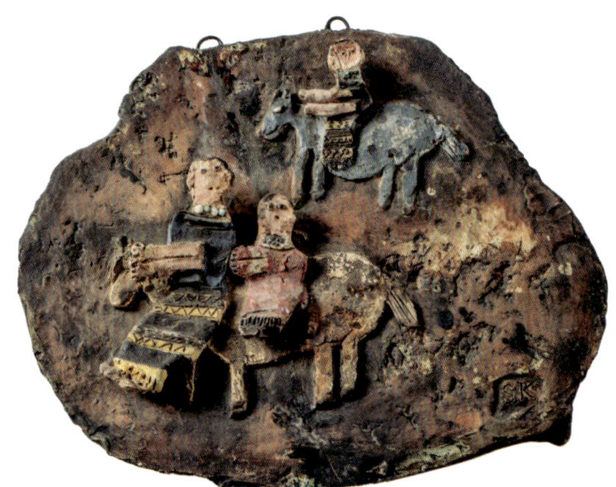

Fig. 10. Slavko Kopač, *Femmes et chevaux*, anni 1950, placca in ceramica parzialmente smaltata, 38 × 31 cm, collezione privata. Foto © Damir Fabijanić

Slavko Kopač, *Femmes et chevaux*, 1950s, partially glazed ceramic plaque, 38 × 31 cm, private collection. Photo © Damir Fabijanić

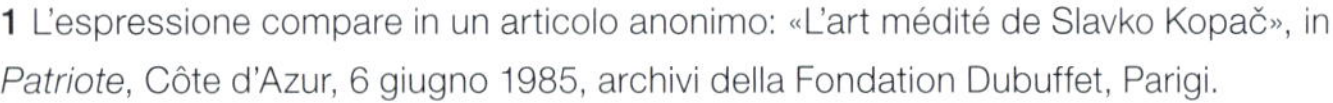

1 L'espressione compare in un articolo anonimo: «L'art médité de Slavko Kopač», in *Patriote*, Côte d'Azur, 6 giugno 1985, archivi della Fondation Dubuffet, Parigi.

2 «Le do con piacere il mio consenso affinché possa organizzare l'anno prossimo, nella Sua galleria, la mostra che ha in mente, includendovi anche opere di Slavko Kopač, se anche lui, come credo, sarà d'accordo. Nutro per lui, come sa, un affetto sincero», lettera di Jean Dubuffet a Pierre Chave, 1984, riprodotta in *Salut à Jean Dubuffet*, catalogo della mostra (Vence, Galerie Chave, 13 luglio – 14 settembre 1985), Edizioni Pierre Chave, Vence 1985, s.i.p.

3 Slavko Kopač, Intervista con Mirko Galić, ottobre 1982, in *Drugo čitanje: razgovori* (*Seconda lettura: conversazioni*), ripubblicato in Fabrice Flahutez, Pauline Goutain, Roberta Trapani, *Slavko Kopač. Ombres et matières / Shadows and Materials*, Gallimard, Parigi 2022, p. 96.

4 Lettera di Slavko Kopač a Jean Dubuffet, Parigi, 18 gennaio 1980, archivi della Fondation Dubuffet, Parigi.

5 Si veda, a questo proposito, le testimonianze contrastanti sul rapporto tra Slavko Kopač e Jean Dubuffet riportate da Annie Le Brun, Michèle Bidault van Tongeren e Pierre Chave, pubblicate in Flahutez, Goutain, Trapani, *Slavko Kopač*, *op. cit.*, pp. 144-149, 228-235, 250-269.

6 Per un'analisi dettagliata delle attività di Slavko Kopač legate alla gestione e alla conservazione delle collezioni dell'art brut, cfr. "L'aventure de l'art brut", ivi, pp. 109-143.

7 Da una lettera datata 1968 e conservata negli archivi della Fondation Dubuffet emerge che l'artista francese l'aveva assunto per i disegni preparatori di alcune sculture, a supporto degli assistenti impiegati nei suoi atelier di Périgny-sur-Yerres. Nel 1982, Slavko Kopač esegue inoltre dei lavori d'atelier per Dubuffet dietro compenso.

8 «È ormai da due settimane che sono in possesso dei colori che mi ha così gentilmente offerto», lettera di Slavko Kopač a Jean Dubuffet, 30 aprile 1951, archivi della Collection de l'Art Brut, Losanna, citato in Flahutez, Goutain e Trapani, *Slavko Kopač, op. cit.*, p. 138 (vedi nota 70).

9 Sulla messa a disposizione dell'atelier di Vence, cfr. Pierre Chave, intervista condotta da Fabrice Flahutez, Pauline Goutain e Roberta Trapani, 1° settembre 2018 e 24 agosto 2019, a Vence, ivi, p. 250. Sull'utilizzo di una sala presso il centro studio e conservazione per le collezioni di art brut a Parigi, cfr. Michèle Bidault van Tongeren, intervista condotta da Fabrice Flahutez, 24 marzo 2021, a Parigi, ivi, p. 144.

10 Un documento conservato negli archivi della Collection de l'Art Brut, Losanna, intitolato "Liste des œuvres de Slavko Kopač faisant partie de la collection Neuve Inven-

1 The expression appeared in an unsigned article: 'L'art médité de Slavko Kopač', *Patriote, Côte d'Azur*, 6 June 1985, Fondation Dubuffet archives, Paris.

2 'I willingly give you my agreement for you to make, next year in your gallery, the exhibition that you envisage and also for Slavko Kopač's works to be included, if he is, as I think, also in agreement. As you know, I have warm affection for him.' Letter from Jean Dubuffet to Pierre Chave, 1984, reproduced in *Salut à Jean Dubuffet*, exh. cat., Galerie Chave, Vence, 13 July–14 September 1985 (Vence: Éd. Pierre Chave, 1985).

3 Slavko Kopač, interview with Mirko Galić, October 1982, in *Drugo čitanje: razgovori (Deuxième lecture: causeries)*, reprinted in Fabrice Flahutez, Pauline Goutain, and Roberta Trapani, *Slavko Kopač. Ombres et matières / Shadows and Materials* (Paris: Gallimard, 2022), 96.

4 Letter from Slavko Kopač to Jean Dubuffet, Paris, 18 January 1980, Fondation Dubuffet archives, Paris.

5 See, on this point, the contrasting descriptions of the relationship between Kopač and Dubuffet made by Annie Le Brun, Michèle Bidault van Tongeren, and Pierre Chave, in Flahutez, Goutain, and Trapani, *Slavko Kopač*, 144-149, 228-235, 250-269..

6 For a detailed analysis of Kopač's activities related to the management and conservation of the Collection de l'Art Brut, see 'L'aventure de l'art brut', ibid., 109–43.

7 A letter dated in 1968 and conserved in the Fondation Dubuffet archives reveals that Dubuffet engaged Kopač to produce tracings of certain sculptures to back up assistants that Dubuffet employed in his studios in Périgny-sur-Yerres. In 1982, Slavko also did studio work for Dubuffet for pay.

8 'Here I have been for two weeks in possession of colours that you so kindly offered me.' Letter from Kopač to Dubuffet, 30 April 1951, Collection de l'Art Brut archives, Lausanne, quoted in Flahutez, Goutain, and Trapani, *Slavko Kopač*, 138 139 (see n70).

9 On Dubuffet's making the Vence studio available, see Pierre Chave, interviews conducted by Fabrice Flahutez, Pauline Goutain, and Roberta Trapani, 1 September 2018 and 24 August 2019 in Vence, ibid., 250. On the use of a room in the centre for study and conservation of the Art Brut collections in Paris, see Michèle Bidault van Tongeren, interview conducted by Fabrice Flahutez, 24 March 2021, in Paris, in *Slavko Kopač. Ombres et matières*, ibid. 44.

10 A document conserved in the Collection de l'Art Brut archives in Lausanne titled 'Liste des œuvres de Slavko Kopač faisant partie de la collection Neuve

tion de la Collection de l'Art Brut" segnala sessantasette opere realizzate tra il 1948 e il 1984. Su richiesta di Slavko Kopač, queste opere – acquisite da Jean Dubuffet tramite acquisti e doni ricevuti dall'artista – sono entrate, nel 1993, a far parte delle collezioni del museo Prostor, oggi Galerija Klovicevi dvori, a Zagabria. Cfr. ivi, p. 133.

11 Jean Dubuffet presenta Slavko Kopač al gallerista Alphonse Chave nel 1957, a Daniel Cordier nel 1960 e ad Alain Bourbonnais nel 1971. Incoraggerà quest'ultimo a dedicargli una mostra nella sua galleria parigina situata in rue Jacob, nel VI arrondissement. Il progetto, per ragioni sconosciute, non sarà mai realizzato. I critici e gli storici dell'arte che hanno lavorato sull'opera di Jean Dubuffet difenderanno anche il lavoro del suo compagno di viaggio. Nel 1961, Michel Ragon gli dedica un testo in occasione di una mostra delle sue opere presso la Galleria Mona Lisa a Parigi. Nel 1982, la manifestazione *Slavko Kopač: œuvre récente*, alla Galerie d'art international di Parigi spinge Germain Viatte, conservatore al Musée National d'Art Moderne, a riunire una documentazione fotografica sul pittore per il Centre Pompidou.

12 Cfr. *Communication à M. Dominique Bozo au sujet d'une menace frappant Slavko Kopač*, Parigi, 24 ottobre 1984, manoscritto autografo di Jean Dubuffet e copia dattiloscritta su carta intestata della segreteria di Jean Dubuffet, archivi della Fondation Dubuffet, Parigi.

13 *Ibid.*

14 Lettera di Slavko Kopač a Jean Dubuffet, datata erroneamente martedì 1° gennaio 1984 invece di martedì 1° gennaio 1985, archivi della Fondation Dubuffet, Parigi.

15 Slavko Kopač, intervista radiofonica con Lidija Tocilj, "Meetings and Acquaintances", Radiotelevisione croata, 8 agosto 1984 (43 minuti), ripresa in Flahutez, Goutain, Trapani, *Slavko Kopač*, *op. cit.*, p. 44.

16 In un'intervista del 1982, interrogato sul suo incontro con Jean Dubuffet, Slavko Kopač spiega: «[...] sono tornato con alcuni esempi del mio lavoro. Mi ha osservato attentamente e ha detto: "Dopo cena, mi accompagnerai nel mio atelier per vedere di persona che quello che tu hai fatto in Italia, io lo faccio qui"», Slavko Kopač, Intervista con Mirko Galić, ottobre 1982, in *Drugo čitanje: razgovori (Seconda lettura: discussioni),* ripreso ivi, p. 92.

17 A eccezione dell'acquerello *Vachers*, di piccolo formato, le due opere citate sono degli oli su tavola di 60 × 80 cm e 70 × 50 cm.

18 *Chevaux à la lune*, febbraio 1943, olio su tela, 48 × 60 cm (Fasc. I, n. 30); *Bocal à vache*, ottobre 1943, olio su tela, 92 × 65 cm (Fasc. I, n. 201); *Vaches et soigneurs*, agosto 1943, olio su tela, 50 × 65 cm (Fasc. I, n. 162).

19 Jean Dubuffet, "Kopač", 1979, in *Prospectus et tous écrits suivants*, III, Gallimard, Parigi 1995, pp. 486-487. Il testo è erroneamente datato 1981 sin dalla sua pubblicazione, nel 1985, nel catalogo della mostra *Salut à Jean Dubuffet*, *op. cit.* La corrispondenza tra Kopač e Dubuffet ha rivelato che risale al 1979.

20 In *Bâtons rompus* (Minuit, Parigi 1986) Jean Dubuffet pone e risponde a centoventicinque domande. Alla cinquantacinquesima domanda: «Ci sono opere di altri artisti, famosi o meno, alle quali è profondamente affezionato?», risponde: «Sono costretto ad ammettere che ce ne sono pochi».

21 Citazione parafrasata di un passaggio della lettera di Slavko Kopač a Jean Dubuffet, Parigi, 1° aprile 1979, archivi della Fondation Dubuffet, Parigi.

22 Lettera di Slavko Kopač a Jean Dubuffet, Parigi, 11 aprile 1979, archivi della Fondation Dubuffet, Parigi.

23 Cfr. Jean Dubuffet, "Kopač", 1979, in *Prospectus et tous écrits suivants*, *op. cit.*, nota 33, pp. 486-487. .

24 Jean Dubuffet, "Slavko Kopač", 14 novembre 1982, ivi, p. 267.

25 Cfr. Lettera di Veseljko Velčić a Jean Dubuffet, Zagabria, 27 settembre 1982, archivi Fondation Dubuffet, Parigi.

26 Lettera di Jean Dubuffet a Veseljko Velčić, Parigi, 18 ottobre 1982, archivi della Fondation Dubuffet, Parigi.

27 Lettera di Slavko Kopač a Jean Dubuffet, domenica, 21 novembre 1982, archivi della Fondation Dubuffet, Parigi.

28 Lettera di Jean Dubuffet a Henri Raynal, Parigi, 2 aprile 1983, archivi della Fondation Dubuffet, Parigi.

Invention de la Collection de l'Art Brut' lists sixty-seven pieces made between 1948 and 1984. At Kopač's request, these works, acquired by Dubuffet in exchange for purchases and gifts received, were transferred to the collections of the Prostor Museum, today Galerija Klovicevi dvori, in Zagreb, in 1993. See *Slavko Kopač. Ombres et matières / Shadows and Materials*, 133.

11 Dubuffet introduced Kopač to Chave in 1957, Cordier in 1960, and Bourbonnais in 1971. He encouraged Bourbonnais to devote an exhibition to Kopač in his Paris gallery, situated on rue Jacob in the 6th arrondissement. For unknown reasons, the project was never realised. The critics and historians working on Dubuffet's work promoted Kopač's work. In 1952, Tapié quoted Kopač in his book *L'art autre où il s'agit de nouveaux dévidages du réel*. In 1961, Ragon wrote an essay about him for an exhibition of his works at Galerie Mona Lisa in Paris. In 1982, the event *Slavko Kopač: œuvre récente* at the Galerie d'art international in Paris led Germain Viatte, a curator at the Musée National d'Art Moderne, to gather photographic documentation on Kopač for the Centre Pompidou.

12 See 'Communication à M. Dominique Bozo au sujet d'une menace frappant Slavko Kopač', Paris, 24 October 1984, note handwritten by Jean Dubuffet and copy typed on letterhead by Dubuffet's secretary, Fondation Dubuffet archives, Paris.

13 Ibid..

14 Letter, Slavko Kopač to Jean Dubuffet, dated, in error, Tuesday, 1 January 1984 and not Tuesday, 1 January 1985, Fondation Dubuffet archives, Paris.

15 Slavko Kopač, radio interview with Lidija Tocilj, *Meetings and Acquaintances*, Croatian Radio Television, 8 August 1984 (43 minutes), reprinted in *Slavko Kopač. Ombres et matières / Shadows and Materials*, 44.

16 In a 1982 interview, asked about his encounter with Dubuffet, Kopač explained, 'I came back with a few examples of my work. He looked at me attentively and said, "After dinner, you will accompany to my studio to see for yourself what you are doing in Italy I am doing here".' In Slavko Kopač, interview with Mirko Galič, October 1982, in *Drugo čitanje: razgovori (Deuxième lecture: causeries)*, reprinted in ibid., 92.

17 *Vachers* was a small-format watercolour; the other two were oil on canvas measuring 60 × 80 cm and 70 × 50 cm, respectively.

18 *Chevaux à la lune*, February 1943, oil on canvas, 48 × 60 cm (Fasc. I, no. 30); *Bocal à vache*, October 1943, oil on canvas, 92 × 65 cm (Fasc. I, no. 201); *Vaches et soigneurs*, August 1943, oil on canvas, 50 × 65 cm (Fasc. I, no. 162).

19 Jean Dubuffet, 'Kopač', 1979, in *Prospectus et tous écrits suivants*, vol. 3 (Paris: Gallimard, 1995), 486-487, n. 33. This text was erroneously dated 1981 when it was published in 1985 in the exhibition catalogue *Salut à Jean Dubuffet*. The correspondence exchanged between Kopač and Dubuffet reveals that it was actually dated 1979..

20 In *Bâtons rompus* (Minuit, Paris, 1986), Dubuffet asked and answered 125 questions. To question 55, 'Are there among the works of other artists – well known or not – any that you love deeply?' he answered, 'I must admit that there are hardly any'.

21 Paraphrased from an excerpt from Kopač's letter to Dubuffet, Paris, 1 April 1979, Fondation Dubuffet archives, Paris.

22 Letter from Slavko Kopač to Jean Dubuffet, Paris, 11 April 1979, Fondation Dubuffet archives, Paris.

23 See Jean Dubuffet, 'Kopač', 1979, in *Prospectus et tous* écrits *suivants*, vol. 3 (Paris: Gallimard, 1995), 486-487, n33.

24 Jean Dubuffet, "Slavko Kopač," 14 November 1982, ibid., 267.

25 See letter from Veseljko Velčić to Jean Dubuffet, Zagreb, 27 September 1982, Fondation Dubuffet archives, Paris.

26 Letter from Jean Dubuffet to Veseljko Velčić, Paris, 18 Octobe 1982, Fondation Dubuffet archives, Paris.

27 Letter from Slavko Kopač to Jean Dubuffet, Sunday, 21 November 1982, Fondation Dubuffet archives, Paris.

28 Letter from Jean Dubuffet to Henri Raynal, Paris, 2 April 1983, Fondation Dubuffet archives, Paris.

KATHARINE CONLEY

Au regard des divinités: Slavko Kopač e André Breton

Nel 1954 Slavko Kopač e André Breton realizzano insieme un poema-oggetto che testimonia l'amicizia e l'intesa artistica nata cinque anni prima [Fig. 1]. La loro collaborazione si era inaugurata nel 1949, in occasione della prima mostra parigina di Kopač alla Galerie Messages, per la quale avevano creato un prezioso libretto calligrafato in edizione limitata[1], dove il poema di Breton *Au regard des divinités* ("Negli occhi degli dèi", composto nel 1923) convive con dei disegni di Kopač [Fig. 2].

Il poema-oggetto del 1954 può essere visto come una trasposizione su legno di quell'opera precedente su carta. Riprende lo stesso poema, trascritto da Breton in persona, insieme a variazioni delle illustrazioni di Kopač: «Mentre disegnavo dei motivi e via via che indicavo come si poteva organizzare la pagina, lui scriveva, e alla fine abbiamo firmato insieme. È stato un momento luminoso», ricorderà Kopač[2]. Nel poema-oggetto, i disegni e il testo poetico sono incisi e dipinti su un frammento ligneo che Kopač avrebbe trovato in strada, uno di quei luoghi in cui, come ricorda Annie Le Brun, «trovava molte cose»[3]. Con la sua silhouette appuntita, l'oggetto richiama altri pezzi della collezione di Breton, in particolare un palo totemico haida della Columbia Britannica, acquistato da Breton presso Julius Carlebach durante i suoi cinque anni di esilio bellico a New York [Fig. 3][4]. Pur misurando 19 centimetri in più, il palo haida condivide diversi elementi con il poema-oggetto: la forma di freccia, le figure umane e animali incise – e non disegnate –, così come la sua funzione commemorativa di una parentela, di un'appartenenza comune o di un evento familiare[5]. Il poema-oggetto di Kopač e Breton può essere inteso come un omaggio a questo e ad altri manufatti amerindi presenti nell'appartamento del poeta. Più che un atto di appropriazione

KATHARINE CONLEY

Au regard des divinités: Slavko Kopač and André Breton

[1]In 1954, Slavko Kopač and André Breton together created a poem-object that bears witness to the friendship and artistic rapport they had developed five years earlier [Fig. 1]. Their collaboration had begun in 1949, during Kopač's first Parisian exhibition at the Galerie Messages, for which they produced a limited-edition calligraphed booklet[1] [Fig. 2]. This booklet combined a handwritten poem by Breton, 'Au regard des divinités' ('In the Eyes of the Gods', composed in 1923), with drawings by Kopač.

The 1954 poem-object can be seen as a transposition onto wood of that earlier work originally created on paper. It reprises the same poem, copied out in Breton's own hand, along with variations of Kopač's drawn motifs: 'While I was making the drawings and showing him what the page layout could look like, he was doing the writing, and we ended up signing it together. It was a brilliant moment', Kopač later reminisced.[2] For the poem-object, the drawings and poem are inscribed and varnished onto a piece of wood he may have found in the street, where he found 'lots of things', according to Annie Le Brun.[3] With its arrow-like silhouette, it bears a resemblance to other objects in Breton's collection, specifically a Haida totem pole from British Columbia he had acquired from Julius Carlebach during the five years he lived in self-imposed exile in New York City during World War Two [Fig. 3].[4] Although taller than the poem-object by nineteen centimetres, the Haida pole has some of the same qualities: an arrow-like shape, carvings – not drawings – of humans and animals, and it would have been made to commemorate kinship or a family event.[5] Kopač and Breton's poem-object may be understood as an homage to this and other Amerindian objects Breton had

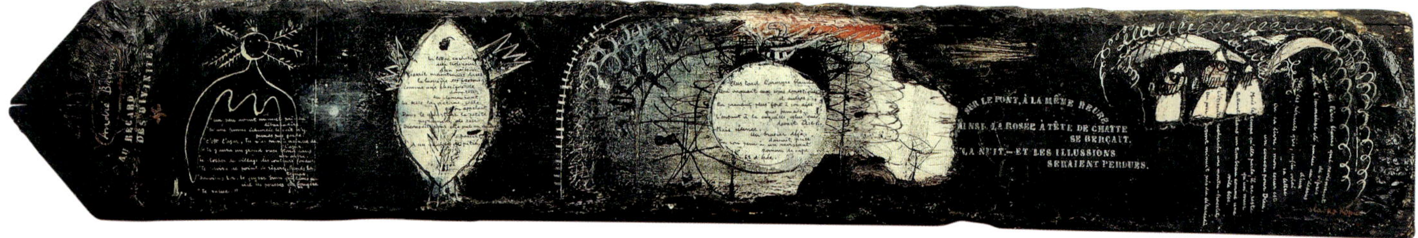

Fig. 1. Poema-oggetto di Slavko Kopač e André Breton, 1954, tecnica mista su tavola di legno verniciata, disegni incisi e manoscritto di Breton a inchiostro nero e bianco, 113 × 15 cm, già nella collezione André Breton, lotto 198, asta Breton 2003, courtesy of The Museum + Gallery of Everything.

Poem-Object by Slavko Kopač and André Breton, 1954, mixed-media on varnished wooden board, engraved drawings and handwritten text by Breton in black-and-white ink, 113 × 15 cm, former André Breton collection, lot 198, Breton auction 2003, courtesy of The Museum + Gallery of Everything.

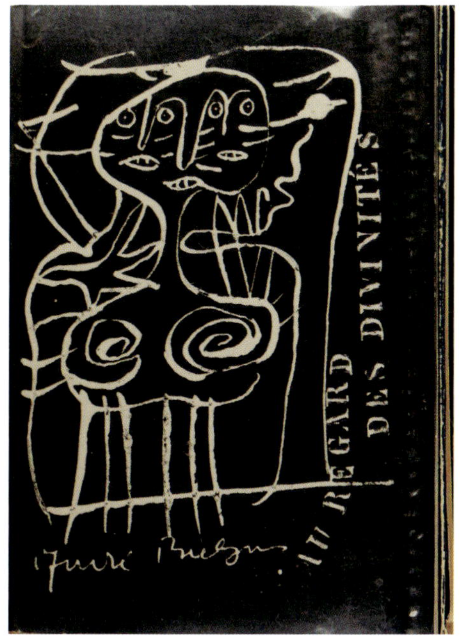

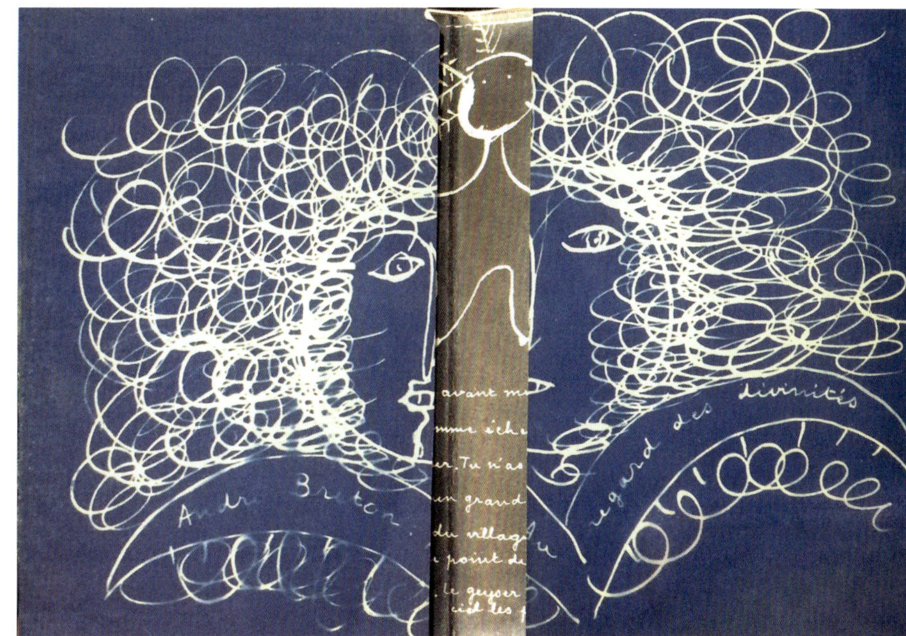

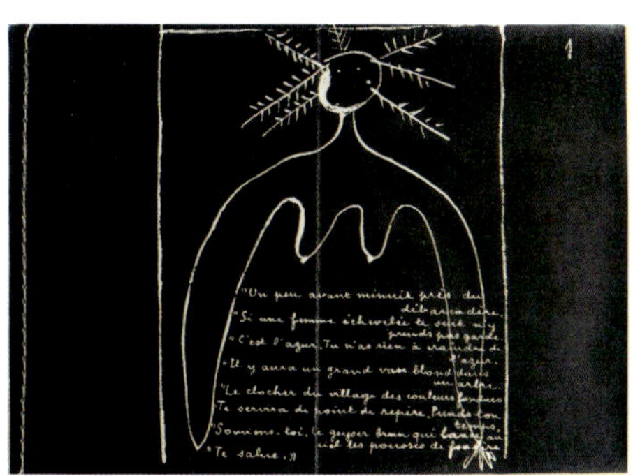

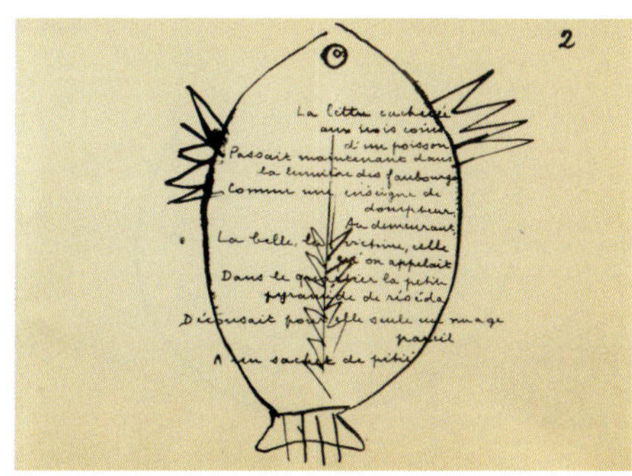

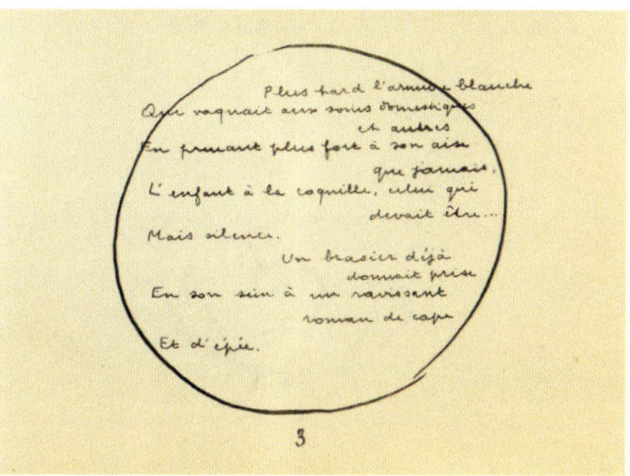

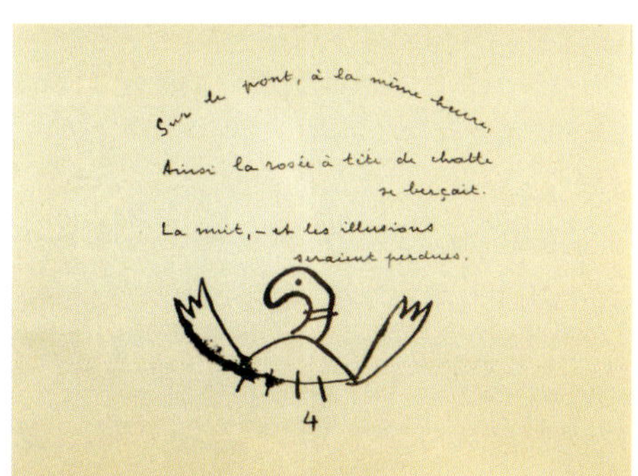

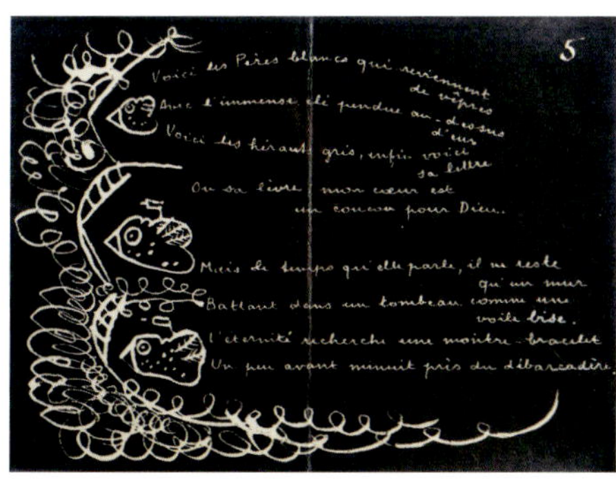

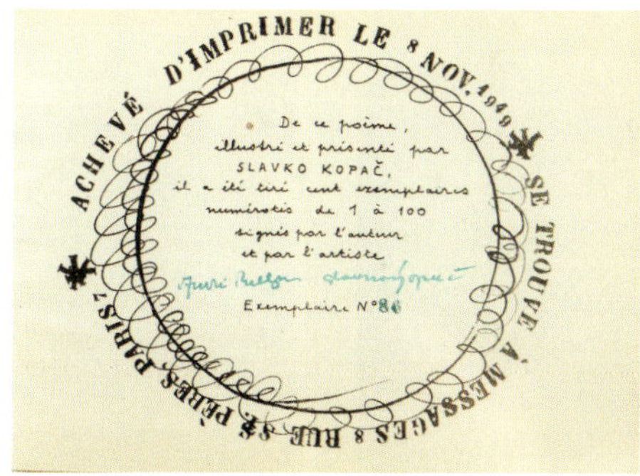

Fig. 2. *Au regard des divinités*, 1949, copertina e pagine dell'edizione originale del poema di André Breton illustrato da Kopač. Risvolti interni in carta blu che si aprono su sei fogli pieghevoli illustrati da Kopač. Tiratura unica di 100 esemplari numerati e alcuni fuori commercio, 8 novembre 1949, collezione privata.

Au regard des divinités, 1949, cover and pages from the original edition of André Breton's poem illustrated by Kopač. Inner flaps of decorated blue paper opening onto six folding leaves illustrated by Kopač. Single edition of 100 numbered copies and a few hors commerce copies, 8 November 1949, private collection.

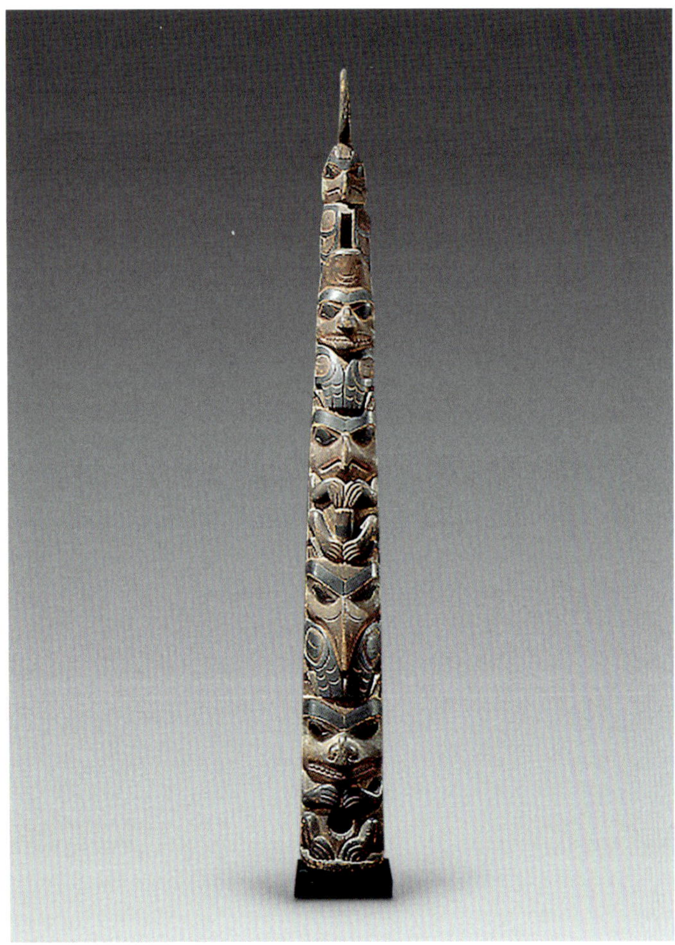

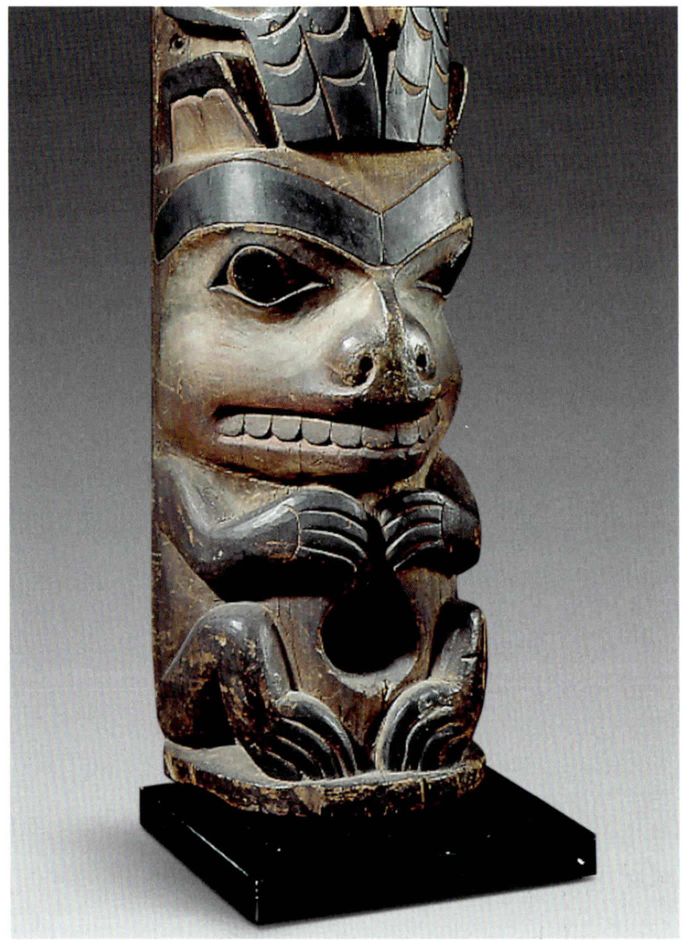

Figg. 3, 4. Palo totemico in miniatura Haida, Columbia Britannica, Canada, fine XIX secolo, legno di cedro policromo (ossidi di rame in rosso, nero e verde), H 132 cm, già nella collezione André Breton, lotto 6167, asta Breton 2003.

Miniature Haida totem pole, British Columbia, Canada, late 19th century, polychromed cedar wood (red, black, and green copper oxides), H 132 cm, former André Breton collection, lot 6167, Breton auction 2003.

culturale, si configura come un gesto parallelo di commemorazione della loro amicizia e del loro comune anticolonialismo.

La prima collaborazione tra il surrealista e il pittore, più giovane di diciassette anni, avviene pochi mesi dopo l'ufficializzazione della Compagnie de l'Art Brut da parte di Dubuffet, Paulhan e Breton, il 1° luglio 1948[6]. Quando, in autunno, Dubuffet parte per un lungo soggiorno in Algeria, Breton «lo sostituisce», racconta Kopač. «Veniva ogni pomeriggio a dare una mano. [...] Questo mi ha aperto delle porte e [...] ho avuto la mia prima mostra»[7]. Essendo un «pittore che puzzava di polvere da sparo» a causa dai molti volti della guerra che aveva visto in Croazia, Italia e Francia, Kopač simpatizzò con Breton, che aveva fatto la sua esperienza di esilio autoimposto negli Stati Uniti durante gli anni della guerra[8]. «Andavo d'accordo con lui», spiega Kopač, «e la cosa bella è che non mi ha mai fatto pressioni perché diventassi un pittore surrealista»[9]. Questo riconoscimento come pittore, anche se non surrealista, importava a Kopač perché Dubuffet, il suo datore di lavoro, lo riconosceva solo a malincuore come pittore a pieno titolo, nonostante la sua formazione ufficiale a Zagabria e Firenze. Dubuffet

in his apartment, created less through an act of cultural appropriation than as a parallel act of commemoration to their kinship through friendship and their shared anti-colonialism.

The first collaboration between the surrealist and the younger painter in 1949 took place months after the Compagnie de l'Art Brut was established officially on July 1, 1948 by Jean Dubuffet, Jean Paulhan, and Breton.[6] When Dubuffet left for an extended stay in Algeria that fall, Breton 'took over', Kopač reports, 'and stopped by every afternoon to lend a hand. It opened doors for me and I had my first exhibition'.[7] As 'a painter who smelled like canon powder wherever I was' because of the multiple faces of war he had seen in Croatia, Italy, and France, Kopač sympathized with Breton, who had had his own experience of self-imposed exile in the United States during the war years.[8] 'I got along with him', Kopač explains, 'and what was lovely was that he never pressured me to be a surrealist painter'.[9] This recognition as a painter mattered to Kopač because Dubuffet, his employer, only grudgingly acknowledged him as a painter in his own right,

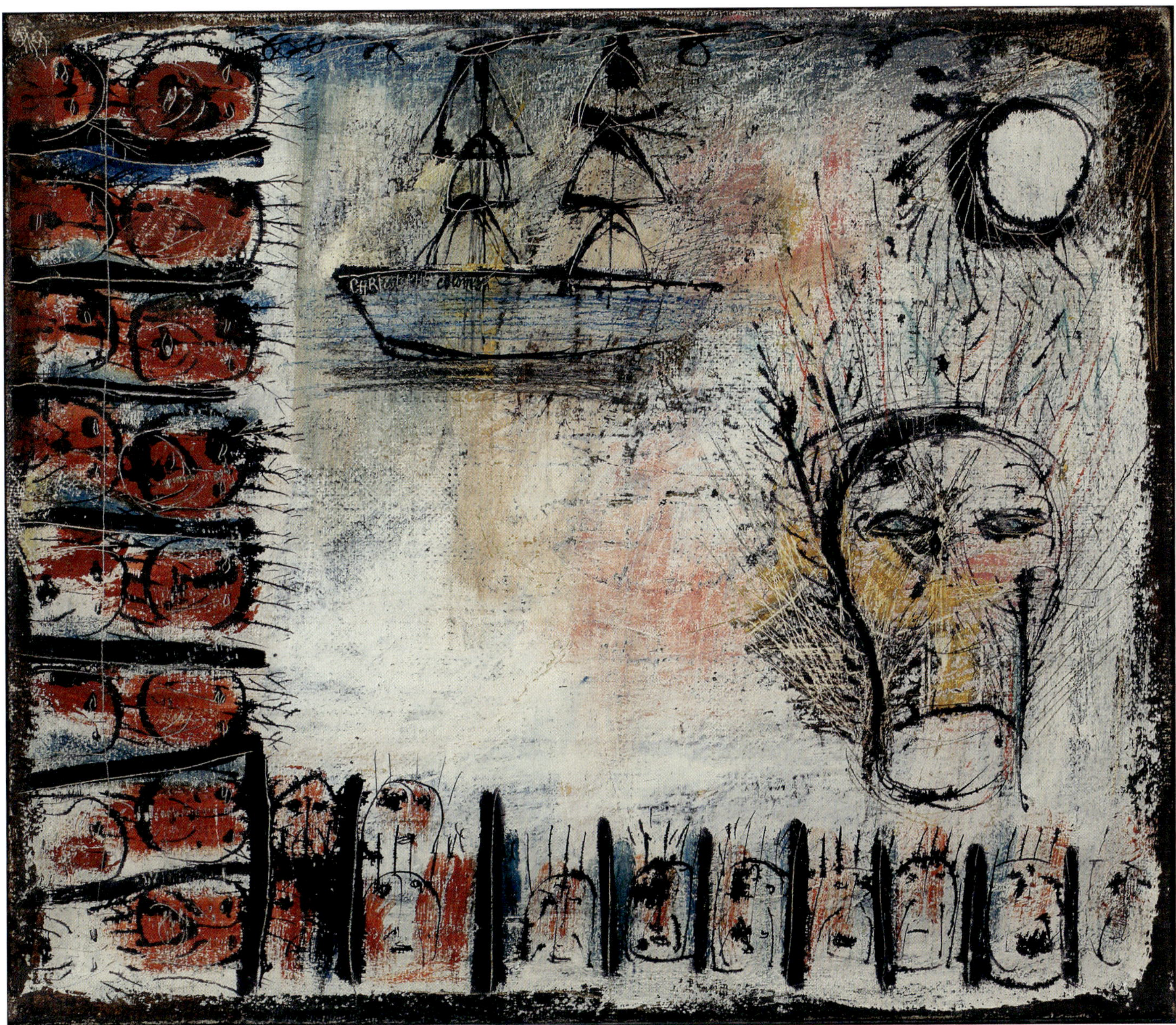

Fig. 4. Slavko Kopač, *Hommage à Christophe Colomb*, 1949, 54 × 65 cm, olio su tela, collezione privata. Foto © Damir Fabijanić

Slavko Kopač, *Hommage à Christophe Colomb*, 1949, 54 × 65 cm, oil on canvas, private collection. Photo © Damir Fabijanić

associa le opere di Kopač a quelle di artisti autodidatti della Collection de l'Art Brut e esporrà il proprio lavoro accanto a quello di Kopač solo negli anni Ottanta[10]. Breton conserverà il poema-oggetto e un esemplare dell'opuscolo fino alla sua morte; saranno venduti all'asta nel 2003 insieme al resto della sua collezione.

Nell'estate del 1923 Breton compone il poema, che costituisce il nucleo sia del libro-oggetto, sia del poema-oggetto. Lo pubblica su *Littérature* nel mese di ottobre, con la data simbolica del 14 luglio[11], prima di integrarlo nella sua raccolta "Clair de terre", pubblicata a proprie spese un mese dopo[12]. *Au regard des divinités* evoca un paesaggio da roman-

despite his formal training in Zagreb and Florence. Dubuffet mixed Kopač's work together with the self-taught artists in the Art Brut Collection, only exhibiting Kopač along with himself in the 1980s.[10] Breton kept the poem-object and a copy of the leaflet until his death: they were sold in the 2003 auction of Breton's collection.

Breton wrote the poem at the core of the leaflet and poem-object in the summer of 1923 and published it first in *Littérature* in October, with the iconic date of July 14[11], before including it in his self-published collection *Earthlight* one month later.[12] 'In the Eyes of the Gods' evokes a landscape of medieval romance, typical of Breton's

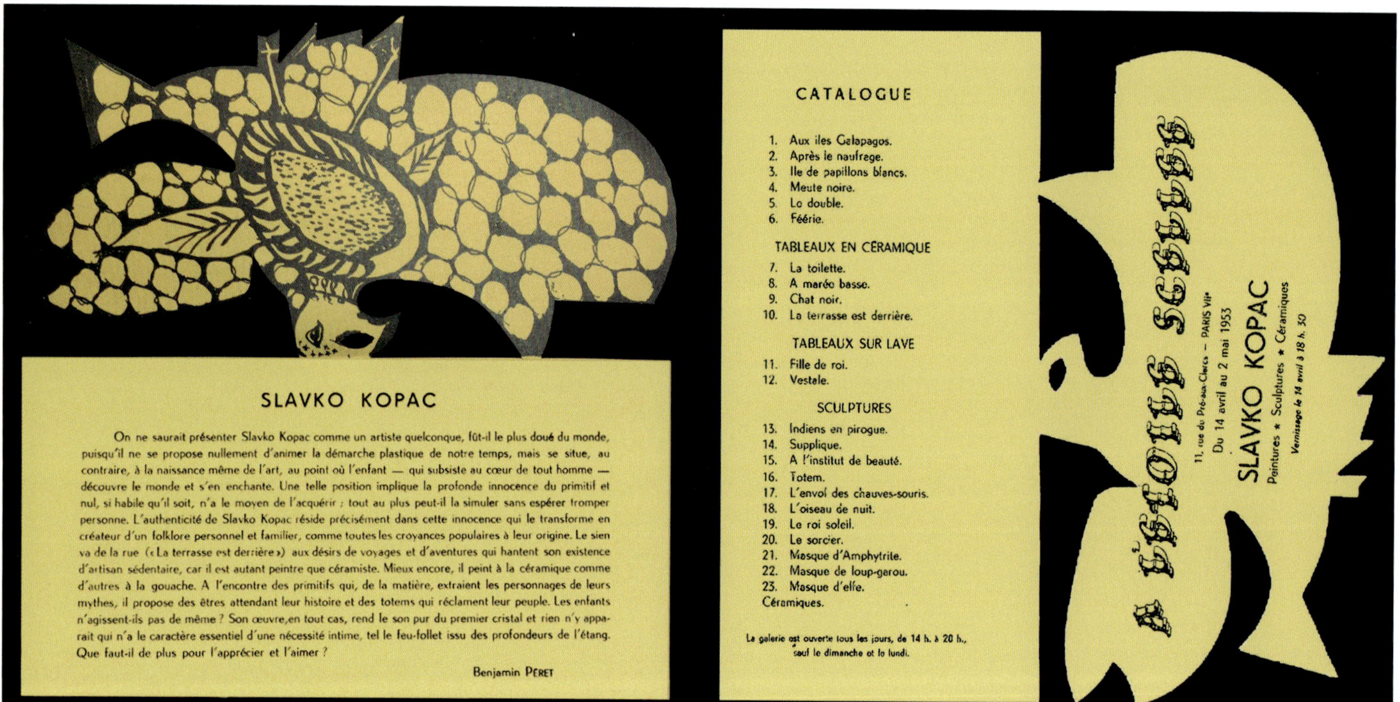

SLAVKO KOPAC

On ne saurait présenter Slavko Kopac comme un artiste quelconque, fût-il le plus doué du monde, puisqu'il ne se propose nullement d'animer la démarche plastique de notre temps, mais se situe, au contraire, à la naissance même de l'art, au point où l'enfant — qui subsiste au cœur de tout homme — découvre le monde et s'en enchante. Une telle position implique la profonde innocence du primitif et nul, si habile qu'il soit, n'a le moyen de l'acquérir ; tout au plus peut-il la simuler sans espérer tromper personne. L'authenticité de Slavko Kopac réside précisément dans cette innocence qui le transforme en créateur d'un folklore personnel et familier, comme toutes les croyances populaires à leur origine. Le sien va de la rue («La terrasse est derrière») aux désirs de voyages et d'aventures qui hantent son existence d'artisan sédentaire, car il est autant peintre que céramiste. Mieux encore, il peint à la céramique comme d'autres à la gouache. A l'encontre des primitifs qui, de la matière, extraient les personnages de leurs mythes, il propose des êtres attendant leur histoire et des totems qui réclament leur peuple. Les enfants n'agissent-ils pas de même ? Son œuvre,en tout cas, rend le son pur du premier cristal et rien n'y apparait qui n'a le caractère essentiel d'une nécessité intime, tel le feu-follet issu des profondeurs de l'étang. Que faut-il de plus pour l'apprécier et l'aimer ?

Benjamin Peret

CATALOGUE

1. Aux iles Galapagos.
2. Après le naufrage.
3. Ile de papillons blancs.
4. Meute noire.
5. Le double.
6. Féérie.

TABLEAUX EN CÉRAMIQUE

7. La toilette.
8. A marée basse.
9. Chat noir.
10. La terrasse est derrière.

TABLEAUX SUR LAVE

11. Fille de roi.
12. Vestale.

SCULPTURES

13. Indiens en pirogue.
14. Supplique.
15. A l'institut de beauté.
16. Totem.
17. L'envol des chauves-souris.
18. L'oiseau de nuit.
19. Le roi soleil.
20. Le sorcier.
21. Masque d'Amphytrite.
22. Masque de loup-garou.
23. Masque d'elfe.

Céramiques.

La galerie est ouverte tous les jours, de 14 h. à 20 h., sauf le dimanche et le lundi.

A l'Étoile Scellée

11, rue du Pré-aux-Clercs – PARIS VIIe

Du 14 avril au 2 mai 1953

SLAVKO KOPAC

Peintures ⋆ Sculptures ⋆ Céramiques

Vernissage le 14 avril à 18 h. 30

Fig. 5. Invito-catalogo per la mostra *Slavko Kopač, peintures, sculptures, céramiques*, À l'Étoile scellée, Parigi, 14 aprile – 2 maggio 1953.

Exhibition invitation (also used as catalogue) for the exhibition *Slavko Kopač, peintures, sculptures, céramiques*, À l'Étoile scellée, Paris, 14 April–2 May 1953.

zo medievale, tipico della natìa Normandia. Il poema si apre con una «donna spettinata» e diafana, semplicemente descritta come «l'azzurro», un bagliore diurno magnificato e visto in modo incongruo nel pieno della notte, mentre la sua lettera, «sigillata ai tre angoli da un pesce», passa misteriosamente; «l'armatura bianca», «il bambino con la conchiglia» e «i Padri bianchi che tornano dai vespri» compaiono mentre la lettera arriva e il tempo trabocca dai suoi limiti: «L'eternità cerca un orologio da polso / Poco prima di mezzanotte vicino allo sbarco»[13].

Nel *Manifesto del Surrealismo*, pubblicato un anno dopo, Breton cita due versi di *Au regard des divinités* come esempio di immagine surrealista che non nasce «da un paragone ma dall'accostamento di due realtà più o meno lontane», come afferma Pierre Reverdy, citato da Breton. Questi versi sono messi in evidenza visivamente sia nell'opuscolo sia nel poema-oggetto. Nel libretto, i versi «Sul ponte alla stessa ora, / Così la rugiada con testa di gatta si cullava» sono scritti a mano e formano un ponte sopra un'anatra con zampe palmate. Sul poema-oggetto sono anch'essi scritti a mano, ma questa volta in maiuscolo, e richiamano ancora una volta un ponte[14]. Trent'anni dopo il contributo del poema alla formazione del Surrealismo, Breton lo ricorda ancora pensando alla sua amicizia con Kopač e alla sintonia tra le sue «divinità magiche» e quel «mondo di fate» che, come afferma Kopač, «noi slavi abbiamo la fortuna di portare dentro di noi»[15].

Lo stesso anno in cui Kopač e Breton realizzano il loro libro-oggetto di otto pagine, con in copertina la "donna spettinata" del poema di

native Brittany, beginning with a diaphanous 'dishevelled woman' he describes simply as 'the azure', a flash of magnified daylight incongruously glimpsed at night, as her letter, 'sealed with a fish's three corners', mysteriously passes by; 'white armour', a 'child with a seashell', and 'white Fathers coming back from vespers' appear as the letter arrives and time overflows its bounds: 'Eternity searches for a wristwatch / a little before midnight down by the docks.'[13]

In the *Manifesto of Surrealism* published a year later Breton cited a line from 'In the Eyes of the Gods' as an example of a surrealist image, stemming not from a comparison but a *'juxtaposition of two more or less distant realities*,' as the definition he cites by Pierre Reverdy specifies.[14] The image is singled out visually in both the leaflet and the poem-object: *'On the bridge the dew with the head of a tabby cat lulls itself to sleep*' appears handwritten as a bridge in the leaflet with a duck flapping its webbed feet underneath and, on the poem-object, in hand-lettered type in all capital letters resembling a bridge. Thirty years after the poem played a role in Surrealism's formation, Breton was still thinking about it through his friendship with Kopač and the concordance of his magical 'gods' with the 'world of fairies' which, as Kopač explained, 'We Slavs are lucky to carry within ourselves'.[15]

In the same year Kopač and Breton executed their eight-page leaflet with the 'dishevelled woman' from Breton's poem drawn by

Breton, disegnata da Kopač su carta fotografica azzurra – Kopač porta a termine anche il suo *Hommage à Christophe Colomb* [Omaggio a Cristoforo Colombo] (1949) [Fig. 4]. Quest'olio su tela riflette l'anticolonialismo condiviso da Kopač e Breton. Esso emerge dalla contraddizione tra il titolo del dipinto e le immagini che lo compongono, e che descrivono i devastanti effetti della cosiddetta scoperta delle Americhe. Lungi dall'essere un omaggio, il dipinto mostra l'impatto delle malattie europee e della colonizzazione sulle popolazioni locali dopo l'arrivo di Colombo. Questa denuncia si collega alle parole di Breton nel corso di un'intervista radiofonica con André Parinaud nel 1952, in cui il poeta parla della «condizione miserabile» degli indiani Pueblo incontrati nel 1945 durante un viaggio in Arizona e Nuovo Messico[16].

Si distingue una nave nell'angolo superiore sinistro del dipinto, mentre una maschera piumata dagli occhi umanoidi, blu e tristi, domina la parte destra. Lungo il margine sinistro e quello inferiore compaiono i volti morenti di nativi americani, allineati come in bare, secondo la modalità dei disegni ottocenteschi che raffiguravano esseri umani trasportati come merci sulle navi negriere[17]. Anche il sole, in alto a destra, sfoggia piume che ricadono intorno al suo volto muto.

Per realizzare il libretto e il poema-oggetto, Kopač ha necessariamente trascorso del tempo a casa di Breton. Dietro il cartello poco accogliente incollato sulla porta – "niente giornalisti, niente reporter" – si apriva l'universo incantato della collezione personale del poeta, da poco sistemata in un appartamento leggermente più spazioso, un piano sotto il precedente. Vi si trovavano maschere e totem amerindi che Breton aveva riportato dagli Stati Uniti. Quando Radovan Ivšić, connazionale e amico di Kopač, descrive il suo primo ingresso nell'appartamento nel 1954, parla di una «foresta di presenze» che, nonostante «uno scambio di fremiti ed echi», diffonde un «grande senso di calma»[18]. È probabilmente lì che Kopač e Breton hanno realizzato il libro-oggetto e il poema-oggetto, entrambi aperti dal titolo e dal nome di Breton, cui segue il disegno di Kopač: una figura femminile nativa americana, dal seno cadente e con piume sul capo — tre per lato e una al centro — mentre i versi iniziali del poema le ricadono sul torso come un drappo intrecciato. Il suo volto è vuoto, come quello del sole piumato dell'*Hommage à Christophe Colomb*, ma nel disegno i due punti che fungono da occhi osservano malinconicamente un mondo sconvolto dall'arrivo di Colombo, un mondo in cui la magia legata alle "divinità" di Breton e alle fate di Kopač è in declino. Polimorfo, il volto è insieme un cerchio e una maschera. Nel realizzare la prima versione del disegno, nel 1949, Kopač osservava forse le maschere yupik di Breton appese alla parete, in particolare una maschera polimorfa di Quinhagak, in Alaska, che Breton aveva acquistato da Carlebach a New York. La maschera oscilla tra un volto umano e un muso di foca, e il bordo di piume richiama la figura della donna amerindia nel disegno di Kopač[19].

Il poema-oggetto si distingue dal libretto del 1949 per la sua tridimensionalità e dal probabile modello haida per l'orientamento. Mentre il palo totemico haida è pensato per una lettura verticale, l'opera di Kopač e Breton va maneggiata e inclinata verso sinistra per essere

Kopač on azure-blue photographic paper on the cover, Kopač also completed *Hommage à Christophe Colomb* (1949) [Fig. 4]. This oil painting reflects Kopač and Breton's shared anti-colonialism through the contradiction the title poses to the painting's constitutive images, which depict the devastating loss that followed in the wake of Columbus's so-called discovery of the United States. Far from a tribute, the painting shows the impact of European diseases and settler colonialism on the local population following Columbus's arrival, which is consistent with Breton's comment to André Parinaud on the radio in 1952, about the 'miserable living conditions' of the Pueblo Indians he met in 1945 on a trip to Arizona and New Mexico.[16] A ship can be seen in the painting's upper left-hand corner while a mask with feathers and sad, humanoid blue eyes dominates the right-hand side of the painting. Along the left and lower edges, the dying faces of Native Americans appear lined up as though in coffins, in the manner of nineteenth-century drawings of human beings carried as cargo on slave ships.[17] Even the sun in the upper right-hand corner shows feathers hanging down around its blank face.

To work on the leaflet and poem-object, Kopač would have spent time in Breton's apartment. Beyond the forbidding notice on Breton's front door – 'no journalists, no reporters' – lay the enchanting world of Breton's personal collection of objects, recently relocated to a slightly larger apartment at the same address and featuring Native American masks and poles Breton had brought home from the United States. Kopač's friend and fellow Croatian Radovan Ivšić evoked the sensation of entering the apartment for the first time in 1954 as one of encountering a 'forest of presences' that despite the 'exchange of stirrings and echoes' emitted 'a great calm'.[18] It is likely the place where they co-created the leaflet and the poem-object, both of which open with the title and Breton's name, followed by Kopač's drawing of a Native American woman with pendulous breasts and feathers on her head – three on each side and one on top – with the poem's opening lines covering her torso like a woven blanket. Her face is blank, like the sun with feathers in *Homage à Christophe Colomb*, except that in the drawing the two dots for eyes look out with melancholy onto a world changed by the arrival of Columbus, a world in which the magic linked to Breton's 'gods' and Kopač's fairies has been diminished. The shape-shifting face is at once circular and mask-like. When Kopač made the first version of the drawing in 1949, he could have been looking up at Breton's Yup'ik masks on the wall, specifically a shape-shifting Quinhagak mask from Calista, Alaska, purchased by Breton from Carlebach in New York that ripples between a human and a seal-like face, with feathers sticking out in a pattern that matches that of the Native woman in Kopač's drawing.[19]

The poem-object differs from the 1949 leaflet in its three-dimensionality, and it differs from its likely Haida model in its orientation: whereas the Haida pole was carved to be read vertically, Kopač and Breton's wooden post must be manipulated and tilted to the left

letta orizzontalmente, da sinistra a destra, come un libro europeo. Dopo la prima immagine della donna amerindia, la strofa successiva del poema è trascritta da Breton all'interno di un disegno di Kopač, raffigurante un grande pesce dall'occhio sorpreso, in equilibrio sulla coda. La figura del pesce è collegata a Breton, che la adottò come suo animale totemico poiché nato sotto il segno dei Pesci, come spiega nel *Manifesto*[20]. La presentazione delle due strofe successive sul poema-oggetto si discosta da quella del libro-oggetto: la strofa del «bambino con la conchiglia» e quella della misteriosa «armatura bianca / che attendeva alle faccende domestiche» appare all'interno del corpo di un uomo disteso sulla schiena, che sembra volare o dormire. La parte inferiore del corpo evoca un elaborato orologio, eco visiva del cerchio che raccoglie queste immagini nell'edizione calligrafata, mentre il naso sconfina nella sezione dedicata all'immagine surrealista della «rugiada con testa di gatta»[21].

L'ultima sezione fa ruotare i tre pesci-uccelli del libretto. Come il pesce in equilibrio, anche questi si ritrovano in verticale. I versi autografi di Breton possono quindi essere letti soltanto voltando nuovamente l'oggetto a sinistra, fino a capovolgerlo, cosicché le parole finali vengono a trovarsi nella parte superiore del frammento ligneo verniciato, e non al suo margine inferiore. Per leggerlo correttamente, la chiave è farlo ruotare lentamente, mescolando alto e basso, sinistra e destra, come in un sogno.

L'opera è pensata per essere manipolata, richiede un'interazione attiva. Ha una funzione precisa, proprio come molti oggetti della collezione di Breton che in passato avevano avuto un'altra vita come oggetti cerimoniali nelle culture d'origine. In questo caso, la funzione del poema-oggetto è spingere lo spettatore-lettore ad avvicinarsi a uno dei testi fondatori del Surrealismo, coniugando contemplazione e lettura, i disegni di Kopač e il poema di Breton.

Le due versioni di *Au regard des divinités*, quella del libro-oggetto del 1949 e quella del poema-oggetto del 1954, testimoniano l'amicizia tra due uomini accomunati dallo stesso entusiasmo per la collaborazione creativa. Dimostrano che questo legame è sopravvissuto alla rottura dei rapporti tra Breton e Dubuffet nel 1951, nonostante Kopač dipendesse professionalmente dal pittore francese. Sempre nel 1951, Kopač offre a Breton un fragile libretto composto da sottili lamelle di legno decorate con disegni di animali pieni di immaginazione. Un gesto che sottolinea l'ammirazione costante dell'artista croato per «uno dei pochi gentlemen» che abbia incontrato e che gli era «eccezionalmente caro»[22]. Negli anni Cinquanta, l'artista croato partecipa alle attività della galleria À l'Étoile scellée, dove Breton svolge un ruolo importante, e vi espone nel 1953 [Fig. 5]. Nel giugno 1954, chiede ad André Breton una copia firmata del *Manifesto*. Intende inviarla al pittore Miljenko Stančić e al poeta Zvonimir Golob per creare un legame tra il gruppo surrealista e alcuni artisti della Croazia natale[23]. Una lettera inviata da Breton a Kopač nel 1961 dimostra che il rapporto tra i due rimane cordiale anche nel decennio successivo. Breton conferma la sua intenzione di partecipare al vernissage della mostra di Kopač alla galleria Mona Lisa e firma: «Affettuosamente vostro, André Breton»[24].

to be read, left to right horizontally in the style of European books. After the first image of the Native American woman, the next section of the poem identifying the letter sealed with fish 'corners' is handwritten by Breton inside Kopač's drawing of a large fish with a surprised eye balanced on its tail. The fish is linked to Breton, who adopted the fish as his totemic animal because he was born a Pisces, as he explains in the *Manifesto*.[20] The following two episodes from the poem depart from the leaflet: the section with the 'child with a seashell' and the mysterious 'white armour' that 'used to take care of the household' is presented within the body of a man lying on his back as though flying or sleeping. His lower body is evocative of an elaborate clock in a visual echo of the circle containing these images in the leaflet, while his nose abuts the section dedicated to the surrealist image of the 'cat-headed dew'.[21]

The final segment of the poem on the poem-object pivots the three birdlike fish from the leaflet, angling them straight upwards, like the fish, so that the handwritten lines by Breton can only be read by turning the object again to the left until the poem-object is upside down and the final words wind up partway up the varnished wooden board and not at the bottom. The key to reading the poem-object is to turn it slowly in circular fashion, so that top and bottom, left and right are mixed up, as they might be in a dream. It is made to be turned and thus commands interaction. It has a job to do, like many of the objects in Breton's collection that had had previous lives as ceremonial objects in their culture of origin. In this case, the job is to bring the viewer-reader close up to one of the founding poems of Ssurrealism and to cross seeing with reading, Kopač's drawings with Breton's poem.

The two versions of 'In the Eyes of the Gods', in the leaflet from 1949 and the poem-object from 1954, stand as tributes to a friendship between men who shared enthusiasm for creative collaboration. They show how Kopač and Breton's friendship survived the break in relations between Breton and Dubuffet in 1951, even though Kopač was dependent on Dubuffet for employment. Kopač's gift in 1951 of another fragile booklet made of wooden slats and adorned with imaginative animal drawings confirms his ongoing admiration for 'one of the few gentlemen' he had ever met, who was 'exceptionally dear' to him.[22] Kopač remained actively involved in the L'Étoile scellée gallery in the 1950s, for which Breton was a sponsor, and had a show there in 1953 [Fig. 5]. In June 1954, Kopač asked André Breton for a signed copy of the *Manifesto* to send to Croatian painter Miljenko Stančić and poet Zvonimir Golob in an effort to connect the Surrealist group with artists from his native Croatia.[23] A letter from Breton to Kopač in 1961 shows that relations between the two continued to remain cordial into the following decade: Breton confirmed his plan to attend the opening of Kopač's exhibition at the Mona Lisa gallery and signs, 'affectionately yours, André Breton'.[24]

1 Lotti 198 (poema-oggetto) e 199 (libro-oggetto), *André Breton 42, rue Fontaine: livres, I* [asta, Paris, Drouot-Richelieu, 7-8-9 aprile 2003], Parigi: Calmels-Cohen / C. Oterelo, 2003, p. 94. Il libro-oggetto era firmato da entrambi gli artisti, marchiato con la data di inaugurazione della mostra di Kopač alla galleria Messages l'8 novembre 1949 e limitato a 100 copie.

2 Slavko Kopač, intervista radiofonica con Lidija Tocilj, "Meetings and Acquaintances", Radiotelevisione croata, 8 agosto 1984 (43 minuti), in Fabrice Flahutez, Pauline Goutain, Roberta Trapani, *Slavko Kopač. Ombres et matières / Shadows and Materials*, Gallimard, Parigi 2022, p. 52.

3 Ivi, p. 231.

4 Lotto 6167, *André Breton 42, rue Fontaine, op. cit.*, p. 160. Carlebach lo aveva acquistato dal Museum of the American Indian–George Heye Foundation. L'oggetto ricorda un palo totemico più antico visibile in una fotografia non datata di Simone Breton, risalente agli anni Venti. Si veda Philippe Dagen, " Une jeune femme moderne, sur une photographie de Simone Kahn, épouse Breton", in Katia Sowels et Jules Colmart (dir.), *Au Grand Jour, lettres (1920-1930), un album: André à Simone Breton*, Presses de la Rue d'Ulm-ENS, Parigi 2020, pp. 141-142.

5 Il palo totemico haida misura 132 cm, il poema-oggetto, 113 cm. Si veda Lotto 198, *André Breto, 42, rue Fontaine, op. cit.*, p. 94.

6 Flahutez, Goutain, Trapani, Slavko Kopač, *op. cit.*, pp. 113-116.

7 Slavko Kopač, Intervista con Lidija Tocilj, ivi, p. 52.

8 Slavko Kopač, Intervista con Mirko Galić, ivi, p. 98.

9 Slavko Kopač, Intervista con Lidija Tocilj, ivi, p. 53.

10 Ivi, pp. 130-136, 228-231.

11 Il 14 luglio è la data della festa nazionale francese. Commemora la presa della Bastiglia del 1789, evento simbolico dell'inizio della Rivoluzione francese e dell'affermazione dei principi di libertà, uguaglianza e fraternità [N.d.T.].

12 Mark Polizzotti, *Revolution of the mind: the life of André Breton*, Farrar, Straus and Giroux, New York 1995, pp. 192-193. André Breton, "Au regard des divinités", in *Littérature* (nouvelle série), nos 11-12, ottobre 1923, pp. 37-38. M. Bonnet, "Notice", in André Breton, *Œuvres complètes*, I, Gallimard, Parigi 1988, pp. 1181-1189.

13 André Breton, "Au regard des divinités", in *Clair de Terre*, ivi, pp. 171-172.

14 André Breton, *Manifeste du surréalisme*, *ibid.*, p. 324. I versi del poema sono citati a p. 339.

15 Flahutez, Goutain, Trapani, *Slavko Kopač*, *op. cit.*, p. 78; S. Kopač, Intervista con Mirko Galić, ivi, p. 96.

16 André Breton, "Entretiens 1913-1952, Entretiens radiophoniques, XV", *Œuvres complètes*, III, Gallimard, Parigi 1999, p. 561.

17 Cfr. https://archive.org/details/dr_drawing-of-the-slave-ship-brookes-10927014

18 Étienne-Alain Hubert, "Chronologie", André Breton, *Œuvres complètes*, III, *op. cit.*, p. XXXVIII. S. Kopač, Intervista con Lidja Torcilj, in Flahutez, Goutain, Trapani, *Slavko Kopač*, *op. cit.*, p. 53. Radovan Ivšić, *Rappelez- vous cela, rappelez-vous bien tout*, Gallimard, Parigi 2015, p. 35.

19 Maschera yupik, XIX secolo, legno, piume, policromia rossa, 60 × 21 × 8 cm. Ex collezione André Breton. Musée du quai Branly – Jacques Chirac, inv. 70.2003.9.3. Riprodotta ivi, p. 309. Vedi anche K. Conley, "Sleeping Gods in Surrealist Collections" in *Symposium A Quarterly Journal in Modern Literatures*, vol. 67, n. 1, 2013, p. 18.

20 A. Breton, *Manifeste du surréalisme*, *op. cit.*, p. 340.

21 Nell'opuscolo, la strofa sull'"armatura bianca" è scritta a mano all'interno di un cerchio, e i versi citati nel *Manifesto*, anch'essi manoscritti, formano un ponte al di sotto del quale si trova un'anatra.

22 Flahutez, Goutain, Trapani, *Slavko Kopač*, *op. cit.*, pp. 48, 195, 198-201.

23 Ivi, pp. 208-209.

24 Lettera manoscritta di André Breton a Slavko Kopač, datata 26 maggio 1961, collezione Anna Kopač, riprodotta ivi, p. 215.

1 Lots 198 (poem-object) and 199 (booklet) in *André Breton, 42 rue Fontaine, Livres I*, edited by Jean-Michel Goutier (Paris: Calmels-Cohen, 2003), 94. The booklet is signed by both artists and bears the date of the opening of Kopač's exhibition at the Galerie Messages, 8 November 1949. It was printed in an edition of 100 copies.

2 Slavko Kopač, radio interview with Lidija Tocilj, 'Meetings and Acquaintances', Croatian Radio Television, August 8, 1984 (43 min.), quoted in Fabrice Flahutez, Pauline Goutain, and Roberta Trapani, *Slavko Kopač. Ombres et matières / Shadows and Materials* (Paris: Gallimard, 2022), 52.

3 Ibid., 235.

4 Lot 6167, *André Breton, 42 rue Fontaine*, op. cit., 158. Carlebach acquired it from the Museum of the American Indian-George Heye Foundation. The pole resembles an earlier one visible in an undated photograph of Simone Breton from the 1920s. See Philippe Dagen, 'Une Jeune femme moderne, sur une photographie de Simone Kahn, épouse Breton', *Au Grand Jour, lettres (1920–1930), un album: André à Simone Breton*, ed. Katia Sowels and Jules Colmart (Paris: Presses de Rue d'Ulm-ENS, 2020), 141–42.

5 The Haida pole is 132 cm to the poem-object's 113 cm. See Lot 198, *André Breton, 42 rue Fontaine*, op. cit., 94. https://en.wikipedia.org/wiki/Totem_pole.

6 Flahutez, Goutain, and Trapani, 113-116.

7 'Slavko Kopač, radio nterview with Lidja Torcilj', in Flahutez, Goutain, and Trapani, 52.

8 'Slavko Kopač: Interview with Mirko Galič', in Flahutez, Goutain, and Trapani, 98; Flahutez, Goutain, and Trapani, 24, 59.

9 'Slavko Kopač: Interview with Lidja Torcilj', 53.

10 Flahutez, Goutain, and Trapani, 130–36, 232–35.

11 14 July is France's national holiday. It commemorates the storming of the Bastille in 1789, an event symbolic of the start of the French Revolution and the affirmation of the principles of liberty, equality and fraternity [Translator's note].

12 Mark Polizzotti, *Revolution of the Mind: The Life of André Breton* (New York: Farrar, Straus & Giroux, 1995), 192–93. André Breton, 'Au regard des divinités', *Littérature* nouvelle série 11-12 (15 October 1923): 37–38. Marguerite Bonnet, 'Notice', in André Breton, *Œuvres complètes*, volume 1 (Paris: Gallimard, 1988), 1181–89.

13 André Breton, 'In the Eyes of the Gods', *Earthlight*, trans. Bill Zavatsky and Zack Rogow (Toronto: Coach House Press, 1993), 60–61.

14 André Breton, *Manifestoes of Surrealism*, trans. Richard Seaver and Helen R. Lane (Ann Arbor: University of Michigan Press, 1972), 38, 20. In *Earthlight*, the image is translated as 'On the bridge . . . the cat-headed dew rocked back and forth', 60.

15 Flahutez, Goutain, and Trapani, 78; Kopač, 'Interview with Mirko Galić', 105.

16 André Breton, *Conversations: The Autobiography of Surrealism*, trans. Mark Polizzotti (New York: Marlowe & Co., 1993), 160–61.

17 https://archive.org/details/dr_drawing-of-the-slave-ship-brookes-10927014.

18 Étienne-Alain Hubert, 'Chronologie', in André Breton, *Œuvres complètes*, volume 3 (Paris: Gallimard, 1999), xxxviii. 'Kopač: Interview with Lidja Torcilj,' 53. Radovan Ivšić, *Rappelez-vous cela, rappelez-vous bien tout* (Paris: Gallimard, 2015), 35.

19 Yupik Masks: 19th century, wood, feathers, red polychromy, 60 × 21 × 8 cm. Former André Breton collection. Musée du quai Branly – Jacques Chirac, Paris, inv. 70.2003.9.3. See Flahutez, Goutain, and Trapani, 309.

20 Breton, *Manifestoes*, 40.

21 In the leaflet, the episode with the 'white armour' is handwritten in a circle and the image from the *Manifesto* is handwritten to resemble a bridge with a duck underneath.

22 Flahutez, Goutain, and Trapani, 52, 195, 198–201.

23 Flahutez, Goutain, and Trapani, 208.

24 Handwritten letter from André Breton to Slavko Kopač, dated 26 May 1961, Anna Kopač Collection, reproduced in Flahutez, Goutain, and Trapani, 215.

KENT MITCHELL MINTURN

Un viaggio nell'Arte Informale*

KENT MITCHELL MINTURN

A Voyage in Informal Art*

> È stato Kopač a farmi comprendere l'Art Brut, più di Dubuffet, il cui discorso era più intellettuale. Le sue parole erano semplici, ma il suo approccio era concettuale. Quello di Kopač, invece, era sensibile: lui toccava gli oggetti[1].
>
> Pierre Maunoury, 1° novembre 1990

> It was Kopač who made me understand Art Brut, more than Dubuffet, whose discourse was more intellectual. His words were simple, but his approach was conceptual. Kopač's, on the other hand, was sensitive: he used to touch the objects.[1]
>
> Pierre Maunoury, 1 November 1990

Si potrebbe rimanere sorpresi dall'assenza di opere di Slavko Kopač all'interno della Collection de l'Art Brut di Losanna, eccezion fatta per *Tir à cible* [Tiro a segno] (1949) [Fig. 1], libro manoscritto rilegato a mano a fisarmonica che va dispiegato per essere letto; il bordo sfrangiato della prima pagina è pensato per solleticare le dita ancora prima che inizi la lettura. Eppure, questa collezione, lasciata in eredità da Jean Dubuffet, annoverava un tempo sessantasette opere di Kopač.
Nel 1995, tra lo stupore generale e su esplicita richiesta dell'artista, questi pezzi lasciarono definitivamente Losanna per raggiungere le collezioni pubbliche del Museo d'Arte Contemporanea di Zagabria, in Croazia[2]. Che cosa poteva mai essere accaduto perché Kopač arrivasse a prendere le distanze in modo così deciso dalla benevolenza di Dubuffet, suo amico da oltre quarant'anni?
La vicenda risultò tanto più sorprendente in quanto l'artista croato sembrava corrispondere in tutto e per tutto alla definizione che lo stesso Dubuffet aveva elaborato per quelle opere che voltano le spalle all'arte istituzionale, rifiutano ogni riferimento alla cultura accademica, coltivando insieme l'innocenza e l'invenzione pura[3]. Se questo repentino cambiamento fu così clamoroso, è perché metteva in luce un punto essenziale: Slavko Kopač non era affatto un artista la cui opera potesse essere ricondotta a un gesto puramente autodidatta o spontaneo. Rivendicava con fermezza la propria formazione presso l'Accademia di Belle Arti e, sebbene la sua opera poetica dialogasse con le forme dell'art brut, traeva ispirazione da altre sensibilità artistiche del suo tempo. Slavko Kopač fu, senza dubbio, il custode e il curatore della collezione di art brut che Dubuffet aveva pazientemente costruito al suo fianco. E tuttavia, al pari di quest'ultimo, non poteva essere ricondotto a quella nozione che entrambi avevano contribuito a definire.
Kopač era infatti succeduto al critico e teorico dell'arte Michel Tapié nella gestione della collezione, e fu in quanto artista, anzitutto, che suggerì l'acquisizione di opere in risonanza con la propria ricer-

One might be surprised at the absence of works by Slavko Kopač in the Collection de l'Art Brut in Lausanne, except for *Tir à cible* (*Target Shooting*, 1949) [Fig. 1], a handwritten book, hand-bound accordion-style, which must be unfolded to read. The frayed edge of the first page is designed to tickle the fingers even before one engages with the content. Yet, the collection bequeathed by Jean Dubuffet once included sixty-seven of Kopač's works.
In 1995, to general surprise – and at Kopač's express wish – these pieces left Lausanne forever to join the heritage collections at the Museum of Contemporary Art in Zagreb, Croatia.[2] So, what had happened for Kopač to so utterly repudiate the kindness of Dubuffet, his friend of more than forty years?
The move was even more stunning because Kopač seemed to correspond in every way to the definition that Dubuffet had established for artists who turned their back on institutional art, rejecting all borrowings from academic culture, and cultivating both innocence and pure invention.[3] What this spectacular reversal revealed was that Kopač's creations had not truly resulted from a purely self-taught and spontaneous approach. Indeed, he never denied that he had received training at the Fine Arts Academy, and although his poetic work was inspired by the forms of Art Brut, he drew his sources from other artistic sensibilities of his time. Kopač was incontestably the guardian and curator of the Collection de l'Art Brut, which he and Dubuffet had patiently built. Yet, like Dubuffet, he did not fit the very notion that they had helped to define.
Kopač had in fact succeeded the art critic and theorist Michel Tapié as manager of the collection, and it was as an artist above all that he had suggested the acquisition of pieces that resonated with his own visual approach. This is where all the ambiguity of Kopač and Dubuffet resided: both were creative collectors and creators of categories, and at the same time both were artists whose inspiration over the years owed an inestimable debt to their protégés.

ca plastica. È in questo che risiede tutta l'ambiguità di Kopač e di Dubuffet: al tempo stesso collezionisti dal carattere quasi demiurgico e creatori di categorie, pur essendo anche artisti la cui ispirazione, nel corso degli anni, aveva contratto un debito inestimabile nei confronti dei loro protetti.

Le prime esposizioni curate da Kopač mettevano in luce gli artisti più materici dell'art brut: le statuette scolpite nel granito o nella pietra vulcanica note come *Barbus Müller*, le sculture di sughero di Joaquim Gironella, gli oggetti di legno ingegnosamente assemblati da Auguste Forestier, fino ai raffinati ricami di Jeanne Tripier [Fig. 2]. In quegli anni Kopač era un ceramista affermato, animato da una profonda passione per la lavorazione della terra e per la costruzione delle forme nello spazio, al punto da farne anche una professione. Il suo approccio bibliofilo – che coniugava sperimentazione sul corpo fisico del libro e ricerca formale – rivelava una costante inclinazione a indagare la natura stessa della materia. A lui si devono, tra gli altri, un volume dedicato a Miguel Hernández e *L'Histoire de l'Aveugle* di Jean L'Anselme [Fig. 3]. È in questa prospettiva che va compreso l'universo di Kopač: in dialogo profondo con l'art brut, ma sempre orientato a tracciare una via poetica autonoma. I materiali e le forme da lui scelti riflettono la libertà propria degli artisti brut, ma la sua poesia è altrove – ai margini del Surrealismo, dei *matiéristes* del secondo dopoguerra, della Nouvelle École de Paris e, infine, dell'Informale.

È nel 1952 che Michel Tapié dà avvio all'avventura di *Un Art autre* presso lo Studio Paul Facchetti, al numero 17 di rue de Lille, a Parigi[4]. La mostra riuniva «Jean Dubuffet, Jean Fautrier o Wols, impegnati a mettere in scena impasti, impronte, macchie e texture materiche sulla tela, attraverso gesti spontanei che assumevano l'aspetto di un confronto diretto con una materia indeterminata e informe»[5]. Si poteva ammirare altresì il tocco delle composizioni di Jean-Paul Riopelle, il gesto pittorico veemente di Georges Mathieu, i neri brillanti di Pierre Soulages, i dispositivi grafici di Camille Bryen e Ruth Francken, le sculture di Germanie Richier ecc. Anche Kopač prese parte alla mostra presentando *La Grenouille bretonne* [La rana bretone] (1951), in cemento e pietre [Fig. 5]. Tra le figure più significative del suo tempo, Kopač sosteneva un'arte spontanea, libera da ogni forma imposta o predeterminata, in cui prevalessero la materialità e il processo stesso della creazione. Il gesto, l'impronta diretta delle sue mani sulla materia, conferivano alla sua opera una risonanza

The early exhibitions organised by Kopač highlighted the most 'materialistic' art brut creators: the granite or volcanic stone statuettes known as Barbus Müller, Joaquim Gironella's cork sculptures, Auguste Forestier's wooden contraptions, and Jeanne Tripier's delicate embroideries [Fig. 2]. At the time, Kopač was an accomplished ceramicist, passionate about working with clay and forms in space, to the point of making a trade of his craft. His bibliophilic approach, combining experimentation with the material of the book and formal research, testified to his propensity to challenge matter. Notably, he published a book on Miguel Hernández and another on Jean L'Anselme's *L'Histoire de l'Aveugle* [Fig. 3]. It is in this perspective that Kopač's art must be understood: in dialogue with Art Brut even as he traced his own poetic path. His materials and forms had the characteristic freedom of brut artists, but his poetry was deployed elsewhere, bordering on surrealism, post-war materialism, the New School of Paris, and soon the Informal.

In 1952, Michel Tapié launched the adventure of *Un Art autre* at Studio Paul Facchetti, 17 rue de Lille, Paris.[4] The exhibition brought together 'Jean Dubuffet, Jean Fautrier, and Wols and featured impastos, imprints, marks, and textures of paint on the canvas, with spontaneous gestures in the form of face-to-face encounters with undetermined, unshaped material'.[5] Also on view were Jean-Paul Riopelle's touch, Georges Mathieu's vehement pictorial gestures, Pierre Soulages's explosive blacks, the graphic compositions of Camille Bryen and Ruth Francken, Germaine Richier's sculptures, and more. Kopač presented his *La Grenouille bretonne* (1951) [Fig. 5], in cement and stones. Among the most prominent artists of his time, he promoted spontaneous art, freed of all assigned or predetermined form, dominated by materiality and creative process. The gesture, the imprint of his hands on the material, imbued his work with an expressionist quality rare in Europe, which Tapié appreciated and which resonated more loudly across the Atlantic. With *Un Art autre*, vitality was restored to forms. With the expressiveness born of creating with matter, the works regained a sensitivity that the horrors of the war had sought to annihilate.

Although *La Grenouille bretonne* evoked Art Brut, its sources of inspiration were found also among artists exploring new paths of expressiveness through materials. In a way, Kopač was fleeing painting to embrace an exploration in which the hand, directly engaged with matter, took over from the mind. This 'haptic' approach, as

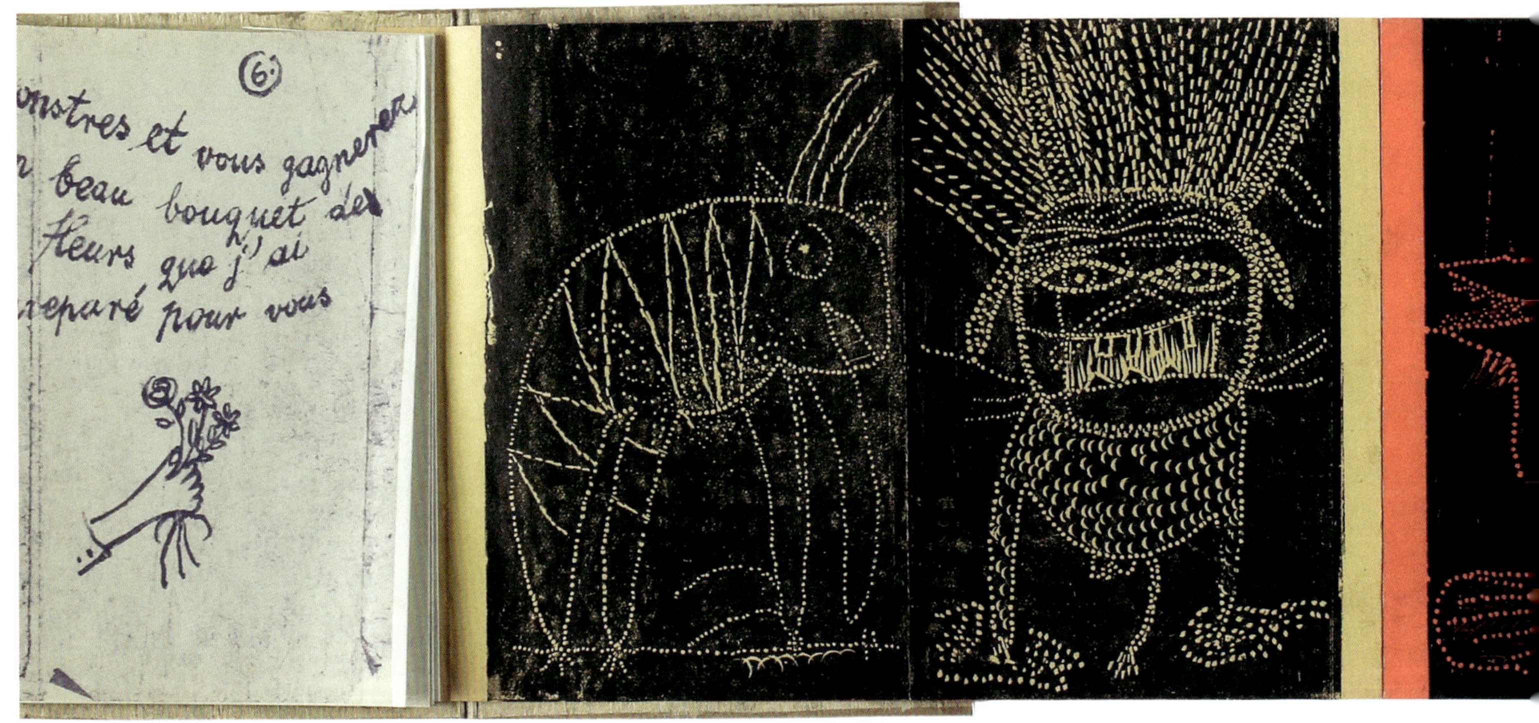

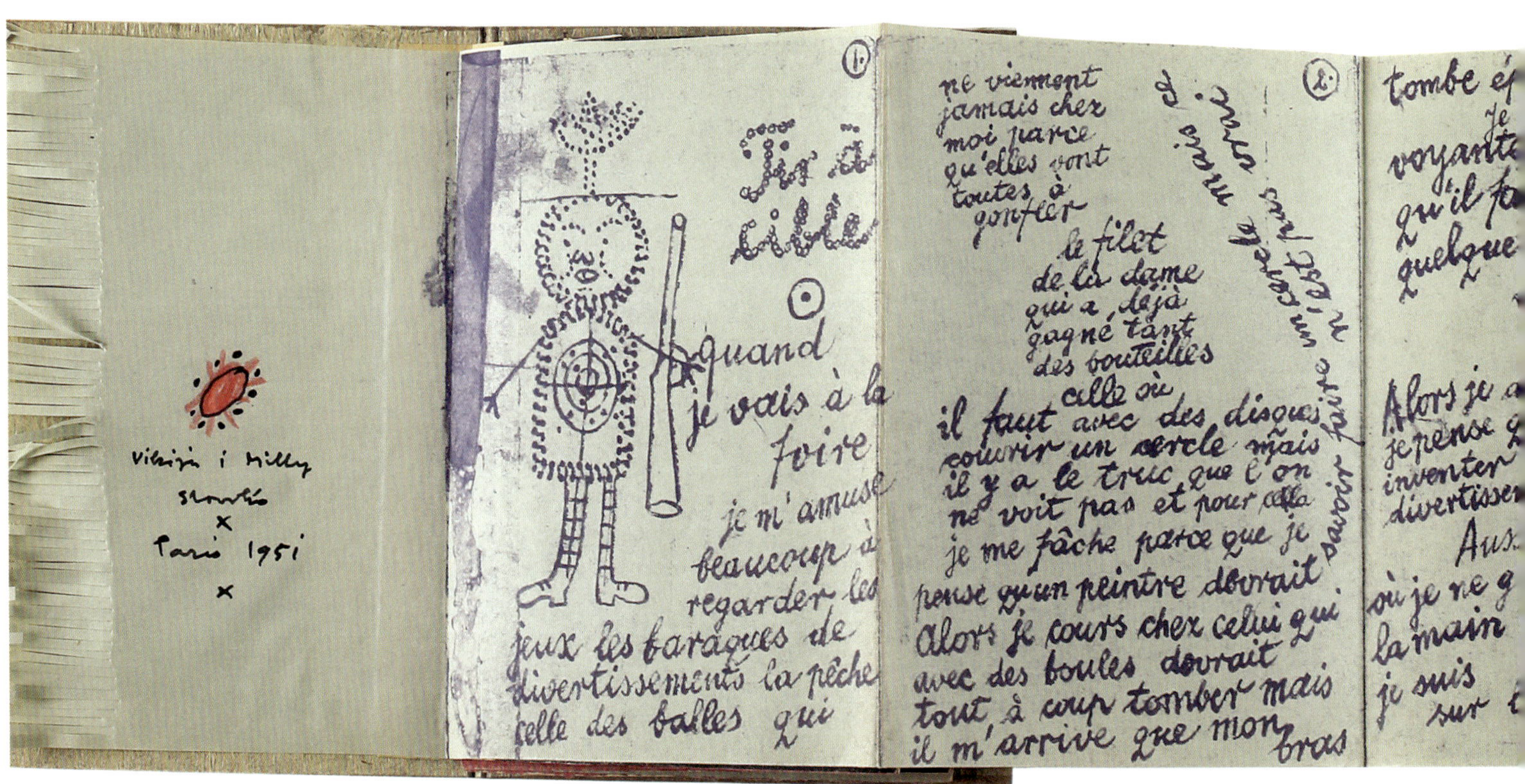

Fig. 1. Slavko Kopač, *Tir à cible*, 1949, libro d'artista, 23 × 9 cm, L'Art Brut, Parigi 1949, collezione privata. Foto © Damir Fabijanić

Slavko Kopač, *Tir à cible*, 1949, artist's book, 23 × 9 cm, Paris, L'Art Brut, 1949, private collection. Photo © Damir Fabijanić

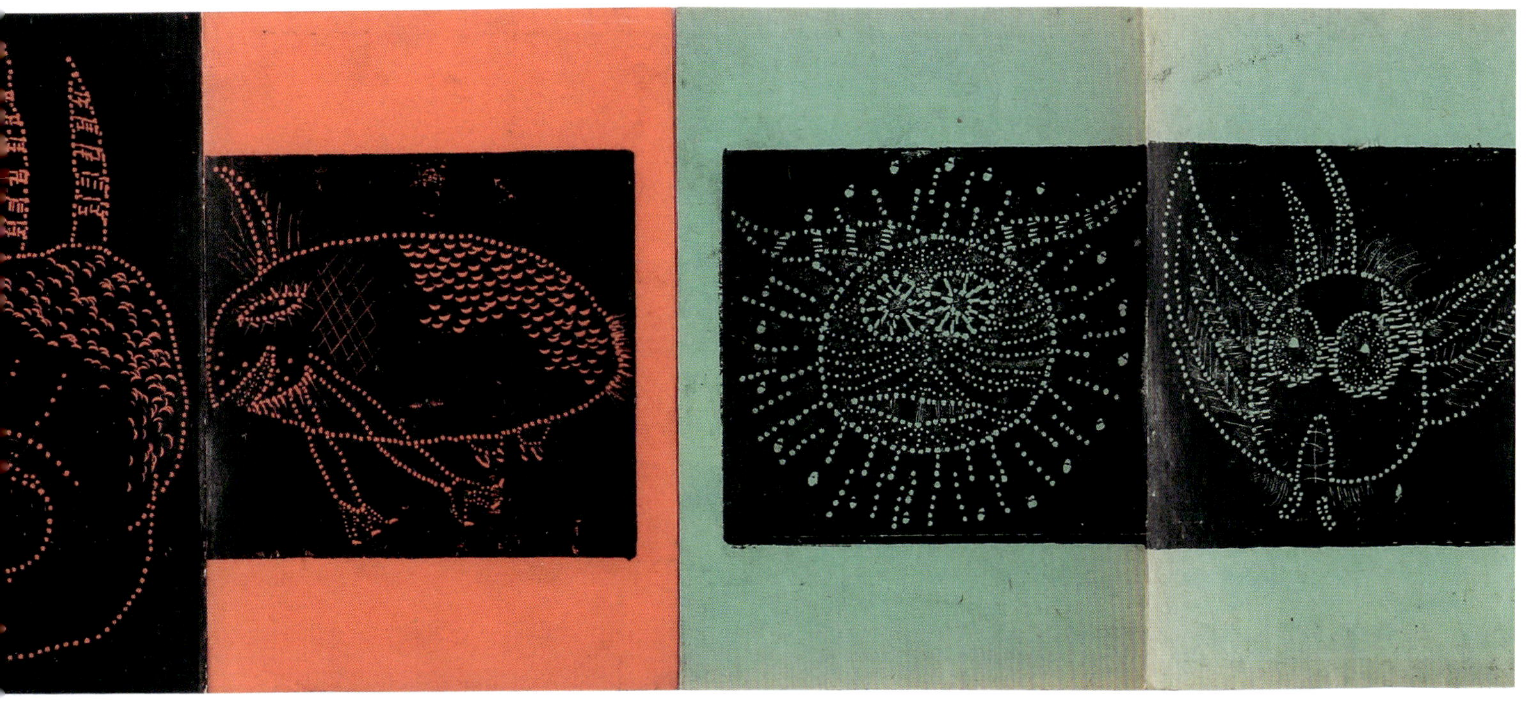

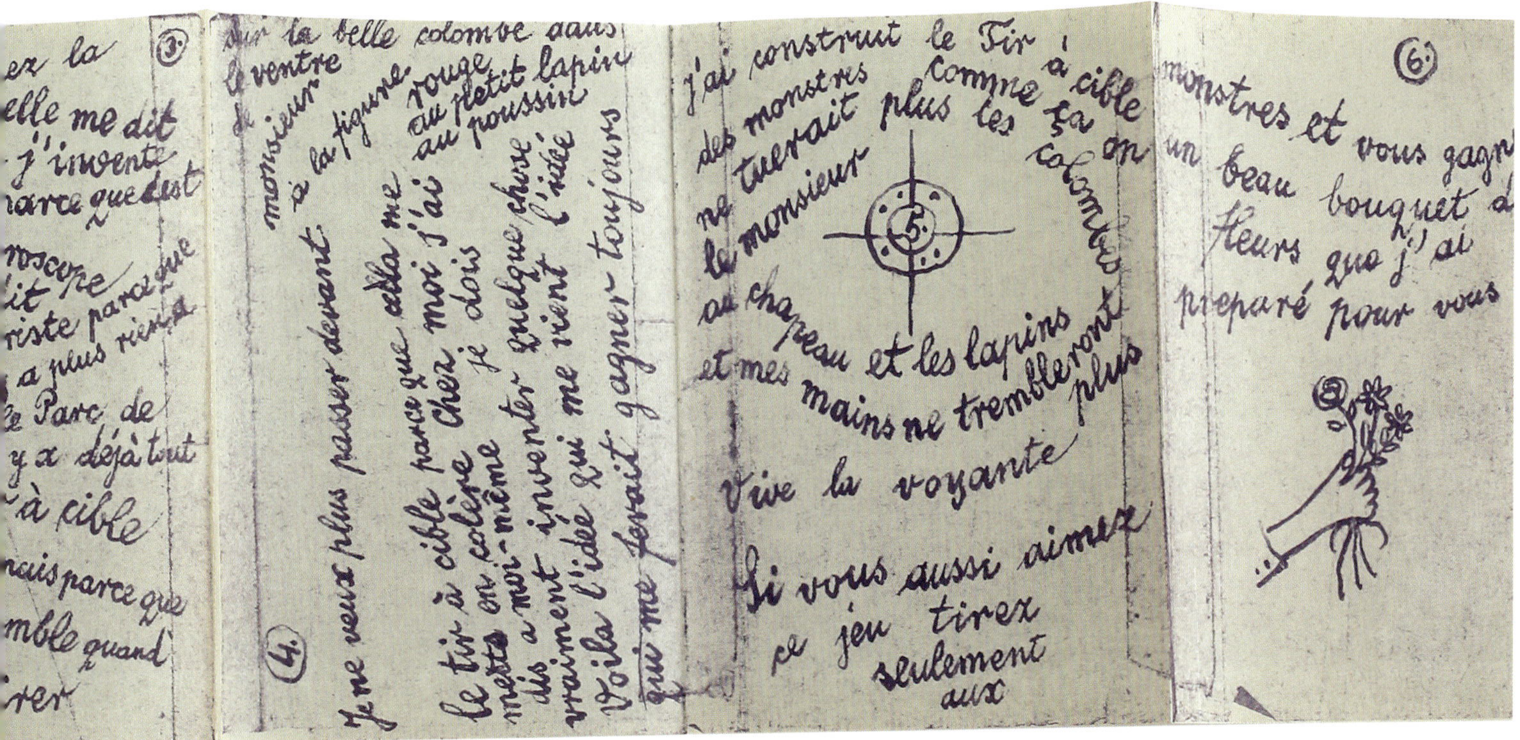
sur la belle colombe dans le ventre du monsieur à la figure rouge au p'tit lapin au poussin
4.
Je ne veux plus passer devant
le tir à cible parce que cela me
mets en colère chez moi j'ai
dis à moi-même je dois
vraiment inventer quelque chose
Voila l'idée qui me vient l'idée
qui me ferait gagner toujours
j'ai construit le Tir à cible
des monstres comme ça on
ne tuerait plus les colombes
le monsieur
au chapeau et les lapins
et mes mains ne trembleront plus
5.
Vive la voyante
Si vous aussi aimez
ce jeu tirez
seulement
aux
6.
monstres et vous gagn
un beau bouquet d
fleurs que j'ai
préparé pour vous

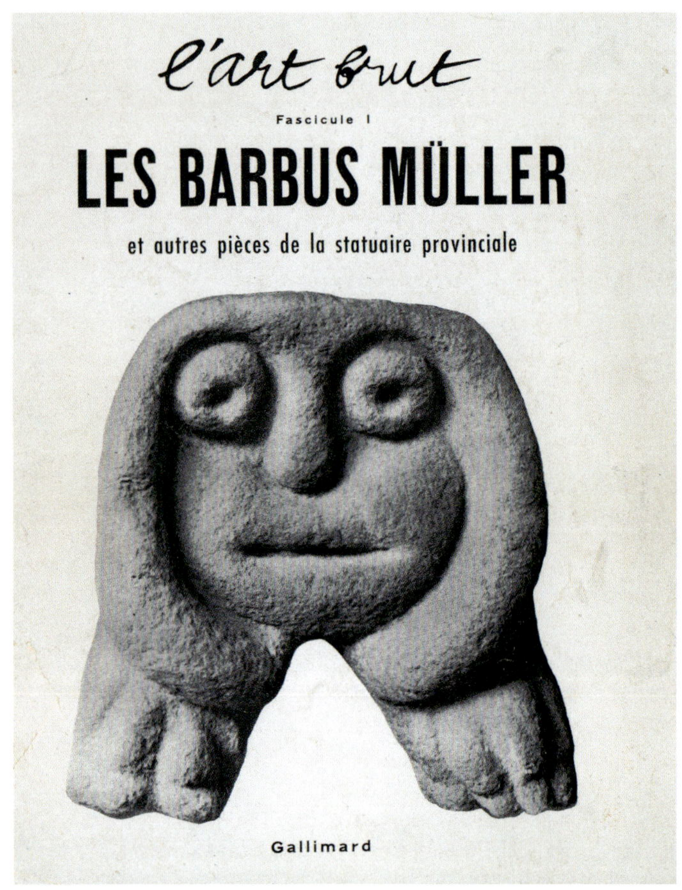

Fig. 2. Copertina di *Les Barbus Müller et autres pièces de la statuaire provinciale*, fascicolo 1 de *L'Art Brut,* Gallimard, Parigi 1947.

Cover of *Les Barbus Müller et autres pièces de la statuaire provinciale*, issue no. 1 of *L'Art Brut*, Paris, Gallimard, 1947.

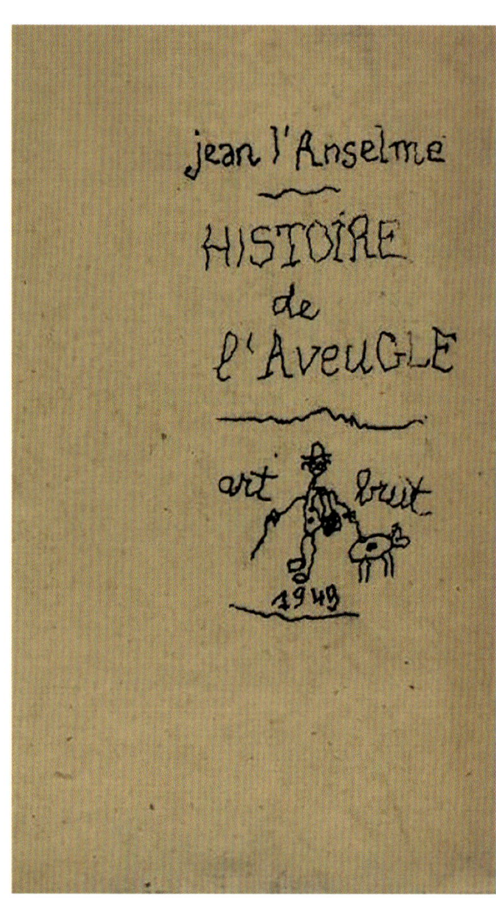

Fig. 3. Jean L'Anselme, *Histoire de l'aveugle*, libro illustrato con sei litografie, pagine irregolari, 21 × 13,5 cm, *L'Art Brut*, Parigi 1949.

Jean L'Anselme, *Histoire de l'aveugle*, illustrated book with six lithographs, irregular pages, 21 × 13.5 cm, Paris, *L'Art Brut*, 1949.

espressionista rara nel contesto europeo, una qualità che Tapié apprezzava e che trovava maggiore risonanza oltreoceano. Con *Un Art autre*, le forme ritrovavano vitalità: l'espressività generata dal lavoro sulla materia restituiva alle opere una sensibilità che gli orrori della guerra avevano tentato di annichilire.

Benché *La Grenouille bretonne* evochi l'art brut, le sue fonti d'ispirazione vanno cercate anche tra quegli artisti che esploravano nuove vie espressive attraverso i materiali. Kopač rifuggiva, in un certo senso, la pittura per abbracciare un'avventura in cui la mano, in contatto diretto con la materia, prevaleva sulla mente. L'approccio "aptico" – come lo definiva Aloïs Riegl – costituiva per lui un mezzo per intrecciare il visivo e il tattile[6]. *Jumelles* [Le gemelle] [Fig. 4] ne rappresenta la quintessenza: uno spesso strato di gesso, applicato con la spatola, fonde due forme in una sola, con l'ambizione di offrire all'occhio il potere del tatto. *Jumelles* decostruisce con finezza il feticismo modernista dell'"otticità" pura, della bidimensionalità e dello sguardo distaccato. La forma fusa in rilievo genera, paradossalmente, quella che Jean Paulhan – suo amico ed editore – definisce, nel suo *Elogio dell'Informale*, una "macchia cieca", invitando lo spettatore a un'esperienza pittorica risolutamente

Aloïs Riegl called it, was for him a way of interweaving the visual and the tactile.[6] *Jumelles* [Fig. 4] is its quintessence: a thick layer of plaster applied with a knife merges two forms into one, with the goal of offering the eye the power to touch.

Jumelles brilliantly deconstructs the modernist fetishism of pure 'opticality', two-dimensionality, and the detached gaze. The fused form in relief paradoxically engenders what Kopač's friend and publisher Jean Paulhan called, in his *Éloge de l'Informel*, a 'blind spot', forcing the viewer to experience the modernist painting in a resolutely somatic way.[7] In Kopač's postwar Parisian works, vision no longer occupies the top of the hierarchy of the senses, but is intertwined with tactility.

Evoking touch, Kopač's little hairy beasts holding onto their mother give the impression that he is inviting us to a zoo of the senses. His masks favour the tactile over the visual, suggesting a rereading of Claude Lévi-Strauss's *The Way of thc Masks*.[8] In other words, it is not so much what this mask and this monkey represent, but what they transform – that is, what they choose not to show. If we were to try to wear Kopač's masks on our face, we wouldn't be able to see through them but only to feel them

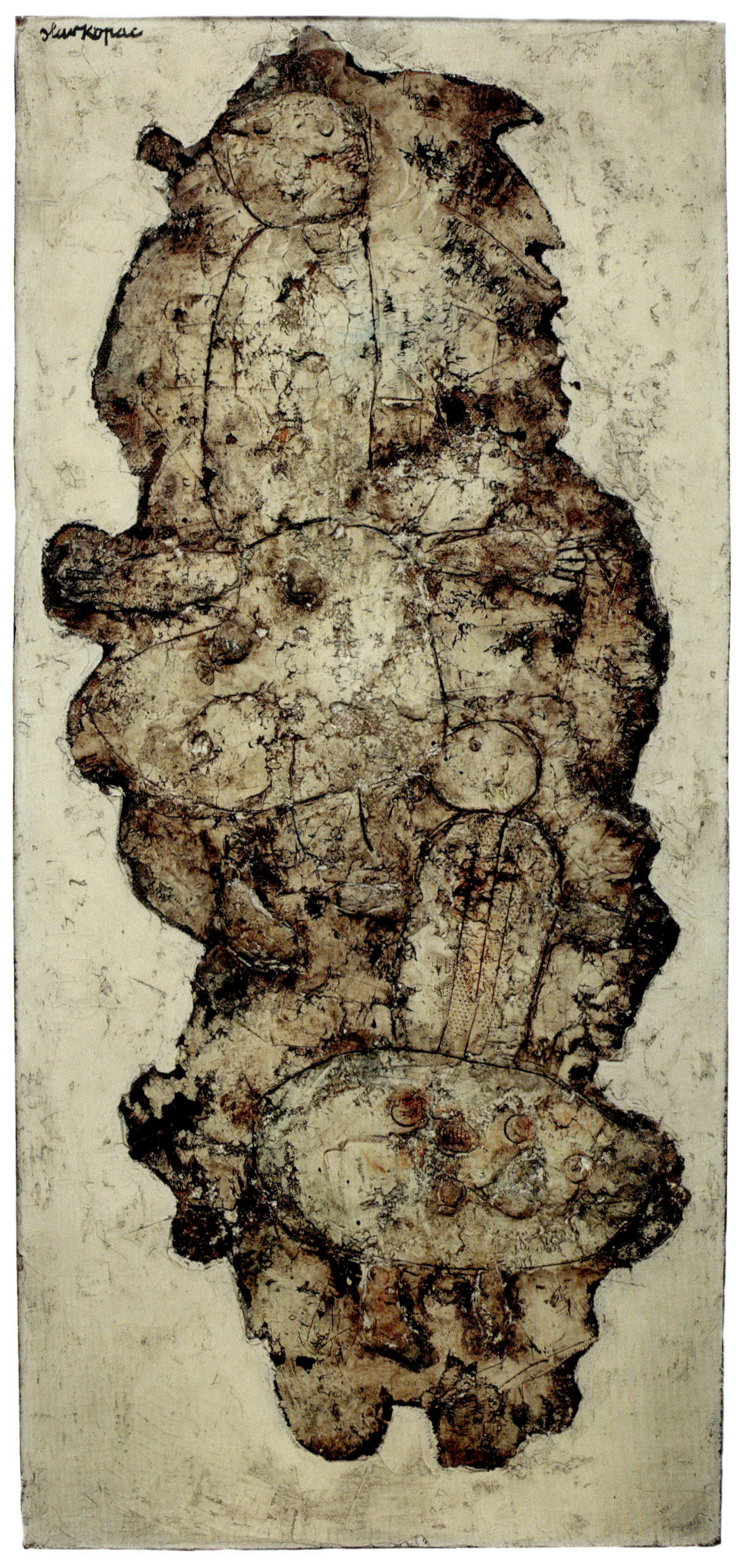

Fig. 4. Slavko Kopač, *Jumelles*, 1950, tecnica mista su tela montata su pannello, 94,5 × 45 cm, collezione privata.
Foto © Damir Fabijanić

Slavko Kopač, *Jumelles*, 1950, mixed-media on canvas mounted on panel, 94.5 × 45 cm, private collection.
Photo © Damir Fabijanić

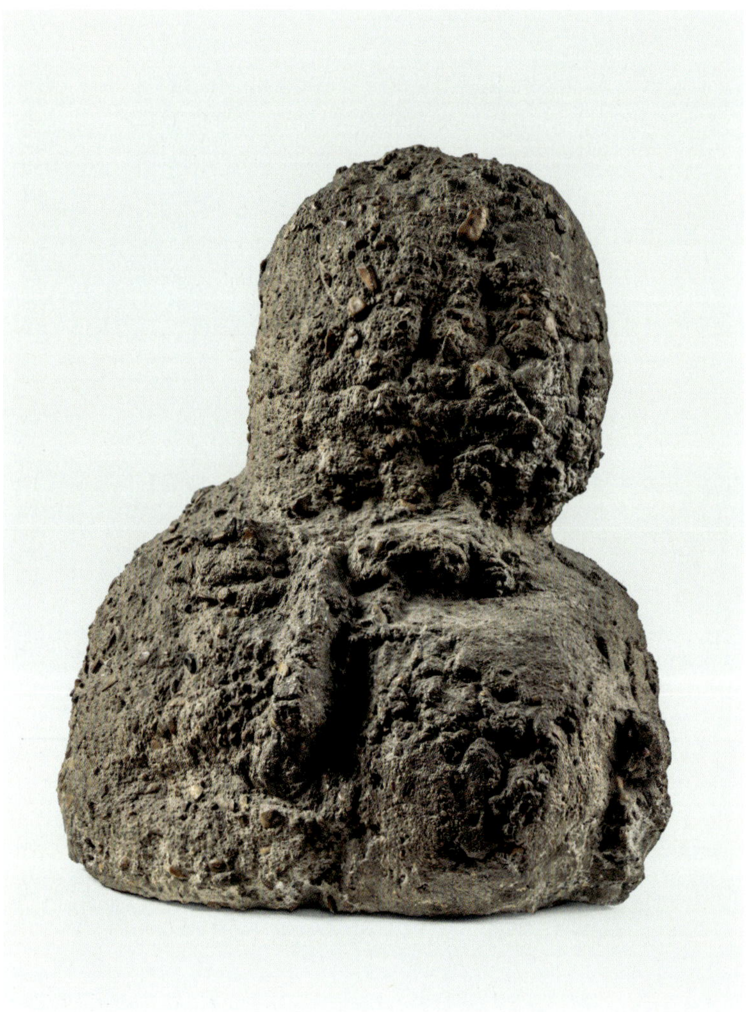

Fig. 5. Slavko Kopač, *La Grenouille bretonne*, 1951, cemento e pietre, 44 × 38 × 30 cm, collezione privata. Foto © Damir Fabijanić

Slavko Kopač, *La Grenouille bretonne*, 1951, cement and stones, 44 × 38 × 30 cm, private collection. Photo © Damir Fabijanić

corporea[7]. Nelle opere parigine del dopoguerra di Kopač, la visione non occupa più il vertice della gerarchia sensoriale, ma si intreccia con le percezioni tattili.

Richiamando il senso del tatto, le sue piccole creature irsute, aggrappate al corpo materno, sembrano invitare lo spettatore in uno zoo sensoriale. Le sue maschere privilegiano il tattile rispetto al visivo, lasciando pensare a una rilettura de *La Voie des masques* di Claude Lévi-Strauss[8]. In altri termini, non conta tanto ciò che una maschera o una scimmia rappresentano, quanto ciò che trasformano – ovvero, ciò che scelgono di non mostrare. Se provassimo a indossare le maschere di Kopač sul volto, non potremmo vedere attraverso di esse, ma solo percepirle sulla pelle. Altre opere di Kopač esprimono questa trama continua tra il tatto e la visione, in particolare quelle realizzate negli anni Sessanta: *Terre noire* [Terra nera] (1961) [Fig. 6], che incorpora ghiaia e piombo fuso; *Feuille rouillée*

against our skin. Other of Kopač's works illustrate this meshing of the tactile and the visual, especially those produced in the 1960s: *Terre noire* (1961) [Fig. 6], which integrates gravel and melted lead; and *Feuille Rouillée* (1961) [Fig. 7], *Tortue*, and *Loup-Garou* (1962), in which paint, collage, rope, melted lead, rusted sheet metal, and tires are combined on cardboard.

The legendary 1952 exhibition also revealed the proximity of Riopelle's and Kopač's formal research, as each artist swung between assumed abstraction and mixed-media compositions integrating bits of collage. Kopač remained faithful to this balance between figurative forms and their dissolution within abstract compositions.[9] Later in their careers, both artists presented a fantastical and magical bestiary emerging from an abstract, colourful background. It was similar for Ruth Francken,[10] whose work on faciality opened the door to improbable metamorpho-

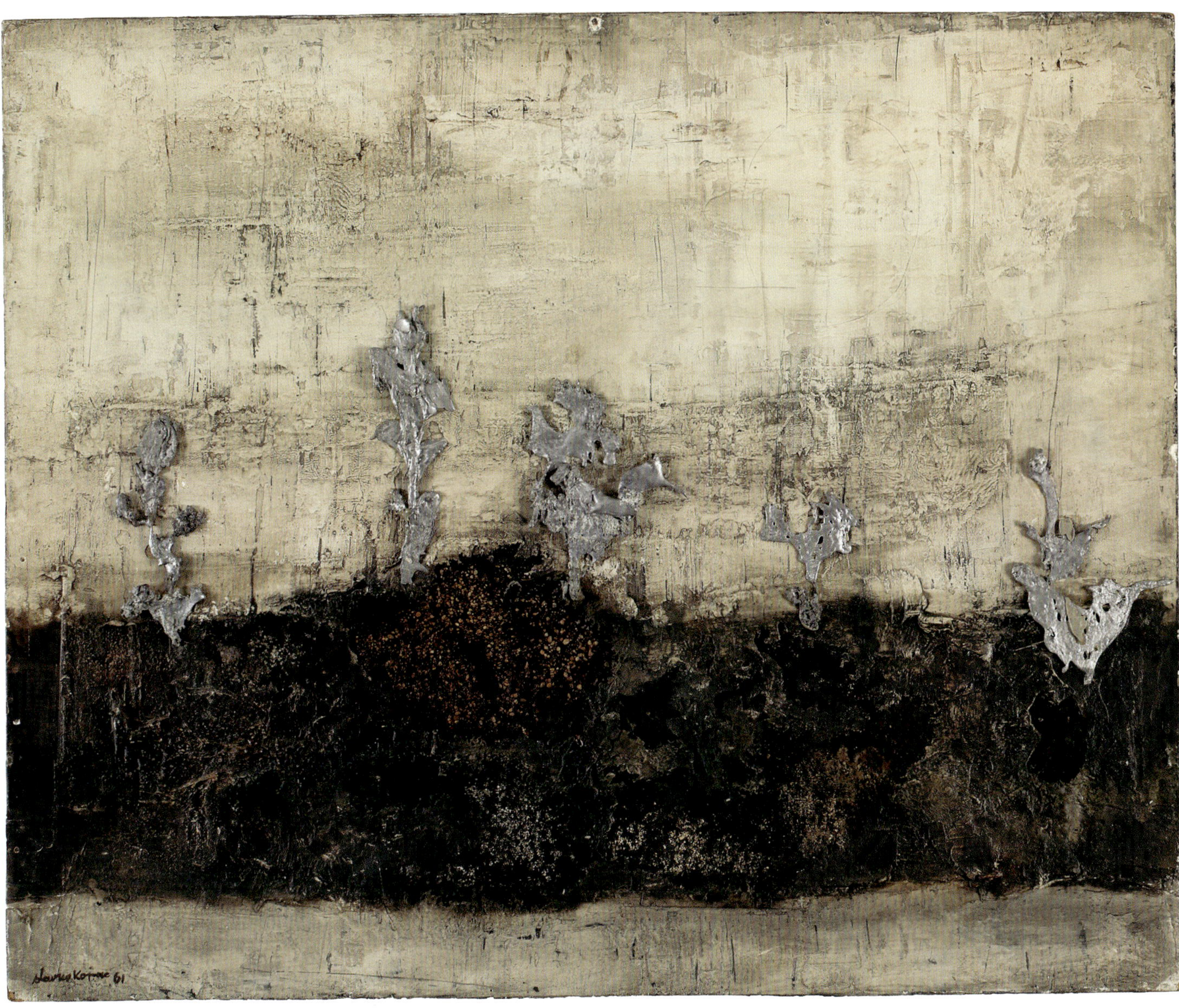

Fig. 6. Slavko Kopač, *Terre noire*, 1961, tecnica mista su pannello, 81 × 100 cm, collezione privata. Foto © Damir Fabijanić

Slavko Kopač, *Terre noire*, 1961, mixed-media on panel, 81 × 100 cm, private collection. Photo © Damir Fabijanić

[Foglia arrugginita] (1961) [Fig. 7], *Tortue* [Tartaruga] e *Loup-Garou* [Lupo mannaro] (1962), in cui si mescolano pittura, collage, corde, piombo fuso, lamiera arrugginita e pneumatico su cartone.

La mitica mostra del 1952 rivelava così la vicinanza tra la ricerca formale di Riopelle e quella di Kopač, entrambe oscillanti tra un'astrazione pienamente assunta e composizioni in tecnica mista arricchite da frammenti in collage. L'artista croato rimarrà sempre fedele a questo equilibrio tra forme figurative e la loro dissoluzione all'interno di composizioni astratte[9]. Più avanti nella loro carriera, entrambi gli artisti misero in scena un bestiario fantastico e magico, che emerge da fondi astratti e ricchi di colore. Lo stesso accadde per Ruth Francken[10], il cui lavoro sulla *visagéité* apriva la strada a improbabili

ses of the human face and free abstraction. She used her hands to shape thick, sticky paint, and her faces seemed literally to emerge, as if kneaded into the material itself. Whether their faces were animal or human, Francken and Kopač shared the need to transform them into blurred zones in which the poetic encountered the wild.

Tapié had seen in Kopač's work the expressive energy of a materialist in resonance with the humanist existentialism of a Sartre and with the Informal, in which gesture and line bear the trace of a living and glorious humanity. Later, Kopač distanced himself from Tapié's commercial ambitions, notably when Tapié became involved in promoting the performative practices of the Gutai

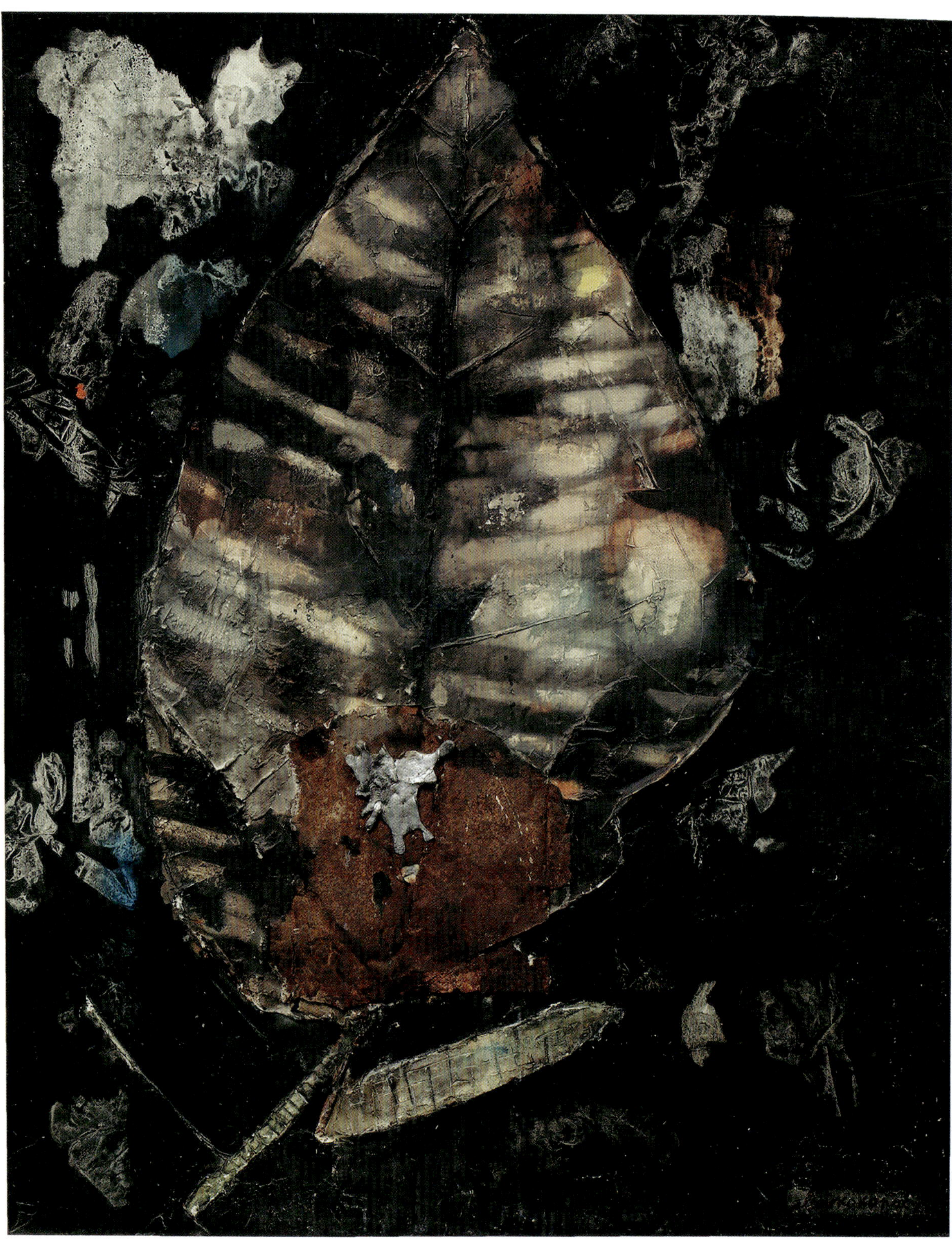

Fig. 7. Slavko Kopač, *Feuille rouillée*, 1961, pittura, acciaio arrugginito e stagno, spago, gesso su pannello di truciolato, 100 × 80,7 cm, Musée National d'Art Moderne, Centre Georges Pompidou, inv. n. AM 2023-137. Foto © Damir Fabijanić

Slavko Kopač, *Feuille rouillée*, 1961, painting, rusted steel and tin, string, plaster on chipboard panel, 100 × 80.7 cm, Musée National d'Art Moderne, Centre Georges Pompidou, inv. no. AM 2023-137. Photo © Damir Fabijanić

metamorfosi del volto umano e a una forma di astrazione liberata. Sotto l'azione delle mani nella pittura densa e vischiosa, il volto sembrava letteralmente affiorare come impastato nella materia stessa. Che si trattasse dell'animale o dell'umano, Ruth Francken e Kopač condividevano la stessa esigenza: trasformare le loro figure in zone di confine, dove il poetico incontra il selvaggio.
Michel Tapié colse in Kopač l'energia di un *matiériste*, in sintonia con l'esistenzialismo umanista di Sartre e con la pittura informale, dove il gesto e l'impronta portano in sé la traccia di un'umanità viva, concreta, persino gloriosa. In seguito, Kopač si sarebbe progressivamente allontanato dalle ambizioni commerciali di Tapié, in particolare quando quest'ultimo si impegnò nella promozione delle pratiche performative del gruppo Gutaï in Giappone. Resta tuttavia il fatto che colui che portava con sé la polvere del proprio villaggio natale ebbe, per un momento, la possibilità di dialogare con una traiettoria della modernità in cui la materia costituiva la sorgente stessa dell'espressività.

**Testo revisionato e presentato da Fabrice Flahutez e Roberta Trapani*

group in Japan. Even so, the fact remains that for a time Kopač, the man who carried with him the dust of his native village, was in dialogue with a modernist trajectory in which matter was the very source of expressivity.

**Text revised and presented by Fabrice Flahutez and Roberta Trapani*

1 Pierre Maunoury, intervista con Lucienne Peiry, Parigi, 1° novembre 1990, in Lucienne Peiry, *L'Art Brut*, Flammarion, Parigi 2006 [1997], p. 129.
2 Ringrazio Vincent Monod della Collection de l'Art Brut di Losanna per aver agevolato la mia ricerca.
3 Jean Dubuffet, "Kopač" (1979), in *Prospectus et tous écrits suivants*, III, Paris, Gallimard, 1995, nota 33, pp. 486-487. Come osserva Déborah Lehot-Couette nel suo contributo al presente catalogo, lo scritto di Dubuffet è stato erroneamente datato 1981 sin dalla sua pubblicazione, avvenuta nel 1985, nel catalogo della mostra *Salut à Jean Dubuffet*, *op. cit.* La corrispondenza tra Kopač e Dubuffet, conservata negli archivi della Fondation Dubuffet – a lungo rimasta introvabile e recentemente riportata alla luce grazie alle ricerche della storica dell'arte – ha rivelato che esso risale in realtà al 1979 [N.d.R.].
4 Cfr. Michel Tapié, *Un Art autre: où il s'agit de nouveaux dévidages du réel*, Gabriel-Giraud et fils, Parigi 1952, s.i.p.; Michel Tapié, "An Other Art" (1952), tradotto in *Art and Theory 1900–2000: An Anthology of Changing Ideas*, a cura di Charles Harrison e Paul Wood, Blackwell Publishing, Malden (MA), 2003, pp. 629-631.
5 Cfr. Marianne Jakobi, "Nommer la forme et l'informe. La titraison comme genèse dans l'œuvre de Jean Dubuffet", in *Genesis*, n. 24, 2004, *Formes*, pp. 89-104 (http://www.item.ens.fr/articles-en-ligne/nommer-la-forme-et-linforme/).
6 Aloïs Riegl introduce il termine in *Late Roman Art Industry* (1901). Cfr. A. Riegl, *Late Roman Art Industry*, trad. di Rolf Winkes, G. Bretschneider, Roma 1985.
7 Jean Paulhan, "La tache aveugle," capitolo 3 di *L'art informel : Éloge* (1959-1961), ristampato in Id., *Œuvres*, V, Cercle du Livre Précieux, Parigi 1970, pp. 250-257.
8 Claude Levi-Strauss, *The Way of the Masks*, trad. di Sylvia Modeliski, University of Washington Press, Seattle 1982, p. 144.
9 Cfr., per esempio, Jean Paul Riopelle, *Épis sciés*, 1967, collage litografico su tela, 180 × 131,5 cm, Galerie Maeght, Parigi.
10 Ruth Francken (1924–2006) è stata una pittrice e scultrice statunitense dall'opera nomade e inclassificabile, sviluppatasi ai margini delle principali correnti artistiche del dopoguerra. Attraverso una continua sperimentazione di materiali e tecniche – dal disegno alla scultura, dalla fotografia al collage – ha affrontato i temi del frammento, della metamorfosi, della memoria e dell'identità, in un linguaggio visivo segnato da tensione spirituale e forza espressiva.

1 Quoted in Lucienne Peiry, *Art Brut*, trans. James Frank (Paris: Flammarion, 2006), 129.
2 I thank Vincent Monod at the Collection de l'Art Brut, Lausanne, for facilitating my research.
3 See Jean Dubuffet, 'Kopač', in *Prospectus et tous écrits suivants*, vol. 3 (Paris, Gallimard, 1995), 486-487 n. 3. As Déborah Lehot-Couette observes in her contribution to this catalogue, this text was mistakenly dated 1981 when it was published in 1985 in the exhibition catalogue *Salut à Jean Dubuffet*. The correspondence between Kopač and Dubuffet, preserved in the archives of the Fondation Dubuffet – long inaccessible and recently brought to light through the research of the art historian – reveals that it in fact dates from 1979 [Ed. note].
4 See Michel Tapié, *Un Art autre: où il s'agit de nouveaux dévidages du réel* (Paris: Gabriel-Giraud et fils, 1952), n.p.; Michel Tapié, 'An Other Art' (1952), translated in *Art and Theory 1900–2000: An Anthology of Changing Ideas*, ed. Charles Harrison and Paul Wood (Malden, MA: Blackwell Publishing, 2003): 629–31.
5 See, for instance, Marianne Jakobi, 'Nommer la forme et l'informe. La titraison comme genèse dans l'œuvre de Jean Dubuffet', *Genesis*, no. 24, *Formes* (2004): 89–104, http://www.item.ens.fr/articles-en-ligne/nommer-la-forme-et-linforme/.
6 Aloïs Riegl introduced the term in *Late Roman Art Industry* (1901). See Alois Riegl, *Late Roman Art Industry*, trans. Rolf Winkes (Rome: G. Bretschneider, 1985).
7 Jean Paulhan, 'La tache aveugle', chapter 3 of *L'art informel: Éloge* (1959–61), reprinted in *Œuvres*, vol. 5 (Paris: Cercle du Livre Précieux, 1970), 250–57.
8 Claude Levi-Strauss, *The Way of the Masks*, trans. Sylvia Modeliski (Seattle: University of Washington Press, 1982), 144.
9 See, for example, Jean Paul Riopelle, *Épis sciés*, 1967, lithograph collage on canvas, 180 × 131.5 cm, Galerie Maeght, Paris.
10 Ruth Francken (1924–2006) was an American painter and sculptor whose nomadic and unclassifiable body of work developed on the margins of the main postwar art movements. Through ongoing experimentation with materials and techniques — from drawing to sculpture, from photography to collage — she explored themes such as fragmentation, metamorphosis, memory, and identity, in a visual language marked by spiritual tension and expressive intensity.

FABRICE FLAHUTEZ

Un'avventura internazionale tra Surrealismo, Art Brut e Arte Informale

Benché ingiustamente ignorato dal dibattito ufficiale, Slavko Kopač fu tra coloro che ebbero il privilegio di trovarsi al crocevia di diverse traiettorie estetiche che hanno segnato la seconda metà del XX secolo. Un rapido sguardo retrospettivo al suo percorso consente di comprendere più chiaramente le problematiche sottese alla sua produzione artistica. Fin dal suo arrivo a Parigi, trovò nella galleria Messages di Susanne Bomsel uno sbocco per la modesta produzione ceramica che realizzava all'epoca, avendo lasciato alle spalle numerose opere che la guerra non gli aveva permesso di portare con sé [Fig. 1]. Susanne Bomsel, moglie di Edmond Bomsel – amico di André Breton e fondatore della Compagnie de l'Art Brut – era una collezionista appassionata di arte popolare. Fu proprio grazie alla coppia Bomsel che Breton sviluppò il proprio interesse per i territori di un'arte estranea ai circuiti ufficiali[1]. Nel 1946 Susanne Bomsel lo contattò per proporgli una mostra delle sue meraviglie etnografiche raccolte in America. L'esposizione non ebbe luogo, tuttavia lei e il marito divennero i suoi interlocutori negli affari della Compagnie de l'Art Brut, i cui statuti erano stati redatti da Jean Dubuffet[2]. Prossimo alla galleria Messages, Dubuffet fu messo in contatto con Kopač, che apprezzò subito per l'abilità manuale nella realizzazione di litografie, pitture e oggetti di ceramica di varia natura, dai vasi teriantropi ai posacenere zoomorfi. Nell'estate del 1948 Kopač subentrò a Michel Tapié nella gestione della Collection de l'Art Brut e, grazie a questa opportunità, divenne un frequentatore abituale dei circoli dell'art brut e del Surrealismo.

Nel novembre del 1949 Susanne Bomsel organizzò una mostra monografica dedicata a Kopač[3]. Parallelamente, egli ebbe l'opportunità di lavorare alla pubblicazione dell'*Almanach surréaliste du demi-siècle*, all'interno del quale illustrò un testo di Robert Lebel[4]. Kopač si collocava all'incrocio tra art brut, arte popolare e Surrealismo: un artista difficile da incasellare nelle categorie consuete, al pari di René Guiette, Jean Dubuffet e Jean Fautrier[5] [Fig. 2]. Occorre ricordare che il periodo è attraversato dall'urgenza di elaborare nuove categorie estetiche, capaci di spiegare un mondo radicalmente trasformato. Quando nel 1951 Breton e il gruppo surrealista rompono definitivamente con Dubuffet, la posizione di Kopač si fa più fragile e, per lui che — va ricordato — lavorava per Dubuffet, la via più opportuna sembrò quella di un distacco riservato. Tuttavia, la nuova postura assunta da Michel Tapié nel panorama artistico si rivelò provvidenziale per Kopač. All'inizio

FABRICE FLAHUTEZ

An International Adventure in Surrealism, Art Brut, and Informal Art

Although he has been unjustly overlooked, Slavko Kopač was among those who had the privilege of having connections with a number of aesthetic movements that marked the second half of the twentieth century. A brief review of his life offers insight into the issues in his art. When he arrived in Paris, he found in Susanne Bomsel's gallery, Messages, an outlet for his modest ceramics production, as he had left behind works that he was unable to transport due to the war [Fig. 1]. Susanne, the spouse of Edmond Bomsel – a friend of André Breton's and founder of the Collection de l'Art Brut – was an enthusiastic collector of popular art; it was through the Bomsels that Breton had developed a strong interest in art off the beaten paths of acceptability.[1] In 1946, Susanne Bomsel contacted Breton about exhibiting the ethnographic marvels that he had brought back from North America. Although the exhibition never took place, the Bomsels became his spokespeople in the affairs of the Collection de l'Art Brut, whose statutes had been written by Jean Dubuffet.[2] A close associate of Messages, Dubuffet was introduced to Kopač and immediately appreciated his 'homemade' expertise in lithography and painting, as well as his various ceramic objects ranging from therianthropic vases to animal-shaped ashtrays. In the summer of 1948, Kopač replaced Michel Tapié as administrator of the Collection de l'Art Brut, and in this position he became familiar with the most prominent figures in Art Brut and Surrealism.

In November 1949, Susanne Bomsel organised a solo exhibition of Kopač's work.[3] At the same time, he had the opportunity to work on publication of the *Almanach surréaliste du demi-siècle*, for which he illustrated an essay by Robert Lebel.[4] He was situated at the intersection of Art Brut, popular art, and Surrealism – an artist whose work was difficult to place within the usual categories – as were the similarly unclassifiable artists René Guiette, Dubuffet, and Jean Fautrier [Fig. 2][5]. It must be said that at the time, aesthetic categories were shifting to take account of a totally transformed world. In 1951, when Breton and the Surrealists definitively broke with Dubuffet, Kopač's position became more tenuous, and an attitude of withdrawal seemed to be the most appropriate for him – as, we must remember, he worked for Dubuffet. However, Michel Tapié's new position in the art world was a godsend for Kopač. In the early 1950s, Tapié became an art critic; in 1952, he published *Un Art autre*

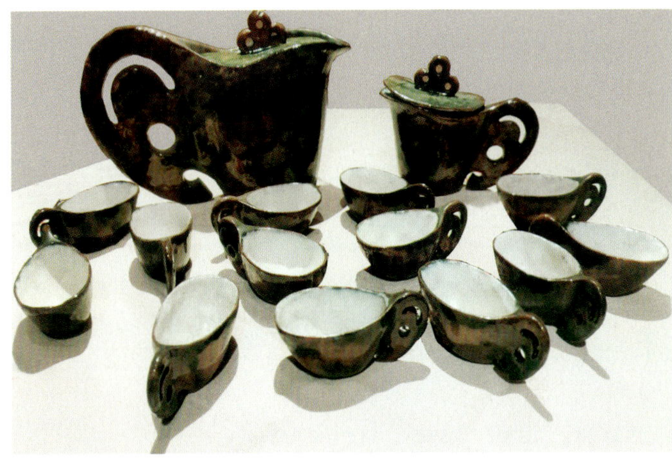

Fig. 1. Slavko Kopač, servizio da tè, ca. 1949, terracotta smaltata, dimensioni varie, collezione privata.

Slavko Kopač, tea set, c. 1949, glazed terracotta, various sizes, private collection.

degli anni Cinquanta, infatti, Tapié si dedica alla critica d'arte e inizia a elaborare la nozione di *art autre*, che prenderà forma nella pubblicazione omonima del 1952 e che resterà il fulcro del suo percorso critico[6]. In qualità di consigliere artistico dello Studio Paul Facchetti in rue de Lille, a Parigi, Tapié presentava gli artisti "informali", etichetta che fu anch'essa una sua invenzione[7]. All'interno di questa nuova categoria estetica, egli articolava le singolarità degli artisti, le loro affinità e differenze formali. Nelle sue carte si ritrovano, del resto, diagrammi di classificazione, ora complessi ora sintetici[8]. Alcuni degli artisti da lui sostenuti venivano catalogati come tendenti a un certo grado di astrazione o di figurazione, pur prendendo le distanze – sempre secondo Tapié – da ogni forma di umanesimo o di espressività. Altri si avvicinavano al "segno", altri ancora al concetto di "magia" [Fig. 5]. Tra tutti questi artisti di respiro internazionale si annoveravano Jackson Pollock, Victor Brauner, Pierre Soulages, Franz Kline, Willem De Kooning, Jean Dubuffet, Georges Mathieu, Roberto Matta, Henri Michaux, Karel Appel, Wols, Sam Francis ecc., e naturalmente Kopač. Come si può notare, pur avendo ciascuno un vocabolario plastico personale e tecniche assai differenti, tutti potevano rientrare nella nozione di *art autre* elaborata da Tapié, pensata per collocarsi al di fuori delle categorie tradizionali di "figurazione" e "astrazione".

Kopač fu dunque promosso da Tapié come uno dei grandi maestri dell'espressione contemporanea, accanto ai più importanti artisti del secolo. Lo situava idealmente tra l'espressionismo astratto di Pollock [Fig. 3], l'astrazione cosiddetta "esistenzialista" di Wols, il realismo magico surrealista di Dalí e il "primitivismo" di Dubuffet. Tuttavia, a partire dalla fine degli anni Cinquanta – prima che Tapié rivolgesse il suo interesse al gruppo Gutai – Kopač, così come Dubuffet, Guiette e Michaux, scomparve progressivamente dal centro dei suoi interessi[9]. La ragione non è del tutto chiara; forse egli andava progressivamente orientando i propri criteri di selezione verso un'astrazione più pura e lirica. Nonostante il mutamento di rotta, Kopač continuò a percorrere i sentieri tracciati dal Surrealismo. Fu in questo contesto che la sua vicinanza ad André Breton gli permise di intravedere la possibilità di una retrospettiva nel cuore di Saint-Germain-des-Prés.

Nel dicembre 1952 Sophie Babet apre una piccola galleria, À L'Étoile scellée, in rue Pré-aux-Clercs 11, a Parigi[10]. La sua attrazione per

art, and the theory of 'an other art' was to become his life's work.[6] As artistic advisor for Studio Paul Facchetti on Rue de Lille in Paris, he presented *informal* artists – another term that he coined.[7] In this new aesthetic category, Tapié set out the artists' singularities, affinities, and oppositions. His archives contain complex and synthetic diagrams for the classification of artists.[8] Some of those he promoted were catalogued as tending toward abstraction or figuration while distancing themselves, in his view, from humanism or expressivity. Others corresponded with the 'sign', and yet others with the concept of 'magic' [Fig. 5]. Among these international artists were Jackson Pollock, Victor Brauner, Pierre Soulages, Franz Kline, Willem de Kooning, Dubuffet, Georges Mathieu, Roberto Matta, Henri Michaux, Karel Appel, Wols, and Sam Francis – and, of course, Kopač. As we can see, although they all had their own visual vocabulary and very different techniques, they fell within Tapié's concept of 'other art', which he thought of as beyond the categories of 'figuration' or 'abstraction'.

Kopač was thus put forward by Tapié as one of the great masters of contemporary expression, alongside the most illustrious artists of the century – situated between the abstract expressionism of a Pollock [Fig. 3], the 'existentialist' abstraction of a Wols, the surrealistic magical realism of a Dalí, and the 'primitivism' of a Dubuffet. Starting in the late 1950s, however, and before Tapié turned toward the Gutaï group, Kopač, along with Dubuffet, Guiette, and Michaux, gradually faded from his focus of interest.[9] The reason for this is not clear, but it may have been that he was shifting his selection criteria toward pure, lyrical abstraction. Despite the reorientation of Tapié's undertaking, Kopač continued to tread the paths blazed by Surrealism. His close association with Breton gave him a chance to see his retrospective in Saint-Germain-des-Prés.

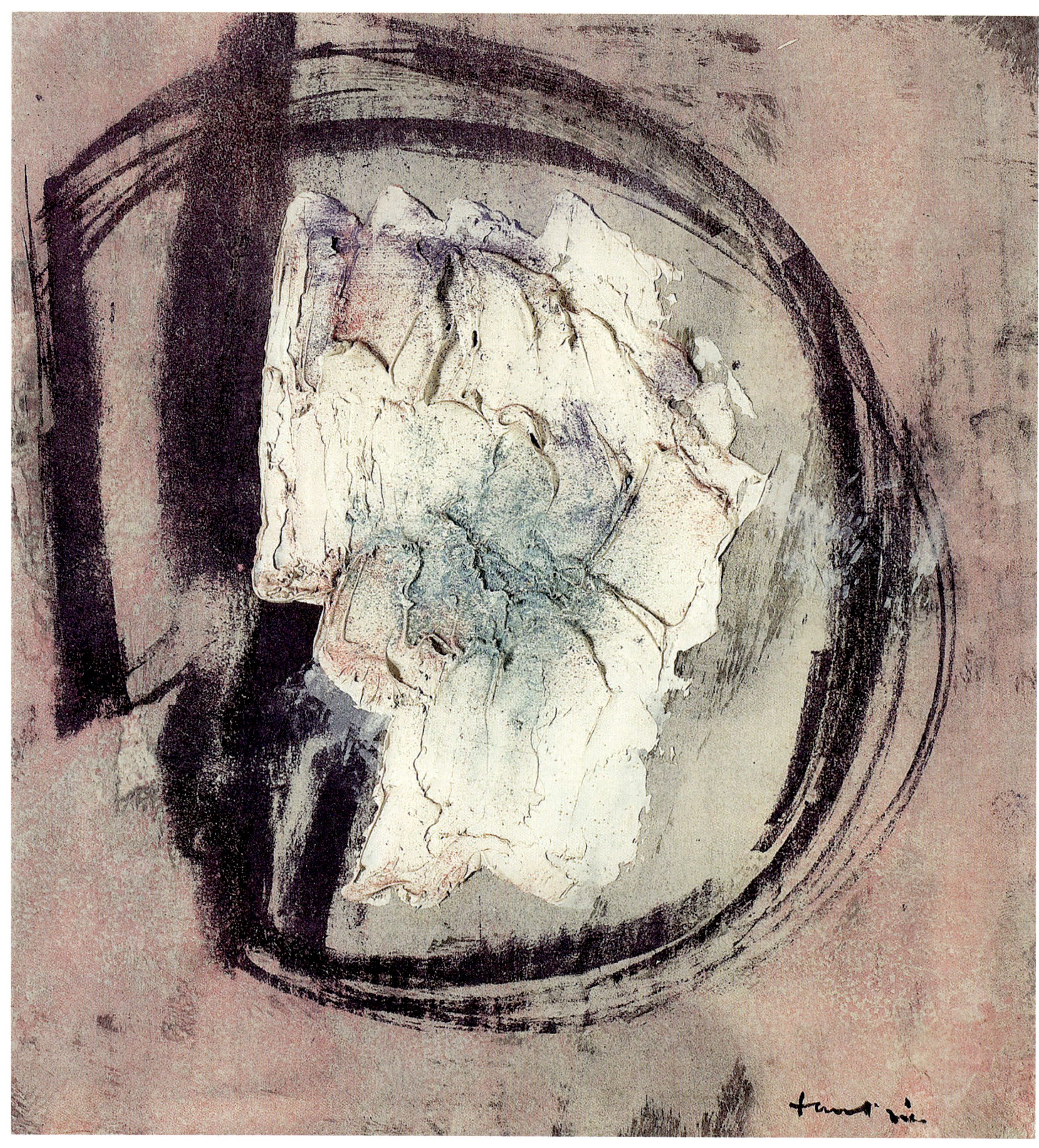

Fig. 2. Jean Fautrier, *Le visage de l'homme*, 1950, olio e sabbia su carta intelata su tela, 29,2 × 27 cm, già nella collezione Michel Tapié, collezione privata.

Jean Fautrier, *Le visage de l'homme*, 1950, oil and sand on paper mounted on canvas, 29.2 × 27 cm, former Michel Tapié collection, private collection.

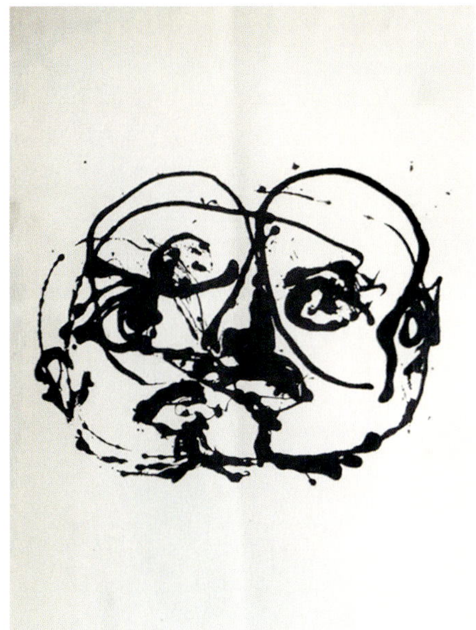

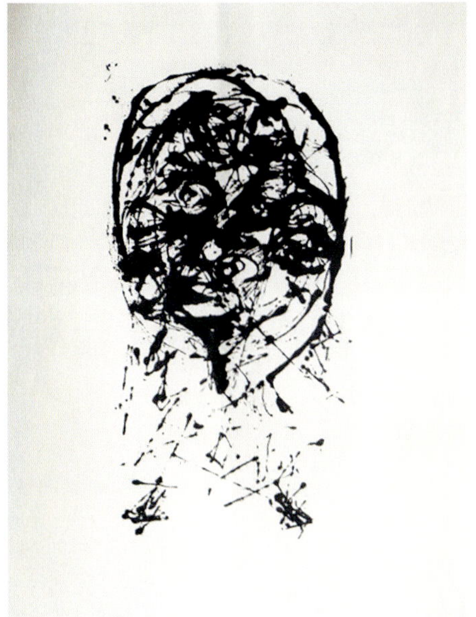

Fig. 3. Disegni di Jackson Pollock esposti e riprodotti in *Jackson Pollock*, 26 novembre – 15 dicembre 1951, Betty Parsons Gallery, New York; il disegno a sinistra è esposto e riprodotto anche in *Jackson Pollock*, marzo 1952, Studio Paul Facchetti, Parigi.

Drawings by Jackson Pollock exhibited and reproduced in *Jackson Pollock*, 26 November–15 December 1951, Betty Parsons Gallery, New York; the drawing on the left was also exhibited and reproduced in *Jackson Pollock*, March 1952, Studio Paul Facchetti, Paris.

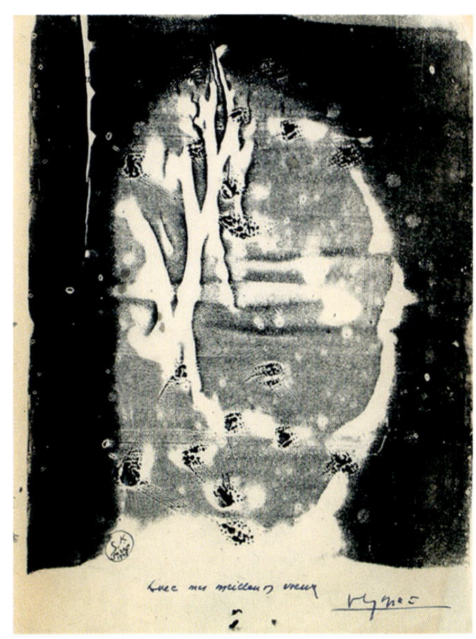

Fig. 4. Slavko Kopač, Senza titolo, 1948, monotipo, 26,8 × 21 cm, già nella collezione di André Breton, LaM - Lille Métropole Musée d'art moderne, d'art contemporain et d'art brut.
Foto © Cécile Dubart

Slavko Kopač, Untitled, 1948, monotype, 26.8 × 21 cm, former André Breton collection, LaM - Lille Métropole Musée d'art moderne, d'art contemporain et d'art brut.
Photo © Cécile Dubart

l'art brut, il fantastico e i romanzi di fantascienza, così come l'amicizia con Charles Estienne, Boris Vian e Raymond Queneau, la portano a entrare in contatto naturalmente con i membri del gruppo surrealista. La programmazione della galleria viene affidata ad André Breton, che vi intravede subito l'opportunità di promuovere artisti e una linea editoriale coerente, senza però dover gestire direttamente l'attività. Tra aprile e maggio del 1953 Kopač vi espone non meno di una trentina di opere, dai titoli evocativi e realizzate con i materiali più diversi. I dipinti si affiancavano alle ceramiche, a opere in lava smaltata, alle sculture e ai totem più inaspettati, presentati con un commento d'eccezione: una prefazione del grande poeta Benjamin Péret sul cartoncino-catalogo della mostra[11]. Nell'estate del 1954, L'Étoile scellée si trasferisce a La Galería de Lima (Perù) per la mostra collettiva *Pinturas surrealistas*, organizzata grazie alla mediazione di Wifredo Lam. Furono presentate opere di Rachel Baes, Fred Deux, Óscar Domínguez, Enrico Donati, Max Ernst, Aline Gagnaire, Simon Hantaï, Jacques Hérold, Slavko Kopač, Félix Labisse, Wilfredo Lam, René Magritte, Francis Picabia, Man Ray, Ferdinand Springer, Dorothea Tanning, Toyen ecc. L'ultima mostra dell'Étoile scellée a cui Kopač prese parte, *Quelques feux dans le brouillard... et des objets des mers du Sud*, fu inaugurata il 21 gennaio 1955. Tra le opere esposte, oltre a quelli di Kopač, figuravano lavori di Fahr-El-Nissa Zeid, Alberto Giacometti, Hantaï, Jan Křížek, Lam, Marcelle Loubchansky, Magritte, Wolfgang Paalen, Picabia, Man Ray, Yves Tanguy, Toyen ecc.

In December 1952, Sophie Babet opened a small gallery, À L'Étoile scellée, at 11 Rue Pré-aux-Clercs in Paris.[10] Given her attraction to Art Brut, fantasy, and science fiction, as well as her friendship with Charles Estienne, Boris Vian, and Raymond Queneau, it was natural that Babet met all the members of the Surrealist group. The choice of program was entrusted to Breton, who immediately saw this as a means of featuring artists and an editorial point of view without having to manage the business. In April and May 1953, Kopač exhibited no fewer than thirty works, with evocative titles, in a wide variety of materials.[11] Paintings sat alongside ceramics, glazed lava, sculptures, and unusual totems; commentary was provided in a preface to the exhibition by the great poet Benjamin Péret in the exhibition's cardboard catalogue. In summer 1954, L'Étoile scellée relocated to La Galería de Lima (Peru) for the group exhibition *Pinturas surrealistas*, organised through Wifredo Lam. Artists whose works were on display included Rachel Baes, Fred Deux, Oscar Dominguez, Enrico Donati, Max Ernst, Aline Gagnaire, Simon Hantaï, Jacques Hérold, Kopač, Félix Labisse, Wilfredo Lam, René Magritte, Francis Picabia, Man Ray, Ferdinand Springer, Dorothea Tanning, and Toyen. The last exhibition at L'Étoile Scellée in which Kopač participated, *Quelques feux dans le brouillard . . . et des objets des mers du Sud*, opened on 21 January 1955. The group show included Fahr-El-Nissa Zeid, Alberto Giacometti, Hantaï, Kopač, Jan Křížek, Lam, Marcelle Loubchansky, Magritte, Wolfgang Paalen, Picabia, Man Ray, Yves Tanguy, and Toyen.

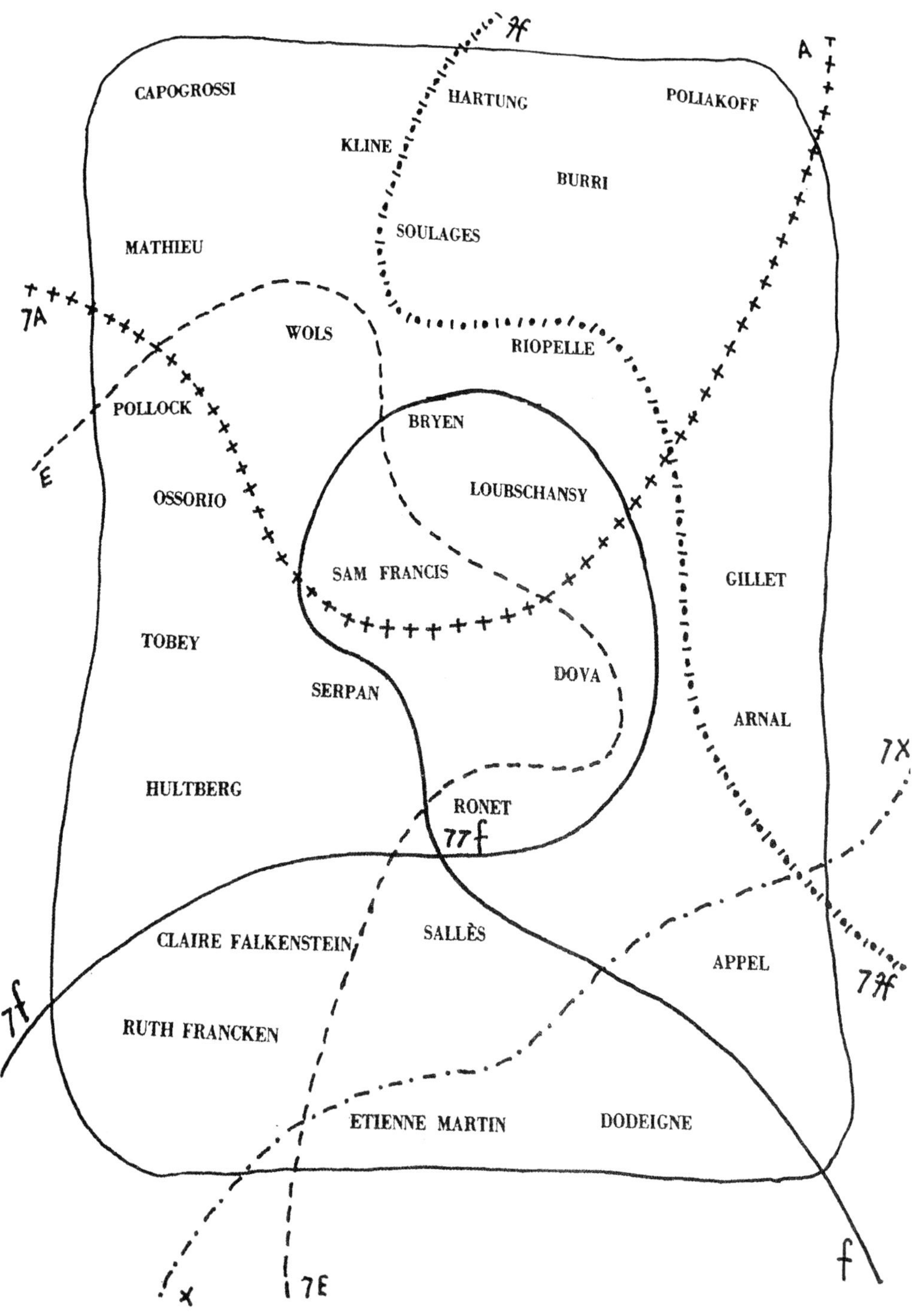

Fig. 5. Michel Tapié, *Diagramme*, riprodotto nel catalogo della mostra alla Galerie Rive Droite, 5-30 ottobre 1954, organizzata da Tapié.

Michel Tapié, *Diagramme*, reproduced in the catalogue of the exhibition at Galerie Rive Droite, 5–30 October, 1954, organized by Tapié.

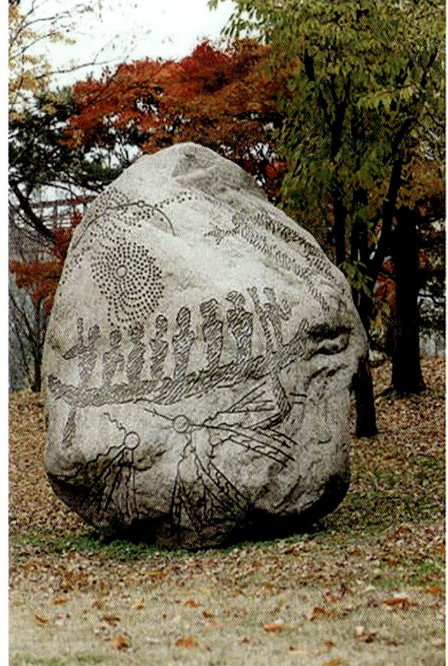
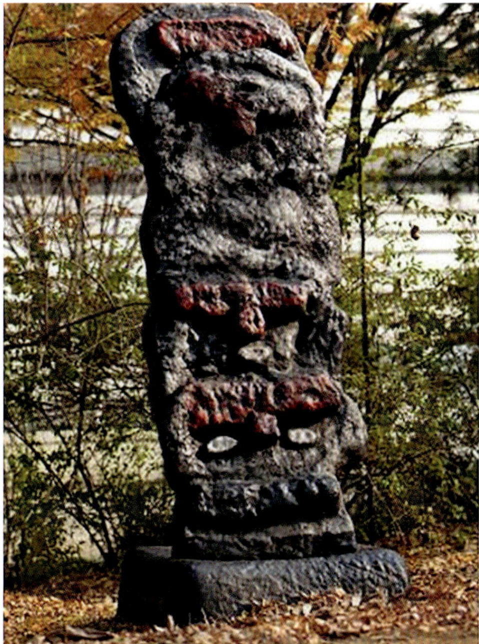
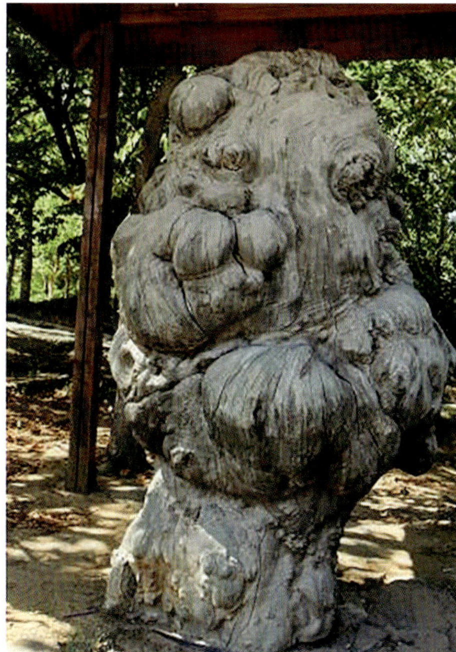

Fig. 6. Da sinistra a destra: Bill Vazan, *Collisions*, 1988, granito inciso, 190 × 300 × 240 cm (installato nella Zona Rossa); Slavko Kopač, *Monumento per aviatori*, 1988, resina sintetica, 130 × 140 × 320 cm (installato nella Zona Blu); Wang Keping, Senza titolo, 1988, legno, 190 × 160 × 290 cm (installato nella Zona Blu). Olympic Park, SOMA Museum of Art, Seul.

From left to right: Bill Vazan, *Collisions*, 1988, engraved granite, 190 × 300 × 240 cm (installed in the Red Zone); Slavko Kopač, *Monument for Aviators*, 1988, synthetic resin, 130 × 140 × 320 cm (installed in the Blue Zone); Wang Keping, Untitled, 1988, wood, 190 × 160 × 290 cm (installed in the Blue Zone). Olympic Park, SOMA Museum of Art, Seoul.

Questa apertura internazionale contribuì a una maggiore visibilità di Kopač, al punto da suscitare l'interesse di Betty Asher (futura curatrice al LACMA di Los Angeles), che promosse l'acquisto di una sua scultura da parte della Frank Perls Gallery di Los Angeles[12], strettamente legata ad altre due gallerie fondamentali per l'arte moderna negli Stati Uniti: la Pierre Matisse Gallery e la Curt Valentin Gallery di New York. Per Kopač, ciò rappresentò una conferma della solidità e del valore della sua ricerca artistica, considerando che la Frank Perls Gallery rappresentava artisti come Henri Matisse, Georges Braque, Alexander Calder, Pablo Picasso, Georgia O'Keeffe, Marc Chagall, Paul Klee, Jean Dubuffet ecc. Poco tempo dopo, nel 1968, fu la gallerista Madelyn Adele Laugesen a organizzare una retrospettiva dedicata a Kopač presso la Thor Gallery di Louisville, nel Kentucky[13]. Kopač vi fu presentato come surrealista, a conferma dei suoi stretti legami con il movimento di André Breton anche dopo la scomparsa di quest'ultimo[14]. La circolazione delle opere dell'artista franco-croato negli Stati Uniti e nel resto del mondo avvenne allora tramite Ante Glibota, suo connazionale e amico, che ne favorì la visibilità nella filiale di Chicago della sua galleria parigina[15]. Glibota, che fu uno dei curatori del parco di sculture realizzato per i Giochi Olimpici di Seul del 1988, non mancò di commissionare a Kopač diverse opere, una delle quali è tuttora visibile in loco[16]. Vale la pena di notare la scelta di accostare le sculture di Kopač a quelle di due grandi artisti suoi contemporanei, Bill Vazan e Wang Keping [Fig. 6]. I tre

This international exposure expanded Kopač's visibility, and he caught the eye of Betty Asher (future exhibition curator for the Los Angeles County Museum of Art), who arranged for one of his sculptures to be purchased by the Frank Perls Gallery in Los Angeles.[12] The Frank Perls Gallery was closely linked to two other major American modern-art galleries: the Pierre Matisse Gallery and the Curt Valentin Gallery in New York. For Kopač, this was affirmation of the quality of his work, for the Frank Perls Gallery represented Henri Matisse, Georges Braque, Alexander Calder, Pablo Picasso, Georgia O'Keeffe, Marc Chagall, Paul Klee, Dubuffet, and other celebrated names. Soon after, in 1968, gallery owner Madelyn Adele Laugesen organised a retrospective of Kopač's work at the Thor Gallery in Louisville, Kentucky.[13] For this show, Kopač was labelled a Surrealist, evincing his close connections with Breton's movement even after it was no longer in existence.[14] His works were then circulated in the United States and elsewhere in the world through his friend and compatriot Ante Glibota, who displayed his work in the Chicago extension of his Paris gallery.[15] Glibota, who was one of the curators of the sculpture garden created for the 1988 Olympic Games in Seoul, commissioned several sculptures from Kopač, one of which is still in place.[16] We may even note that Kopač's sculptures were deliberately situated in proximity to those of the great sculptors of his time, Bill Vazan and Wang Keping [Fig. 6]. These three artists had affinities that were not only formal but conceptual

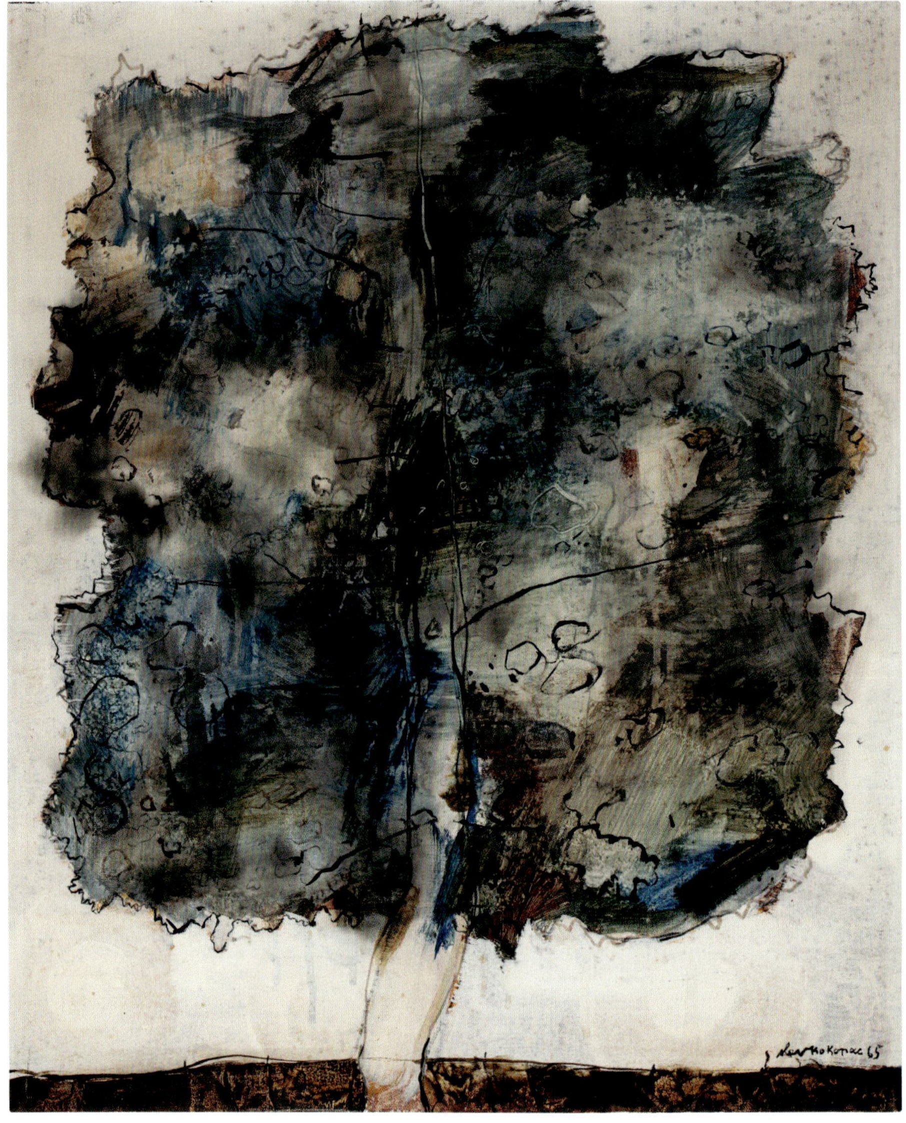

Fig. 7. Slavko Kopač, *Arbre,* 1965, acrilico, pittura vinilica e tecnica mista su tela, 65 × 54 cm, collezione privata. Foto © Damir Fabijanić

Slavko Kopač, *Arbre*, 1965, acrylic, vinyl paint and mixed media on canvas, 65 × 54 cm, private collection. Photo © Damir Fabijanić

condividevano affinità non solo formali, ma anche concettuali, traendo ispirazione dalle forze della natura, dalle energie cosmiche e da molteplici forme di primitivismo. Kopač si trovava in un certo senso al confine tra Surrealismo, Art Brut, immaginario popolare e Arte Informale. Ha abbracciato molte delle avventure del suo tempo perché la sua opera evoca una giungla mentale in cui forme astratte e figurative convivono e dialogano. Questa miscela di magia preistorica e figure infantili spiega l'ampia accoglienza che trovò in contesti artistici anche molto lontani tra loro.

– inspired by the forces of nature, cosmic energy, and primitivism. In a way, Kopač was at the intersection of Surrealism, Art Brut, popular imagery, and Informal Art. He fit well with many movements of his times because his work gave the feeling of a mental jungle in which abstract and figurative forms were in dialogue. This mixture between prehistoric magic and childish figures explains his favourable reception in a variety of art contexts.

1 La galleria Messages, specializzata in arte popolare, fu diretta dalla famiglia Bomsel, coinvolta nella mostra *L'Imagerie populaire 1789, 1830, 1848*, organizzata da Jean Cassou (Tolosa, Musée des Augustins, 10 novembre – 4 dicembre 1944). Esiste anche una lettera inedita di Breton a Edmond Bomsel su questa passione comune, datata 24 luglio 1956 (lotto 59, vendita *Surréalisme et alentours*, Giquello, Parigi, Drouot-Richelieu, 21 novembre 2024).

2 Designato per curare l'*Almanach de l'art brut* prima che Dubuffet decidesse di abbandonare il progetto, Bomsel seguì il suo progetto monografico sull'arte popolare fino al 1960.

3 Mostra *Slavko Kopač*, galleria Messages, Parigi, 8 novembre – 8 dicembre 1949.

4 André Breton (dir.), *Almanach surréaliste du demi-siècle*, numero speciale di *La Nef*, Éditions du Sagittaire, Parigi, marzo-aprile 1950 (illustrazioni pp. 47-48).

5 L'articolo di *Combat* che parla della mostra collega Kopač all'Art Brut e a Dubuffet. "À travers livres et expositions", in *Combat, de la résistance à la révolution*, anno VIII, n° 1666, 11 novembre 1949, p. 4.

6 Michel Tapié, *Un Art autre: où il s'agit de nouveaux dévidages du réel*, Gabriel Giraud et Fils, Parigi 1952.

7 Per l'avventura di Tapié: Juliette Evezard, *"Un Art autre": Le rêve de Michel Tapié*, Les presses du réel, Digione 2023.

8 Diagrammi pubblicati per la prima volta in Fabrice Flahutez, *Le lettrisme historique était une avant-garde*, Les presses du réel, Digione 2011, p. 31 e p. 33.

9 Si veda, per esempio, la mostra da lui curata alla galleria Rive Droite di Parigi, dal 5 al 30 ottobre 1954, dove espose solo artisti astratti.

10 André Breton, "[Présentation pour l'ouverture de la galerie L'Étoile scellée]", in *Alentours II*, *Œuvres complètes*, III, Gallimard, Bibliothèque de la Pléiade, Parigi 1999, pp. 1080-1081, e nota pp. 1459-1460 (*Arts, spectacles*, Louise Maus [dir.], G.-V. Labat [administrateur], n° 388, Éditions de Paris, Parigi, 5-11 dicembre 1952, p. 5).

11 Benjamin Péret, testo introduttivo alla mostra *Slavko Kopač. Peintures, sculptures, céramiques*, L'Étoile scellée, Parigi, 14 aprile – 2 maggio 1953. Ripubblicata in Benjamin Péret, "Slavko Kopač", *Œuvres complètes*, VI, José Corti, Parigi 1992, p. 337.

12 Vendita della scultura *Indian Heads* (ceramica e legno dipinto, 1961, H 37 cm) per 100 dollari (1962), acquisiti dall'artista. Cfr. Betty Asher Papers, box 36, file 8, Getty Research Institute, Los Angeles.

13 *Slavko Kopač*, curatela: Madelyn Adele Laugesen, Thor Gallery (734 S. First St.), Louisville (Kentucky, USA), 17-30 dicembre 1968.

14 L'articolo di Bill Strode, "Kopač 'Graffiti' at Thor", in *The Courier-Journal & Times*, 8 dicembre 1968, p. 25. Il riferimento alla pagina 25 è inequivocabile. Si veda anche "Kopač at Thor", in *The Courier-Journal & Times*, Louisville, Kentucky, 17 novembre 1968, p. 19.

15 È forse grazie all'intervento di Glibota che, nello stesso periodo, si rende possibile l'esposizione dei suoi dipinti a Houston, dove ha sede la Menil Foundation? Cfr. *Paintings by Slavko Kopač*, F.A.M.E. Gallery (1980 Post Oak Blvd), Houston, 10-25 settembre 1982.

16 Cfr. *European and American Masters*, Galerie d'art international (299 E Ontario Street), Chicago, 1982 e Ante Glibota (dir.), *Olympiade des arts* (*Olympiad of Art*), sotto la direzione di Ante Glibota, catalogo edito da SLOOC – Seoul Olympic Organization Committee (9 sculture riprodotte alle pp. 504-505), Seul, 17 settembre – 2 ottobre 1988.

1 The gallery Messages, specialising in popular art, was directed by the Bomsel family, which had been involved in the exhibition *L'Imagerie populaire 1789, 1830, 1848*, curated by Jean Cassou (10 November–4 December 1944, Musée des Augustins, Toulouse). There is also an unpublished letter from Breton to Edmond Bomsel about this shared passion, dated 24 July 1956 (lot 59, *Surréalisme et alentours* auction, Giquello, Paris, Drouot-Richelieu, 21 November 2024).

2 Chosen to publish *L'Almanach de l'art brut* before Dubuffet withdrew from the project, Bomsel worked on his monograph on popular art until the 1960s.

3 *Slavko Kopač*, Messages, Paris, 8 November–8 December 1949.

4 André Breton (ed.), *Almanach surréaliste du demi-siècle* (Paris: Éditions du Sagittaire, special issue of *La Nef*, nos. 63-64, March–April 1950). Kopač's illustrations appear on pp. 47–48.

5 The article in *Combat* reviewing the exhibition linked Kopač to Art Brut and to Dubuffet. 'À travers livres et expositions', *Combat, de la résistance à la révolution* 8, no. 1666 (11 November 1949): 4.

6 Michel Tapié, *Un Art autre: où il s'agit de nouveaux dévidages du reel* (Paris: Gabriel Giraud et Fils, 1952).

7 On Tapié's venture, see Juliette Evezard, *'Un Art Autre': Le rêve de Michel Tapié* (Dijon: Les presses du réel, 2023).

8 The diagrams were published for the first time in F. Flahutez, *Le lettrisme historique était une avant-garde* (Dijon: Les presses du réel, 2011), 31 and 33.

9 See, for instance, the exhibition that he organised at Galerie Rive Droite in Paris, 5–30 October 1954, in which only abstract artists were featured.

10 André Breton, '[Présentation pour l'ouverture de la galerie L'Étoile Scellée]', in *Alentours II*, *Œuvres complètes*, vol. 3 (Paris: Gallimard, Bibliothèque de la Pléiade, 1999, 1080–81), and notice, 1459–60 (*Arts, spectacles*, Louise Maus [dir.], G.-V. Labat [administrator], no. 388 [Paris: Éditions de Paris, 5–11 December 1952], 5).

11 Benjamin Péret, *Slavko Kopač. Peintures, sculptures, céramiques*, L'Étoile Scellée, Paris, 14 April–2 May 1953. Reprinted in B. Péret, 'Slavko Kopač', *Œuvres complètes*, vol. 6 (Paris: José Corti, 1992), 337.

12 Sale of the sculpture *Indian Heads* (ceramic and painted wood, 1961, 37 cm) for $100 (1962), acquired from the artist. Cf. Betty Asher Papers, box 36, file 8, Getty Research Institute, Los Angeles.

13 *Slavko Kopač*, curator: Madelyn Adele Laugesen, Thor Gallery (734 S. First St.), Louisville, Kentucky, USA, 17 November–30 December 1968.

14 In his article 'Kopač "Graffiti" at Thor', *The Courier-Journal & Times*, 8 December 1968, 25, Bill Strode was categorical. See also 'Kopač at Thor', *The Courier-Journal & Times*, Louisville, Kentucky, 17 November 1968, 19.

15 It may have been Glibota's intervention that facilitated the exhibition of his paintings in Houston, where the Menil Foundation was located. See *Paintings by Slavko Kopač*, F.A.M.E. Gallery (1980 Post Oak Blvd), Houston, 10–25 September 1982.

16 See *European and American Masters*, Galerie d'art international (299 E Ontario Street), Chicago, 1982, and Ante Glibota, ed., *Olympiade des arts* (Olympiad of Art), catalogue by SLOOC – Seoul Olympic Organizing Committee (nine sculptures reproduced, pp. 504–05), Seoul, 17 September–2 October 1988.

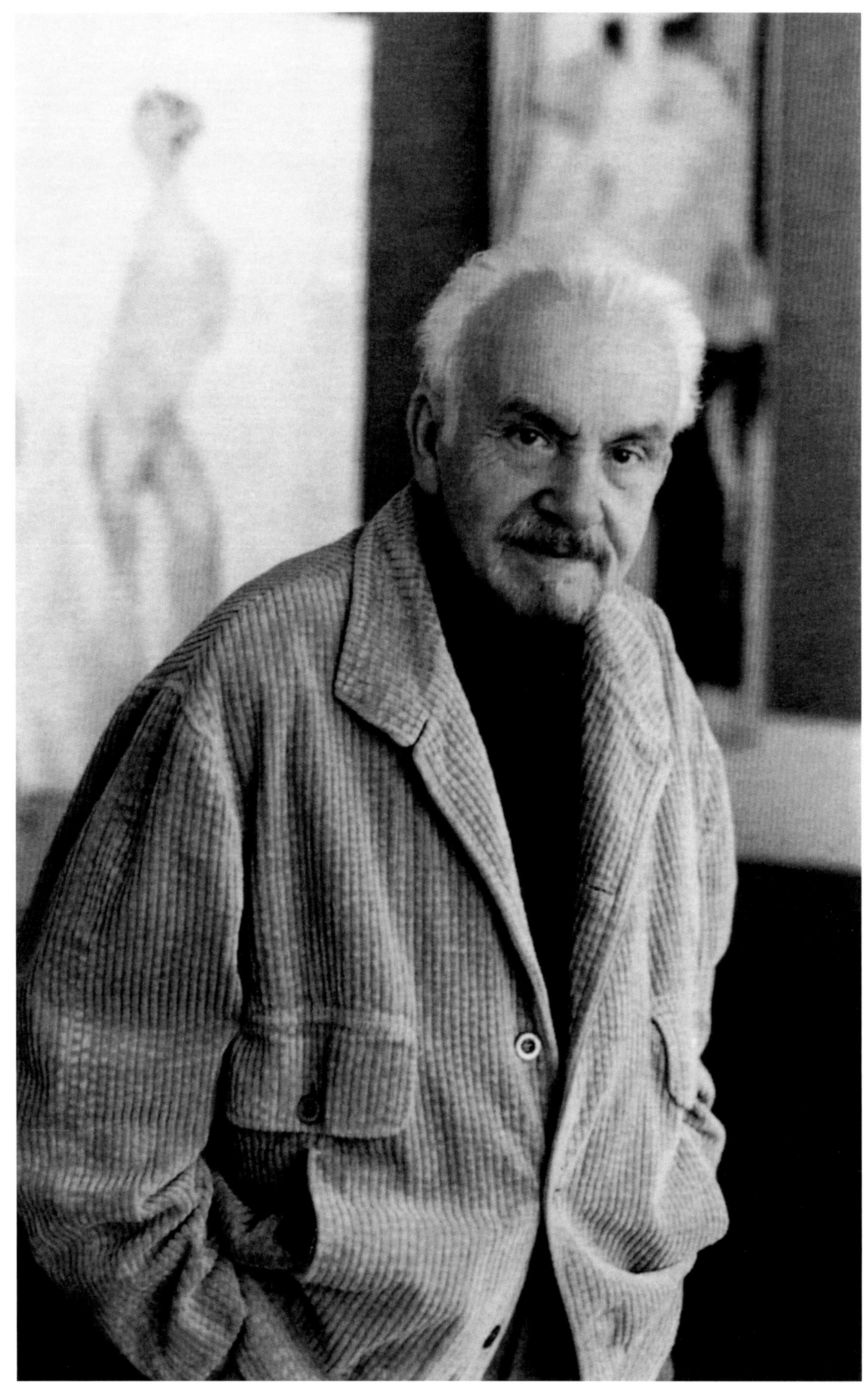

APPENDICI APPENDICES

TEXTES EN FRANÇAIS

Slavko Kopač : une exposition mémorable

[p. 9]

Cristina Acidini
Présidente de l'Accademia delle Arti del Disegno, Florence

Le retour de l'art de Slavko Kopač à Florence – car il s'agit bien d'un retour – s'accomplit à travers l'exposition *Il Tesoro nascosto* [*Le Trésor caché*], présentée dans la salle d'exposition de l'Accademia delle Arti del Disegno, attenante aux salles de l'Académie des beaux-arts où l'artiste croate, au cours de ses années florentines, acquit une formation déterminante. Ce fut une période marquée par les tragiques événements de la guerre et pourtant féconde en stimulations et en inspirations, au point de lui permettre de présenter ses œuvres dans une première exposition personnelle en 1945. Si, à l'époque, l'exposition eut lieu dans une prestigieuse galerie privée florentine, la grande rétrospective de l'automne 2025 – rendue possible grâce à l'engagement et la compétence des commissaires Pietro Nocita et Roberta Trapani – se déploie aujourd'hui sous l'égide de la plus ancienne académie d'artistes du monde occidental. Fondée en 1563 à l'initiative du grand artiste et historien Giorgio Vasari, elle demeure, depuis lors, inlassablement active dans la création, la sauvegarde et la promotion des arts et des savoirs, ouverte dès l'origine aux artistes de toutes provenances et aux formes d'art de toutes orientations.

Les œuvres de Kopač impressionnent inévitablement, qu'il s'agisse de celui qui les contemple pour la première fois ou de celui qui les retrouve, enfouies peut-être depuis des années dans le tréfonds de sa mémoire. La sensibilité de l'artiste – peintre, sculpteur, calligraphe – traverse le temps et embrasse les formes changeantes de la créativité humaine, en remontant jusqu'aux commencements, pour interroger l'origine même de l'image à l'aube de la civilisation, cachée dans les grottes ornées du paléolithique, telle la célèbre grotte de Lascaux, découverte en 1940.

Bien qu'il ne soit pas exact de qualifier d'art brut l'œuvre de Kopač, il n'est guère surprenant qu'il l'ait admirée et soutenue au sein de la Compagnie de l'Art Brut, jusqu'à devenir le tout premier conservateur de la collection qui lui fut consacrée. Son investigation esthétique autant que psychologique, menée dans une époque profondément marquée par les parcours introspectifs indiqués par Sigmund Freud et Carl Gustav Jung, aboutit à la création de formes premières et absolues, surgissant de la richesse explosive et de la variété de la matière, dans un dialogue constant avec la poésie. L'alliance avec le monde artistique et littéraire français trouve son écho dans la veine d'un surréalisme à la fois original et personnel chez Kopač, où le donné naturel se métamorphose en signes allusifs et puissants.

La rétrospective florentine, en offrant au public une constellation d'œuvres mémorables, s'adresse tout particulièrement aux jeunes en formation, en leur révélant l'aboutissement artistique d'une pensée libre.

À l'ombre du baptistère [p. 11]

Luca Macchi
Président de la classe de Peinture, Accademia delle Arti del Disegno, Florence

Nous avons le plaisir d'inaugurer l'exposition consacrée aux œuvres de Slavko Kopač, présentée au sein de l'Accademia delle Arti del Disegno. La classe de Peinture accueille cette manifestation dans la continuité de sa vocation : proposer au public des expériences artistiques significatives, capables de refléter la variété et la richesse du langage pictural et, plus largement, des arts visuels. Ces quelques mots de bienvenue, en tant que président de la classe de Peinture, s'inscrivent dans le prolongement du travail déjà entrepris par le professeur Andrea Granchi.
Slavko Kopač est un artiste à la formation internationale. Né en Croatie en 1913, alors partie de l'Empire austro-hongrois, il se rend d'abord à Zagreb, puis à Paris, ensuite à Florence, avant de revenir définitivement dans la capitale française. C'est là qu'il entre en contact avec des personnalités telles qu'André Breton, Jean Paulhan, Jean Dubuffet, ainsi qu'avec d'autres figures majeures du surréalisme – un mouvement qui l'intéressait, bien qu'il ait toujours affirmé ne jamais y avoir pleinement adhéré.
Particulièrement significatif dans le parcours de Kopač est son séjour d'études à Florence. C'est aussi pour cette raison que l'exposition à l'Académie revêt une valeur particulière, marquant comme un retour symbolique là où tout a commencé.
Ses propres mots nous font comprendre à quel point cette expérience, qui s'est déroulée entre Rome et Florence, a profondément marqué sa vision artistique : « Pour moi, c'était comme une sorte de purification, et tout avait commencé en Italie. Je me souviens d'un groupe d'artistes, de peintres, d'intellectuels qui avaient approfondi les sciences les plus élevées ; ensemble, ils formaient un noyau fertile d'où naissaient de profondes réflexions et de vastes débats. Chaque jour, nous nous retrouvions à l'ombre du baptistère, devant la cathédrale, et nous passions des heures plongés dans la conversation. C'est là que tout a commencé pour moi : ce fut ma première libération[1]. »
Il est frappant de constater comment ces échanges florentins ont fait naître en lui la nécessité de prolonger, dans sa recherche artistique, cette « purification », qui le conduira vers une expression plus essentielle et plus directe.

1 Voir Slavko Kopač, entretien radiophonique avec Lidija Tocilj, *Meetings and Acquaintances* (*Rencontres et connaissances*), Croatian Radiotelevision, 8 août 1984 (43 min) ; extraits, dans Fabrice Flahutez, Pauline Goutain et Roberta Trapani, *Slavko Kopač. Ombres et matières / Shadows and Materials*, Paris, Gallimard, 2022, p. 45.

L'art comme liberté [p. 12-17]

Tamara Floričić
Association ArtRencontre, Pula, Croatie

« Pour moi, il est impossible de travailler, d'être heureux, si ce n'est dans une liberté absolue. [...] Mon travail est l'expression de ce besoin de liberté sans cesse poursuivi[1]. » Ainsi s'exprimait Slavko Kopač (Vinkovci, 1913 – Paris, 1995), peintre, artiste et poète issu d'une formation académique, et premier conservateur de l'incomparable Collection de l'Art Brut. C'est bien cette disposition – quête infatigable de liberté artistique, exploration de l'inconnu, regard vagabond – qui a façonné sa vie entière. L'univers créatif, imprévisible et foisonnant, de Kopač s'est déployé dans une pluralité de formes : dessin, peinture en techniques mixtes, sculpture et poésie. Animant chaque œuvre d'une intensité émotionnelle inepuisable, il a légué un héritage d'expériences artistiques radicalement nouvelles.
L'Association ArtRencontre a vu le jour dans le dessein de faire mieux reconnaître la valeur de Slavko Kopač et de prolonger, aujourd'hui, le dialogue artistique qu'il avait su établir avec le public. Selon ses propres mots, aucune de ses œuvres ne pouvait être considérée comme close : elles n'étaient accomplies que par les regards de ceux qui les observaient.
L'apport de Kopač à la culture s'étend bien au-delà du champ de la pratique artistique : elle inclut également l'écriture et l'activité curatoriale, souvent menées en collaboration avec d'autres. Il travailla en étroite relation, entre autres, avec Jean Dubuffet et André Breton[2], tout en menant une vie modeste et discrète. Les efforts d'ArtRencontre s'attachent aujourd'hui à rendre son univers accessible au plus grand nombre, dans l'espoir qu'il demeure une source féconde d'inspiration et de créativité. Dès lors s'est amorcé un processus visant à diffuser son travail hors du commun par divers moyens, qu'ils soient traditionnels ou numériques.
Le premier rapprochement substantiel de l'association avec l'œuvre de Kopač date de 2017. Le volume *Kopač Collection*[3], conçu pour présenter l'œuvre de l'artiste franco-croate à de nombreuses institutions internationales, réunit un précieux corpus d'écrits qui lui sont consacrés : essais, critiques, textes de catalogue et invitations signés d'illustres personnalités et experts d'art de la seconde moitié du XX° siècle — tels que Jean Dubuffet, Michel Ragon, Benjamin Péret, Annie Le Brun, Jean-Jacques Lévêque —, mais aussi par Kopač lui-même. Publié en édition bilingue (anglais et français), l'ouvrage propose une ample traversée de sa production et restitue avec justesse sa voix personnelle, artistique et curatoriale.
Les historiens de l'art Fabrice Flahutez, Pauline Goutain et Roberta Trapani ont, à leur tour, entrepris une étude approfondie du parcours créatif et biographique de Kopač, réunie dans la monographie *Slavko Kopač. Ombres et matières / Shadows and Materials*, publiée en 2022 aux éditions Gallimard[4]. Présenté à l'Outsider Art Fair de New York en 2023, l'ouvrage s'accompagnait d'une mise en perspective de l'héritage artistique de Kopač et d'une évocation de son rôle de conservateur de la Collection de l'Art Brut. Dans un article du *New York Times* consacré à l'*Hommage à Christophe Colomb* (1949), le critique Will Heinrich a salué l'œuvre de Kopač comme l'un des sommets d'une foire dont les « éclats inattendus de beauté laissent sans voix[5] ».
Le parcours biographique de Kopač offre le portrait d'un homme habité par une quête incessante : un artiste résolument engagé, qui choisit de renoncer à une vie assurée et au confort matériel, prenant ses distances avec sa formation académique pour entreprendre un chemin ouvert. Sa « libération », selon ses propres mots, s'amorça durant son long séjour florentin de cinq années, de 1943 à 1948, lequel constitua un tournant décisif dans ses perceptions comme dans son langage artistique. La vie allait conduire Kopač dans un long voyage créatif loin de Florence, et pourtant son œuvre la plus significative prit naissance là : la patrie de la Renaissance fut aussi le lieu de sa naissance artistique. C'est donc un grand honneur et un véritable plaisir de présenter une fois encore l'œuvre de Kopač dans cette ville même.
Tout au long de ses voyages, Kopač eut l'occasion de côtoyer de grandes personnalités. Dans sa jeunesse, il fut appelé à s'associer à Ivan Meštrović pour la décoration de l'église de Santa Maria Mediatrice, à Rome, où il exécuta un retable

représentant saint Nicolas Tavelić[6]. Pour ce faire, il collabora avec l'architecte Giovanni Muzio et le sculpteur Francesco Nagni. Dans la capitale toscane, tout en achevant sa formation à l'Académie des beaux-arts, il travailla en étroite relation avec le professeur Giovanni Colacicchi et l'artiste Giordano Falzoni, qui écrivirent l'un et l'autre sur lui en des termes enthousiastes. Le départ de Kopač pour la France inaugura un nouveau chapitre de sa vie : en dépit des épreuves liées à son installation d'immigrant aux ressources limitées, il poursuivit sans relâche ses recherches dans le champ artistique. Son œuvre fut, au fil du temps, reconnue et valorisée par quelques-unes des plus hautes figures artistiques, intellectuelles et critiques du milieu du XXe siècle.

Si son œuvre révèle des affinités avec le surréalisme et l'art informel, Kopač ne se reconnut jamais pleinement dans aucune de ces voies. Quant à l'art brut, il ne pouvait l'embrasser : sa formation académique le plaçait d'emblée ailleurs ; il éprouva néanmoins pour ses créateurs une proximité intime, qui le conduisit à devenir l'un de leurs défenseurs les plus fervents. Il affirma sans relâche une position d'indépendance, étrangère à toute appartenance arrêtée. Notre souhait est donc de présenter Kopač – qu'il s'agisse d'un public académique, professionnel ou occasionnel – dans les termes mêmes où il se comprenait lui-même. En effet, Jean Dubuffet percevait Kopač de façon analogue, une perception mûrie au fil d'une amitié de trente ans, rythmée par les activités de Kopač comme conservateur et gardien de la Collection de l'Art Brut. Les textes dans lesquels Dubuffet loue son œuvre sont réunis dans le volume publié chez Gallimard qui rassemble ses écrits. Après leur rencontre en 1948, le peintre français en reconnut immédiatement la force expressive et l'authenticité, et lui consacra par la suite des paroles empreintes d'une profonde estime : « L'art de Slavko Kopač est fortement original ; je ne connais aucun autre qui lui ressemble. À travers des moyens d'expression très diversement renouvelés – empruntant selon les époques toutes sortes de matériaux imprévus, et les utilisant de manière plus imprévue encore – il s'est maintenu avec une frappante constance, tout au long de ses développements, dans sa voie très particulière, son statut si unique. Un art étonnamment inventif, étonnamment poétique[7]. »

Les mérites artistiques et personnels de Kopač lui valurent également le soutien d'André Breton qui, peu après leur rencontre, lui confia l'illustration de son poème de 1949 *Au Regard des divinités*, publié en édition limitée et numérotée, illustrée par l'artiste lui-même, et présentée lors de sa première exposition parisienne, à la Galerie Message[8]. Breton invita par la suite Kopač à contribuer à l'*Almanach surréaliste du demi-siècle* (1950) et lui offrit l'occasion d'exposer — aussi bien lors d'expositions personnelles que collectives, aux côtés d'importants représentants du surréalisme — à la galerie À l'Étoile scellée, dont Breton fut l'un des principaux promoteurs. Kopač ne devint jamais un surréaliste, toutefois son amitié avec Breton dura plus d'une décennie.

Ainsi, Michel Tapié, qui forgea le terme « art informel » et en fut l'un des principaux défenseurs, présenta l'œuvre de Kopač *La Grenouille bretonne* dans son ouvrage de 1952 *Un Art autre* – texte de référence sur l'art informel – la qualifiant de « magistrale » et « authentique »[9]. Lorsqu'il organisa une exposition du même titre au Studio Facchetti à Paris, Tapié présenta Kopač aux côtés des pionniers de l'Informel — des artistes de renommée internationale tels que Jackson Pollock, Mark Rothko, Willem de Kooning et Jean Dubuffet. Ce fut une occasion historique : *Un Art autre* fut la première exposition à réunir des artistes de l'art informel et de l'expressionnisme abstrait issus des deux côtés de l'Atlantique.

La mission d'ArtRencontre est de préserver l'héritage de Kopač et d'en partager l'éclat à travers le monde. Ses initiatives visent à maintenir vivante la diffusion de son œuvre, dans un esprit d'échange avec la scène culturelle internationale.

Parmi les institutions qui ont récemment exposé les œuvres de Kopač, ou avec lesquelles un dialogue a été engagé en vue de futures expositions, figurent le Centre Pompidou à Paris[10], le LaM à Lille[11], le MARQ de Clermont-Ferrand et le Pavillon Meštrović à Zagreb. Un colloque a été organisé à l'occasion de la grande rétrospective de l'artiste, programmée à Zagreb en 2022, tandis que le catalogue de l'exposition a offert de nouvelles perspectives sur sa production artistique[12].

Le soutien de l'Institut français et du consul de France à Florence constitua pour Kopač un appui majeur de son vivant, tout comme leur appui plus récent est devenu essentiel pour ArtRencontre. La coopération menée en Croatie entre l'association et les institutions culturelles françaises, de même que l'aide apportée par celles-ci à la préparation de cette exposition à la prestigieuse Accademia delle Arti del Disegno de Florence, témoignent de la valeur de l'amitié et de l'estime réciproque entre institutions culturelles internationales.

L'originalité et la créativité de Kopač impriment une marque durable. Visionnaire audacieux et novateur, il s'est aventuré vers l'inconnu à la recherche de la liberté. C'est cette œuvre, en partie inédite, que nous présentons aujourd'hui, grâce à la contribution d'auteurs de renommée internationale, afin de restituer toute la complexité et l'actualité de son regard.

1 Slavko Kopač, lettera manoscritta, n.d., riprodotta in Ante Rašić *et al.* (dir.), *Kopač Collection*, Pula, Association ArtRencontre, 2019, p. 11.

2 Parmi les publications réalisées avec la contribution de Kopač figure le catalogue de l'exposition *Salut à Jean Dubuffet*, organisée à la Galerie Chave à Vence en 1985. Cette exposition, hommage à Dubuffet, officialisait la collaboration et l'amitié qui l'avaient lié à Kopač, en revenant sur la période passée par l'artiste à Vence et en soulignant les affinités entre leurs œuvres.

3 Ante Rašić *et al.* (dir.), *op. cit.*

4 Fabrice Flautez, Pauline Goutain, Roberta Trapani, *Slavko Kopač. Ombres et matières / Shadows and Materials*, Paris, Gallimard, 2022.

5 Will Heinrich, « Portraits of Elvis and dreamlike visions at the 31st Outsider Art Fair », *New York Times*, 3 mars 2023 (https://www.nytimes.com/2023/03/03/arts/design/elvis-outsider-art-fair-manhattan.html, consulté le 6 septembre 2025).

6 Dominik Mandić, « Gradnja nove Franjevačke generalne kurije u Rimu i hrvatski motivi u njoj » [La construction de la nouvelle Curie générale franciscaine à Rome et les motifs croates qui s'y trouvent], *Dobri pastir* [Il Buon Pastore], 1951, p. 315-319.

7 Jean Dubuffet, « Kopač », 14 novembre 1982, *Prospectus et tous écrits suivants*, III, Paris, Gallimard, 1995, p. 267.

8 André Breton, *Au regard des divinités*, poème illustré par Slavko Kopač, dans un livret original qu'il a conçu et réalisé, Paris, Messages, 1949. Édition originale tirée à 100 exemplaires numérotés et signés par Breton et par Kopač.

9 Michel Tapié, *Un Art autre : où il s'agit de nouveaux dévidages du réel*, Paris, Gabriel Giraud et Fils, 1952.

10 Les œuvres de Kopač conservées dans les collections du Centre Pompidou sont répertoriées et accessibles dans le catalogue en ligne du musée (https://www.centrepompidou.fr/fr/recherche?terms=Kopač, consulté le 7 septembre 2025).

11 L'exposition *Chercher l'or du temps : surréalisme, art naturel, art brut, art magique*, présentée au LaM – Lille Métropole Musée d'art moderne, d'art contemporain et d'art brut et tenue du 13 octobre 2022 au 29 janvier 2023, a présenté au public trois œuvres de Kopač : *Fleurs du désert* (1954) et *La Jungle* (1949), toutes deux conservées dans les collections du musée, ainsi que *Piton* (1949), provenant de la collection Hervé Lancelin (Luxembourg). Voir Christophe Boulanger, Savine Faupin, Jeanne-Bathilde Lacourt (dir.), *Chercher l'or du temps : surréalisme, art brut, art naturel, art magique*, cat. exp. (Villeneuve-d'Ascq, LaM – Lille Métropole Musée d'art moderne, d'art contemporain et d'art brut, 13 octobre 2022 – 29 janvier 2023), Villeneuve-d'Ascq, LaM – Lille Métropole Musée d'art moderne, d'art contemporain et d'art brut, Gand, Snoeck, 2022, p. 162.

12 Anita Ruso Brečić (dir.), *Kopač*, cat. exp. (Zagreb, Pavillon Meštrović, 17 décembre 2021 – 27 mars 2022), Zagreb, Croatian Association of Fine Artists, 2021.

Le Trésor caché **[p. 18-25]**

Roberta Trapani, Pietro Nocita

Slavko Kopač s'inscrit dans une constellation d'artistes qui arpentent les territoires non cartographiés de la modernité. Peintre, sculpteur, céramiste et poète visuel, il façonne un langage rétif à toute classification, né d'un rapport immédiat à la matière envisagée comme un organisme vivant. L'art, pour lui, n'est sans doute pas affaire de style, bien plus un acte de liberté qui s'affirme à travers intuitions, expérimentations, métamorphoses. Il occupe un espace liminaire, à la lisière du surréalisme, de l'art brut et de l'art informel, dont il absorbe élans et tensions, tout en élaborant une recherche demeurant irréductible à chacun de ces horizons. Celle-ci se laisse éclairer par quelques grandes coordonnées théoriques du XXe siècle : l' « informe » bataillien, entendu comme principe de subversion des hiérarchies de la forme ; l'inconscient collectif, qui, dans la pensée jungienne, constitue la matrice archétypale des images ; le bricolage, tel que défini par Lévi-Strauss, comme pratique inventive nourrie de moyens de fortune, recomposant matériaux et signes hétérogènes ; et enfin, le jeu qui, selon Huizinga, précède et fonde la culture, constituant l'origine même de l'acte créateur.
Première rétrospective organisée en Italie, *Slavko Kopač. Il tesoro nascosto* [*Le Trésor caché*] marque le retour de l'artiste à Florence, là même où – au milieu des ruines de l'après-guerre et au contact de figures telles que Giovanni Colacicchi et Felice Carena – il fréquenta l'Académie des beaux-arts, élargissant alors ses horizons critiques et artistiques. Aujourd'hui, l'Accademia delle Arti del Disegno l'accueille de nouveau, renouant les fils d'un parcours longtemps relégué aux marges de l'historiographie officielle et restituant son œuvre dans la plénitude de sa complexité comme dans la vigueur intacte de sa charge subversive.

Vinkovci, Zagreb, Paris

Slavko Kopač naît à Vinkovci, en Croatie orientale, dans un contexte traversé de tensions historiques mais perméable aux influences de la Mitteleuropa. Le pays, loin d'être en marge, participe aux grandes manifestations de son époque, entre Expositions universelles et une culture visuelle transnationale où résonne encore l'écho de la Sécession viennoise, tandis que de Paris parviennent les leçons de Manet, de Cézanne et de l'École de Paris, qui impriment durablement leur marque sur sa sensibilité.
Formé à l'Académie des beaux-arts de Zagreb, Kopač élabore d'abord une peinture nourrie par la confrontation avec l'impressionnisme et les premières avant-gardes, puis s'oriente ensuite vers des solutions plus personnelles. Son premier séjour à Paris, au printemps 1939, est une révélation, mais la guerre vient interrompre ce parcours : de retour en Croatie, sous un régime coercitif qui bouleverse jusque les liens d'amitié, il fait preuve de résilience, peignant des paysages et des natures mortes qui ouvrent la voie à une recherche plus libre et expérimentale, tout en poursuivant des expositions qui valent à son œuvre une reconnaissance croissante.
En 1942, il présente à la XXIIIe Biennale de Venise, dans le pavillon croate, l'huile *Chiostro dei Gesuiti a Zagabria* [Cloître des Jésuites à Zagreb]. L'année suivante, il quitte la Croatie pour s'installer en Italie, animé par le désir de regagner Paris et d'y retrouver l'horizon de liberté qui nourrit depuis toujours sa vocation artistique. Dès ces années de formation émergent les thèmes qui irrigueront l'ensemble de son œuvre : le dialogue fécond avec la matière picturale, l'attention portée aux formes naturelles et la tension vers un art capable de transfigurer le réel en poésie visuelle. Si l'exposition s'ouvre sur un noyau restreint d'œuvres de la période croate, le cœur du parcours est confié aux années italiennes : une phase fondatrice au cours de laquelle Kopač élabore pleinement son langage et, entre Florence et Rome, tisse des relations appelées à orienter son chemin à venir.

Les années italiennes : Florence et Rome

En mai 1943, en pleine guerre, Kopač gagne Florence, où l'héritage de la Renaissance se mêle aux nouvelles aspirations de la modernité. Il s'inscrit à l'Académie des beaux-arts et suit l'enseignement de Giovanni Colacicchi, peintre et intellectuel antifasciste. Les temps sont rudes : le 11 septembre, les troupes nazies investissent la ville, tandis que privations et bombardements scandent le quotidien. Kopač oppose à ces épreuves l'acte de peindre, allant jusqu'à travailler sur des supports de fortune. Aussitôt après la Libération, il expose à Florence et à Rome, aux côtés d'artistes qui maintiennent vivant le débat culturel. Il façonne un langage personnel nourri de sources hétérogènes : de Giotto à l'art naïf, de De Chirico à Cézanne, de l'art étrusque à Kandinsky, Ernst, Sironi ou Morandi. Dans le domaine du dessin, il se distingue par une variété remarquable de solutions, alternant lignes fluides et traits nerveux et expressifs. Désireux de contribuer à la renaissance culturelle de la ville, il rejoint le groupe Arte d'Oggi et, en 1947, fonde avec Fiamma Vigo la section florentine de l'Art Club, ouvrant ainsi Florence à un dialogue direct avec les avant-gardes européennes. La contribution de Susanna Ragionieri et Michele Amedei, présentée dans ce catalogue, revient sur le séjour florentin de Kopač et met en lumière la manière dont l'expérience académique, conjuguée à la confrontation avec le milieu artistique de la ville, a façonné son parcours. S'y révèle un réseau vivant de relations, où se croisent enseignants, jeunes artistes et figures internationales, faisant de Florence un carrefour inattendu d'expériences.
Parallèlement, sa participation à des cercles culturels et à des revues comme *Caratteri* et *Campi Elisi* témoigne d'un humanisme militant, qui se reflète directement dans l'évolution de sa peinture : la couleur se fait mouvante, les coulures et les gouttes libèrent une force vive d'où surgissent figures et métamorphoses, tandis qu'animaux et astres acquièrent une portée symbolique et archétypale. S'esquisse alors le passage d'un langage postimpressionniste vers une vision poétique traversée d'inquiétude, empreinte de suggestions surréalistes et resonnant de la leçon de Klee.
C'est dans cette perspective que s'inscrit la contribution de Roberta Serpolli, qui reconnaît en l'artiste et critique Giordano Falzoni un interlocuteur privilégié de Kopač, capable d'en consigner à la plume les inflexions figurales et poétiques et de favoriser sa rencontre avec Jean Dubuffet, étape décisive pour son destin.
L'exposition ne se limite pas à présenter les œuvres de Kopač : elle les met en regard de documents d'archives et de témoignages d'artistes qui ont jalonné son parcours, restituant la trame de relations qui a nourri sa recherche. Une section importante est consacrée précisément à Falzoni : ses *papillons*, admirés par Paulhan, Breton et Dubuffet, révèlent une écriture critique transfigurée en geste poétique, alliant jeu et invention, et témoignent de la profondeur du dialogue entretenu avec Kopač, dialogue germinal et porteur de perspectives inattendues.

Kopač et l'art brut : affinités électives

En août 1948, arrivé à Paris, Kopač entre en contact avec Jean Dubuffet qui, depuis 1945, travaillait à la définition du concept d'Art Brut, à travers des écrits théoriques et en rassemblant une collection d'œuvres d'auteurs « irréguliers » : figures étrangères au système de l'art officiel, le plus souvent autodidactes, œuvrant dans la solitude et souvent marquées par la détresse, animées par une urgence intérieure se traduisant par une inventivité radicale, réfractaire aux codes dominants. La rencontre entre les deux artistes, mise en lumière par Déborah Lehot-Couette, s'avéra d'emblée révélatrice. Lorsque Kopač présenta à Dubuffet ses toiles, exécutées entre 1947 et 1948, celui-ci y reconnut d'étonnantes affinités avec ses propres œuvres d'à peine quelques années antérieures : des choix de sujets similaires, une même veine enfantine et une tension expérimentale commune. De là naquit un compagnonnage appelé à durer des décennies, cimenté par la conviction d'avancer sur un terrain commun malgré la diversité des langages. Ce n'est pas un hasard si Dubuffet — habituellement réticent à écrire sur ses contemporains — fit pour lui une exception, en lui consacrant des textes majeurs qui définissent son langage comme autonome, irréductible aux codes officiels et, pour cette raison même, apte à ouvrir un autre horizon.
Kopač reconnaît d'emblée des affinités électives avec les auteurs bruts recensés par Dubuffet, dont il partage le regard libre et émerveillé sur le monde, la spontanéité du geste, l'ouverture à l'invention la plus radicale et une sensibilité visionnaire. Pauline Goutain attire l'attention sur un aspect rarement exploré : la vocation figurative de Kopač, d'autant plus significative à une époque dominée par l'abstraction. Ses images, enracinées dans le folklore de la Slavonie et marquées par le dialogue avec l'art brut, donnent naissance à un univers créatif qui transfigure le quotidien en fable et en cosmogonie : formes végétales foisonnantes

et présences animales, champêtres ou sauvages — vaches, oiseaux, sangliers, insectes, chevaux, lézards, singes, lions, tortues — semblent surgir des territoires reculés de la mémoire et du mythe ; non pas de transpositions naturalistes, mais des symboles d'un rapport totémique au vivant.
Dans ce tissage du familier et de l'exotique, du quotidien et de l'archaïque, se trouve l'une des clés de sa poétique. L'exposition accorde une large place à cet univers animal, soulignant sa centralité dans la construction de l'imaginaire de Kopač.

Matière générative

Dans la foulée de sa rencontre avec Dubuffet, Kopač engage un dialogue avec André Breton. De cette proximité naît une relation humaine et intellectuelle appelée à s'inscrire dans la durée, féconde en échanges et en collaborations qui consolideront la stature internationale de l'artiste croate. En 1949, grâce au soutien de Breton, il expose pour la première fois à Paris et réalise à ses côtés l'édition calligraphiée de *Au regard des divinités*, prélude au célèbre poème-objet conçu à quatre mains avec le poète.
La contribution de Katharine Conley éclaire la fonction de ces œuvres : non pas de simples traces d'une complicité artistique, mais de véritables dispositifs poétiques, conçus pour être lus et manipulés, où le mot et l'image se pénètrent jusqu'à devenir expérience rituelle. Le poème-objet – présenté dans l'exposition comme le pivot du parcours, après des décennies d'invisibilité publique – s'impose comme l'emblème de ce compagnonnage, qui reconnaît à Kopač la pleine autonomie d'un interlocuteur capable de transfigurer la matière en poésie et de partager avec Breton un horizon anticolonial et libertaire. Il ne s'agit pas d'une dimension séparée de sa pratique artistique, mais d'une attitude qui irrigue également son travail : le recours à des matériaux hétérogènes, l'inclination pour le réemploi, la liberté de combiner techniques et supports répondent à une même exigence de se soustraire aux conventions et de résister aux hiérarchies.
L'artiste manie avec aisance le pinceau et la colle, le tour de potier, la presse lithographique et l'émail sur pierre de lave ; il travaille aussi bien sur des papiers ténus que sur l'isorel ; il passe de la transparence de l'aquarelle à la densité de l'empâtement. À Paris, il engage dès la fin des années quarante ses expérimentations matérielles, se consacrant au modelage, à l'émaillage et, plus largement, à la céramique, une technique qu'exploraient alors des maîtres tels que Picasso, Matisse et Brauner.
S'il recourt d'abord à des ateliers extérieurs, il ouvre en 1952 son propre espace de travail, explorant les potentialités de la terre cuite, du ciment, du plâtre et de la brique réfractaire. En 1953, son exposition personnelle à la galerie À l'Étoile scellée présente des volumes sculpturaux et des « tableaux en céramique » d'où se dégagent des échos singuliers avec sa peinture. Dans des huiles sur papier telles que *Marie* (1950) – dont les solutions formelles évoquent la série des *Woman* que De Kooning réalise, à la même époque, outre-Atlantique – la figure affleure d'une trame nerveuse de traits fulgurants et de glacis ; les réserves laissées visibles et le palimpseste de signes transforment la physionomie en une forme-seuil, suspendue entre apparition et effacement. Cette tension trouve un prolongement dans *Tête* (1952), où la surface se fait champ polymatérique : peinture, émaux et insertions hétérogènes composent une trame stratifiée et vibrante.
L'attitude de Kopač à concevoir la matière comme un principe génératif trouve l'une de ses déclinaisons les plus significatives dans le thème du féminin, qui surgit à des moments différents et cruciaux de sa recherche. Dans le parcours d'exposition, un noyau consacré à cette dimension fait office de point d'articulation interprétatif, documentant l'évolution de son approche artistique. Dans des œuvres telles que *Maternité* (1949) [Fig. 2] ou *Mère* (1949), la figure maternelle s'émancipe du registre dévotionnel des aquarelles florentines pour acquérir une valeur archétypale : non pas Vierge à l'Enfant, mais singe femelle portant ses petits agrippés au ventre et au dos, énergie primordiale à la fois physique et cosmique. Avec *Maternité* (1960) [Fig. 3] – assemblage de terre, de ciment et de fragments céramiques – le corps féminin apparaît comme un vestige émergé du sol, idole fragile et puissante. Dans *Éternel féminin* (1968) [Fig. 4], la figure est réduite à une pure présence symbolique, chargée d'une dimension tactile. La géométrie archétypale de la mandorle évoque à la fois la graine et le fruit, suggérant la cyclicité vitale et l'énergie générative de la nature. C'est ici que prend tout son sens la lecture de Kent Minturn, qui, dans son analyse, reconnaît chez Kopač une approche « haptique » de l'art, capable de subvertir la hiérarchie des sens en entremêlant le toucher et la vision.
À la croisée de géographies plurielles, de pratiques artistiques, de tendances et de mondes de l'art, Kopač incarne la frontière comme catégorie esthétique. Non pas une ligne de séparation, mais un espace d'intersection et d'hybridation où identités et langages se transforment réciproquement en générant des configurations inédites. Son œuvre habite cet espace critique, excentré par rapport aux appartenances et réfractaire aux classifications, et y puise son énergie générative. Elle assume ainsi la physionomie d'un écosystème à la fois multiforme et cohérent, où des résonances archaïques et des formes enfantines s'entrelacent avec des tensions abstraites, comme l'observe Fabrice Flahutez. C'est dans cette posture que réside son actualité : l'art comme pratique capable de transformer la frontière en territoire fertile, où les codes qui en régissent l'expérience sont constamment interrogés et disloqués. Une perspective que Bernard Blistène a su saisir avec lucidité, reconnaissant en Kopač une voix singulière de la modernité et favorisant l'acquisition d'un ensemble important de ses œuvres dans les collections du Musée national d'art moderne, Centre Pompidou, un geste qui a ouvert la voie à une relecture historique et critique de son œuvre, restituée dans sa contribution par une analyse de rare finesse et sensibilité.

Slavko Kopač : esquisse d'un portrait [p. 26-45]
Bernard Blistène

Que savais-je de Kopač avant d'écrire ces lignes ? Que connaissais-je de son œuvre si ce n'étaient quelques travaux entrevus çà et là, au fil d'expositions ou de publications sommaires, avant que le beau livre collectif publié par les éditions Gallimard en 2022 ne se retrouve entre mes mains[1] ?
Il en est de l'œuvre de Slavko Kopač comme de celles de bon nombre d'artistes qui ont dédié leur vie à des causes qui nous font oublier leurs propres travaux. L'histoire de ces artistes est d'abord celle d'une dévotion à une idée de la création. Elle tient peut-être d'une forme de ferveur, voire de militantisme. Tournant les pages de cette monographie érudite, il m'est immédiatement apparu que je n'avais pas su regarder et prendre la mesure de cette œuvre, que je l'avais réduite à une appartenance qui n'était sans doute pas seulement la sienne. Par paresse, par commodité, je ne sais ? Peut-être avant tout par peur de m'y aventurer, d'en reconnaître la singularité et de bannir les clichés qui s'y attachent comme des arapèdes. Certes, Kopač est lié à l'histoire de la Compagnie de l'Art Brut, c'est son fil à la patte. Un fil qu'il faut savoir dénouer pour en nouer d'autres, ceux de son histoire propre, du contexte dans lequel il s'épanouit et s'invente pour devenir celui qu'il fut et rien d'autre.

Tours et détours de l'histoire

Je ne connaissais pas Kopač. Peut-être l'avais-je croisé chez Alphonse Chave, lorsque j'étais encore adolescent[2] ? Peut-être avais-je vu la rétrospective organisée par Ante Glibota dans le Paris des années 1980[3] ? Peut-être encore cet homme sensible et érudit qu'est Marwan Hoss qui avait travaillé pour la galerie de France me l'avait-il fait découvrir, lors d'une exposition qu'il avait organisée dans sa propre galerie, plus tard rue d'Alger[4] ? Plus près de nous, j'ai le souvenir de la grande rétrospective de la salle Saint-Jean, à l'hôtel de ville de Paris[5], dans les années 1990, et puis, bien sûr, de ces nombreuses expositions collectives, où les définitions vacillaient et s'entrechoquaient, se contredisant et s'annulant l'une l'autre. Kopač et les surréalistes, Kopač et l'art brut, Kopač et la Croatie. Quand l'œuvre vous dérange, quand vous ne savez à qui et à quoi l'arrimer, vous jouez au jeu des familles.
Seulement, Kopač est beaucoup plus complexe que cela. Sa biographie ne se ficelle pas aussi vite que vous le voudrez. Tours et détours de l'histoire. Kopač est de ces artistes dont « on peine à percevoir la présence, malgré sa proximité avec les noms les plus importants de l'intelligentsia parisienne d'après-guerre[6] », avertit l'introduction de l'ouvrage que nous évoquions à l'instant. Manière de dire qu'on n'a rien vu ou voulu voir, si ce ne sont quelques complices et compagnons de route. Ne rien voir parce qu'alors, Zagreb n'était pas sur la carte : « Une zone d'inconfort, un lieu indécis, un pays non répertorié[7] », dit encore le texte faisant figure d'avant-propos.
Voilà donc que nous nous rattrapons, mais que le risque est grand de le faire à la seule aune de l'art brut. Kopač s'y est dévoué et investi dès 1948, alors qu'il rencontre Dubuffet à Paris. Le Foyer de l'Art Brut et la Compagnie de l'Art Brut seront son terrain et son territoire. À Lidija Tocilj qui l'interroge en 1984, Kopač explique : « Je suis arrivé en France le 8 août 1948 et, quatre jours plus tard, je rencontrais Jean Dubuffet[8]. » La suite est connue, maintes fois racontée. Trente-cinq années « au service » de la Compagnie et de la Collection de l'Art Brut, jusqu'à en devenir – paradoxe insigne – le conservateur, à suivre ses moindres méandres, ses moindres évolutions, ses polémiques souvent arides, son cruel exil à Lausanne.
Incise : ici, je me demande comment et pourquoi aujourd'hui l'art brut nous apostrophe avec autant d'insistance. Je me demande quelle « stratégie » est à l'œuvre, pourquoi ces artistes inqualifiables nous saisissent désormais alors qu'ils sont restés, des décennies durant, à la marge du musée et de toute institution, au point que Dubuffet et quelques acolytes leur ont donné cet intitulé, ce nom, comme on baptise un enfant quand on le reconnaît. Pourquoi aujourd'hui, après que tant d'artistes, et quelques autres, nous ont avertis et tirés jusqu'à l'oreille ? On se plaît à penser que l'art brut, qualifié comme tel bien qu'inqualifiable, serait resté dans les marges. Du côté des singuliers et autres « irascibles », comme on disait de toutes celles et ceux dont le joli récit tracé ne savait quoi faire et les cantonnait au mieux, aux vitrines des couloirs des musées.

Émancipation

Bref, Kopač s'est trouvé pris dans le filet d'un syllogisme quelque peu malmené. Un syllogisme au raisonnement déductif rigoureux qui, ne supposant aucune proposition étrangère ou sous-entendue, lie des prémisses à une conclusion : Kopač était le conservateur de l'art brut, Kopač était l'incarnation de l'art brut. La chose allait de soi. Chercher ailleurs n'aurait pas apporté grand-chose.
Pourtant, il nous faut regarder ailleurs et d'abord, l'œuvre, son histoire, ses voyages, ses chemins et détours. La vie de Kopač tient du déracinement : « Je porte toujours en moi le pays où je suis né et où j'ai grandi », dit-il à *La Voix de la Slavonie (Glas Slavonije)* en 1989[9]. Déracinement, mais aussi zones d'ombre. Kopač se forme à l'Académie. J'aime l'histoire du vieux professeur – un certain Vinko Pajalić – qui aida le jeune Slavko comme quelques autres, à entrer à l'Académie des beaux-arts de Zagreb et qui, malgré ses propres travaux, permet à ses étudiants de se frotter au contexte artistique et culturel du temps. Zagreb n'était pas isolée. Les expositions universelles jouaient un rôle essentiel et l'influence de Manet comme de Cézanne, au gré d'expositions, d'ouvrages et d'images entrevus ainsi que celles de nombreux artistes installés à Paris, contribuaient à permettre à certains jeunes artistes d'intégrer les leçons picturales de l'époque.
Une incise, encore : pourquoi, alors, notre indifférence à nombre de ces artistes ? Comme si on leur récusait le droit de participer au récit moderne, comme si une forme de cosmopolitisme à l'œuvre, dont l'esprit se retrouvera dans différentes revues dont la revue *Zenit*, contribuait paradoxalement à empêcher de mesurer combien se tramaient des pratiques et des alternatives aux récits dominants que la montée des fascismes puis du communisme allait conduire à répudier[10]. Car la Croatie s'était ouverte aux formes artistiques de son temps et cherchait, auprès de ses créateurs les plus déterminés, une forme d'alternative au récit univoque qui voudrait que chacun reste à sa place. C'est sans doute ici que l'idée d'émancipation trouve pleinement son sens. S'émanciper pour dépasser la stagnation dans laquelle une pensée se fige. Être en mouvement(s), dans le temps et l'espace. Sur la couverture de l'un des numéros de la revue *Zenit*, datée d'octobre 1921, dont l'esthétique croise celle des avant-gardes de l'époque, se trouve écrit en lettres capitales ORIENT-OCCIDENT, espoir d'un syncrétisme entre deux pôles. Espoir que les temps actuels que nous vivons tentent, une fois encore, d'éradiquer, rendant d'autant plus nécessaire la compréhension d'une œuvre comme celle de Kopač.

Qualifier l'inqualifiable

Parce qu'il faut saisir comment une œuvre se fabrique pour échapper à l'aliénation du temps qui l'emprisonne, on ne peut oublier qu'il faut aujourd'hui penser avec l'œuvre de Kopač prise dans la terreur de l'histoire, au cœur de ces moments de luttes d'émancipations modernes où certains hommes se transforment en acteurs d'un monde commun qui les excluait. « Le cœur de la politique, c'est l'affirmation du pouvoir des incomptés qui vient brouiller toute distribution ordonnée des parties de la société et des parts qui leur reviennent », écrit Jacques Rancière dans ce chef-d'œuvre de lucidité qu'est *La Mésentente*, ouvrage qu'il publie en 1995, alors que l'effondrement de l'empire soviétique conduisait l'Occident à proclamer le retour de la pensée politique et le triomphe de la démocratie[11]. Nous connaissons et vivons désormais cruellement la suite.
J'écris cela aujourd'hui, car Kopač aura traversé le siècle précédent et vécu la montée des fascismes, puis de ce monde global à la recherche d'un consensus ; puis disparaît cette même année où le grand philosophe français publie son ouvrage. J'écris cela aujourd'hui, car je mesure plus que jamais ce que représente d'être pris dans le labyrinthe et de tenter de transformer l'exil en création. J'écris cela en relisant les magnifiques textes que l'indomptable Annie Le Brun consacrait à son ami, pointant avec rage combien il était crucial de distinguer son œuvre (et sa vie) de celle de Dubuffet : « Personne n'aura eu comme Kopač ce sens inné du luxe naturel, du luxe organique, du luxe presque intolérable de la liberté en devenir. D'ailleurs, c'est peut-être en quoi il se sépare de Jean Dubuffet dont l'œuvre, tour à tour "féroce", "sordide", se présente d'abord comme "une

véhémente protestation contre le monde, une sorte de voyage au bout de la nuit picturale"[12]. »
Annie Le Brun, elle-même poète si attentive aux œuvres témoignant d'une singulière « façon de penser », elle-même ne pouvant qu'être attirée par toute œuvre « menacée d'anéantissement […] dirigée contre l'individualité », écrit superbement Michel Braudeau dans un article qu'il lui consacre[13]. Annie Le Brun, dont Patrice Deray reconnaît combien la pensée, à l'instar de « l'expérience intérieure » d'un Georges Bataille, est avant tout une aventure de l'esprit ouvrant vers de nouveaux horizons, se frayant un chemin escarpé, pour faire passer dans l'écriture le mouvement même de la vie et s'accorder les moyens, fût-ce dans leurs formes les plus irréalisables, d'inventer sa propre existence. Annie Le Brun qui ne pouvait qu'être l'amie, la complice au-delà de toute rhétorique d'un Slavko Kopač, sans doute plus « sauvage » que « brut », s'il faut chercher avec les mots la possibilité de qualifier l'inqualifiable.

Le sentier de Kopač

Revenons à Kopač, si tant est que nous l'ayons encore une fois mis de côté ! Revenons à Kopač et à ce qui le rend singulier. Et qu'est-ce d'ailleurs qu'être singulier si ce n'est d'abord être différent, ce qui vous rend distinct du groupe auquel on vous identifie ? Singulier, sans doute, mais aussi universel. Dans un beau texte, Sylvie Lopez-Jacob écrit : « La singularité fait émerger la différence au sein d'une collectivité. L'universel, à l'inverse, cherche, à travers la diversité, ce qui est commun à tous. La singularité distingue, l'universel réunit[14]. » Et c'est à ce point d'intersection que je crois reconnaître Kopač : singulier dans sa vie, dans son œuvre, dans la méthode à laquelle il s'assigne. Sans doute rétif aux groupes – bien qu'il en ait croisé et délaissé plus d'un – comme aux préjugés qui s'y attachent. Sans doute à la recherche de son identité propre et, comme le souligne Hegel, dont on sera pourtant convaincu que la pensée de Kopač est bien éloignée : conscient que toute création participe à la construction de l'identité. Sans doute, Kopač face à l'expérience qui lui est propre, mais aussi face à l'universalité de la condition humaine dont l'œuvre, souligne ailleurs Merleau-Ponty, ne saurait être autre chose que sa mise en scène.
Je regarde les œuvres de Kopač. Je tente de suivre quelque peu son chemin, peut-être son sentier. Des œuvres du début des années 1950 – *Tête* (1952) [Fig. 1], mêlant peinture et plâtre, clous et écrous, « etc. », dit la légende, comme s'il était impossible et peut-être vain de faire l'inventaire des matériaux et des techniques auxquels l'artiste s'assigne ; *Le Double* (1953), huile sur panneau où deux visages auréolés et hirsutes se superposent comme deux soleils irradiés ; *Loup-garou* (1962) [Fig. 2], mêlant pneu, peinture à l'huile, empâtements sur un panneau de bois, figure fantasque et fantastique d'un homme cédant à la pleine lune, à ses instincts animaux, mélange de mythe et de superstition, figure féroce et rusée, agile et sauvage.
Je regarde encore *Homme-oiseau* (1951) [Fig. 3], une petite céramique polychrome où deux figurines, juchées l'une sur l'autre, telles des funambules, trouvent leur équilibre sur une bûche de bois ; *Sans titre* (1968), affublée du joli nom de *Diane d'Éphèse* [Fig. 4], déesse de la nature sauvage, de la chasse et des accouchements, asianique, égéenne et nordique à la fois, source de la nature et maîtresse de toutes les sortes de vie, réminiscence de l'Artémis métisse et *polymastos* en ronde-bosse que Kopač a sans doute maintes fois contemplée. Autant de figures nées des doigts d'un homme dont l'invitation à tous les voyages conjurait l'envie de la destination. Car on ne sait où situer Kopač, où le chercher et où le retrouver. Tantôt dans la proximité du surréalisme – voyez sa rencontre avec Aragon ou Péret, sa déférence admirative à l'endroit de Breton dont le *Poème-objet* réalisé avec le poète en 1954, « sorte de totem de plus d'un mètre de haut en forme de flèche dressée vers le ciel[15] », prend place parmi les centaines d'autres sculptures extra-occidentales, au cœur de l'atelier de la rue Fontaine. Voyez encore ces ouvrages ornés de « gribouillis triomphants[16] », tel *Au regard des divinités* (1949), dont la couverture originale du poème de Breton inaugure une suite d'ouvrages complices de l'imaginaire des compagnons des routes escarpées du surréalisme, tel Robert Lebel dont Kopač orne « La Clivadière », merveilleux texte de l'*Almanach surréaliste du demi-siècle*, publié en mars-avril 1950 [Fig. 5]. Voyez aussi la beauté des gravures sur lamelles de bois pour *Le Soleil se couche au pays des éléphants* (1951) [Fig. 6], dans lequel le bestiaire fossile et tropical de Kopač souligne la veine « tamanoir » de contes populaires et de mythes oubliés des Kayapos et autres pays lointains. Des tamanoirs dont Breton comparait les tentations qu'un homme éprouve sa vie durant à celle de la langue de l'animal offerte à la fourmi.

L'art brut : point de capiton

Mais Kopač est ailleurs. Je ne sais où. Tantôt du côté de l'Italie, où il arrive en étudiant, « laissant derrière lui le monde sombre et sans avenir de la dictature[17] » pour en croiser un autre, tantôt à Paris, où il se retrouve une nouvelle fois en 1948 après un premier voyage en 1939, pour venir prendre la place de Michel Tapié, compagnon improbable du Foyer de l'Art Brut, et partager l'aventure avec Dubuffet, jusqu'à sa propre mort en 1995, quelque dix ans après son maître. Tantôt du côté des surréalistes de retour d'exil, tantôt encore d'Alphonse Chave qui lui offre, au milieu des années 1950, les cimaises de sa galerie de Vence au fil de multiples rendez-vous, dans le compagnonnage d'une complicité jamais démentie. Kopač sans doute inclassable, premier surpris d'être à l'intersection des débats esthétiques de l'immédiate après-guerre.
Pour autant, c'est bien de l'art brut et de la fascination que ses protagonistes exerçaient sur Kopač qu'il faut évidemment parler. Annie Le Brun, encore et toujours elle, compagne de Radovan Ivšić, l'a raconté dans ce bel entretien avec Pauline Goutain, en 2020. « Il était fasciné par la pureté de leur expression – je ne sais pas trop comment le dire autrement –, qui venait des sources les plus profondes de l'humanité. Comme si, à travers leurs œuvres, il assistait au jaillissement premier, révélant l'insondable richesse du dénuement[18]. » L'art brut, sans doute« le point de capiton » de la vie et de la pensée de Kopač, le principe par lequel s'organise son œuvre et sa vision, fussent-elles distinctes de la notion telle que Dubuffet la met en œuvre(s) et en scène, dès la fin de la guerre. Une notion touchant à l'organisation de la vie psychique et sociale où Lacan suggère que la croyance se définit entre l'imaginaire et le symbolique, l'ignorance entre le réel et le symbolique, et la haine entre l'imaginaire et le réel, tandis que Freud, auparavant, en parlait comme d'un jeu de forces.

Initiations

Lire l'œuvre de Kopač impose ainsi cette immersion dans un nombre infini de rencontres, de pratiques, de récits, de tours et détours qui viennent à la rescousse pour tenter d'esquisser un portrait. Que garde Kopač de tant d'années passées en Italie alors qu'il découvre, étudiant« apprenti dans le soleil », Florence et Rome ? Que découvre-t-il en pleine Italie mussolinienne au gré des expositions organisées par le sculpteur Antonio Maraini[19] et sa volonté d'imposer un langage plastique à même d'affirmer la puissance du fascisme ? Kopač participe à la XXIIIe Biennale de Venise avec un tableau sans doute inspiré de son premier séjour parisien,« imprégné de couleurs claires et tremblantes[20] ». Ce n'est pas un chef-d'œuvre, tant s'en faut, mais dans le pavillon de ce « jeune et audacieux État indépendant de Croatie[21] », le *Cloître des Jésuites à Zagreb* semble un écho de cette peinture du Novecento italien, une forme de« retour à la tradition et à l'ordre » que l'on trouve dans maints artistes qui ont rompu avec l'avant-garde futuriste. Voyez De Pisis, voyez encore *Valori plastici*, voyez ces œuvres entre mélancolie et nostalgie qui tournent alors le dos à l'inventivité débridée des premières années du siècle pour prendre rendez-vous avec Mussolini.
À Florence, où il s'en va suivre les cours du peintre anti-fasciste Giovanni Colacicchi[22] – fondateur de la *Rivista di Firenze* et *Solaria* et dont Eugenio Montale rédige, à la veille de la Seconde Guerre mondiale, une magnifique préface pour son exposition à la Galleria Cometa à Rome – Kopač élargit sa palette et traite la surface de ses tableaux avec la fluidité que lui offre l'aquarelle. Son œuvre se transforme et se libère des contraintes d'une peinture cherchant à s'inscrire dans l'héritage impressionniste, voire dans un académisme lancinant. Si la nature et le réel restent le sujet initial, l'agencement des formes et des signes se fait allusif et obéit aux propriétés de la matière comme à l'imprégnation de la surface. On peut voir dans *Paysage pluvieux* (1943)[23], une aquarelle sur papier aux tonalités brunes et bleutées comme dans *Nature morte*, une autre aquarelle de 1943-1944[24] où les formes vibratiles se diluent dans la fluidité des couleurs, l'abandon

du souci d'imitation objective d'œuvres antérieures au profit d'un agencement où l'imprévisible propre au matériau induit une approche résolument expérimentale et idéogrammatique du sujet. Kopač est alors à ce point de retour où Giordano Falzoni, l'un des intercesseurs essentiels de la Compagnie de l'Art Brut, ami et traducteur italien d'André Breton, reconnaîtra dès lors en lui un indéfectible comparse.

Que dire, à ce point de son *parcours*, de ces années d'apprentissage ? Que dire d'une œuvre alors encore en gestation, imprégnée tout à la fois des artistes de Croatie, dont la plupart nous restent inconnus, comme de ceux qu'il découvre au fil de voyages où Paris et l'Italie occupent une place prépondérante ? On ne saurait à cet instant, de fait, reconnaître une œuvre de Kopač proprement dite, tout au plus saisir l'imprégnation d'artistes et de mouvements rencontrés au gré de rencontres et d'enseignements d'ateliers. Paris et l'Italie sont en quelque sorte des chemins d'initiations multiples, où Kopač se confronte aux contextes d'une Europe entre deux guerres. Mais en Italie, Kopač découvre aussi des foyers artistiques clairement « réfractaires à toute ingérence d'ordre politique et institutionnel[25] ». Il découvre sans doute les travaux essentiels d'historiens de l'art comme Roberto Longhi, autre grand voyageur européen vivant à Florence, proche de Carrà et de Morandi, figure majeure de l'enseignement et de la transmission entre art du passé et de ses contemporains[26].

Porosité

Ici, on ne saurait tenter d'apporter une contribution à la connaissance de l'art de Kopač sans chercher à comprendre ce qui le lie et tend à le délier de l'histoire de l'art et de ses modèles. Dans ses années de formation, dans le milieu des années 1930 à Zagreb, Kopač a tout à la fois nourri son œuvre de l'ancienne influence de la Sécession viennoise – Schiele sera pour lui une source d'émulation essentielle –, mais aussi de grandes manifestations artistiques et culturelles de son temps, qui doivent faire comprendre que la Croatie n'était pas isolée des débats esthétiques liés aux avant-gardes européennes. Prenons exemple de la revue *Zenit*, créée en 1921 par Ljubomir Micić, qui se voulait « cosmopolite et internationaliste[27] », témoignage essentiel de cette profusion d'idées et d'échanges. Interdite en 1927 à la montée des fascistes, elle est pendant six années le creuset de rencontres entre une avant-garde européenne venue d'horizons multiples et de nombreux débats où les différentes esthétiques de l'époque se confrontent. Aussi, il n'est que temps de nous demander comment et pourquoi ces moments essentiels sont ignorés du récit moderne, comment et pourquoi ils sont tenus à la marge d'une histoire qui ignore la complexité de ces foyers culturels et artistiques qui ont été le ferment de grands bouleversements de la pensée. Zagreb aura été de ceux-là, à la croisée de l'Europe centrale et de la mer Adriatique, au cœur de la plaine de Pannonie longtemps occupée par les Celtes avant de devenir province romaine, traversée, envahie, occupée par les Huns puis intégrée au royaume croate au tournant du deuxième millénaire. Victime des Tatars et de l'invasion mongole, alors que les invasions turques se répandent sur l'Europe, la ville devint un rempart qui, au fil des siècles, s'ouvre et s'enrichit de familles et de dignitaires civils et religieux venus de toutes parts. Au tournant du XXe siècle, Zagreb est un centre politique, économique et culturel fortement urbanisé, où l'esprit de sécession, rétif au conformisme, trouve un point d'ancrage essentiel en liaison avec les centres intellectuels et scientifiques européens de l'époque. De tout cela, l'œuvre de Kopač me semble comptable, comme elle l'est des multiples influences qui ont fait son histoire au carrefour de quatre grands espaces culturels qui ont apporté un nombre considérable d'influences, ouvrant le XIXe siècle à un sentiment panslave et yougoslave.

Lire l'œuvre de Kopač, c'est ainsi tenter de comprendre son extrême porosité à la diversité de ses influences et, à la fois, son rejet progressif d'une histoire par trop normée et fondée sur des généalogies qu'il convoque tout en s'efforçant de les dépasser. Sa rencontre avec la Compagnie de l'Art Brut et Dubuffet en sera évidemment l'expression et l'acmé la plus déterminante. Il faut néanmoins encore imaginer l'intensité des débats artistiques et politiques de l'Italie des années d'immédiate après-guerre, les oppositions entre les différents foyers artistiques, qu'il s'agisse de Florence, où Kopač sera alors fortement impliqué dans de multiples revues et expositions collectives. C'est à Prato, en 1946, que Kopač expose *Crucifixion* [Fig. 7], sans doute une des œuvres les plus accomplies de son parcours d'alors ; une huile sur toile dans laquelle Falzoni veut déceler une « distance affective » et une « élégance constitutive » singulières[28]. Une œuvre dont le thème est certes pleinement en osmose avec la tradition picturale chrétienne d'un Rouault ou celle qu'un Guttuso avait traitée en 1941 dans sa propre *Crucifixion*, tableau-manifeste du réalisme social imprégnant son œuvre, mais dont le traitement que Kopač lui imprime, opposant aplats de l'arrière-plan et contorsion de la figure, n'est pas sans parenté avec les premières œuvres d'un Francis Bacon [Fig. 8] et une dramaturgie expressionniste très éloignée des travaux qui précèdent. Car cette toile est aussi sans doute la figuration d'un cadavre, d'un corps sanguinolent disloqué et pendu à la croix, peut-être la réminiscence immédiate de la violence du spectacle offert à la foule après l'exécution de Mussolini et de dignitaires fascistes au printemps 1945.

De ces années italiennes, un bref essai comme celui-ci ne saurait rendre la complexité, voire les tensions qui opposèrent les protagonistes d'un art résolument engagé et profondément impliqué dans les débats politiques du moment. Il n'est qu'à citer les différentes expositions auxquelles participe Kopač pour saisir combien son œuvre traduit un changement stylistique radical, un changement dans lequel on verra combien il est tributaire de la multiplicité des courants portés par différentes revues, critiques et galeries auxquelles il participe.

De nombreuses œuvres réalisées entre 1946 et 1948 témoignent ainsi d'une mutation stylistique évidente. Kopač privilégie l'aquarelle et l'encre dans de multiples feuilles s'émancipant de toute description par trop narrative. Les figures sont traitées sur un mode elliptique, souvent bues et diluées par l'encre qui les compose. Certes, quelque chose d'une « après-guerre » traverse des aquarelles et encres sur papier comme *Noël à Rome* (1947)[29] ou *La Charrue dans les champs* (1947-1948)[30], mais la description s'efface au profit d'une évanescence et d'une sombre fluidité dans lesquelles le sujet se dissout et les grisailles dominent. Kopač donne ici le sentiment de produire une synthèse entre ses toutes premières œuvres et la diversité des découvertes faites au fil de ses voyages et de ses complicités. La singularité de sa démarche est encore en gestation, même si certains sujets apparaissent, sujets dans lesquels de nouvelles sources et réminiscences font surface. Sans doute celles par lesquelles l'œuvre trouvera sa voie.

Une barbarie figurative

Au gré des rencontres et de tant de noms qui me sont inconnus, cherchant à comprendre comment le parcours de Kopač le conduit à sublimer son égarement dans les méandres d'un labyrinthe géographique et mental pour en faire une véritable initiation, certaines figures avant celles ô combien tutélaires de Breton et de Dubuffet, s'imposent à mon regard. Je découvre le lien qui unit Kopač à la figure insensée et hermaphrodite de Fiore de Henriquez, née à Trieste d'un père issu de la noblesse espagnole de la cour des Habsbourg à Vienne et d'une mère d'origine turque et russe, élève d'Arturo Martini, avec laquelle Kopač expose à Florence en février 1947 [Fig. 9, 10].

Adolescente fasciste, Fiore travaille avec le mouvement de résistance italien et aide les réfugiés à les escorter en lieu sûr. Avant de quitter l'Italie pour Londres en 1949, elle est la complice extravagante et hors du commun de Kopač avec qui elle exhibe des œuvres d'expression primitive aux motifs de têtes appariées et siamoises ainsi que des créatures féroces – *Chimères* et *Griffons blessés*, venus d'on ne sait trop quel univers.

Je ne retrouve précisément pas les œuvres qu'expose alors Fiore de Henriquez, mais je veux imaginer que son tempérament marque durablement Kopač, et même si lui présente des paysages « debussystes » dans lesquels la peintre et graveur Zena Checchi reconnaît des « nébuleuses de rêve[31] », nul ne saurait douter de l'impact de la flamboyante artiste sur son œuvre et certains des travaux qu'il entreprend. Voyez ses dessins à l'encre de Chine esquissant des personnages primitifs, ses figurines au tracé archaïque ou ses feuilles sur lesquelles Kopač esquisse des formes imaginaires propres à cette dimension du merveilleux et du grotesque dont il ne se dessaisira plus !

Ainsi, de cette magnifique *Danse des morts* (1946) [Fig. 11], encre sur papier dans laquelle s'entrelacent des corps squelettiques pareils à des ectoplasmes ou cette encre sur papier *Sans titre* (1946-1947) [Fig. 12] dans laquelle personnages

et larves fantastiques s'enchevêtrent pour ne plus tant signifier la réalité qu'un univers fantasque et fantasmé, biomorphique et hybride : « Une barbarie figurative[32] », écrit Falzoni. « Une barbarie figurative » née de réminiscences et de souvenirs de contes populaires, échos d'œuvres de Paul Klee et d'autres surréalistes que Kopač avait découverts quelques années auparavant, lors de son premier séjour parisien. Voyez ici *Chevaux* (1947) [Fig. 14], sans doute le plus parfait accomplissement de cette longue période de gestation, huile sur toile dans laquelle on citera trop aisément les parentés formelles et chromatiques de Chagall et de Klee, mais qui traduit avant tout la construction d'un univers dont les contours pariétaux soulignent la recherche d'un monde enchanté, sans doute spirituel et cosmique que Kopač exposa dans la célèbre Vitrine romaine du singulier Tanino Chiurazzi, acteur et comparse de nombre d'érudits du temps. Voyez la tonalité chaude de l'œuvre, ce « jardin extraordinaire » peuplé d'animaux et de figures grotesques et enfantines, telles celles des *Vachers* (1948). Des vachers et des vaches… Le sujet est par trop singulier, voire « allègre » et « subtile » tant il évoque *Campagne heureuse* [Jean Dubuffet, 1944] pour qu'il ne nous entraîne pas vers d'autres parentés.

Pensée magique

Alors que je termine ces lignes, laissant à d'autres plus qualifiés que moi le soin d'écrire et de décrire l'œuvre de Slavko Kopač, la lecture de textes de Mircea Eliade entreprise simultanément à cette étude m'ouvre la perspective d'une possible appréhension de l'œuvre du Croate. Non que je veuille comparer le chemin du Roumain et le sien, mais sans doute parce que certains textes du philosophe exilé s'intéressant dans sa jeunesse aux sciences naturelles, à la chimie et à l'occultisme, féru d'entomologie, auteur en 1921 de *L'Ennemi du ver à soie* – texte « occulte » s'il en est –, m'offrent une méthodologie sans pareille. Eliade, prodige génial, né d'un pays lui-même porté par « un monde de fées et de sorcières[33] », penseur de la « hiérophanie » soutenant que la religion se fonde sur une distinction entre le sacré et le profane, en quête d'épiphanies et de transcendance. Eliade encore, fasciné dès son plus jeune âge par le monde naturel ainsi que par le folklore, avalant des insectes et écrivant dans sa jeunesse de courts essais d'entomologie. Eliade pris dans la violence de l'entre-deux-guerres et de la Seconde Guerre mondiale, exilé permanent proche de Bataille, que je lis ici en regardant en parallèle *Tir à cible* (1949), remarquable livre où Kopač égrène sa propre passion des animaux singuliers, *Mère* [Fig. 15], huile sur toile de 1949 où l'artiste stylise une guenon portant ses enfants accrochés à son dos et son ventre, *Insectes* (vers 1961) [Fig. 16] où il se livre par la gouache à des jeux d'empreintes et de décalcomanies dans un jeu raffiné de pliage, semblable au test de Rorschach… Une paréidolie sans fin de formes apparaissant sous sa main : une « matière enchantée[34] ». Kopač, bricoleur à la croisée de la pensée magique, ailleurs décrite par Claude Lévi-Strauss, nourri des mythes du temps et de la nature, sans doute à la recherche d'universaux là où d'autres défendaient des modèles par trop attendus. Kopač enfin, à la synthèse de mythologies diverses et distinctes que sa rencontre avec Dubuffet et l'art brut, telle une révélation, conduira à transgresser.

À qui lui demandait de définir l'art brut, Slavko Kopač répondait : « L'art brut, c'est le travail d'un homme qui ne sait pas ce qu'il fait[35]. » Sans doute lui-même en avait-il trop su et trop fait pour ne pas vouloir emprunter des chemins de traverse et peupler sa vie de moments de jubilation et de trouvailles où, comme l'écrit Jean-Jacques Lévêque, « l'innocence côtoie la sagesse[36] ». On ne saurait mieux dire. Reste à regarder.

1 Fabrice Flahutez, Pauline Goutain et Roberta Trapani, *Slavko Kopač. Ombres et matières / Shadows and Materials*, Paris, Gallimard, 2022. Cette monographie de grande qualité rend justice à l'artiste. Soulignons par ailleurs l'intelligence de la structure de l'ouvrage et de ses textes dont plusieurs ont servi de support à l'écriture de ce propos.

2 Le rôle d'Alphonse Chave (1907-1975) dans la diffusion de l'art brut et d'artistes proches de la nébuleuse dada et surréaliste est parfaitement analysé dans *ibid.*, note n° 1, p. 237-249. On lira avec intérêt l'entretien avec le fils d'Alphonse Chave, conduit par les trois auteurs de l'ouvrage, réalisé les 1er septembre 2018 et 24 août 2019 à Vence. J'émettrais cependant quelques réserves sur l'appréciation de Pierre Chave, aujourd'hui décédé, quant aux raisons qui ont amené l'institution que je dirigeais alors à rendre hommage à l'action de son père, dans le cadre du projet « Galeries du 20e siècle », réalisé en 2020 au musée national d'Art moderne-Centre Pompidou.

3 Ante Glibota (1945-2020) est un historien d'art et d'architecture qui a fait ses études à Zagreb à la Faculté d'économie. Engagé contre le régime communiste de la Yougoslavie, il est emprisonné en 1972 et libéré, gagne la France, où il s'inscrit à la Sorbonne. Il crée la Galerie d'Art international, puis dirige le Paris Art Center, un lieu interdisciplinaire, jusqu'en 1994. Commissaire d'exposition, il a réalisé entre autres projets avec l'artiste, la rétrospective consacrée à Kopač intitulée *Slavko Kopač. Rétrospective 1936-1981, peintures, sculptures, céramiques*, Paris, Paris Art Center, 21 octobre – 21 novembre 1981, exposition prolongée trois semaines.

4 Marwan Hoss crée à Paris, 12, rue d'Alger, une galerie active de 1985 à 2008. Né à Beyrouth en 1948, il publie son premier recueil de poèmes chez GLM en 1978. Son activité artistique et littéraire est une des plus subtiles de ce moment. Il exposera Kopač à maintes reprises.

5 Il s'agit de l'exposition *Slavko Kopač 1936-1992*, Hôtel de ville de Paris, salle Saint-Jean, 18 avril – 12 juillet 1996. Textes de Gustave de Staël, Benjamin Péret, Emmanuel Daydé et Annie Le Brun.

6 Flahutez, Goutain et Trapani, *op. cit.*, p. 8.

7 *Ibid.*

8 Voir Slavko Kopač, entretien radiophonique avec Lidija Tocilj, *Meetings and Acquaintances* (*Rencontres et connaissances*), Croatian Radiotelevision, 8 août 1984 (43 min) ; extraits, dans *ibid.*, p. 44-48.

9 Slavko Kopač, « Le pays de cœur », *Glas Slavonije*, mercredi 6 décembre 1989, rubrique culture, p. 9.

10 *Zenit* est fondée par Ljubomir Micić, publiée à partir de 1921 à Zagreb et de 1923 à 1926 à Belgrade. Elle promeut le zénitisme, mouvement proche du futurisme et de Dada. Revue militante, anticonformiste et internationaliste, elle disparaît avec l'exil de son fondateur, accusé de bolchevisme. Pour une étude complète, voir Irina Subotić, « La revue *Zenit* et ses promoteurs », *Ligea*, n° 5-6, avril/septembre 1989, p. 107-114.

11 Jacques Rancière, *La Mésentente : politique et philosophie*, Paris, Galilée, coll. « La philosophie en effet », 1995.

12 Annie Le Brun, « Slavko Kopač ou la matière enchantée », *Un espace inobjectif. Entre les mots et les images*, Paris, Gallimard, coll. « Art et Artistes », 2019, p. 40. Aussi : « Annie Le Brun. Entretien mené par Pauline Goutain, le 15 février 2020 à Paris », dans Flahutez, Goutain et Trapani, *op. cit.*, p. 228-231. Dans ce très bel échange, Annie Le Brun (1942-2024) raconte avec passion sa complicité avec Kopač, suite à sa rencontre avec le poète et dramaturge Radovan Ivšić dont elle partagera la vie jusqu'à sa mort à Paris, en 2009. Elle y critique la marchandisation de l'art brut ainsi que le « misérabilisme mensonger » qui s'en approprie l'intitulé. Figure emblématique du dernier surréalisme, Annie Le Brun rencontre André Breton en 1963 et prend part aux activités du mouvement , jusqu'à son autodissolution en 1969. Volontiers polémique, elle dénonce avec véhémence ce qu'elle désigne comme l'imposture de l'idéologie dite « néo-féministe », une logique identitaire, caricature du totalitarisme bien-pensant. Elle se fait l'apôtre d'un romantisme noir qu'elle voit comme « l'envers des Lumières », publie et réalise de multiples projets autour de Sade qu'elle désigne comme « le philosophe des lumières de la nuit » et se fait l'exégète de nombreux artistes parmi lesquels Kopač, sur lequel elle écrit de nombreux et beaux travaux. Elle meurt en Croatie, à 81 ans.

13 Voir Michel Braudeau, « Annie Le Brun, Sade et la vache folle », *Le Monde*, 26 novembre 2000.

14 Sylvie Lopez-Jacob, *Du singulier à l'universel*, 21 septembre 2024, en ligne : https://www.sylvielopezjacob.fr/du-singulier-a-luniversel

15 « Une traversée du surréalisme », dans Flahutez, Goutain et Trapani, *op. cit.*, p. 186.

16 *Ibid.*, p. 190.

17 « Les années italiennes », *ibid.*, p. 55.

18 « Annie Le Brun. Entretien mené par Pauline Goutain, le 15 février 2020 à Paris », *ibid.*, p. 229.

19 Antonio Maraini (1886-1963), homme politique, sculpteur et critique d'art, naît à Rome et meurt reclus à Florence. Il adhère au fascisme dont il obtient d'importantes commandes officielles. D'octobre 1928 à 1942, il est secrétaire général de la Biennale de Venise. Pour plus d'informations, voir Massimo De Sabbata, *Entre diplomatie et art : les biennales d'Antonio Maraini (1928-1942)*, Udine, Forum Editrice, 2006.

20 *23e Exposition biennale internationale d'art, 1942*, catalogue de l'exposition, Officine Grafiche Carlo Ferrari, Venise 1942, p. 304, dans Flahutez, Goutain et Trapani, *op. cit.*, p. 56.

21 *Ibid.*

22 Giovanni Colacicchi (1900-1992) est peintre et éditeur. Il s'installe définitivement à Florence à la fin de la Première Guerre mondiale. Sur le parcours politique et esthétique de l'artiste, voir Maurizio Fagiolo Dell'Arco, Susanna Ragionieri, *et al.*, *Giovanni Colacicchi*, Milan, Idea Books, 1991.

23 Œuvre reproduite dans Flahutez, Goutain et Trapani, *op. cit.*, p. 61.

24 Œuvre reproduite dans *ibid.*, p. 62.

25 « Les années italiennes », *ibid.*, p. 75.

26 On ne soulignera jamais assez l'importance et le rôle de Roberto Longhi (1890-1970), l'un des historiens majeurs de l'art du xxe siècle dont l'œuvre conjugue ses travaux sur la Renaissance italienne à son intérêt pour la création contemporaine de son pays et la culture européenne qu'il ne cesse d'explorer et de redécouvrir.

27 On lira à ce sujet le très intéressant chapitre consacré à la formation de Kopač intitulé « De Vinkovci à l'Académie des beaux-arts de Zagreb », dans Flahutez, Goutain et Trapani, *op. cit.*, p. 15-27.

28 Voir Giordano Falzoni, « Il pittore jugoslavo Slavko Kopač », *Arte contemporanea*, avril-mai 1947, p. 4, « Les années italiennes », *ibid.*, p. 55-83.

29 Œuvre reproduite dans *ibid.*, p. 74.

30 Œuvre reproduite dans *ibid.*, p. 152.

31 Zena Checchi, « Firenze », *Le arti belle: rassegna di arti figurative, decorative e minori*, Milan, Edi, Editoriale Italiana, A. 1, n° 1, mai 1947, p. 26.

32 Giordano Falzoni, art. cité, p. 4.

33 « Slavko Kopač, Entretien avec Mirko Galić, octobre 1982 », dans *Drugo čitanje : razgovori* (*Deuxième lecture : causeries*), Zagreb, Matica Hrvatska, 2007 ; extraits dans Flahutez, Goutain et Trapani, *op. cit.*, p. 96.

34 Voir Annie Le Brun, « Slavko Kopač ou la matière enchantée », dans B. Rauter-Plančic et A. Le Brun (dir.), *Slavko Kopač. Rétrospective*, Zagreb, Muzejsko Glaerijski, Centar Klovicevi Dvori, 1997, p. 19-65. Republié dans Annie Le Brun, *Un espace inobjectif*, *op. cit.*, p. 34-59.

35 « Slavko Kopač, Entretien avec Mirko Galić », dans Flahutez, Goutain et Trapani, *op. cit.*, p. 97.

36 Jean-Jacques Lévêque, « Slavko Kopač », *Cimaise*, 34e année, n° 190, septembre-octobre 1987, p. 66.

Kopač et Firenze : de l'Académie des beaux-arts à *Campi Elisi* [p. 88-99]

Susanna Ragionieri, Michele Amedei

Au cœur de la Seconde Guerre mondiale, alors que l'Europe traverse l'un de ses moments les plus sombres, Slavko Kopač arrive à Florence pour parfaire sa formation artistique. Le passage de l'artiste est documenté par un dossier personnel conservé aux Archives historiques de l'Académie des beaux-arts[1] qui, à partir d'une photographie d'identité, livre un ensemble d'informations permettant de retracer, fût-ce que de manière générale, la condition de l'artiste entre 1942 et 1944. Un certificat d'identité – visé par le consul général de Zagreb le 30 novembre 1942 – le qualifie de « professeur[2] », titre justifié par un parcours déjà accompli dans son pays d'origine. [FIG. 1] Après avoir obtenu son baccalauréat en juin 1933 au Lycée royal d'État de Vinkovci, sa ville natale, Kopač s'était diplômé à l'Académie des beaux-arts de Zagreb en 1937, après avoir complété huit semestres de cours de dessin[3] attestant de son habilitation à l'enseignement. La documentation comprend également une demande du ministère des Affaires étrangères de Croatie, datée du 29 janvier 1943, dans laquelle il est précisé que sa présence à Florence est destinée à « l'étude du dessin[4] ». La bourse d'études, accordée pour l'année universitaire 1942-1943, s'inscrit donc dans cette perspective de perfectionnement[5].

En 1942, Kopač avait représenté la Croatie à la Biennale de Venise[6], une édition marquée par le contexte de guerre et traversée par les échos du Grand Prix de peinture attribué, lors de l'édition précédente, à Felice Carena. Figure de premier plan dans l'art italien de l'époque, Carena était président de l'Académie de Florence et titulaire de la chaire de Peinture depuis 1924. À partir de 1941, le ministère de l'Éducation nationale avait institué trois chaires supplémentaires, confiées à Primo Conti, Ugo Capocchini et Ottone Rosai, mais la conjoncture de guerre – conjuguée à la pénurie chronique d'espaces – en avait rendu la fréquentation difficile. Les étudiants continuaient, en effet, à suivre Carena, qui demeurait la référence incontournable de l'Académie. Il n'est donc pas surprenant qu'à son arrivée à Florence, en mai 1943, Kopač ait choisi précisément ses cours.

Dans la classe fréquentée par Kopač se distingue la présence d'autres artistes originaires des Balkans, parmi lesquels l'Albanais Sadik Kaceli[7] et le Monténégrin Branko Vujsic[8] ; parmi les Italiens, ressort Antonio Sanfilippo[9], futur cofondateur du groupe Forma 1. Il n'est pas possible d'établir si Kopač les a connus : dans les rapports des sessions d'examens d'été et d'automne, il résulte absent, probablement en raison de son arrivée tardive à Florence[10]. Pour la session d'automne, toutefois, il est plausible que des facteurs plus graves soient intervenus. Le 8 septembre marque, en effet, l'armistice et, avec lui, un tournant décisif : l'occupation allemande, la proclamation de la République de Salò et, par la suite, la naissance de la Résistance. Le contexte, marqué par le couvre-feu et les rafles, évolue rapidement vers une situation proche de la guerre civile. Malgré cela, les activités académiques se poursuivent jusqu'au printemps 1944, lorsque Kopač se voit dans l'obligation de renouveler sa bourse d'études. En l'absence d'épreuves d'examens, il obtient une attestation qui reconnaît ses « remarquables capacités artistiques », associées à sa « bonne volonté et diligence » ainsi qu'à la « nécessité d'être aidé afin de poursuivre ses études »[11]. En mars de la même année, il s'inscrit également à un atelier de fresque à l'Institut d'art de Porta Romana, mais la double inscription engendre une certaine confusion : Ferruccio Pasqui, directeur de l'Institut, demande les documents à l'Académie, qui ne peut les transmettre, la fréquentation simultanée de deux établissements étant formellement incompatible[12]. C'est dans ce contexte que l'on peut situer le début de la relation entre Kopač et Giovanni Colacicchi, titulaire de la chaire de Décoration, nommé pro-recteur par le tout nouveau Comité toscan de libération nationale (CTLN) le 11 août 1944, jour de la libération de Florence : c'est lui qui signera, en janvier 1945, la toute première intervention critique sur Kopač.

Entre les œuvres encore empreintes d'une sensibilité impressionniste, présentées à la Biennale de Venise en 1942, et celles marquées par une « fraîcheur colorée et délicat[13] » lors de l'exposition personnelle à la Galerie Michelangelo [Fig. 2], recensée par Colacicchi, s'inscrit une évolution expressive significative, déjà mise en lumière par des études récentes[14]. « Belle nous a semblé la confiance avec laquelle le peintre Kopač a travaillé à Florence au cours de cette dernière année, assurément loin d'être facile », écrit Colacicchi, « en produisant des œuvres si fraîches, libres et agréables, malgré les temps pour lui plus qu'orageux, voire effrayants, si l'on songe à la condition

d'un jeune citoyen yougoslave en Italie au printemps et au début de l'été 1944[15] ». À ces moments terribles, Kopač avait su réagir en restant fidèle à sa vocation, celle de qui est, écrit encore Colacicchi, « purement et uniquement peintre ». Il en résultait une peinture qui ne laissait transparaître « la maîtrise du dessin » qu'en filigrane, « recouverte avec tant de discrétion par la touche frémissante qui cherche presque à tâtons, dans la couleur, la forme » ; une peinture capable de restituer « une acception si nouvelle de notre paysage florentin qui, aujourd'hui plus que jamais, nous est cher en raison de l'émotion suscitée par les ruines endurées »[16].

La référence de Colacicchi à la puissance de la couleur et à son rapport avec la forme renvoie aux recherches menées par Kopač, notamment en dialogue avec la tradition picturale française. En 1946, ces explorations prennent corps dans des œuvres telles que la *Crucifixion*, présentée au Premio Prato, qui manifeste une adhésion seulement apparente aux instances post-cubistes : un choix en réalité ouvert et problématique. La *Nature morte* [Fig. 2] de la même année, à la structure géométrisante, en apporte une autre confirmation : elle est construite autour de solides platoniciens disposés de manière à suggérer un dialogue avec l'antique invention de la perspective. Cette dernière doit toutefois être comprise comme un élément reconsidéré et renouvelé, fonctionnel à une « solution architecturale de l'espace[17] », précise son ami et compagnon de route Giordano Falzoni : une approche destinée à trouver des prolongements au sein des futurs représentants de l'abstraction classique. Le problème, comme le souligne encore Falzoni, se pose dans une perspective européenne, plutôt que strictement italienne, et concerne le dépassement de l'impressionnisme[18] entendu comme condition nécessaire à l'édification d'une nouvelle civilisation, fondée sur la liberté et l'indissoluble unité entre l'éthique et l'esthétique. Ce n'est pas un hasard si *Contenuto e forma di una nuova realtà* devait être le sous-titre de la première exposition d'Arte d'Oggi[19], organisée à la Galleria Firenze[20], à laquelle participe également Kopač. La liste des exposants ne reflète pas un front homogène, mais plutôt un panorama hétérogène, uni davantage par une orientation progressiste et de gauche que par un programme expressif partagé.

Cette hétérogénéité comprenait des artistes d'origines diverses, italiens et étrangers, en particulier allemands, arrivés à Florence quelques années plus tôt à la recherche d'un refuge sûr face aux vents de guerre. En parcourant les catalogues des expositions auxquelles Kopač participa durant son séjour florentin, il apparaît clairement qu'il exposa aux côtés de ces Allemands et de quelques Florentins liés au milieu de l'Académie des beaux-arts ; parmi eux, Silvano Bozzolini et Osvaldo Tordi, que Vinicio Berti considérait parmi les artistes les plus intéressants du moment[21]. Les occasions d'exposition furent nombreuses et eurent lieu dans les principales galeries progressistes de la ville, parmi lesquelles la YMCA et Il Fiore[22]. Parmi les artistes allemands figuraient Eduard Bargheer, Heinrich Steiner et Franz Furrer, alors résidents à la Pensione Bandini, sur la place Santo Spirito. Ils étaient arrivés à Florence entre la fin des années 1930 et le début des années 1940, profitant des relations diplomatiques favorables entre l'Italie et l'Allemagne, renforcées également par la présence de la Villa Romana[23]. La fin de la Seconde Guerre mondiale ne marqua pas la conclusion de leur séjour en Toscane : ils étaient convaincus que leur expérience, humaine et artistique – dans le cas de Steiner, enrichie par une parenthèse passée à l'Académie, où il fut inscrit à l'école de peinture entre 1938 et 1939[24] – pouvait contribuer à redonner un nouvel élan à une communauté locale désireuse, après 1946, de fonder une nouvelle « civilisation » artistique. C'est dans cette perspective que se place Giordano Falzoni dans un article paru la même année dans *Caratteri*, où l'artiste moderne, marqué par la tragédie de la guerre, est décrit comme capable de dépasser non seulement les légèretés de l'impressionnisme, mais aussi la voie des « retours » et du « sens magique des primitifs », pour s'ouvrir enfin à des mondes encore inexplorés. Des mondes engendrés, écrit Falzoni, par une « solitude » éloignée des « écoles et des manifestes »[25].

Il n'est donc pas à exclure que, durant son séjour florentin, Kopač ait pris part activement à ce cercle d'artistes allemands. C'est probablement dans ce contexte que le peintre croate put se familiariser avec une recherche figurative qui, entre 1946 et les mois précédant son installation à Paris en 1948, combinait des suggestions de Paul Klee avec des structures cézanniennes d'inspiration néo-cubiste, appliquées aussi – mais pas uniquement – au genre de la nature morte. Une évolution qui renforçait l'orientation figurative amorcée après son voyage à Paris en 1939 et qui, selon Falzoni, trouva son accomplissement à Florence, où Kopač développa une technique « résolument anti-impressionniste, puisée dans l'enseignement cézannien, c'est-à-dire opposée à l'automatisme du peintre d'instinct[26] ».

L'intérêt pour le « symphonisme chromatique » de Klee [Fig. 4] pourrait être né grâce à Bargheer – décrit par Carlo Ludovico Ragghianti comme un homme « à la culture ramifiée et pondérée[27] » –, lequel aurait connu le maître suisse par l'intermédiaire de son ami Kurt Craemer[28], artiste lui aussi profondément attaché à Florence. L'influence des fauves et d'un cubisme proche de l'expérience cézannienne revient en revanche, selon toute probabilité, à Heinrich Steiner. En 1938, alors qu'il fréquentait l'école de peinture de l'Académie de Florence, Steiner suivait en effet, en privé, également les cours de Rudolph Levy, artiste allemand formé à Paris auprès d'Henri Matisse, à l'époque où ce dernier réélaborait la touche fauve à la lumière de la leçon de Cézanne[29].

C'est peut-être à Levy [Fig. 5] – dont Kopač put découvrir l'œuvre précisément par l'intermédiaire de Steiner – qu'il se réfère lorsqu'il peint la *Natura morta* de 1946 déjà mentionnée, probablement la même qualifiée d'« architectonique[30] » dans l'article de Falzoni publié dans *Caratteri*. Une œuvre qui, par ses formes et sa construction géométrique, se rapproche également de certaines toiles réalisées cette même année par des peintres liés au milieu de l'Académie et actifs dans les expositions florentines de l'époque, en particulier Osvaldo Tordi [Fig. 6]. Diplômé de l'Académie de Florence lors de la session d'été 1942 sous la direction de Carena[31], Tordi fondera en 1946, avec Mario Fiorani et Adriano Seroni, la revue *Campi Elisi*, à laquelle participa également Kopač en illustrant un poème de Berto Morucchio[32] [Fig. 7].

Née la même année que *Caratteri*, *Campi Elisi*[33] se présentait comme un outil de diffusion d'une poésie de « poignante humanité » et comme un pont entre le monde figuratif et le monde littéraire, dans le signe d'une orientation humaniste commune. Dans ce contexte, « l'Élysée » était compris comme « l'instant qui nous rapproche le plus de l'innocence de la découverte, de la pureté de l'invention[34] ». « Ce n'est qu'à travers les sommets d'une culture et d'une éducation raffinées, par une familiarité à la fois sereine et exigeante avec les mots et les signes », lit-on dans l'éditorial signé par Fiorani, que la civilisation moderne aurait pu redécouvrir « l'humanité acculée au désespoir »[35] d'un Être que la guerre avait inévitablement anéanti.

Si l'éditorial de *Campi Elisi* appelait à une renaissance de l'humain à travers la culture et l'art, la fragilité de cette humanité perdue trouve son expression dans les vers de Morucchio illustrés par Kopač. « Tout tu entraînes comme l'enfant à son fil / un cerf-volant fragile au vent[36] », lit-on dans les derniers vers : une image d'égarement et de précarité bien restituée par le trait « nerveux », aurait dit Falzoni[37], avec lequel l'artiste accompagne le poème, représentant un nu féminin étendu sur le flanc, aux réminiscences matissiennes évidentes.

Si *Campi Elisi* et *Caratteri* – nées toutes deux du « besoin commun d'éclaircir certaines valeurs que la guerre avait déformées[38] » – se configurent d'abord comme des lieux de rencontre entre générations et tendances diverses dans l'intention de rouvrir le dialogue et de reconstruire des valeurs partagées dans l'après-guerre, leur rôle s'épuise rapidement. Dès 1947, et plus encore en 1948 avec la virée de nombreux artistes vers l'abstraction, les positions cessent d'être complémentaires pour devenir opposées. C'est dans ce contexte que, fort de son affinité avec Giordano Falzoni, Kopač mûrit une ouverture inédite qui, par son intermédiaire, l'oriente vers la France et, plus particulièrement, vers Jean Dubuffet, avec qui s'instaurera bientôt un dialogue intense et fécond.

1 AABAFi, Alunni, Fascicoli personali, *Kopač Slavko*.

2 *Ibid.*, Certificat d'identité visé par le consulat général à Zagreb en date du 30 novembre 1942.

3 *Ibid.*, Attestation du professeur Vladimir Becić.

4 *Ibid.*, Lettre recommandée du ministère des Affaires étrangères adressée à l'Académie des beaux-arts de Florence et, pour copie conforme, au ministère de l'Éducation nationale, datée du 29 janvier 1943.

5 *Ibid.*, Déclaration sur papier à en-tête de l'« *Istituto di Cultura Italiana* Zagabria », datée du 5 mai 1943 et signée par le directeur.

6 Voir Elio Zorzi, *La Croazia*, *La XXIII Biennale d'arte di Venezia*, Venise, 1942, p. 116 : « Espone un suggestivo *Chiostro dei Gesuiti a Zagabria* ».

7 AABAFi, Alunni. Iscrizioni, *Registro Matricola N. 4* (1935-1945), 1942-43, Pittura, n° 605.

8 *Ibid.*, n° 646.

9 AABAFi, Verbali esami, Pittura, Sessione estiva 1942-43, n° 14.

10 *Ibid.*, n° 3; idem, Sessione autunnale, n° 2.

11 AABAFi, Alunni, Fascicoli personali, *Kopač Slavko*, certificat délivré en date du 14 janvier 1944.

12 *Ibid.*, Lettre du président Carena adressée à Ferruccio Pasqui, directeur de l'Istituto d'Arte di Porta Romana, datée du 1er mars 1944.

13 Giovanni Colacicchi, « Mostre fiorentine : il pittore Slavko Kopač », *Corriere del Mattino*, 14-15 janvier 1945.

14 R. Trapani, « Les années italiennes », in Fabrice Flahutez, Pauline Goutain, Roberta Trapani, *Slavko Kopač. Ombres et matières / Shadows and Materials*, Paris, Gallimard, 2022, p. 60. Il s'agit de la première étude organique consacrée aux années italiennes de Kopač.

15 G. Colacicchi, *art. cité*.

16 *Ibid.*

17 Giordano Falzoni, « Slavko Kopač », *Caratteri. Rivista sperimentale di arte e cultura*, n° 12, 15 septembre 1946, p. 116.

18 G. Falzoni, « Superamento dell'Impressionismo », *Caratteri. Rivista sperimentale di arte e cultura*, n° 9, 1er août 1946, p. 76.

19 Arte d'Oggi fut le nom adopté par le groupe de jeunes artistes florentins qui, dans l'immédiat après-guerre, se rassembla autour d'un esprit commun de renouveau inspiré par la Libération et la reconstruction, en dialogue avec des expériences contemporaines telles que Forma 1 à Rome et le MAC (Mouvement pour l'art concret) à Milan.

20 *Bargheer, Berti, Bozzolini, Brunetti, Cipriani, De Angelis, Faraoni, Farulli, Furrer, Grazzini, Kopač, Lardera, Monnini, Picchi, Pregno, Steiner, Tordi, Venturi, Firenze*, Florence, Galleria Firenze, 3-14 mai 1947.

21 Les propos de Berti, conservés dans le fonds Berti de l'Archivio Centrale dello Stato de Rome (feuille n° 7), sont cités dans Laura Donati, « Biografia », dans Beatrice Buscaroli Fabbri (dir.), *Silvano Bozzolini. Pitture 1946-1992*, Poggibonsi, Carlo Cambi Editore, 2014.

22 Voir à ce propos R. Trapani, « Les années italiennes », *op. cit.*, p. 55-87 et 332-333.

23 Sur le séjour de ces Allemands à Florence, voir notamment Wolfgang Henze, « Pittori e scultori tedeschi in Italia », dans Klaus Voigt (dir.), *Rifugio precario : artisti e intellettuali tedeschi in Italia, 1933-1945*, cat. exp. (Milan, Palazzo della Ragione, 9 mars – 30 avril 1995; Berlin, Akademie der Künste, 29 août – 22 octobre 1995), Milan, Mazzotta, 1995, p. 93-109 ; Klaus Voigt (dir.), *Klaus Mann, Eduard Bargheer : due esuli tedeschi nella Firenze liberata 1944-1945. Una mostra per il 60° anniversario della resistenza e della liberazione in Toscana*, cat. exp. (Florence, Palazzo Vecchio, 5-29 octobre 2004), Florence, Polistampa, 2004 ; S. Tedeschi, Valentina Fogher and Tommaso Paloscia (dirs.), *Franz Furrer : dipinti 1943-1982*, cat. exp. (Pietrasanta, Chiostro di S. Agostino, 20 février – 14 mars 2004), Florence, Maschietto, 2004.

24 AABAFi, Alunni. Iscrizioni, *Registre de matricule n° 4 (1935-1945)*, 1938-39, peinture, n° 336.

25 G. Falzoni, « Superamento dell'Impressionismo », *art. cité*.

26 G. Falzoni, « Slavko Kopač », *art. cité*.

27 Voir l'introduction au catalogue de l'exposition *Edoardo Bargheer*, Florence, Galleria Il Fiore, 7-19 janvier 1950.

28 Kurt Craemer, né à Sarrebruck en 1912, reçut sa formation à l'École des arts appliqués de Cologne auprès de Friedrich Ahlers-Hestermann, disciple de Matisse, puis poursuivit ses études à Düsseldorf avec Werner Heuser et Paul Klee. Il présenta à Florence, en octobre 1941, une sélection d'œuvres à la Galerie Il Ponte, sur le Lungarno Guicciardini. Cette galerie avait été ouverte par Werner Scheitlin, alors encore étudiant en peinture à l'Académie sous la direction de Carena. Pour approfondir la biographie de Craemer et son lien avec Florence, voir Matilde Romito et Antonio D'Avossa (dir.), *Kurt Craemer : espressionismo mediterraneo*, cat. exp. (Salerne, Pinacoteca Provinciale, 27 mars – 17 mai 2009), Salerne, 2009.

29 Levy marqua de son empreinte le milieu artistique florentin, où il demeura jusqu'en décembre 1943, date à laquelle deux membres des SS l'arrêtèrent sur les marches de la pension Bandini. Déporté, il trouva la mort à Auschwitz en février de l'année suivante. Sur les relations entre Steiner et Levy, voir Susanne Thesing, « Il pittore Rudolf Levy », dans Vanessa Gavioli, Camilla Brunelli, Susanne Thesing (dir.), *Rudolf Levy 1875-1944. L'opera e l'esilio*, cat. exp. (Florence, Le Gallerie degli Uffizi, Palazzo Pitti, 24 janvier – 30 avril 2023), Milan, 2023, notamment p. 25-26.

30 G. Falzoni, « Slavko Kopač », *art. cité.*

31 AABAFi, Alunni, Fascicoli personali, *Tordi Osvaldo*.

32 Nos remerciements vont à Tamara Floričić de l'Association ArtRencontre qui a attiré notre attention sur ce sujet.

33 De la revue, qui porte le sous-titre *Cahier mensuel de poésie et d'art*, paraîtront cinq numéros, de mai à septembre 1946. Imprimée par Vallecchi, sa rédaction principale se trouvait à Florence, mais deux autres rédactions existaient : l'une à Rome, auprès de Leone Piccioni, grand ami et spécialiste de Giuseppe Ungaretti, l'autre à Milan, auprès de Massimo Carrà, fils de Carlo. *Campi Elisi* reprend le titre d'un recueil poétique de Leonardo Sinisgalli et ouvre ses pages aux œuvres d'artistes romains tels que Mafai, Scialoja et Purificato. Du côté milanais, une page est dédiée à la mémoire de l'artiste résistant Ciri Agostoni.

34 Mario Fiorani, « I Campi Elisi », *Campi Elisi*, n° 1, mai 1946, p. 3.

35 *Ibid.*

36 « Primo poemetto », *Campi Elisi*, n° 1, août - septembre 1946, p. 37-38, vv. 37-38.

37 G. Falzoni, « Slavko Kopač », *art. cité.*

38 Guido Di Pino, « Premesse », *Caratteri. Rivista sperimentale di arte e cultura*, n° 1, 15 février 1946, p. 1. La revue, bimensuelle d'art et de culture dirigée par Di Pino, parut durant douze numéros jusqu'en octobre 1946.

« Comme des frères jumeaux »: Slavko Kopač et Giordano Falzoni [p. 100-109]

Roberta Serpolli

> « On ne peut imaginer homme plus aimable et plus gracieux que votre ami Slavko Kopač et vous ne sauriez avoir à Paris meilleur représentant. Il a grande admiration pour vous et il a bien raison[1]. »
>
> Jean Dubuffet

Un an s'est écoulé depuis que le jeune Giordano Falzoni (Zagreb, 1925 – Milan, 1998), artiste autodidacte et critique, alors âgé de vingt-deux ans, a publié dans les colonnes de *Il Mondo Europeo* la première critique italienne de l'œuvre de Jean Dubuffet[2] [Fig. 1]. Ce qui l'avait fasciné chez le maître français, c'était le rejet du « vice de la culture » ainsi que sa récente production de portraits, exposée à la galerie René Drouin en 1947. Cette admiration avait généré une proximité entre les deux hommes, une affinité intellectuelle et amicale, comme en témoigne la dédicace adressée à Falzoni sur les mémorables portraits d'Antonin Artaud et de Henri Michaux présentés lors de cette exposition. Falzoni avait réussi à susciter l'intérêt de Dubuffet en lui envoyant des lettres inventives et colorées, peuplées d'animaux fabuleux, comme des papillons et de petits oiseaux, dont l'imaginaire allait ensuite nourrir ses échanges avec les principales figures de la Compagnie de l'Art Brut, telles qu'André Breton, Jean Paulhan, Maurice Auberjonois, Michel Tapié et Jacques Berne. Bien que récents, les échanges épistolaires entre le jeune artiste et le peintre français déjà reconnu portaient sur les éléments phénoménologiques de la création artistique. La curiosité intellectuelle de Falzoni l'avait poussé à approfondir les liens entre sa peinture et la pensée existentialiste de Jean-Paul Sartre. Ces rapprochements, rapidement relevés par le critique américain Clement Greenberg, furent toutefois récusés par Dubuffet lui-même dans une lettre décisive adressée à Falzoni[3].

En 1948 s'achève le travail complexe et stratifié de coordination et de médiation intellectuelle spontanée mené par Falzoni, figure polyvalente jouant un rôle de trait d'union entre certains des protagonistes de l'art de l'après-guerre. Ayant perçu de profondes affinités électives entre eux, il met en relation Cesare Zavattini et Dubuffet[4], et présente sans hésiter à ce dernier son ami, le peintre franco-croate Slavko Kopač, qui deviendra plus tard, en raison de ses qualités artistiques et humaines, le conservateur de la collection d'art brut de Dubuffet. Lorsque Ce dernier constate la profonde admiration de Kopač pour Falzoni, les deux artistes avaient déjà noué depuis quelque temps une relation d'amitié intense, nourrie par leur affinité artistique et par le quotidien partagé au sein de la vie culturelle florentine de l'après-guerre. Malgré une différence d'âge de douze ans, le jeune Falzoni, lui aussi né en Croatie – où ses parents, tous deux violonistes, étaient partis en tournée – consacrait en 1946 une exégèse savante à la peinture de son ami, arrivé en Italie trois ans plus tôt pour étudier à l'Académie des beaux-arts de Florence. Bien que ce soit Giovanni Colacicchi, maître de Kopač aux Beaux-Arts, qui ait rédigé la première contribution italienne sur son œuvre, c'est la plume de Falzoni – alors affinée à l'école de Mario Salmi – qui a su saisir son tournant décisif vers une dimension architectonique de l'espace pictural, amorcé avec ses natures mortes[5] [Fig. 2].

Riches en suggestions visuelles et conceptuelles, les critiques de Falzoni – écrites à l'occasion d'expositions collectives et personnelles de son ami en Italie[6] avant son départ définitif pour Paris en 1948 – demeurent encore aujourd'hui le témoignage le plus précieux pour retracer le parcours pictural d'un artiste réceptif à de multiples influences, mais en quête de sa propre voie. Falzoni, quant à lui, s'ouvrait alors à la création artistique en privilégiant une expression plus intime : celle du petit format, de l'aquarelle et de la tempera, avec des représentations évanescentes de papillons et de sujets d'inspiration surréaliste et informelle. Issu d'une famille cultivée, bohème et tournée vers les arts – son père Giulio, peintre professionnel, avait étudié à l'Académie des beaux-arts de Florence, tandis que sa mère, Luisa, devait collaborer dans les années 1950 aux activités de la galerie L'Obelisco de Rome – il avait suivi ses parents dans leurs nombreux déménagements entre Florence, Rome et Milan, et baignait déjà à l'époque dans un climat d'ouverture culturelle. Entre 1945 et 1946, il s'était intéressé à l'étude de la phénoménologie et à l'esthétique à la Sorbonne, à Paris ; à Florence, il approfondissait l'interaction entre philosophie et histoire de l'art, obtenant son diplôme en 1949[7]. Son cosmopolitisme, ses incursions dans les territoires de la culture et sa grande générosité dans les échanges interpersonnels faisaient de lui un ami fraternel, si bien que, des années plus tard, Kopač évoquera la richesse de leur dialogue : « Un homme très intelligent, à la fois poète, peintre et philosophe, m'a aidé, à travers nos discussions, à réfléchir à la peinture. Nous étions comme des frères jumeaux[8]. »

Lieu privilégié de ces conversations, l'appartement florentin de Giordano Falzoni situé au 14 rue de' Benci (dans le quartier de Borgo Santa Croce) était partagé avec Kopač, qui le représente dans son quotidien, esquissant avec maestria son tempérament insaisissable, son attitude à la fois sérieuse et fantasque. Le dessin *Sans titre (Gior dort)* [Fig. 3] conserve le souvenir d'un jour d'avril 1947. Dans l'intimité du sommeil, au sein d'une scène d'intérieur rendue avec une sensibilité romantique, émerge la joie vive des dessins et des lettres colorées destinés aux correspondants parisiens. Pour tous deux, comme pour d'autres artistes de leur génération, Paris incarnait le rêve d'un art radicalement novateur, nourri à ce moment-là par d'importantes expositions collectives – telles que *Pittura francese d'oggi* (1947) – et par la proximité avec l'association internationale Art Club. À la lumière de ces expériences, la production artistique de Slavko Kopač prend ses distances avec l'académisme de ses débuts et, à partir de 1947, s'oriente vers un archaïsme figuratif sensible à l'appel du surréalisme et de la peinture de Klee[9]. La proximité humaine et artistique entre Kopač et Falzoni se manifeste dans un changement de regard sur le monde, porté par leurs sujets picturaux : le lyrisme des relations entre êtres humains et animaux, la spontanéité de l'expression enfantine, la dimension visionnaire de créatures imaginaires [Fig. 4, 5].

Bien que la trajectoire de Falzoni au sein de la Compagnie de l'Art Brut, entre 1947 et 1949, ait été fulgurante car intense et rapide, il y adhéra avec enthousiasme et engagement, comme en témoignent sa correspondance avec Dubuffet et les dessins conservés dans la section « Neuve Invention » de la Collection de l'Art Brut de Lausanne[10]. Ayant établi les premiers contacts avec Dubuffet depuis l'Italie, leur relation se renforce après le retour du maître français de son premier séjour en Algérie en 1947[11]. À sa contribution critique dans *Il Mondo Europeo* répond l'envoi de « papillons » [Fig. 6] et de petits dessins personnalisés, enrichis d'éléments anthropomorphes associés à la nature des destinataires. Admirateur amusé de ces créations, Dubuffet alla jusqu'à en encadrer un sous-verre, en juillet 1947, et l'accrocha dans sa chambre[12].

Il n'est donc pas surprenant que Falzoni ait joué un rôle de médiateur dans la relation entre Jean Dubuffet et Slavko Kopač, lorsque ce dernier décide de partir à Paris à l'été 1948 et le rencontre quelques jours après son arrivée. Dans une lettre adressée à son ami italien, Dubuffet exprime une profonde admiration pour les œuvres récentes du peintre croate réalisées à Paris, au point d'en acquérir quelques-unes pour la Collection de l'Art Brut[13]. Falzoni lui écrit à plusieurs reprises pour le remercier de l'accueil chaleureux réservé à Kopač, lequel manifeste une affinité artistique avec les œuvres de Dubuffet[14]. Au lendemain du transfert des collections d'art brut dans les locaux de l'éditeur Gallimard, il est chargé d'en assurer l'ouverture, la conservation et l'impression des plaquettes dédiées aux artistes. C'est le début de son rôle décisif dans la gestion de la collection visionnaire réunie par Dubuffet, qui trouvera son siège définitif, en 1976, au château de Beaulieu, à Lausanne. Mentionné explicitement comme l'ami de Falzoni dans le catalogue de cette exposition, Kopač y présente la peinture sur papier *Dresseur de cheval*, tandis que son ami italien y expose un papillon aujourd'hui conservé à Lausanne[15].

Entre-temps, Giordano Falzoni adhère à la Compagnie, comme en témoigne son enthousiaste *Lettre d'adhésion à L'Art Brut* [Fig. 7], devenant ainsi le correspondant et le porte-parole des nouvelles orientations ou, comme le définit Dubuffet, « l'ambassadeur officiel de l'Art Brut en Italie[16] ». Si Dubuffet demeurait le référent principal, il faut tout de même noter que Falzoni – bien qu'étant encore en Italie alors que Kopač se trouvait déjà à Paris – ne cessait de promouvoir son œuvre et ses qualités humaines aux autres défenseurs de l'art brut comme Jean Paulhan, avec lequel il collaborera[17], et André Breton. Invité par Dubuffet à Paris, où il séjourne en novembre 1948, Falzoni est impliqué quelques mois auparavant dans l'ambitieux projet éditorial de l'*Almanach de l'Art Brut*, resté inédit jusqu'à sa

publication récente. On lui avait proposé alors de réaliser quelques gravures et de rédiger un texte sur son ami croate[18]. Toutefois, ce sera Dubuffet lui-même qui décidera de lui consacrer un court texte, entièrement centré sur la fraternité qui les unit : « Amis au point de devenir un peu sosies, l'un et l'autre portant au menton le même bouc de barbe noire qu'on dirait postiche. C'est ainsi que se manifeste l'amitié quand elle est forte, par des faits de mimétisme physique[19]. »
Pour le numéro de juin de l'*Almanach*, Jean Dubuffet rédige aussi « Nouvelles de Giordano Falzoni », nous laissant ainsi le plus vif et brillant portrait jamais consacré à ce dernier. Toujours sensible à la dissonance entre apparence et essence, il le décrit ainsi : « [...] un austère professeur très minutieusement exact et très scrupuleux qu'il a l'air et qu'il est aussi d'ailleurs. Ça n'empêche pas. Il est dans l'ordre des choses que la fantaisie se présente sous des dehors qui ne sont pas ceux qu'on attend d'elle. Quand une chose se présente sous des dehors attendus et démonstrativement apparents, attention ! C'est de la fausse monnaie. Il faut se souvenir de cela pour juger aussi de l'art[20]. »
Malheureusement, ces lignes si intenses marquent le chant du cygne de leur relation. Lors d'un séjour parisien, Falzoni est l'objet d'un jugement lapidaire de la part du peintre français, qui écrit dans une lettre à Jacques Berne, le 16 novembre 1948 : « Falzoni est à Paris. Il ne ressemble pas à l'idée que je m'étais faite de lui, il est seulement un petit juif intrigant remuant et avide, très intellectuel et sans racines et sans sève et sans odeur propre, il m'a beaucoup déçu[21]. »
Par conséquent, leur relation s'envenime, comme Falzoni le confie à son ami Zavattini : « Mes relations avec Dubuffet sont depuis quelque temps en crise à cause de son antisémitisme obstiné et féroce. À un certain moment, il s'est mis en tête que j'étais juif (peut-être à cause de mon nom ou parce que j'ai violemment contesté ses propos antisémites)[22]. »
Malgré cela, Falzoni est accueilli dans l'entourage surréaliste, dont la poétique demeurera une constante dans sa création future. Grâce à l'estime de Breton, une exposition personnelle lui est consacrée en 1954 à la galerie parisienne À l'Étoile scellée, où Kopač avait exposé l'année précédente, présenté par Benjamin Péret. Ensemble, ils partagent quelques expériences dans le milieu surréaliste, comme leur participation à l'*Almanach surréaliste du demi-siècle* en 1950[23].
À partir des années 1950, cependant, les deux amis emprunteront des chemins différents dans le monde de l'art : Kopač se dédiera à plein temps à la Collection de l'Art Brut et à son propre parcours créatif en France, tandis que Falzoni, fidèle à sa nature d'expérimentateur, enrichira son activité par la littérature d'avant-garde, le théâtre, la performance et le cinéma.

1 Lettre de Jean Dubuffet à Giordano Falzoni, mercredi [1948], Milan, collection privée.
2 Giordano Falzoni, « Jean Dubuffet », *Il Mondo Europeo*, III, 17, 1er novembre 1947, p. 12.
3 Clement Greenberg, « Jean Dubuffet », *The Nation*, 13 juillet et 29 juin 1946 ; les deux ensuite dans Enrico Crispolti, *L'Informale. Storia e poetica*, vol. IV, Assisi-Roma, Carucci, 1971, p. 72-73. Voir Lettre de Jean Dubuffet à Giordano Falzoni, Paris, 14 août 1947, Milan, collection privée.
4 Voir Roberta Serpolli, « Affinità elettive: Falzoni, Dubuffet e Zavattini », *Rivista dell'Osservatorio Outsider Art*, VIII, 14, automne 2017, p. 108-129.
5 Giovanni Colacicchi, « Il pittore Slavko Kopač », *Corriere del Mattino*, 14-15, janvier 1945 ; Giovanni Falzoni, « Slavko Kopač », *Caratteri. Rivista sperimentale di arte e cultura*, 12, 15 septembre 1946, p. 116.
6 Parmi les expositions italiennes de Kopač, on signalera : *Il pittore jugoslavo Slavko Kopač*, Florence, Galleria d'Arte Michelangelo (6-17 janvier 1945) ; *Concorso Nazionale di Pittura Premio Prato - Arte italiana d'oggi*, Prato, Collegio Cicognini (septembre 1946) ; *Fiore de Henriquez - Slavko Kopač*, Florence, Galleria Rizzi (15-28 février 1947).
7 Il obtient son diplôme avec un mémoire intitulé *Aspetto ludico di alcune attività umane*. Une correspondance suggestive apparaît entre l'intérêt porté au thème de l'*homo ludens* et la diffusion en Italie de l'ouvrage de Johan Huizinga, *Homo ludens*, traduit en 1946 par les éditions Einaudi, avec une préface d'Umberto Eco.
8 « Slavko Kopač, Entretien avec Mirko Galić » [octobre 1982], dans Fabrice Flahutez, Pauline Goutain et Roberta Trapani, *Slavko Kopač. Ombres et matières / Shadows and Materials*, Paris, Gallimard, 2022, p. 92.
9 Giordano Falzoni, « Il pittore jugoslavo Slavko Kopač », *Arte Contemporanea*, avril-mai 1947, p. 4.
10 Section consacrée à des auteurs en marge du système de l'art, mais plus intégrés ou conscients que les créateurs de l'Art Brut.
11 Voir Roberta Serpolli, « 1947-1949. Giordano Falzoni negli anni dell'adesione all'Art Brut e del contributo critico su Jean Dubuffet », dans Stefano Cecchetto, Maurizio Vanni (dir.), *Jean Dubuffet e l'Italia*, cat. exp. (Lucques, Lu.C.C.A. - Center of Contemporary Art, 12 février – 15 mai 2011), Cinisello Balsamo, Silvana Editoriale, 2011, p. 92-101.
12 Lettre de Jean Dubuffet à Giordano Falzoni, 16 juillet 1947, Milan, collection privée.
13 Lettre de Jean Dubuffet à Giordano Falzoni, 18 octobre 1948, Milan, collection privée.
14 Carnet *Giordano Falzoni. Lettre du 18-10-1948*, archives de la Collection de l'Art Brut, Lausanne.
15 Voir catalogue intitulé *Ouverture du nouveau Foyer de l'Art brut (ci-devant au sous-sol de la galerie Drouin) transféré aux éditions Gallimard, 5 rue Sébastien Bottin Paris 7e, Catalogue des objets exposés du 7 septembre au 1er octobre 1948*, Paris, Foyer de l'Art Brut, 1948, cat. 60.
16 Lettre de Jean Dubuffet à Giordano Falzoni, Paris, 2 octobre 1948, Milan, collection privée. Carnet *Giordano Falzoni. Lettre d'adhésion à L'Art Brut*, n.d., archives de la Collection de l'Art Brut, Lausanne.
17 Giordano Falzoni, « La vie comme aventure », *Les Cahiers de la Pléiade*, 4, printemps 1948, p. 94-97.
18 Lettre de Jean Dubuffet à Giordano Falzoni, 1948, *op. cit*.
19 Jean Dubuffet *et al.*, *Almanach de l'Art Brut*, reproduction en fac-similé et édition critique sous la direction de Sarah Lombardi et Baptiste Brun, en collaboration avec Vincent Monod, Milan, 5 Continents Editions, 2016, p. 95.
20 Jean Dubuffet, « Nouvelles de Giordano Falzoni », *ibid.*, p. 83.
21 Lettre de Jean Dubuffet à Jacques Berne, 16 novembre 1948, *Jean Dubuffet, Lettres à J. B., 1946–1985*, Paris, Hermann, 1991, p. 43.
22 Lettre de Giordano Falzoni à Cesare Zavattini, n.d. [1949], Biblioteca Panizzi, Archivio Cesare Zavattini, Reggio Emilia, *Lettere e Carteggi*, Falzoni Giordano, F56/16.
23 André Breton (dir.), *Almanach surréaliste du demi-siècle*, *La Nef*, n° 63-64, Paris, Éditions du Sagittaire, mars-avril 1950. Kopač y intervient en illustrant le texte de Robert Lebel, *La Clivadière*. Falzoni illustre le texte d'André Liberati, *Où me cacher*, p. 106-108.

Kopač, bâtisseur de l'imaginaire : « une autre figuration » **[p. 110-119]**
Pauline Goutain

> « L'art de Slavko Kopač est un art fortement original. [...] Un art étonnamment inventif, étonnamment poétique [...] un art immédiatement branché sur les spectacles que nous offre la vie quotidienne[1]. »
>
> Jean Dubuffet

Les œuvres de Kopač ont fasciné et fascinent toujours pour leur matérialité. Jean Dubuffet louait son usage « de toutes sortes de matériaux imprévus[2] » ; Annie Le Brun célébrait sa « matière enchantée[3] » ; nous-mêmes consacrions un chapitre entier à cet aspect dans la monographie *Slavko Kopač. Ombres et matières*, publiée chez Gallimard[4].
Aux côtés de cette matérialité, il est une dimension de la création de Kopač tout aussi importante et pourtant jusque-là peu analysée : sa figuration.
L'œuvre de Kopač n'est jamais abstraite, elle est toujours figurative. Ceci est significatif dans un contexte – l'après-Seconde Guerre mondiale – où l'abstraction occupe une large part de la scène artistique. Formé à l'Académie des beaux-arts de Zagreb de 1933 à 1937, puis à celle de Florence dans les années 1940, Kopač possède un bagage classique dont il s'émancipe en côtoyant le milieu avant-gardiste croate, italien et parisien. À partir de ce terreau académique et d'un imaginaire singulier, Kopač bâtit « un monde » nourri du quotidien. Il condense « l'univers dans un poing[5] », pour reprendre les mots du galeriste Ante Glibota, où le public peut voyager selon son envie. Lui-même l'écrivait : « Ce que je sème, ce que je façonne, c'est mon monde. Qu'il y entre celui que cela plaît[6]. »
« L'îlot solitaire[7] » que Kopač a créé le rapproche paradoxalement de ceux dont il a pris soin pendant près de trente ans. Il avoue combien il est redevable de ces œuvres qui portent chacune à leur manière une cosmogonie particulière : « Les longues années que j'ai passées entouré de travaux bruts m'ont fait comprendre une chose essentielle. Celle-ci : "Le Vrai art ne se fabrique pas, ne se construit pas, ne s'apprend pas, il pousse comme l'herbe".[8] » La majorité des artistes dont Kopač a été le gardien sont des « figurateurs ». Sur les quelque cent soixante-douze auteurs intégrés à la Collection de l'Art Brut entre 1945 et 1976, on compte seulement une quinzaine d'artistes utilisant des formes abstraites, et cela de manière non exclusive[9]. Les œuvres que Kopač rangeait au quotidien sont des œuvres historiées, habitées par des présences, totales. Il est aisé d'imaginer Kopač – homme discret et peu volubile – regarder et écouter patiemment ces mondes intérieurs, ces imaginaires sans pareils et s'en inspirer : les messages de Jeanne Tripier la planétaire ; la saga romantique d'Aloïse Corbaz ; les visages et villes kafkaïennes d'Adolf Wölfli ; les êtres hybrides de Gaston Dufour ; les bêtes d'Auguste Forestier, etc. Aux côtés de ces langages figuratifs insulaires, Kopač a bâti le sien tel un conteur qui nous transporte dans l'espace et le temps, dans un présent simple et des lieux dépaysants[10].
Les œuvres de Kopač possèdent indéniablement une dimension narrative et imaginaire. Cette qualité a retenu l'attention de ses contemporains. Radovan Ivšić comparait son ami à un « chaleureux narrateur qui préfère la main gauche et enjouée à l'autre, déchue par le dressage et le travail[11] ». Benjamin Péret, en 1953, décrivait Kopač comme le « créateur d'un folklore personnel et singulier » qui « propose des êtres attendant leur histoire et des totems qui réclament leur peuple »[12]. Il suffit à Kopač d'un bout de papier, d'un télégramme poétique, pour qu'il nous ouvre les portes de son pays, comme le montrent ces quelques lignes : « Dans le creux de ma main, habite un petit lapin / chaque matin il me réveille / et parcourt les lignes de ma main / Et le soir tard / Fatigué tous les deux / Nous regardons au coin du feu / les images du ciel et de la terre / dans le miroir de mon cœur[13]. » Les mots se transforment en images et les images en mots. Ses œuvres racontent des histoires, à la manière d'un « il était une fois ». Nous pouvons imaginer l'avant, le pendant et l'après de *L'arbre parapluie* – la pluie qui tombe et les animaux qui se réfugient sous ce pont végétal [Fig. 1]. Nous pouvons aussi nous téléporter dans ce *Jardin public* (1954) où trois enfants font une farandole entourée d'arbres, réminiscences de la relation particulière que Kopač a entretenue un temps avec les enfants en tant que professeur[14], ou encore sur cette barque prête à chavirer qui n'est pas sans rappeler l'expérience de l'exil. *Promenade* (1949) nous met en contact avec des petits monstres, presque diablotins, arpentant un espace nocturne. Même les sujets religieux nous sont narrés sous l'angle enchanteur : l'arche de Noé [Fig. 5], Adam et Ève chassés du paradis, Marie et l'Enfant Jésus [Fig. 2].
L'imaginaire de Kopač et ses qualités de conteur sont redevables pour beaucoup à ses racines croates, pays où les contes populaires baignent la mémoire collective. Bien que nous n'ayons pas eu accès à sa bibliothèque, nous pouvons facilement supposer qu'il ait eu accès aux *Contes croates du temps jadis*, livre populaire pour enfants publié en 1916 par Ivana Brlić-Mažuranić. Appelée l'« Andersen croate », cette autrice demeurait non loin de la ville de naissance de Kopač, Vinkovci[15]. Les pages de cet ouvrage parlent de fées, d'un prince musicien, de Dieu, du diable, d'un géant, d'un serpent, d'une grenouille, d'une chèvre et d'autres animaux et délivrent des morales pleines de bonté, dans un univers où la nature est très présente.
Comme en témoignent les gens qui l'ont connu, Kopač était attaché à sa région natale – la Slavonie –, à ses paysages et à son folklore. Il aimait porter des vêtements traditionnels et affectionnait particulièrement l'artisanat local[16]. Le chêne, symbole régional slavon et bois utilisé pour réaliser le mobilier de bonne qualité, lui a inspiré ses arbres, forêts, sous-bois. Qu'elles proviennent d'une nature sauvage ou domestiquée, exotique ou locale, toutes les espèces vivantes trouvent leur compte dans le monde de Kopač : le cerf, le sanglier, le troupeau et son bouvier, le serpent, le lézard, la libellule, le papillon, les insectes, les oiseaux, les chevaux, le singe, le lion, la tortue, le loup. Les sujets choisis par Kopač révèlent une grande sensibilité à l'environnement : l'eau coule dans ses œuvres sous la forme d'une source, d'un étang, d'un fleuve ou de la mer tourmentée. Kopač se présente comme un artiste jardinier : dans *Jungle* (1949) ou dans *Jardin public* (1954), il sème des graines d'émerveillement de sa main légère et poétique. Il confiait un jour : « Je préfère la brousse au gazon[17]. » Le cycle des saisons scande sa création, comme le montre sa série de 1966. Une même forme ovoïde décline le printemps, l'été et l'automne, selon une palette de couleurs allant du jaune au bleu. Sur ces tableaux, deux yeux nous indiquent avec discrétion la connexion de l'homme à la nature.
Cette empathie vis-à-vis du cycle naturel ressort également dans l'œuvre *Graffiti* (1949) gravée de ces mots : « L'hiver sans eau et sans herbe est quelque chose de très triste pour les petits oiseaux. » Kopač agit en naturopathe. « En regardant les peintures de Kopač on pense au printemps[18] », écrivait Michel Ragon. Jean-Jacques Lévêque, lui, comparait ses œuvres à « un jardin fabuleux où il se passe de bien étranges choses[19] ».
Si Kopač part du quotidien, de choses connues, il les transforme pour garder ses travaux « le plus longtemps possible secrets et loin de [ses] démêlées quotidiennes avec l'extérieur[20] ». Cette capacité à extraire les choses de leur banalité et à projeter des histoires imaginaires dans la matière a fait dire à Michel Ragon que Kopač était un « visionnaire » et qu'en cela il faisait partie des « vrais réalistes »[21].
Pour qualifier l'art de Kopač, Ragon a inventé la notion d'« une autre figuration[22] ». Michel Tapié a, lui, parlé d'« art informel ». Ces appellations sont à recontextualiser dans les années 1950-1970, animées par d'intenses débats autour du rôle de l'art et de son rapport au réel. Les partisans de l'abstraction s'élèvent contre ceux de la figuration et inversement. Le critique américain Clement Greenberg fait l'apologie d'un art qui serait réduit à ses composants formels et dénué de toute narration[23]. En France, Jean Bouret, signataire du *Manifeste de l'homme témoin* en 1948, défend un réalisme « réel » contre l'imaginaire surréaliste et l'abstraction discrédité de « nouvel académisme »[24]. Au-delà de cette opposition réductrice, de nouvelles dénominations voient le jour pour qualifier des pratiques limitrophes comme celles de Kopač.
Les commentaires du vivant de Kopač sont révélateurs de ces tentatives de dépasser la partition binaire divisant la scène artistique (et politique) de l'après Seconde Guerre mondiale. En 1961, Michel Ragon faisait le constat : « Nous arrivons à un moment où un certain nombre d'artistes "en dehors", dont les œuvres restaient en marge parce qu'elles ne pouvaient s'incorporer aux courants qui retenaient l'attention [...] se mettent soudain à briller de tout l'éclat de leur

exemple solitaire[25]. » Après avoir cité Zoltán Kemény et Asger Jorn, « animateur de ce mouvement nordique, CoBrA », Ragon ajoute Kopač. Le rapprochement avec Jorn n'est pas anodin. En 1961, Kopač s'apprête à reprendre ses fonctions de conservateur des collections de l'art brut et Jorn adhère à la seconde Compagnie tout juste reconstituée. À ce moment, Dubuffet vient par ailleurs d'enregistrer avec le peintre danois l'album expérimental *Musique phénoménale*[26]. Kopač et Jorn partagent une même affinité pour l'art brut, les deux hommes ont un goût tout particulier pour la céramique. Sous la plume de Ragon, Kopač intègre donc « cette nouvelle constellation d'artistes étranges » qui rompent avec « le conformisme de la bonne peinture artisanale abstraite » et celui « de la bonne peinture artisanale figurative »[27].

Après être restée de trop longues années dans l'ombre, l'œuvre de Kopač resurgit pour le plaisir des yeux. Tels les papillons de son monde qui se laissent difficilement attraper, telles ses danseuses, l'art de Kopač est une étoile filante qui efface le temps et nous invite à rêver. Le galeriste Pierre Chave, qui soutint l'œuvre de Kopač jusqu'à sa mort, dit de lui : « Il était un poète en dehors du temps. [...] C'est peut-être une des originalités de son travail que d'être hors compétition[28]. » Alors restons sur cette singularité et rappelons-nous l'invitation de Kopač : « Je vous dis ma motivation [...] je ne veux pas plaire, mais je ne veux pas déplaire non plus. J'offre un monde ; si celui qui se trouve devant veut entrer, il peut entrer[29]. »

1 Jean Dubuffet, texte daté du 14 novembre 1982, dans *Prospectus et tous écrits suivants*, III, Paris, Gallimard, 1995, p. 267.

2 *Ibid.*

3 Annie Le Brun, « Slavko Kopač ou la matière enchantée », dans Annie Le Brun et Biserka Rauter Plancić, *Slavko Kopač*, Zagreb, Muzejsko Galerijski Centrar Klovićevi Dvori, 1997, p. 19-65.

4 Fabrice Flahutez, Pauline Goutain et Roberta Trapani, *Slavko Kopač. Ombres et matières / Shadows and Materials*, Paris, Gallimard, 2022.

5 Ante Glibota, « L'univers dans un poing, merveille en devenir », dans *Slavko Kopač. Rétrospective 1936-1981 (peinture, sculpture, céramique)*, cat. exp., Paris, Art Center, 21 octobre – 21 novembre 1981.

6 Citation de Slavko Kopač, dans *Slavko Kopač*, cat. exp., Paris, Association pour la promotion des arts à l'Hôtel de ville de Paris, 18 avril –12 juillet 1996, s.i.p.

7 Jean-Jacques Lévêque, « Slavko Kopač », *Cimaise*, n° 190, sept.- oct. 1987, p. 61.

8 Citation de Slavko Kopač, dans *Slavko Kopač*, cat. exp., *op. cit*.

9 Nous nous référons au catalogue des collections publié en 1971 et rédigé par Slavko Kopač lui-même. Parmi les artistes qui emploient un langage abstrait – sans toutefois s'y limiter – on peut citer : Victor Waedemon, Henriette Zéphir, Jeanne Tripier, Jane Ruffié, Palondier, Francis Palanc, Raphaël Lonné, Fernande Le Gris, Laure Pigeon, Magali Herrera, Emmanuel Derriennic, Georges Demkin, Le Voyageur français, Rose Aubert, ainsi que quelques artistes anonymes.

10 Pour rappel, le conte est un genre narratif délibérément fictif, oral ou écrit, qui prend pour cadre principal le monde des hommes avec son environnement animal, végétal et minéral et raconte des faits imaginaires.

11 Radovan Ivšić, « Slavko Kopač ou l'ancre ailé », *Style*, n° 4, 1963, p. 79.

12 Benjamin Péret, texte pour l'exposition de *Slavko Kopač* de 1953 à la galerie À L'Étoile scellée.

13 Poème manuscrit reproduit dans *Slavko Kopač*, cat. exp., *op. cit*.

14 Propos de Kopač dans l'émission « Peintres et ateliers », menée par Michel Chapuis sur France Culture le 4 décembre 1986 : « J'ai travaillé au début, quand je suis venu en France, dans une école où j'ai eu affaire avec les petits enfants pour les travaux pratiques. [...] La valeur de ce regard d'enfant compte beaucoup plus que votre réalité. »

15 Née en 1874 à Ogulin, dans l'ouest de la Croatie, Ivana Brlić-Mažuranić s'installe à Brod na Savi (aujourd'hui Slavonski Brod), en Slavonie, après son mariage en 1892. Elle y passera la plus grande partie de sa vie.

16 Entretien mené par Pauline Goutain avec Biserka Rauter Plančić, alors directrice de la Moderna Galerija de Zagreb, Zagreb, 7 septembre 2018.

17 Propos de Kopač rapportés par Emmanuel Daydé, lors d'un entretien avec Pauline Goutain mené le 11 novembre 2020.

18 Michel Ragon, *Slavko Kopač*, Paris, Galerie Mona Lisa, mai 1961, s.i.p. Michel Ragon rencontre Kopač pour la première fois en 1950, alors qu'il occupe les fonctions de secrétaire du Foyer de l'Art Brut, dans les locaux du Pavillon Gallimard.

19 Jean-Jacques Lévêque, « Slavko Kopač », *art. cité*.

20 Slavko Kopač, lettre à Željko Grum, datée du 25 janvier 1970, reproduite dans *Slavko Kopač, slikarstvo skultura keramika, 1935-1976*, cat. exp. (Zagabria, Moderna Galerija, 28 janvier-27 février 1977), Zagabria, Moderna Galerija, 1977.

21 Michel Ragon, *op. cit*.

22 *Ibid.*

23 Nous renvoyons à Clement Greenberg, *Art and Culture. Critical essays*, Boston, Beacon Press, 1961.

24 Jean Bouret, *Manifeste de l'homme témoin* (en lien avec l'exposition à la Galerie du Bac, Paris, 21 juin – 21 juillet 1948), et *Second Manifeste de l'homme témoin* (en lien avec l'exposition à la Galerie Claude, Paris, 29 octobre – 15 novembre 1949).

25 Michel Ragon, *op. cit*.

26 Dubuffet rédigera un texte sur Asger Jorn en octobre 1981, témoignage de leur collaboration et de leur amitié. Ce texte est publié aux côtés de celui de Kopač dans *Prospectus et tous écrits suivants*, *op. cit.*, p. 265-266.

27 Michel Ragon, *op. cit*.

28 Propos de Pierre Chave, rapportés dans Flahutez, Goutain et Trapani, *op. cit.*, p. 250.

29 Propos de Slavko Kopač dans l'émission « Peintres et ateliers », menée par Michel Chapuis sur France Culture le 4 décembre 1986.

Jean Dubuffet et Slavko Kopač. Histoire de peintres **[p. 120-129]**
Déborah Lehot-Couette

Été 1985. Vence se met aux couleurs de Jean Dubuffet et de Slavko Kopač. Le programme estival de la Galerie Chave est entièrement consacré à une exposition des travaux des deux artistes qu'elle représente depuis les années 1950 : *Jean Dubuffet et Slavko Kopač*. Le titre retenu, d'une absolue simplicité et efficacité, sera revu à quelques semaines de l'ouverture. L'exposition, inaugurée le 13 juillet, veille de jour de fête nationale, se fera en l'absence de Jean Dubuffet. L'artiste français est décédé le 12 mai. La Galerie Chave et l'artiste Slavko Kopač s'associent pour le saluer une dernière fois. L'exposition est rebaptisée *Salut à Jean Dubuffet*. Elle est accompagnée d'un catalogue dont la première de couverture, improvisée, illustrée et mise en page par Slavko Kopač, témoigne de la relation amicale et artistique qui existait entre les deux hommes [Fig. 1]. Le caractère d'hommage attribué *a posteriori* à cette exposition donne à cet événement une dimension historique. Mais c'est en réalité en amont de son avènement que tout se joue.
Jean Dubuffet est un artiste solitaire. Tout au long de sa vie, il a refusé de voir ses travaux exposés aux côtés de ceux dont il n'était pas l'auteur. Il a toujours décliné toute proposition d'expositions collectives, ni des présentations en quatuor, ni en trio, ni même en duo. C'est à la condition d'être seul qu'il expose dans les musées et les galeries. L'exposition *Jean Dubuffet et Slavko Kopač*, organisée par Pierre Chave dans sa galerie, fait figure d'exception. Pour la première fois, Jean Dubuffet accepte de voir son œuvre dialoguer avec celle d'un autre artiste. Il faut dire que Slavko Kopač n'est pas n'importe qui. Non seulement l'artiste a produit une œuvre que Jean Dubuffet admire et défend, mais il est aussi l'homme auquel il accorda toute sa confiance pour organiser et gérer son bien le plus précieux : sa collection de l'art brut.
L'approbation de Jean Dubuffet pour ce projet d'exposition est aussi inhabituelle qu'exceptionnelle. Tant et si bien que sa lettre de « bon pour accord » est un sésame que le galeriste vençois n'hésitera pas à reproduire dès les premières pages du catalogue de l'exposition. Ce courrier n'échappera pas non plus aux journalistes qui s'en serviront pour souligner combien Slavko Kopač était « le bien-aimé de Dubuffet[1] ». Dubuffet a accepté ce projet à la condition que Kopač donne également son accord[2]. Comme Dubuffet, Kopač n'appréciait pas que son œuvre soit sujet à confrontations. Dans un entretien, il confiait en 1982 : « Je n'aime pas être comparé à quiconque, pas même à Dubuffet, à qui je suis pourtant très attaché[3]. » Deux ans plus tard, l'artiste croate acceptera pourtant sans la moindre réticence d'être exposé avec Dubuffet. Il avait pour lui un attachement et une reconnaissance sincères : « Permettez-moi de vous dire, de vous redire, ce qui a été le leitmotiv de toute ma vie qui, comme vous le dites si gentiment, était une réussite – que c'est surtout à la chance que j'ai eue de vous rencontrer. Avec vous j'ai trouvé la tranquillité matérielle que le réfugié que j'étais cherche [*sic*] et dont il rêve. En vous la compréhension, l'encouragement et les précieux conseils que seul un grand esprit, le grand maître que vous êtes, peut donner. J'espère que vous voudrez bien me pardonner cette confession[4]. » [Fig. 2] Si le ton de cette lettre, datée de janvier 1980, est empreint d'une certaine déférence, son contenu souligne le rôle joué par l'artiste français à ses côtés. Jean Dubuffet, peintre et ami controversé de Slavko Kopač[5], lui a apporté un soutien financier, en lui offrant un emploi de conservateur des collections de l'art brut entre 1948 et 1975[6], et en lui confiant ponctuellement des missions de travaux de peintures pour ses projets de maquettes d'architecture[7]. Un soutien matériel en lui fournissant des couleurs pour peindre[8], en lui prêtant son atelier à Vence et en le laissant aussi investir une des pièces de l'hôtel parisien où furent abritées les collections de l'art brut de 1962 à 1975, pour peindre et stocker ses peintures[9]. Un soutien moral, en soutenant son œuvre par l'acquisition de plusieurs céramiques et dessins entre 1948 et 1984[10]. Mais aussi en le mettant en relation avec des marchands et des critiques influents parmi lesquels : Alphonse Chave, Daniel Cordier et Alain Bourbonnais du côté des galeristes ; Michel Tapié, Michel Ragon et Germain Viatte du côté des critiques et historiens d'art[11]. Un soutien amical enfin, en se mobilisant dès lors que son ami en avait besoin [Fig. 3].
En octobre 1984, Jean Dubuffet rédige, en effet, d'un seul trait, une communication à l'attention de Dominique Bozo au sujet de la menace frappant Slavko Kopač[12]. Son lieu de résidence et de travail, établi au 4 rue du Ruisseau, dans le XVIIIe arrondissement à Paris, où il vit depuis 1951, est menacé de destruction. En cause, la Direction de la construction et du logement de la Ville de Paris prévoit de construire à cet emplacement une école maternelle. Or, cette décision reviendrait à « lui ôter cruellement la possibilité de poursuivre ses travaux dont l'intérêt artistique est grand[13] ». Le 1er janvier 1985, Slavko Kopač lui écrit pour le remercier : « Cher Jean Dubuffet, c'est encore avec le plus grand sentiment de gratitude que je vous adresse mes très sincères vœux pour l'année qui commence. Comme si souvent dans ma vie vous avez été celui qui est accouru à mon secours avec une attachante promptitude et je suis profondément touché par votre fraternelle intervention. » Le peintre qui ne soupçonne pas qu'il lui adresse sa dernière lettre, conclut en lui exprimant « le souhait que les jours à venir soient ensoleillés, sans souffrance et pour longtemps riches et sans cesse capables de nous enthousiasmer, de nous passionner et ravir »[14]. [Fig. 4]
La rencontre entre Jean Dubuffet et Slavko Kopač en 1948 semblait relever d'une évidence. Lorsque l'artiste croate, âgé de 35 ans, débarque à Paris le 8 août 1948, il sollicite son aîné pour un rendez-vous. Dubuffet, pourtant très occupé, accepte. Les deux hommes parlent peinture. « C'était une grande rencontre », se souvient Slavko Kopač, « ce dont nous discutions, dans mon français mélangé d'italien, tout cela menait à la conclusion que, bien que fort différents l'un de l'autre, nous marchions sur le même sentier, nous regardions dans la même direction[15]. » Moins d'une semaine après ce premier rendez-vous, les deux peintres fixent une nouvelle date. À cette occasion, Kopač montre à Dubuffet son travail. Ce dernier observe, regarde, scrute et aux dires de Kopač, l'invite immédiatement à le suivre dans son atelier de la rue de Vaugirard pour qu'il puisse voir par lui-même que ce qu'il faisait en Italie, lui le faisait ici à Paris[16]. L'histoire ignore quels furent les toiles et les dessins présentés. Kopač avait-il apporté avec lui *Chevaux* de 1947, *Chasse au sanglier* ou encore *Vachers* [Fig. 6], tous deux réalisés en 1948 ? Rien n'est moins sûr[17]. Mais leur ressemblance avec *Chevaux à la lune*, *Bocal à vache* et *Vaches et soigneurs* [Fig. 7, 8], tous peints au cours de l'année 1943 par Dubuffet, surprend[18]. Le choix des thèmes, la composition, le caractère enfantin de ces travaux dénotent d'évidentes affinités entre les deux hommes. La peinture sera le ciment de leur amitié. Ainsi, dans un texte qu'il consacre à son ami peintre, Dubuffet écrit en 1979 : « Nous nous sommes rencontrés Kopač et moi quand il est arrivé à Paris il y a plus de trente ans. Son art était alors déjà constitué tel qu'il est demeuré ; ses positions déjà fortement prises n'ont plus dans la suite varié. De mes propres peintures, qui procédaient de visées similaires, il ne connaissait alors rien, non plus que moi des siennes. Nos aspirations communes nous ont rapprochés, elles ont fondé notre solide amitié. J'affectionne beaucoup ses ouvrages, ils me donnent vive émotion et admiration[19]. » Ce texte, daté par erreur de 1981, sera le premier que l'artiste français accepte d'écrire pour défendre l'œuvre de Slavko Kopač. Là encore le geste mérite attention.
Jean Dubuffet a beaucoup écrit sur ses travaux et ceux des auteurs de l'art brut. En revanche, écrire sur ou pour les artistes n'est pas dans ses habitudes. Si on lui demande, il refuse l'exercice. Non seulement parce qu'il est un peintre avant tout, et certainement pas un critique d'art, mais aussi, parce que les œuvres de ses contemporains ne l'intéressent tout simplement pas[20]. Slavko Kopač compte parmi les rares artistes de sa génération à captiver son attention. Il lui dédiera non pas un, mais deux textes, rédigés à trois ans d'intervalle. Le premier date de 1979. Lorsque Slavko Kopač le réceptionne la première fois, il en est troublé par le trop bien qu'il dit de lui[21]. Lorsqu'il le réceptionne la deuxième fois, dix jours plus tard, il en est profondément ému. Il souhaitait reproduire le texte de Jean Dubuffet avec sa signature. L'auteur le lui renverra entièrement rédigé de sa main : « Je n'aurais jamais osé espérer tant. Vous avez par ce geste ajouté à la longue liste des gentillesses et du bien que m'avez prodigués tout au long de ces trente années de notre amitié[22]. » Dans ce texte, qui sera finalement publié pour la première fois en 1985 dans le catalogue de l'exposition *Salut à Jean Dubuffet* dans une version dactylographiée, le peintre soulignait l'attitude contestataire de Slavko Kopač à l'endroit de l'art officiel et sa capacité à créer une œuvre d'une « invention pure » et d'une « intensité que les productions académiques ne connaissent plus »[23].
Le facteur d'originalité cher à Jean Dubuffet servira d'introduction au second texte qu'il rédigera pour son ami. « L'art de Slavko Kopač, écrit-il, est fortement ori-

ginal, je ne connais aucun autre qui lui ressemble[24]. » Le 27 septembre 1982, Veseljko Velčić, directeur de la Bibliothèque nationale et universitaire de Zagreb, sollicite Jean Dubuffet pour préfacer un livre que l'institution se prépare à éditer sur les dessins de Slavko Kopač[25]. L'artiste accepte immédiatement la proposition dans un courrier en date du 18 octobre. Il s'y inquiète toutefois du manque d'exhaustivité du projet : « Vous parlez dans votre lettre d'un ouvrage portant sur les dessins de Kopač mais j'espère que le livre ne traitera pas seulement des dessins mais aussi des peintures, collages, et toutes autres œuvres. Ce serait bien souhaitable qu'il soit traité de son œuvre dans les aspects de celle-ci[26]. » Et s'interroge sur les délais attendus. Fervent admirateur de l'art de Slavko Kopač qu'il trouve « étonnement inventif », « étonnement poétique », il ne tarde pas à trouver les mots pour célébrer son travail. Il signe sa préface le 14 novembre 1982, avant même que son commanditaire n'ait eu le temps de lui indiquer qu'il attendait son texte pour le printemps 1983, dans un courrier du 25 novembre ! Le principal intéressé, Slavko Kopač, en a fait la lecture dès le 21 novembre. La lettre qu'il adresse à Jean Dubuffet montre combien il connaissait le peintre : « C'est avec beaucoup d'émotion et en rougissant que je lis ce texte que vous m'avez consacré. Et quand je dis cela – il faut que je le confesse – c'est parce que tout au long des années passées près de vous j'ai eu l'occasion de comprendre combien ce travail (cette corvée !) est en contradiction avec vos positions et votre détermination à vous tenir loin de cet exercice de préfacier[27]. » Pour Jean Dubuffet, cet exercice n'était pas une corvée. Il lui importait de voir le travail de Slavko Kopač être présenté en pleine lumière.

En 1983, Jean Dubuffet accuse réception d'un article à paraître dans la revue *Arts PTT*. Il écrit à son auteur Henri Raynal : « Je suis bien content que vous avez été ainsi fort impressionné par les œuvres de Slavko Kopač. J'y suis moi-même très attaché. Son cas est extraordinaire, et plutôt attristant car ses œuvres sont toujours restées pratiquement inconnues dans les circuits de promotion, en dépit de leur très grand mérite. C'est dû à sa modestie, à son goût de la discrétion qui est extrême, exemplaire. Mais c'est édifiant sur l'aveuglement des circuits de promotion[28]. » Fort heureusement, le vent tourne désormais pour Slavko Kopač.

1 L'expression apparaît dans un article anonyme : « L'art médité de Slavko Kopač », *Patriote, Côte d'Azur*, 6 juin 1985, archives Fondation Dubuffet, Paris.

2 « Je vous donne bien volontiers mon accord pour que vous fassiez l'an prochain dans votre galerie l'exposition que vous envisagez et aussi pour qu'y soient associées des œuvres de Slavko Kopač, s'il en est, comme je le pense, d'accord aussi. J'ai pour lui, comme vous le savez, chaude affection », lettre de Jean Dubuffet à Pierre Chave, 1984, reproduite dans *Salut à Jean Dubuffet*, cat. exp. (Vence, Galerie Chave, 13 juillet – 14 septembre 1985), Vence, éd. Pierre Chave, 1985.

3 « Slavko Kopač, entretien avec Mirko Galić » [octobre 1982], dans *Drugo čitanje : razgovori (Deuxième lecture : causeries)*, repris dans Fabrice Flahutez, Pauline Goutain et Roberta Trapani, *Slavko Kopač. Ombres et matières / Shadows and Materials*, Paris, Gallimard, 2022, p. 96.

4 Lettre de Slavko Kopač à Jean Dubuffet, Paris, 18 janvier 1980, archives Fondation Dubuffet, Paris.

5 Voir sur ce point les témoignages contrastés sur la relation entre Slavko Kopač et Jean Dubuffet apportés par Annie Le Brun, Michèle Bidault van Tongeren et Pierre Chave, publiés dans Flahutez, Goutain et Trapani, *op. cit.*, p. 144-149, 228-235, 250-269.

6 Pour une analyse détaillée des activités de Slavko Kopač en lien avec la gestion et la conservation des collections de l'art brut, voir « L'aventure de l'art brut », *ibid.*, p. 109-143.

7 Un courrier daté de 1968 et conservé dans les archives de la Fondation Dubuffet révèle que l'artiste l'avait engagé pour réaliser les tracés de certaines sculptures en renfort des assistants qu'il employait dans ses ateliers de Périgny-sur-Yerres. En 1982, Slavko Kopač effectuera également des travaux d'ateliers pour l'artiste contre rémunération.

8 « Me voilà depuis deux semaines en possession des couleurs que m'avez si gentiment offertes », lettre de Slavko Kopač à Jean Dubuffet, 30 avril 1951, archives de la Collection de l'Art Brut, Lausanne, citée dans Flahutez, Goutain et Trapani, *op. cit..*, p. 139 (voir note n° 70).

9 Sur la mise à disposition de l'atelier de Vence, voir Pierre Chave, entretiens menés par Fabrice Flahutez, Pauline Goutain et Roberta Trapani, Vence, 1er septembre 2018 et 24 août 2019, dans Flahutez, Goutain et Trapani, *op. cit.*, p. 250. Sur l'utilisation d'une salle dans le centre d'étude et de conservation des collections de l'art brut à Paris, voir Michèle Bidault van Tongeren, entretien mené par Fabrice Flahutez, Paris, 24 mars 2021, *ibid.*, p. 144.

10 Un document conservé dans les archives de la Collection de l'Art Brut à Lausanne intitulé « Liste des œuvres de Slavko Kopač faisant partie de la collection Neuve Invention de la Collection de l'Art Brut » fait état de 67 pièces réalisées entre 1948 et 1984. À la demande de Slavko Kopač, ces œuvres, acquises par Jean Dubuffet à la faveur d'achats et de cadeaux reçus de l'artiste, ont rejoint en 1993 les collections du musée Prostor, actuelle Galerija Klovićevi dvori, à Zagreb. Voir Flahutez, Goutain et Trapani, *op. cit.* p. 133.

11 Jean Dubuffet introduit Slavko Kopač auprès du galeriste Alphonse Chave en 1957, Daniel Cordier en 1960 et Alain Bourbonnais en 1971. Il incitera ce dernier à lui consacrer une exposition au sein de sa galerie parisienne située rue Jacob dans le VIe arrondissement. Le projet, pour des raisons inconnues, ne sera pas réalisé. Les critiques et historiens travaillant sur l'œuvre de Jean Dubuffet défendront l'œuvre de son compagnon de route. En 1952, Michel Tapié cite Slavko Kopač dans son ouvrage *Un Art autre : où il s'agit de nouveaux dévidages du réel*. En 1961, Michel Ragon lui consacre un texte à l'occasion d'une exposition de ses ouvrages à la Galerie Mona Lisa à Paris. En 1982, la manifestation *Slavko Kopač: œuvre récente,* à la Galerie d'art international à Paris conduit Germain Viatte, conservateur au musée national d'Art moderne, à réunir une documentation photographique sur le peintre pour le Centre Pompidou.

12 Voir « Communication à M. Dominique Bozo au sujet d'une menace frappant Slavko Kopač », Paris, 24 octobre 1984, feuillet manuscrit de la main de Jean Dubuffet et copie dactylographiée sur papier à en-tête du secrétariat de Jean Dubuffet, archives Fondation Dubuffet, Paris.

13 *Ibid.*

14 Lettre de Slavko Kopač à Jean Dubuffet, datée par erreur du mardi 1er janvier 1984 et non du mardi 1er janvier 1985, archives Fondation Dubuffet, Paris.

15 Slavko Kopač, entretien radiophonique avec Lidija Tocilj, *Meetings and Acquaintances (Rencontres et connaissances)*, Croatian Radio Television, 8 août 1984 (43 min), repris dans Flahutez, Goutain et Trapani, *op. cit.*, p. 44.

16 Dans un entretien de 1982, interrogé sur sa rencontre avec Jean Dubuffet, Slavko Kopač explique : « […] je suis revenu avec quelques exemples de mon travail. Il m'a regardé attentivement et m'a dit : "Après le dîner, tu m'accompagneras dans mon atelier pour voir par toi-même que ce que tu fais en Italie, je le fais ici." », « Slavko Kopač, entretien avec Mirko Galić » [octobre 1982], dans *Drugo čitanje : razgovori (Deuxième lecture : causeries),* repris dans *ibid.*, *op. cit.,* p. 92.

17 À l'exception de l'aquarelle *Vachers*, de petit format, les deux œuvres mentionnées sont des huiles sur panneau de 60 × 80 cm et 70 × 50 cm.

18 *Chevaux à la lune*, février 1943, huile sur toile, 48 × 60 cm (fasc. I, n° 30) ; *Bocal à vache*, octobre 1943, huile sur toile, 92 × 65 cm (fasc. I, n° 201) ; *Vaches et soigneurs*, août 1943, huile sur toile, 50 × 65 cm (fasc. I, n° 162).

19 Jean Dubuffet, « Kopač » (1979), *Prospectus et tous écrits suivants*, III, Paris, Gallimard, 1995, p. 487. Ce texte est daté par erreur de 1981 depuis sa publication en 1985 dans le catalogue de l'exposition *Salut à Jean Dubuffet*, *op. cit.* La correspondance échangée entre Slavko Kopač et Jean Dubuffet a révélé qu'il date en réalité de 1979.

20 Dans *Bâtons rompus* (Paris, Minuit, 1986), Jean Dubuffet pose et répond à 125 questions. À la question n° 55 : « Y a-t-il dans les travaux des autres artistes – ceux en renom ou d'autres – des œuvres que vous affectionnez profondément ? », il répond : « Je suis obligé d'avouer qu'il n'y en a guère. »

21 Citation paraphrasée d'un extrait de la lettre de Slavko Kopač à Jean Dubuffet, Paris, 1er avril 1979, archives Fondation Dubuffet, Paris.

22 Lettre de Slavko Kopač à Jean Dubuffet, Paris, 11 avril 1979, archives Fondation Dubuffet, Paris.

23 Voir Jean Dubuffet, « Kopač » (1979), *op. cit.*, p. 486.

24 Jean Dubuffet, « Kopač », 14 novembre 1982, *ibid.*, p. 267.

25 Lettre de Veseljko Velčić à Jean Dubuffet, Zagreb, 27 septembre 1982, archives Fondation Dubuffet, Paris.

26 Lettre de Jean Dubuffet à Veseljko Velčić, Paris, 18 octobre, archives Fondation Dubuffet, Paris.

27 Lettre de Slavko Kopač à Jean Dubuffet, 21 novembre 1982, archives Fondation Dubuffet, Paris.

28 Lettre de Jean Dubuffet à Henri Raynal, Paris, 2 avril 1983, archives Fondation Dubuffet, Paris.

Au regard des divinités : Slavko Kopač et André Breton [p. 130-137]

Katharine Conley

En 1954, Slavko Kopač et André Breton réalisent ensemble un poème-objet [Fig. 1] qui témoigne de l'amitié et de la complicité artistique nouées cinq ans plus tôt. Leur collaboration avait débuté en 1949, lors de la première exposition parisienne de Kopač à la galerie Messages, pour laquelle ils avaient conçu un livre-objet calligraphié en édition limitée[1]. Ce livret associait un poème manuscrit de Breton, « Au regard des divinités » (composé en 1923), à des dessins de Kopač [Fig. 2].

Le poème-objet de 1954 peut être vu comme une transposition sur bois de ce travail commun initialement réalisé sur papier. Il reprend le même poème, recopié de la main de Breton, ainsi que des variantes des motifs dessinés par Kopač : « Tandis que je dessinais des motifs, et à mesure que j'indiquais comment on pouvait organiser la page, il écrivait, et à la fin nous avons signé ensemble. Ç'a été un moment lumineux », se souviendra Kopač[2]. Dans le poème-objet, les dessins et le poème sont gravés et vernis sur un morceau de bois que Kopač avait pu trouver dans la rue, où « il trouvait beaucoup de choses », selon Annie Le Brun[3]. Par sa silhouette pointue, l'objet en rappelle d'autres dans la collection de Breton, notamment un mât totémique haïda originaire de Colombie-Britannique acheté par Breton à Julius Carlebach lors de ses cinq années d'exil de guerre à New York[4] [Fig. 3]. Même s'il mesure 19 centimètres de plus, le mât haïda a plusieurs points communs avec le poème-objet : une silhouette en forme de flèche, des humains et des animaux gravés – et non dessinés –, ainsi que le fait qu'il ait été réalisé pour commémorer une parenté, une appartenance commune ou un événement familial[5]. Le poème-objet de Kopač et Breton peut être vu comme un hommage à ce totem et à d'autres objets amérindiens présents chez Breton. Il s'agit là moins d'un acte d'appropriation culturelle que d'un acte visant à célébrer des affinités manifestes dans leur amitié et leur anticolonialisme partagés.

La première collaboration entre le surréaliste et le peintre de 17 ans son cadet a eu lieu en 1949, quelques mois après la création officielle de la Compagnie de l'Art Brut par Jean Dubuffet, Jean Paulhan et André Breton le 1er juillet 1948[6]. Lorsqu'à l'automne, Dubuffet part pour un long séjour en Algérie, Breton « l'a remplacé », rapporte Kopač. « Il venait chaque après-midi pour donner un coup de main. [...] Cela m'a ouvert des portes et [...] j'ai eu ma première exposition[7]. » « Peintre qui sentait la poudre à canon[8] », à cause des nombreux visages de la guerre qu'il a croisés en Croatie, en Italie et en France, Kopač sympathise avec Breton, qui a lui aussi connu l'exil aux États-Unis durant la Seconde Guerre mondiale. « J'ai [...] sympathisé avec lui », explique Kopač, « et ce qui est beau, c'est qu'il n'a jamais insisté pour que je sois un peintre surréaliste[9]. » Le fait d'être reconnu comme peintre à part entière compte d'autant plus pour Kopač que Dubuffet, son employeur, ne le fera que de mauvaise grâce, et ce malgré les études suivies par Kopač à Zagreb et à Florence. Dubuffet associe les œuvres de Kopač à celles d'artistes autodidactes de la Collection de l'Art Brut et n'exposera son propre travail à côté de celui de Kopač que dans les années 1980[10]. Breton gardera le poème-objet et un exemplaire de la plaquette jusqu'à sa mort ; ils seront vendus aux enchères en 2003 avec le reste de sa collection.

Breton compose le poème au cœur du livre-objet et du poème-objet durant l'été 1923. Il le publie dans *Littérature* au mois d'octobre, avec la date emblématique du 14 juillet, avant de l'intégrer à son recueil *Clair de terre*, publié à compte d'auteur un mois plus tard[11]. « Au regard des divinités » évoque un paysage de roman médiéval, typique de sa Normandie natale. Le poème ouvre sur une « femme échevelée » et diaphane, simplement décrite comme « l'azur », une lueur de jour magnifiée incongrûment aperçue en pleine nuit, tandis que sa lettre, « cachetée aux trois coins d'un poisson », passe mystérieusement ; « l'armure blanche », « l'enfant à la coquille » et « les Pères blancs qui reviennent des vêpres » apparaissent alors que la lettre arrive et que le temps déborde de ses limites : « L'éternité recherche une montre-bracelet / Un peu avant minuit près du débarcadère[12]. » Dans le *Manifeste du surréalisme,* publié un an plus tard, Breton cite deux vers d'« Au regard des divinités » comme exemple d'image surréaliste ne pouvant naître « d'une comparaison mais du rapprochement de deux réalités plus ou moins éloignées », comme le dit Pierre Reverdy, cité par Breton[13]. Ces vers sont mis en avant visuellement dans le livret et sur le poème-objet. Dans le livre-objet, les vers « Sur le pont à la même heure / Ainsi la rosée à tête de chatte se berçait » sont écrits à la main et forment un pont au-dessus d'un canard aux pattes palmées. Sur le poème-objet, ils sont aussi écrits à la main, mais en majuscules cette fois, et rappellent là encore un pont. Trente ans après que le poème a joué un rôle dans la formation du surréalisme, Breton l'a toujours en tête quand il pense à son amitié avec Kopač et à la concordance entre ses propres « divinités magiques » et le « monde de fées » que, comme le dit Kopač, « nous, les Slaves, avons la chance de porter en nous »[14].

L'année où Kopač et Breton réalisent leur fascicule de huit pages, avec en couverture la « femme échevelée » du poème de Breton dessinée par Kopač sur papier photo azur, est également l'année où Kopač achève son *Hommage à Christophe Colomb* (1949) [Fig. 4]. Cette huile sur toile reflète l'anticolonialisme commun à Kopač et Breton. Il transparaît dans la contradiction entre le titre du tableau et les images qui le constituent, et qui dépeignent les ravages ayant suivi la soi-disant découverte des Amériques. Loin d'être un hommage, le tableau montre l'impact des maladies européennes et de la colonisation sur les populations locales après l'arrivée de Colomb. Cette dénonciation rejoint les propos de Breton à André Parinaud lors d'un entretien radiophonique de 1952, quand le poète parle de la « condition misérable » des Indiens pueblos qu'il a rencontrés en 1945 lors d'un voyage en Arizona et au Nouveau-Mexique[15]. On distingue un navire dans le coin supérieur gauche du tableau, tandis qu'un masque de plumes aux yeux humanoïdes bleus et tristes domine la partie droite. Sur les bords gauche et inférieur, des visages d'Amérindiens agonisants sont alignés comme dans des cercueils, rappelant les dessins du XIXe siècle où les esclaves sont alignés comme des marchandises dans des navires négriers[16]. Même le soleil, en haut à droite, arbore des plumes qui pendent autour de son visage vide.

Pour élaborer le livre-objet et le poème-objet, Kopač a forcément passé du temps chez Breton. Derrière l'affichette peu amène collée sur la porte – « pas de journalistes, pas de reporters » – s'ouvrait l'univers enchanteur de la collection personnelle de Breton, récemment installée dans un appartement un peu plus spacieux, un étage en dessous du précédent. Elle contient des masques et des mâts amérindiens rapportés par Breton des États-Unis. Quand Radovan Ivšić, le compatriote et ami de Kopač, décrit sa première entrée dans l'appartement en 1954, il parle d'une « forêt de présences » qui, malgré « un échange de frémissements et d'échos » diffusent un « grand calme »[17]. C'est probablement là que Kopač et Breton ont créé le livret et le poème-objet, qui s'ouvrent tous deux sur le titre et le nom de Breton. Vient ensuite un dessin de Kopač représentant une Amérindienne aux seins pendants coiffée de plumes – trois de chaque côté de la tête et une au sommet. Les premiers vers du poème couvrent sa poitrine comme une couverture tissée. Son visage est vide, comme celui du soleil emplumé de l'*Hommage à Christophe Colomb*, mais dans le dessin, les deux points qui servent d'yeux observent mélancoliquement un monde bouleversé par l'arrivée de Colomb, un monde où la magie liée aux « divinités » de Breton et aux fées de Kopač est en déclin. Polymorphe, le visage est à la fois un cercle et un masque. En réalisant la première version du dessin, en 1949, Kopač regardait peut-être les masques yupiks de Breton accrochés au mur, notamment un masque polymorphe de Quinhagak, en Alaska, acheté à Carlebach par Breton, à New York. Le masque balance entre un visage humain et un museau de phoque, et possède un pourtour de plumes qui rappelle la femme amérindienne dans le dessin de Kopač[18].

Le poème-objet diffère du livre-objet de 1949 par sa tridimensionnalité et de son probable modèle haïda par son orientation. Si le mât totémique haïda a été gravé pour être lu verticalement, l'œuvre de Kopač et Breton doit, elle, être manipulée et inclinée vers la gauche pour être lue de gauche à droite, à la manière d'un livre européen. Après la première image, celle de la femme amérindienne, la strophe suivante du poème, sur la lettre cachetée aux « coins d'un poisson », a été recopiée par Breton à l'intérieur d'un dessin de Kopač qui montre un grand poisson à l'œil surpris en équilibre sur sa queue. Le poisson est lié à Breton. Il l'a adopté comme animal-totem, car il est né sous le signe des poissons, comme il l'explique dans le *Manifeste*[19]. La présentation des deux strophes suivantes sur le poème-objet s'écarte du livret calligraphié : la strophe de « l'enfant à la coquille »

et de la mystérieuse « armure blanche / qui vaquait aux soins domestiques » apparaît à l'intérieur du corps d'un homme étendu sur le dos, qui semble voler ou dormir. Le bas de son corps ressemble à une horloge sophistiquée, rappelant le cercle qui contient ces vers dans la plaquette, tandis que le nez de l'homme jouxte la strophe où se trouve l'image surréaliste de la « rosée à tête de chatte »[20]. La dernière partie du poème sur le poème-objet voit pivoter les trois poissons-oiseaux de la plaquette. Comme le poisson en équilibre, ils se retrouvent à la verticale. Les vers écrits par Breton ne peuvent donc être lus que si l'on fait tourner à nouveau l'objet vers la gauche. Le poème-objet se retrouve alors la tête en bas, et les derniers vers sont tout en haut du bois verni, et non plus tout en bas. Pour lire le poème-objet, la clé est donc de le faire tourner lentement, pour que haut et bas, gauche et droite, se mélangent, comme dans un rêve. L'œuvre est faite pour être manipulée, elle exige une interaction. Elle a une fonction à remplir, comme de nombreux objets de la collection de Breton qui ont eu une autre vie où ils servaient d'objets de cérémonie dans leur culture d'origine. Dans ce cas précis, la fonction du poème-objet est de forcer le spectateur-lecteur à s'approcher d'un des poèmes fondateurs du surréalisme, et de mêler contemplation et lecture, dessins de Kopač et poème de Breton.

Les deux versions d'« Au regard des divinités » témoignent de l'amitié entre deux hommes qui partageaient le même enthousiasme pour la collaboration créative. Elles montrent que cette amitié a survécu à la rupture des relations entre Breton et Dubuffet en 1951, alors même que Kopač dépendait professionnellement de Dubuffet. Toujours en 1951, Kopač offre à Breton une fragile plaquette faite de lamelles de bois ornées de dessins animaliers pleins d'imagination. Cela souligne l'admiration durable que l'artiste croate ressent envers « un des rares gentlemen » qu'il ait rencontrés et qui lui est « exceptionnellement cher »[21]. Au cours des années 1950, Kopač participe aux activités de la galerie À l'Étoile scellée, où Breton joue un rôle important, et il y expose en 1953 [Fig. 5]. En juin 1954, il demande à André Breton un exemplaire signé du *Manifeste*. Il souhaite l'envoyer au peintre Miljenko Stančić et au poète Zvonimir Golob afin de créer un lien entre le groupe surréaliste et des artistes de sa Croatie natale[22]. Une lettre envoyée par Breton à Kopač en 1961 montre que la relation entre les deux hommes demeure cordiale au cours de la décennie qui suit. Breton confirme son intention d'assister au vernissage de l'exposition de Kopač à la galerie Mona Lisa et il signe : « Affectueusement à vous, André Breton[23]. »

1 Lots 198 (poème-objet) et 199 (livre-objet), dans *André Breton 42, rue Fontaine : livre I [vente, Paris, Drouot-Richelieu, 7-8-9 avril 2003]*, Paris, Calmels-Cohen / C. Oterelo, 2003, p. 94. Le livret est signé par les deux artistes et comporte la date du vernissage de l'exposition de Kopač à la galerie Messages le 8 novembre 1949. Il a été tiré à 100 exemplaires.

2 Slavko Kopač, entretien radiophonique avec Lidija Tocilj, *Meetings and Acquaintances* (*Rencontres et connaissances*), Croatian Radiotelevision, 8 août 1984 (43 min) ; dans Fabrice Flahutez, Pauline Goutain et Roberta Trapani, *Slavko Kopač. Ombres et matières / Shadows and Materials*, Paris, Gallimard, 2022, p. 48.

3 *Ibid.*, p. 231.

4 Lot 6167, dans *André Breton 42, rue Fontaine*, *op. cit.*, p. 160. Carlebach l'a acquis auprès du Museum of the American Indian-George Heye Foundation. L'objet ressemble à un mât plus ancien visible dans une photographie non datée de Simone Breton qui remonte aux années 1920. Voir Philippe Dagen, « Une jeune femme moderne, sur une photographie de Simone Kahn, épouse Breton », dans Katia Sowels et Jules Colmart (dir.), *Au Grand Jour - Lettres (1920-1930) - Un album : André à Simone Breton*, Paris, Presses de la Rue d'Ulm-ENS, 2020, p. 141-142.

5 Le mât totémique haïda mesure 132 cm, le poème-objet, 113 cm. Voir Lot 198, *André Breton, 42 rue Fontaine*, *op. cit.*, p. 94.

6 Flahutez, Goutain et Trapani, *op. cit.*, p. 113-116.

7 Slavko Kopač, « Entretien avec Lidja Torcilj », *ibid.*, p. 48.

8 Slavko Kopač, « Entretien avec Mirko Galić », *ibid.*, p. 88.

9 Slavko Kopač, « Entretien avec Lidja Torcilj », *ibid.*, p. 48.

10 *Ibid.*, p. 130-135, 228-231.

11 Mark Polizzotti, *Revolution of the Mind: the life of André Breton*, New York, Farrar, Straus, Giroux, 1995, p. 192-193. André Breton, « Au regard des divinités », *Littérature (nouvelle série)*, n°s 11-12, octobre 1923, p. 37-38. Marguerite Bonnet, « Notice », dans André Breton, *Œuvres complètes*, I, Paris, Gallimard, 1988, p. 1181-1189.

12 André Breton, « Au regard des divinités », *ibid.*, p. 171-172.

13 André Breton, *Manifeste du surréalisme*, *ibid.*, p. 324. Les vers du poème sont cités p. 339.

14 Flahutez, Goutain et Trapani, *op. cit.*, p. 78 ; Kopač, « Entretien avec Mirko Galić », *ibid.*, p. 96.

15 André Breton, « Entretiens (1913-1952), Entretiens radiophoniques XV », *Œuvres complètes*, III, Paris, Gallimard, 1999, p. 561.

16 Voir : https://archive.org/details/dr_drawing-of-the-slave-ship-brookes-10927014

17 Étienne-Alain Hubert, « Chronologie », dans André Breton, *Œuvres complètes*, III, *op. cit.*, p. xxxviii. Kopač, « Entretien avec Lidja Torcilj », *op. cit.*, p. 48. Radovan Ivšić, *Rappelez-vous cela, rappelez-vous bien tout*, Paris, Gallimard, 2015, p. 35.

18 Masque yupik, XIXe siècle, bois, plumes, polychromie rouge, 60 × 21 × 8 cm, ancienne collection André Breton, musée du quai Branly, inv. 70.2003.9.3. Reproduite dans Flahutez, Goutain et Trapani, *op. cit.*, p. 309. Voir aussi Katharine Conley, « Sleeping Gods in Surrealist Collections », *Symposium: A Quarterly Journal in Modern Literatures*, vol. 67, no 1, 2013, p. 18.

19 André Breton, *Manifeste du surréalisme*, *op. cit.*, p. 340.

20 Dans le livre-objet, la strophe sur « l'armure blanche » est écrite à la main dans un cercle et les vers cités dans le *Manifeste*, eux aussi écrits à la main, forment un pont avec un canard dessous.

21 Flahutez, Goutain et Trapani, *op. cit.*, p. 48, 195, 198-201.

22 *Ibid.*, p. 208-209.

23 Lettre manuscrite d'André Breton à Slavko Kopač, datée du 26 mai 1961, coll. Anna Kopač, reproduite dans *ibid.*, p. 215.

Un voyage dans l'art informel[1] **[p. 138-147]**

Kent Mitchell Minturn

> « C'est Kopač qui m'a fait comprendre l'Art Brut, plus que Dubuffet dont le discours était plus intellectuel. Ses mots étaient simples, mais son approche était intellectualisée. Tandis que celle de Kopač était sensible, il touchait les objets[2]. »
>
> Pierre Maunoury, 1er novembre 1990

On pourrait s'étonner de l'absence d'œuvres de Slavko Kopač dans la Collections de l'Art Brut de Lausanne, à l'exception de *Tir à cible* (1949) [Fig. 1], un livre manuscrit relié à la main en accordéon, qu'il faut déplier pour le lire. Le bord effiloché de la première page est conçu pour chatouiller les doigts avant même que la lecture ne commence. Pourtant, cette collection, léguée par Jean Dubuffet, comptait autrefois au moins soixante-sept œuvres de Kopač.

En 1995, à la stupéfaction générale, et à la demande expresse de Kopač lui-même, ces pièces quittèrent définitivement Lausanne pour rejoindre les collections patrimoniales du musée d'art contemporain de Zagreb, en Croatie[3]. Que s'était-il donc passé pour qu'un tel désaveu de la bienveillance supposée de Dubuffet soit exprimé par Kopač, son ami de plus de quarante ans ?

La procédure fut d'autant plus surprenante que l'artiste croate semblait correspondre en tout point à la définition que Dubuffet avait établie pour des œuvres tournant le dos à l'art institutionnel, refusant tout emprunt à la culture académique et cultivant à la fois l'innocence et l'invention pure[4]. Si ce revirement fut si spectaculaire, c'est qu'il révélait à quel point Slavko Kopač n'était pas un artiste dont la création relevait d'une démarche purement autodidacte et spontanée. Il revendiquait sa formation à l'Académie des beaux-arts et, bien que son travail poétique fût inspiré des formes de l'art brut, il puisait ses sources dans d'autres sensibilités artistiques de son temps. Slavko Kopač fut sans conteste le gardien et le conservateur de la collection d'art brut que Dubuffet avait patiemment constituée à ses côtés. Pourtant, tout comme ce dernier, il ne relevait pas de la catégorie même qu'ils avaient contribué à définir.

Kopač avait en effet succédé au critique et théoricien de l'art Michel Tapié dans la gestion de la collection, et c'est en tant qu'artiste avant tout qu'il avait suggéré l'acquisition de pièces dont la résonance s'accordait avec sa propre démarche plastique. C'est là que réside toute l'ambiguïté de Kopač et de Dubuffet : à la fois collectionneurs démiurgiques et créateurs de catégories, tout en étant eux-mêmes des artistes dont l'inspiration, au fil des années, avait contracté une dette inappréciable envers leurs protégés.

Les premières expositions organisées par Kopač mettaient en avant les artistes les plus « matiéristes » de l'art brut : les statuettes sculptées dans du granit ou de la pierre volcanique dite « Barbus Müller », les sculptures en liège de Joaquim Gironella, les objets bricolés en bois d'Auguste Forestier ou encore les broderies délicates de Jeanne Tripier. À cette époque, Kopač était un céramiste accompli, passionné par le travail de la terre et des formes dans l'espace, au point d'en faire commerce. Son approche bibliophilique, mêlant expérimentation sur le matériau du livre et recherche formelle, témoignait de sa propension à interroger la matière. On lui doit notamment un livre consacré à Miguel Hernández ainsi que l'*Histoire de l'Aveugle* de Jean L'Anselme [Fig. 2]. C'est dans cette perspective qu'il faut appréhender l'art de Kopač : en dialogue avec l'art brut, tout en traçant sa propre voie poétique. Ses matériaux et ses formes possédaient la liberté caractéristique des artistes bruts, mais sa poésie se déployait ailleurs, à la lisière du surréalisme, des matiéristes de l'après-guerre, de la Nouvelle École de Paris, et bientôt de l'informel.

C'est en 1952 que Michel Tapié lance l'aventure d'un « art Autre » au Studio Paul Facchetti, 17, rue de Lille, à Paris[5]. L'exposition réunissait « Jean Dubuffet, Jean Fautrier ou Wols mettant en scène empâtements, empreintes, taches et texture de matière sur la toile avec des gestes spontanés prenant l'allure de face-à-face avec une matière indéterminée et informe[6] ». On pouvait également admirer la touche des compositions de Jean-Paul Riopelle, le geste pictural véhément de Georges Mathieu, les noirs éclatants de Pierre Soulages, les dispositifs graphiques de Camille Bryen et Ruth Francken, les sculptures de Germaine Richier, etc. Kopač y présentait *La Grenouille bretonne* (1951) [Fig. 3], en ciment et pierres. Parmi les artistes les plus marquants de son époque, Kopač défendait un art spontané, affranchi de toute forme assignée ou prédéterminée, où la matérialité et le processus de création primaient. Le geste, l'empreinte de ses mains sur la matière, insufflaient à son œuvre une résonance expressionniste rare en Europe, que Tapié appréciait et qui trouvait davantage d'écho outre-Atlantique. Avec un « art Autre », les formes retrouvaient une vitalité. L'expressivité née du travail de la matière redonnait aux œuvres une sensibilité que les horreurs de la guerre avaient cherché à annihiler.

Bien que *La Grenouille bretonne* évoque l'art brut, ses sources d'inspiration se trouvent également chez les artistes explorant de nouvelles voies d'expressivité à travers les matériaux. Kopač fuyait en quelque sorte la peinture pour embrasser une aventure où la main, en prise directe avec la matière, prenait le pas sur l'esprit. La démarche « haptique », comme l'appelait Aloïs Riegl, était pour lui un moyen d'entrelacer le visuel et le tactile[7]. *Jumelles* [Fig. 4] en est la quintessence : une épaisse couche de plâtre appliquée au couteau fusionne deux formes en une seule, avec l'ambition d'offrir à l'œil le pouvoir de toucher.

Jumelles déconstruit avec brio le fétichisme moderniste de l'« opticalité » pure, de la bidimensionnalité et du regard détaché. La forme fusionnée en relief génère paradoxalement ce que Jean Paulhan, son ami et éditeur, appelle dans son *Éloge de l'Informel*, une « tache aveugle », contraignant à expérimenter la peinture moderniste d'une manière résolument somatique[8]. Dans les œuvres parisiennes d'après-guerre de Kopač, la vision n'occupe plus le sommet de la hiérarchie des sens, mais s'entrelace aux sensations tactiles.

Évoquant le toucher, ses petites bêtes velues agrippées à leur mère donnent l'impression que l'artiste nous invite à un zoo sensoriel. Ses masques privilégient le tactile sur le visuel laissant penser à une relecture de *La Voie des masques* de Claude Lévi-Strauss[9]. En d'autres termes, ce n'est pas tant ce que ce masque ou ce singe représentent, mais ce qu'ils transforment, c'est-à-dire ce qu'ils choisissent de ne pas montrer. Si nous essayions de porter les masques de Kopač sur notre visage, nous ne pourrions pas voir à travers eux, seulement les sentir sous notre peau. D'autres œuvres de Kopač illustrent ce tissage entre le tactile et le visuel, notamment celles des années 1960 : *Terre noire* (1961) [Fig. 6], qui intègre du gravier et du plomb fondu, *Feuille rouillée* (1961) [Fig. 7], *Tortue* et *Loup-Garou* (1962), où se mêlent peinture, collage, cordes, plomb fondu, tôle rouillée et pneu sur carton.

L'exposition mythique de 1952 révélait ainsi la proximité des recherches formelles de Riopelle et de Kopač, oscillant entre une abstraction assumée et des compositions en technique mixte intégrant des fragments en collage. L'artiste croate restera fidèle à cet équilibre entre formes figuratives et leur dissolution au sein de compositions abstraites[10]. Plus tard dans leur carrière, les deux artistes mettront en avant un bestiaire fantastique et magique, émergeant de ces fonds abstraits et colorés. Il en va de même pour Ruth Francken[11], dont le travail sur la visagéité ouvrait la voie à d'improbables métamorphoses du visage humain et à une abstraction libérée. Sous l'action des mains dans la peinture épaisse et collante, le visage semblait littéralement émerger, comme pétri dans la matière elle-même. Qu'il s'agisse de l'animal ou de l'humain, Ruth Francken et Slavko Kopač partageaient cette nécessité de transformer leurs figures en zones floues, où le poétique rencontrait le sauvage.

Michel Tapié avait perçu en Kopač l'énergie expressive d'un matiériste en résonance avec l'existentialisme humaniste d'un Sartre et avec l'informel, où le geste et la trace portent l'empreinte d'une humanité vivante et glorieuse. Par la suite, Kopač prendra ses distances avec les ambitions commerciales de Tapié, notamment lorsqu'il s'impliquera dans la réception des pratiques performatives du groupe Gutaï au Japon. Il n'en reste pas moins que celui qui portait avec lui la poussière de son village natal aura, l'espace d'un instant, dialogué avec une trajectoire de la modernité où la matière était la source même de l'expressivité.

1 Texte révisé et présenté par Fabrice Flahutez et Roberta Trapani.

2 Pierre Maunoury, entretien avec Lucienne Peiry, Paris, 1er novembre 1990, in Lucienne Peiry, *L'Art Brut*, Paris, Flammarion, 2006 [1997], p. 129.

3 Le titre joue sur le mot *irascible*. Je remercie Vincent Monod, à la Collection de l'Art Brut de Lausanne, pour avoir facilité mes recherches.

4 Jean Dubuffet, « Kopač » (1979), *Prospectus et tous écrits suivants*, III, Paris, Gallimard, 1995, note 33, p. 486-487. Comme l'indique Déborah Lehot-Couette dans sa contribution au présent catalogue, l'écrit de Dubuffet est daté par erreur de 1981 depuis sa parution en 1985 dans le catalogue de l'exposition *Salut à Jean Dubuffet*, *op. cit.* La correspondance échangée entre Slavko Kopač et Jean Dubuffet, conservée dans les archives de la Fondation Dubuffet, longtemps restée introuvable et récemment redécouverte grâce aux recherches de l'historienne de l'art, a révélé qu'il remonte en réalité à 1979 [NDLR].

5 Voir Michel Tapié, *Un art autre: où il s'agit de nouveaux dévidages du réel*, Paris, Gabriel Giraud et fils, 1952, s.p. ; Michel Tapié, « An Other Art » (1952), traduit dans *Art in Theory 1900–2000: An Anthology of Changing Ideas*, éd. Charles Harrison et Paul Wood, Malden, Blackwell Publishing, 2003, p. 629-631.

6 Voir notamment Marianne Jakobi, « Nommer la forme et l'informe. La titraison comme genèse dans l'œuvre de Jean Dubuffet », *Genesis*, n° 24, « Formes », 2004, p. 89-104 [article en ligne : http://www.item.ens.fr/articles-en-ligne/nommer-la-forme-et-linforme].

7 Aloïs Riegl introduit le terme dans *L'Industrie d'art romaine tardive* (1901). Voir Aloïs Riegl, *Late Roman Art Industry*, Rome, G. Bretschneider, 1985 (trad. R Winkes).

8 Jean Paulhan, « La tache aveugle », *L'art informel (éloge),* chap. 3, 1959-1961, reproduit dans *Œuvres complètes*, V, Paris, Cercle du Livre Précieux, 1970, p. 250-257.

9 Claude Lévi-Strauss, *La Voie des masques* (*The Way of the Masks*), Seattle, University of Washington Press, 1982, p. 144, (trad. S. Modelski).

10 Voir, par exemple, Jean Paul Riopelle, *Épis sciés*, collage de lithographies sur toile, 180 × 131,5 cm, Paris, Galerie Maeght, 1967.

11 Ruth Francken (1924-2006) fut une peintre et sculptrice américaine dont l'œuvre, nomade et inclassable, s'est développée en marge des grands courants artistiques de l'après-guerre. Par une expérimentation constante des matériaux et des techniques – du dessin à la sculpture, de la photographie au collage – elle a abordé les thèmes du fragment, de la métamorphose, de la mémoire et de l'identité, dans un langage visuel traversé par une tension spirituelle et une forte expressivité.

Une aventure internationale entre surréalisme, art brut et art informel

[p. 148-155]

Fabrice Flahutez

Bien qu'injustement méconnu, Slavko Kopač fut de ceux qui eurent le privilège d'être à la lisière de plusieurs trajectoires esthétiques marquant la seconde moitié du XXe siècle. Un rapide retour sur sa traversée du siècle permet de mieux saisir les enjeux de l'art de Kopač. Dès son arrivée à Paris, il trouva dans la galerie Messages de Suzanne Bomsel un débouché pour la modeste production céramique qu'il faisait, ayant laissé derrière lui bien des travaux que la guerre ne lui avait pas permis de transporter [Fig. 1]. Madame Bomsel, épouse d'Edmond Bomsel, ami d'André Breton et fondateur de la Compagnie de l'Art Brut, était une collectionneuse passionnée d'art populaire et c'est par l'intermédiaire du couple qu'André Breton avait développé son appétence pour les rivages d'un art en dehors des sentiers de légitimation[1]. En 1946, Suzanne Bomsel contacta Breton pour exposer ses merveilles ethnographiques rapportées d'Amérique. Bien que l'exposition ne se concrétisât pas, les Bomsel devinrent ses interlocuteurs dans les affaires de la Compagnie de l'Art Brut, dont les statuts furent établis par Jean Dubuffet[2]. Proche de la galerie Messages, Dubuffet fut présenté à Kopač, l'appréciant immédiatement pour son expertise du « fait maison » en lithographie, peinture et objets divers en céramique allant des vases thérianthropes aux cendriers animaliers. L'été 1948, Kopač remplaça Michel Tapié à l'administration de la Compagnie de l'Art Brut et c'est à la faveur de cette opportunité qu'il devint un familier des protagonistes de l'art brut et du surréalisme.

En novembre 1949, Suzanne Bomsel organisa une exposition monographique consacrée à Kopač[3]. Parallèlement, il eut l'opportunité de travailler pour la publication de l'*Almanach surréaliste du demi-siècle* dans lequel il illustra un texte de Robert Lebel[4]. Kopač se situait à l'intersection de l'art brut, de l'art populaire et du surréalisme, un artiste dont on a peine à classer le travail dans les catégories usuelles[5]. À l'instar de René Guiette, de Dubuffet ou de Jean Fautrier [Fig. 2], on ne sait où les placer exactement. Il faut dire que l'époque est à la formulation de catégories esthétiques propres à rendre compte d'un monde totalement transformé. À partir de 1951, lorsque Breton et les surréalistes vont rompre définitivement avec Dubuffet, la position de Kopač sera plus fragile et une attitude de repli semblera être la plus adéquate pour celui qui, il faut le rappeler, était employé de Dubuffet. Cependant, la nouvelle posture dans le monde artistique de Michel Tapié sera une aubaine pour Kopač. En effet, au début des années 1950, Tapié entreprend un travail de critique d'art et la théorisation d'« un art Autre », publiée en 1952, qui sera l'œuvre d'une vie[6]. Conseiller artistique du Studio Paul Facchetti, rue de Lille à Paris, il présentait les artistes « informels » dont l'appellation fut aussi une de ses inventions[7]. Dans cette nouvelle catégorie esthétique, Tapié explicitait les singularités, les proximités, les oppositions formelles des artistes. On retrouve d'ailleurs dans ses archives des diagrammes complexes ou synthétiques de classification des artistes[8]. Certains qu'il défendait étaient catalogués comme allant vers un degré d'abstraction ou de figuration tout en s'éloignant, toujours selon Tapié, de l'humanisme ou de l'expressivité. D'autres rejoignant le « signe », d'autres enfin le concept de « magie » [Fig. 5]. Parmi tous ces artistes internationaux, on pouvait compter Jackson Pollock, Victor Brauner, Pierre Soulages, Franz Kline, Willem De Kooning, Dubuffet, Georges Mathieu, Roberto Matta, Henri Michaux, Karel Appel, Wols, Sam Francis, etc., et bien entendu Slavko Kopač. Comme on le voit, bien que tous aient un vocabulaire plastique propre et des techniques très différentes, ils pouvaient rejoindre « un art Autre » inventé par Tapié, qui était conçu pour être en dehors des catégories « figuration » ou « abstraction ». Kopač fut donc mis en avant par Tapié comme un des grands maîtres de l'expression contemporaine aux côtés des plus grands artistes du siècle. Il le situait entre l'expressionnisme abstrait d'un Pollock [Fig. 3], l'abstraction dite « existentialiste » d'un Wols, le réalisme magique surréaliste d'un Dalí et le « primitivisme » d'un Dubuffet. Cependant, à partir de la fin des années 1950, et avant que Tapié ne se tourne vers le groupe Gutaï, Kopač, tout comme Dubuffet, Guiette et Michaux, disparaît progressivement de ses centres d'intérêt[9]. Nous n'en connaissons pas la raison avec certitude si ce n'est l'infléchissement renforcé de ses critères de sélection vers l'abstraction pure et lyrique. Malgré la réorientation

de l'entreprise de Tapié, Kopač continua de frayer sur les sentiers tracés par le surréalisme. C'est alors que sa proximité avec André Breton lui permit d'entrevoir sa rétrospective en plein Saint-Germain-des-Prés. En effet, en décembre 1952, Sophie Babet ouvre une petite galerie, À L'Étoile scellée, 11 rue Pré-aux-Clercs à Paris[10]. Son attirance pour l'art brut, le fantastique et les romans de science-fiction, ainsi que son amitié pour Charles Estienne, Boris Vian et Raymond Queneau, la destinent à rencontrer assez naturellement tous les membres du groupe surréaliste. Le choix de la programmation est confié à André Breton qui y vit tout de suite le moyen de mettre en avant des artistes et une ligne éditoriale, sans pour autant avoir à gérer l'entreprise. Kopač expose entre avril et mai 1953 pas moins d'une trentaine d'œuvres aux titres évocateurs et aux matériaux les plus variés. Les peintures côtoyaient les céramiques, les laves émaillées, les sculptures et totems les plus inattendus avec pour commentaire, une préface du grand poète Benjamin Péret sur le carton-catalogue de l'exposition[11]. L'été 1954, À L'Étoile scellée se délocalisa à La Galería de Lima (Pérou) pour l'exposition collective *Pinturas surrealistas*, organisée grâce à l'entremise de Wifredo Lam. On y présentait des œuvres de Rachel Baes, Fred Deux, Oscar Dominguez, Enrico Donati, Max Ernst, Aline Gagnaire, Simon Hantaï, Jacques Hérold, Kopač, Félix Labisse, Lam, René Magritte, Francis Picabia, Man Ray, Ferdinand Springer, Dorothea Tanning, Toyen, etc.

La dernière exposition de L'Étoile scellée à laquelle Kopač participa, intitulée *Quelques feux dans le brouillard... et des objets des mers du Sud*, s'ouvrit le 21 janvier 1955. Les œuvres exposées étaient, entre autres, signées Fahr-El-Nissa Zeid, Alberto Giacometti, Hantaï, Kopač, Jan Křížek, Lam, Marcelle Loubchansky, Magritte, Wolfgang Paalen, Picabia, Man Ray, Yves Tanguy, Toyen, etc.

Cette internationalisation entraîna une meilleure visibilité de Kopač au point d'intéresser Betty Asher (future commissaire d'exposition pour le LACMA de Los Angeles) pour qu'un achat d'une de ses sculptures se fît au profit de la Frank Perls Gallery à Los Angeles[12]. La Frank Perls Gallery était étroitement liée à deux autres galeries majeures pour l'art moderne aux États-Unis : la Pierre Matisse Gallery et la Curt Valentin Gallery de New York. Pour Kopač, cela signifiait que la qualité de son travail artistique était bien là ; car la Frank Perls Gallery représentait tout de même Henri Matisse, Georges Braque, Alexander Calder, Pablo Picasso, Georgia O'Keeffe, Marc Chagall, Paul Klee, Jean Dubuffet, etc. Peu de temps après, en 1968, c'est la galeriste Madelyn Adele Laugesen qui organisa une rétrospective Kopač à la Thor Gallery, à Louisville, dans le Kentucky[13]. Kopač y était qualifié de surréaliste, ce qui montrait ses liens étroits avec le mouvement d'André Breton même après sa disparition[14]. La circulation des œuvres de Kopač aux États-Unis et ailleurs dans le monde se fit ensuite par l'intermédiaire d'Ante Glibota, son compatriote et ami, qui lui permit d'être visible dans l'antenne de sa galerie parisienne à Chicago[15]. Glibota, qui était l'un des commissaires du parc de sculptures créé pour les Jeux olympiques en 1988 à Séoul, ne manqua pas de commanditer plusieurs sculptures à Kopač, dont une est toujours en place[16]. On peut quand même noter le choix de mettre à proximité les sculptures de Kopač avec celles de grands sculpteurs de son temps, Bill Vazan et Wang Keping [Fig. 6]. Ces trois artistes avaient des affinités à la fois formelles, mais aussi conceptuelles, en s'inspirant des forces de la nature, des énergies cosmiques et des primitivismes. Kopač fut d'une certaine manière à la frontière du surréalisme, de l'art brut, de l'imagerie populaire, de l'art informel. Il épousa bien des aventures de son temps car son œuvre procure le sentiment d'une jungle mentale où formes abstraites et figuratives dialoguent. Ce mélange, entre magie préhistorique et figures enfantines, explique son accueil favorable dans des contextes artistiques variés.

1 La galerie Messages, spécialisée dans l'art populaire, fut dirigée par la famille Bomsel, impliquée dans l'exposition *L'Imagerie populaire 1789, 1830, 1848*, organisée par Jean Cassou (musée des Augustins, Toulouse, 10 novembre – 4 décembre 1944). Il existe également une lettre inédite de Breton à Edmond Bomsel au sujet de cette passion commune et datée du 24 juillet 1956 (lot 59, vente *Surréalisme et alentours*, Giquello, Paris, Drouot-Richelieu, 21 novembre 2024).

2 Pressenti pour éditer l'*Almanach de l'art brut* avant le désistement de Dubuffet, Bomsel poursuivit son projet de monographie sur l'art populaire jusque dans les années 1960.

3 Exposition *Slavko Kopač*, galerie Messages, Paris, 8 novembre – 8 décembre 1949.

4 André Breton (dir.), *Almanach surréaliste du demi-siècle*, *La Nef*, n° 63-64, Paris, Éditions du Sagittaire, mars-avril 1950 (ill. p. 47-48).

5 L'article de *Combat,* qui fait état de l'exposition, relie Kopač à l'art brut et à Dubuffet. « À travers livres et expositions », *Combat, de la résistance à la révolution*, 8e année, n° 1666, 11 novembre 1949, p. 4.

6 Michel Tapié, *Un Art autre : où il s'agit de nouveaux dévidages du réel*, Paris, Gabriel Giraud et Fils, 1952.

7 Voir Juliette Evezard, *« Un art autre », Le rêve de Michel Tapié*, Dijon, Les Presses du réel, 2023.

8 Diagrammes publiés pour la première fois dans F. Flahutez, *Le lettrisme historique était une avant-garde*, Dijon, Les Presses du réel, 2011, p. 31 et 33.

9 Voir notamment l'exposition qu'il organise à la galerie Rive droite à Paris du 5 au 30 octobre 1954, dans laquelle il ne reste plus que des artistes abstraits.

10 André Breton, « Présentation pour l'ouverture de la galerie À L'Étoile scellée », *Alentours II*, *Œuvres complètes*, III, Paris, Gallimard, Bibliothèque de la Pléiade, 1999, p. 1080-1081, et notice p. 1459-1460 [L. Maus (dir.), G.-V. Labat (admin.), *Arts, spectacles*, n° 388, 5-11 décembre 1952, p. 5].

11 Benjamin Péret, *Slavko Kopač. Peintures, sculptures, céramiques*, cat. exp., Paris, À L'Étoile scellée, 14 avril – 2 mai 1953. Repris dans B. Péret, « Slavko Kopač », *Œuvres complètes*, VI, Paris, José Corti, 1992, p. 337.

12 Vente de la sculpture *Indian Heads* (céramique et bois peint, 1961, 37 cm) pour 100 dollars (1962), acquise auprès de l'artiste. Cf. Betty Asher Papers, box 36, file 8, Getty Research Institute, Los Angeles.

13 *Slavko Kopač*, commissariat Madelyn Adele Laugesen, Thor Gallery (734 S. First St.), Louisville (Kentucky, USA), 17 novembre – 30 décembre 1968.

14 L'article de Bill Strode, « Kopač "Graffiti" at Thor », *The Courier-Journal & Times*, 8 décembre 1968, p. 25 est sans ambiguïté. Voir aussi « Kopač at Thor », *The Courier-Journal & Times*, 17 novembre 1968, p. 19.

15 Est-ce l'intervention de Glibota qui permet au même moment l'exposition de ses peintures à Houston où se trouve la Menil Foundation ? Voir *Paintings by Slavko Kopač*, F.A.M.E. Gallery (1980 Post Oak Blvd), Houston, 10-25 septembre 1982.

16 Voir *European and American Masters*, Galerie d'art international, Chicago, 1982 et *Olympiade des arts* (*Olympiad of Art*), sous la direction d'A. Glibota, catalogue par SLOOC – Seoul Olympic Organization Committee (9 sculptures reproduites p. 504-505), Séoul, 17 septembre – 2 octobre 1988.

Slavko Kopač
1913–1995
Cronologia essenziale Selected Chronology

1913
Slavko Kopač nasce il **21 agosto 1913** a **Vinkovci**, nella Slavonia orientale (Croazia), da Stefano Kopač e Ana Klein, in una famiglia di commercianti.
Slavko Kopač is born on **21 August 1913** in **Vinkovci**, Eastern Slavonia (Croatia), to Stefano Kopač and Ana Klein, part of a family of merchants.

1927
Frequenta il **liceo** di Vinkovci, dove segue i corsi di disegno tenuti da **Vinko Pajalić**.
He attends **high school** in Vinkovci and takes drawing classes from **Vinko Pajalić**.

1933–1937
Si iscrive all'**Accademia Reale di Belle Arti** di **Zagabria**, dove studia pittura con **Vladimir Becić**, figura di spicco del modernismo croato, formatosi a Parigi.
He enrolls at the **Royal Academy of Fine Arts** in **Zagreb**, where he studies painting with **Vladimir Becić**, a leading figure of Croatian modernism who had trained in Paris.

1937–1938
Consegue il diploma e **inizia a esporre in Croazia**. Le sue vedute di Zagabria e i ritratti lo impongono sulla scena nazionale.
He graduates and **begins exhibiting in Croatia**. His views of Zagreb and his portraits gain him national recognition.

1939
Ottiene una borsa di studio del governo francese e si trasferisce a **Parigi** per nove mesi. Qui incontra il pittore croato **Leo Junek** (1899–1993), il cui *tachisme* influenzerà parte della sua produzione. Si dedica alla **natura morta** e alla **pittura di paesaggio**.
L'invasione nazista della Francia a giugno lo costringe a rientrare in **Croazia** come cittadino straniero.
Awarded a scholarship by the French government, **he moves to Paris for nine months**. There he meets Croatian painter Leo Junek (1899–1993), whose Tachist style will influence some of his work. He focuses intensely on **still life** and **landscape painting**.
The **Nazi invasion of France** in June forces him to return to **Croatia** as a foreign national.

1940
Insegna arte al liceo di **Mostar** (Bosnia-Erzegovina), poi al liceo classico di **Zagabria**. Partecipa a **mostre** personali e collettive.
He teaches art at the **Mostar** grammar school (Bosnia-Herzegovina), then at the classical grammar school in **Zagreb**. He takes part in both solo and group exhibitions.

1942
Espone alla **XXII Biennale di Venezia** come rappresentante dello Stato Indipendente di Croazia, confrontandosi con il panorama artistico italiano e internazionale.
He exhibits at the **22nd Venice Biennale** as a representative of the Independent State of Croatia, engaging with the Italian and international art scene.

1943
Ottiene un congedo non retribuito e una borsa di studio dal Ministero degli Affari Esteri del Regno d'Italia e, nel maggio 1943, si iscrive all'**Accademia di Belle Arti di Firenze**.
Frequenta i corsi di **Giovanni Colacicchi**, artista e intellettuale antifascista.
He obtains unpaid leave and a scholarship from the Italian Ministry of Foreign Affairs. He enrolls at the **Academy of Fine Arts in Florence** in May 1943.
He studies under **Giovanni Colacicchi**, a painter and intellectual active in anti-fascist circles.

1944–1945
Frequenta un laboratorio di affresco presso l'**Istituto d'Arte di Firenze** e realizza opere che segnano il passaggio dal linguaggio impressionista a soluzioni cromatiche e compositive più astratte.
He attends a fresco workshop at the **Institute of Art in Florence**, producing works that mark a shift from an Impressionist language towards more abstract chromatic and compositional solutions.

1945
Prima personale alla Galleria Michelangelo di **Firenze**.
Giovanni Colacicchi gli dedica il primo articolo critico in Italia, pubblicato sul *Corriere del Mattino*.
Kopač collabora con l'architetto **Giovanni Muzio** e lo scultore **Ivan Meštrović**, insieme ad altri artisti, alla realizzazione delle decorazioni della chiesa di **Santa Maria Mediatrice a Roma**.
First solo exhibition at Galleria Michelangelo in **Florence**.
Giovanni Colacicchi writes the first critical article on him in Italy, published in *Corriere del Mattino*.
Kopač collaborates with architect **Giovanni Muzio** and sculptor **Ivan Meštrović**, among other artists, in the realization of decorations for the **Church of Santa Maria Mediatrice** in **Rome**.

1946
Partecipa al **Premio Prato** (Concorso Nazionale di Pittura) e avvia un sodalizio umano e intellettuale con **Giordano Falzoni**, artista poliedrico e critico d'arte. Intreccia rapporti anche con artisti quali Silvano Bozzolini, Heinrich Steiner, Vinicio Berti e Berto Lardera.
He takes part in the **Premio Prato** (National Painting Competition) and begins a human and intellectual association with **Giordano Falzoni**, a multifaceted artist and art critic. He establishes contacts with artists such as Silvano Bozzolini, Heinrich Steiner, Vinicio Berti, and Berto Lardera.

1947
Espone con **Fiore de Henriquez** alla Galleria Rizzi di Firenze (15–28 febbraio) e alla Galleria della Strega di Trieste (19 aprile – 4 maggio). Nello stesso anno partecipa al **Premio Torino** – Arte Italiana d'Oggi (15 febbraio – 15 marzo), mostra cardine del rinnovamento nazionale, e alla Prima Mostra **Arte d'Oggi** alla Galleria Firenze (3–14 maggio), accanto a Bargheer, Berti, Lardera, Venturi e altri.
Co-fonda la sezione fiorentina dell'**Art Club**, segnando la sua appartenenza a una rete internazionale di artisti orientati all'**astrazione**, alla **sperimentazione grafica** e alla **ricerca poetica**.
Nei sotterranei della Galerie René Drouin, a Parigi, si inaugura il ***Foyer de l'Art Brut,***

primo spazio espositivo dedicato alle opere di art brut raccolte da Dubuffet nei tre anni precedenti.
Il 1° novembre Giordano Falzoni introduce in Italia, su *Il Mondo Europeo*, il dibattito critico sull'opera di Dubuffet.
He exhibits with **Fiore de Henriquez** at the Galleria Rizzi in Florence (15–28 February) and the Galleria della Strega in Trieste (19 April–4 May). In the same year, he takes part in the **Premio Torino** – Italian Art of Today (15 February–15 March), a landmark of artistic renewal, and in the First **Arte d'Oggi** exhibition at Galleria Firenze (3–14 May), alongside Bargheer, Berti, Lardera, Venturi, and others.
He co-founds the Florence section of the **Art Club**, an international network of artists engaged in **abstraction**, **graphic experimentation**, and **poetic research**.
The **Foyer de l'Art Brut** opens in the basement of Galerie René Drouin in Paris, the first exhibition space devoted to Art Brut works collected by Jean Dubuffet over the previous three years.
On 1 November, Giordano Falzoni introduces in Italy, through *Il Mondo Europeo*, the critical debate on Dubuffet's work.

1948
Espone a Firenze e a Roma: è l'inizio di una **svolta poetica e visionaria del suo linguaggio**. Con il sostegno di Bernard André, viceconsole francese e figura chiave dell'Art Club, ottiene il visto per la Francia e in agosto **si trasferisce a Parigi**.
A Parigi, introdotto da **Giordano Falzoni**, Kopač incontra **Jean Dubuffet**. È l'inizio di una lunga amicizia.
Con André Breton, Jean Paulhan, Michel Tapié e altri, Dubuffet fonda la ***Compagnie de l'Art Brut***, associazione volta alla ricerca e allo studio sistematico di opere di **creatori "irregolari"**: figure estranee al sistema dell'arte ufficiale, spinte da un'imperiosa **necessità interiore**, le cui opere si distinguono per un'**inventività radicale**.
Dubuffet scrive su Kopač nell'***Almanach de l'Art Brut*** e lo nomina segretario e **primo conservatore** della collezione d'art brut da lui riunita.
He exhibits in Florence and Rome: it marks the beginning of a **poetic and visionary shift in his language**. With the support of Bernard André, French vice-consul and key figure of the Art Club, he obtains a visa for France and in August **moves to Paris**.
In Paris, introduced by **Giordano Falzoni**, Kopač meets **Jean Dubuffet**. A lasting friendship begins.
Dubuffet, together with André Breton, Jean Paulhan, Michel Tapié and others, founds the **Compagnie de l'Art Brut**, an association dedicated to the systematic study of of the works of **'irregular' authors**: figures standing outside the official art system, compelled by an irresistible **inner necessity**, whose creations are marked by a **radical inventiveness**.
Dubuffet includes a text on Kopač in the ***Almanach de l'Art Brut*** and appoints him secretary and **first curator** of the Art Brut collection he had assembled.

1948–1951
Kopač indaga le **potenzialità estetiche della materia** – impasto, smalto, ceramica, lava e impronta – avvicinandosi al **gruppo surrealista**.
Nel 1949 illustra la poesia di **André Breton** *Au regard des divinités* ed espone alla ***Galerie Messages*** di Parigi. L'anno seguente partecipa all'*Almanach surréaliste du demi-siècle*, avviando una collaborazione e instaurando un rapporto di amicizia con Breton destinato a proseguire nel tempo.
L'8 ottobre 1951, **dissoluzione della *Compagnie de l'Art Brut***. Dubuffet si trasferisce a New York, ospite dell'artista Alfonso Ossorio, portando con sé le 1200 opere di art brut della propria collezione. Kopač ne redige l'**inventario**, predisponendo una scheda per ogni opera in vista del viaggio.
Kopač investigates the **aesthetic potential of matter** – impasto, enamel, ceramics, lava, and printmaking – while drawing closer to the **Surrealist group**.
In 1949 he illustrates **André Breton**'s poem 'Au regard des divinités' and exhibits at **Galerie Messages** in Paris. The following year he takes part in the *Almanach surréaliste du demi-siècle*, thus starting a collaboration and forging a friendship with Breton that would continue in the years to come.
On 8 October 1951, **the Compagnie de l'Art Brut is dissolved**. Dubuffet moves to New York as a guest of the artist Alfonso Ossorio, taking with him the 1,200 art brut works from his collection. Kopač compiles the **inventory**, preparing a card for each work in anticipation of the journey.

1952
Il critico d'arte **Michel Tapié** include Kopač nel saggio ***Un Art autre***, riconoscendolo tra i protagonisti dell'**Informale** accanto a Fautrier, Wols, Michaux, Burri, de Kooning, Soulages e Dubuffet. Nello stesso anno partecipa all'omonima mostra presso lo Studio Facchetti di Parigi.
Conosce la futura moglie **Paulette Breugnot**, che gestisce un negozio di formaggi a Parigi, con la quale avrà un figlio, **Laurent**.
Art critic **Michel Tapié** includes Kopač in his essay '**Un Art autre**', recognizing him as one of the leading figures of **Art Informel** alongside Fautrier, Wols, Michaux, Burri, de Kooning, Soulages, and Dubuffet. In the same year he takes part in the exhibition of the same name at Studio Facchetti in Paris.
He meets his future wife, **Paulette**, who runs a cheese shop in Paris, with whom he will have a son, **Laurent**.

1953–1955
La galleria surrealista **À l'Étoile scellée** dedica a Kopač tre mostre: a Parigi (1953, con un testo introduttivo di Benjamin Péret, e 1955) e a Lima (1954).
Acquista una casa a **Vence**, nel sud della Francia, dove Dubuffet ha stabilito il suo atelier. Qui conosce il gallerista **Alphonse Chave**, che gli dedicherà in seguito numerose esposizioni.
The Surrealist gallery **À l'Étoile scellée** devotes three exhibitions to Kopač: in **Paris** (1953, with an introductory text by Benjamin Péret, and1955) and in **Lima** (1954).
He buys a house in **Vence**, in the South of France, where Dubuffet had established his studio. There he meets the gallerist **Alphonse Chave**, who would later devote numerous exhibitions to his work.

Anni 1960 / 1960s
Partecipa alla mostra ***Petit bal de têtes*** alla **Galerie Chave**, accanto a una ventina di artisti tra cui Hans Bellmer, Alberto Giacometti, Asger Jorn e Karel Appel.
Conosce **Annie Le Brun**, scrittrice, poetessa e critica francese legata al Surrealismo, e il poeta croato **Radovan Ivšić**, anch'egli vicino al movimento. Con loro intreccia un'**amicizia indissolubile**, mentre l'intenso legame con **Breton** rimane vivo. In seguito, Le Brun dedicherà numerosi scritti a Kopač.
La sua ricerca si orienta verso la **densità della materia** e l'impiego di **nuovi materiali**: pneumatico, piombo, cartapesta.
He takes part in the exhibition *Petit bal de têtes* at **Galerie Chave**, alongside some twenty artists including Hans Bellmer, Alberto Giacometti, Asger Jorn, and Karel Appel.
He meets **Annie Le Brun**, a French writer, poet, and critic associated with Surrealism, and the Croatian poet **Radovan Ivšić**, likewise linked to the movement. With them he forges an **indissoluble friendship**, while his close bond with **Breton** remains strong. Le Brun will later dedicate numerous writings to Kopač.
His research turns towards the **density of matter** and the use of **new materials**: tyres, lead, and papier-mâché.

1962
Il 24 settembre 1962 **la *Compagnie de l'Art Brut* è rifondata** a Parigi da Jean Dubuffet, Slavko Kopač, Asger Jorn, Raymond Queneau e altri. Kopač è nominato amministratore e **curatore della collezione**, conservata ed esposta in un grande *hôtel particulier* acquistato da Dubuffet in rue de Sèvres. Ne individua gli artisti e le opere, redige l'inventario, gestisce gli archivi e accoglie i visitatori. Nello stesso anno ottiene la **cittadinanza francese**.
On 24 September 1962, **the Compagnie de l'Art Brut is re-founded** in Paris by Jean Dubuffet, Asger Jorn, Raymond Queneau, Slavko Kopač and others. Kopač is appointed administrator and **curator of the collection**, housed in a large *hôtel particulier* purchased by Dubuffet on rue de Sèvres. His duties will include selecting artists and works, compiling inventories, managing archives, and welcoming visitors. That same year, he obtains **French citizenship**.

1963
Espone alla **Galerie Mona Lisa** di Parigi. Il catalogo include un ampio testo critico di **Michel Ragon**.
He exhibits at **Galerie Mona Lisa** in Paris. The catalogue includes an extensive critical text by **Michel Ragon**.

1966
Dopo molti decenni di assenza, Kopač ritrova la sua terra natale con una mostra alla **Moderne galerije** di **Rijeka**.
After long decades of absence, Kopač returns to his homeland with an exhibition at the **Moderne galerije** in **Rijeka**.

1970s
Il trasferimento delle collezioni di art brut a Losanna, dove nel 1976 è inaugurata la **Collection de l'Art Brut**, segna una svolta nella vita di Kopač. Decide di dedicarsi interamente alla propria ricerca artistica, pur restando a lungo membro del comitato consultivo del museo svizzero insieme a Dubuffet.
The transfer of the Art Brut collections to **Lausanne**, where the **Collection de l'Art Brut** is inaugurated in 1976, marks a turning point in Kopač's life. He decides to devote himself entirely to his artistic research, while remaining for a long time a member of the Swiss museum's advisory board alongside Dubuffet.

1977
Il **Museo d'Arte Moderna** di **Zagabria** gli dedica una retrospettiva, con circa 400 opere, curata da Mladen Pejaković.
The **Museum of Modern Art** in **Zagreb** dedicates a retrospective to him, featuring about four hundred works, curated by Mladen Pejaković.

1981
Al **Paris Art Center** di **Parigi**, Ante Glibota cura una retrospettiva di Kopač con 169 opere in mostra.
At the **Paris Art Center** in **Paris**, Ante Glibota curates a Kopač retrospective presenting 169 works.

1985
Il 12 maggio, morte di Jean Dubuffet. La mostra ***Salut à Jean Dubuffet*** alla Galerie Chave rende omaggio all'amicizia tra i due artisti.
Jean Dubuffet dies on 12 May. The exhibition ***Salut à Jean Dubuffet*** at Galerie Chave pays tribute to the friendship between the two artists.

1988
Espone una selezione di sculture al 24° **Seoul Olympic Art Festival** (17 settembre – 2 ottobre).
He exhibits a selection of sculptures at the 24th **Seoul Olympic Art Festival** (17 September–2 October).

Anni 1990 / 1990s
Nonostante il progressivo peggioramento delle sue condizioni di salute, Kopač continua a realizzare dipinti, collage, sculture e assemblaggi. Favorisce la **donazione** delle sue opere alla **Klovićevi Dvori Gallery** di **Zagabria**, opere raccolte in vita da Dubuffet e trasferite a Losanna insieme alle collezioni di art brut.
Despite the progressive deterioration of his health, Kopač continues to produce paintings, collages, sculptures, and assemblages. He supports the **donation** of his works to the **Klovićevi Dvori Gallery** in **Zagreb**, works that had been collected by Dubuffet during his lifetime and transferred to Lausanne together with the Art Brut collections.

1995
Kopač si spegne il 23 novembre 1995. L'anno seguente, l'*Association pour la promotion des arts* gli rende omaggio con una grande retrospettiva all'**Hôtel de Ville** di **Parigi**.
Kopač passes away on 23 November 1995. The following year, the Association pour la promotion des arts honours his legacy with a retrospective at the **Hôtel de Ville** in **Paris**.

1997
Biserka Rauter-Plančić e Annie Le Brun curano la mostra ***Slavko Kopač*** alla **Klovićevi Dvori Gallery** di **Zagabria**, accompagnata dalla pubblicazione della sua prima monografia.
Biserka Rauter-Plančić and Annie Le Brun curate the exhibition ***Slavko Kopač*** at the **Klovićevi Dvori Gallery** in **Zagreb**, accompanied by the publication of his first monograph.

2002
Il **Musée de Vence-Fondation Emile Hugues** presenta le sue opere accanto a Dubuffet, Max Ernst, Henri Matisse, Sol LeWitt e Claude Viallat.
The **Musée de Vence-Fondation Emile Hugues** presents his work alongside that of Dubuffet, Max Ernst, Henri Matisse, Sol LeWitt, and Claude Viallat.

2017
Il 30 giugno, a Parigi, presso l'Hôtel Drouot-Richelieu, Digard Auction organizza l'asta ***Jean Dubuffet & Atelier Slavko Kopač***, con 165 lotti, tra cui 1560 opere di Kopač.
On 30 June 2017, in Paris, at Hôtel Drouot-Richelieu, Digard Auction holds the **Jean Dubuffet & Atelier Slavko Kopač auction**, with 165 lots, including 1,560 works by Kopač.

2019
Tamara e Kristijan Floričić e Maja Ivić fondano l'associazione **ArtRencontre**, dedicata alla tutela e alla promozione dell'arte di Kopač, dando vita a un'importante collezione.
Tamara and Kristijan Floričić and Maja Ivić found the association **ArtRencontre**, dedicated to preserving and promoting Kopač's art, and create an important collection.

2021–2025
Il **Centre Pompidou** acquisisce dodici opere di Kopač, con il sostegno del direttore Bernard Blistène e di Sophie Duplaix, conservatrice capo delle collezioni contemporanee.
Fabrice Flahutez, Pauline Goutain e Roberta Trapani pubblicano una monografia storico-critica con **Gallimard**, con il sostegno di Association ArtRencontre, e fondano la **Kopač Committee Association**, dedicata allo studio dell'arte di Kopač.
2021-2022 L'Association ArtRencontre organizza una grande retrospettiva al **Padiglione Meštrović** di **Zagabria**, accompagnata da un convegno internazionale e da una mostra parallela all'Istituto Francese di Zagabria.
2022 – Kopač è esposto nell'ambito della mostra *Sur les pas de Jean Dubuffet en Auvergne* presso il **Musée d'Art Roger-Quilliot** di **Clermont-Ferrand**.
2023 – Kopač figura nella mostra *Chercher l'or du temps : surréalisme, art naturel, art brut, art magique* al **LaM – Lille** Métropole Musée d'art moderne, d'art contemporain et d'art brut.
2023 – ArtRencontre e la Kopač Committee Association organizzano una mostra personale non commerciale nell'ambito dell'**Outsider Art Fair di New York**.
Nel luglio **2025** il **documentario** *Slavko Kopač: Barbaric Refinement* (Croazia, 2025 – 110'), diretto da Dražen Majić e prodotto d ArtRencontre, è presentato al **Pula Film Festival**.
The **Centre Pompidou** acquires twelve works by Kopač, with the support of director Bernard Blistène and Sophie Duplaix, Chief Curator of Contemporary Collections.
Fabrice Flahutez, Pauline Goutain, and Roberta Trapani publish a monograph with **Gallimard**, with the support of the Association ArtRencontre, and found the **Kopač Committee Association**, devoted to the study of Kopač's art.
In **2021–2022**, a major retrospective is co-organised by Association ArtRencontre at the **Meštrović Pavilion** in **Zagreb**, accompanied by an international conference and a parallel exhibition at the **French Institute** in Zagreb.
In **2022**, Kopač's work is exhibited as part of the exhibition *Sur les pas de Jean Dubuffet en Auvergne* at the **Musée d'Art Roger-Quilliot** in **Clermont-Ferrand**.
In **2023**, Kopač's work is featured in the exhibition *Chercher l'or du temps: surréalisme, art naturel, art brut, art magique* at **LaM – Lille Métropole Musée d'art moderne, d'art contemporain et d'art brut**.
In **2023**, ArtRencontre and the Kopač Committee Association organize a non-commercial solo exhibition as part of the **Outsider Art Fair** in **New York**.
In July **2025**, the **documentary** *Slavko Kopač: Barbaric Refinement* (Croatia, 2025, 110 min.), directed by Dražen Majić and produced by ArtRencontre, is presented at the **Pula Film Festival**.

Bibliografia selettiva Selected Bibliography

Ljubo Babić, "Najmladji" [Il più giovane], *Hrvatski dnevnik* [Quotidiano croato], n. 822, marzo 1938, p. 19.

"Slikarska izložba Slavka Kopača i Mladena Veže u Salonu Ullrich" [Mostra di Slavko Kopač e Mladen Veža al Salon Ullrich], *Obzor* [Orizzonte], n. 78, 13 giugno 1938, p. 1.

Zlatko Milković, "Izložba Veže i Kopača" [Mostra di Veža e Kopač], *Hrvatska revija* [Rivista croata], a. 11, n. 8, 1938, pp. 434-435 (Illustrazioni *Hrvatska revija*, a. 11, n. 7, 1938, pp. 368-369).

B., "Slavka Kopača", *Srijemske novine* [Notizie della Sirmia], 29 settembre 1938.

XXIII Esposizione Biennale Internazionale d'Arte, 1942, catalogo della mostra, Officine Grafiche Carlo Ferrari, Venezia 1942, pp. 303-307.

Giovanni Colacicchi, "Mostre fiorentine: il pittore Slavko Kopač", in *Corriere del Mattino*, 14-15 gennaio 1945.

Giordano Falzoni, "Slavko Kopač", in *Caratteri. Rivista sperimentale di arte e cultura*, n. 12, 15 settembre 1946, p. 116.

Giordano Falzoni, "Il pittore jugoslavo Slavko Kopač", in *Arte contemporanea*, Roma, aprile-maggio 1947, p. 4.

Fiore de Henriquez – Slavko Kopač, catalogo della mostra (Firenze, Galleria Rizzi, 15-28 febbraio1947), Galleria Rizzi, Firenze 1947.

Fiore de Henriquez – Slavko Kopač, a cura di R. Bastianutto (Trieste, Galleria della Strega, 19 aprile – 4 maggio 1947), Trieste 1947.

D.T., "Galleria della Strega: Fiore de Henriquez e Slavko Kopač", in *Il Corriere di Trieste*, Trieste, 25 aprile 1947.

G., "Galleria della Strega: Slavko Kopač Fiore de Henriquez", in *Il Lavoratore*, Trieste, 6 maggio 1947.

Bargheer, Berti, Bozzolini, Brunetti, Cipriani, De Angelis, Faraoni, Farulli, Furrer, Grazzini, Kopač, Lardera, Monnini, Picchi, Pregno, Steiner, Tordi, Venturi. Pitture – Sculture [Prima Mostra Arte d'Oggi. Contenuto e Forma di una Nuova Realtà], catalogo della mostra (Firenze, Galleria Firenze, 3-14 maggio 1947), Galleria Firenze, Firenze 1947.

Zena Checchi, "Firenze", in *Le arti belle: rassegna di arti figurative, decorative e minori*, a. 1, n. 1, Editoriale Italiana, Milano, maggio 1947, p. 26.

Corrado Del Conte (dir.), *Cinque Pittori: Edoardo Bargheer, Gastone Breddo, Giorgio Cipriani, Slavko Kopač, Enrico Sterner*, catalogo della mostra (Firenze, Galleria Il Fiore, febbraio 1948), Il Fiore, Firenze 1948.

Alessandro Parronchi, "Cinque pittori", in *Il Mattino*, 5 febbraio 1948.

Silvio Marini, "Mostre d'arte: Slavko Kopač", in *Il giornale della sera*, Roma, 10 marzo 1948.

Silvio Marini, "Toscani d'avanguardia espongono all'Art Club", in *Il giornale della sera*, Roma, 27 maggio 1948.

Arnoldo Ciarocchi, "Mostre d'arte romana: Da "Chiurazzi": Slavko Kopač", in *La Fiera letteraria*, Roma, III, n. 10, 12 marzo 1948, p. 5.

Slavko Kopač, *Tir à cible*, L'Art brut, Parigi 1949.

André Breton, *Au regard des divinités*, poema illustrato da Slavko Kopač in un libretto originale da lui ideato e realizzato, Messages, Parigi 1949. Edizione originale tirata in 100 esemplari numerati e firmati da Breton e da Kopač.

Charles Estienne, "À travers livres et expositions", in *Combat, de la résistance à la révolution*, a. 8, n. 1666, 11 novembre 1949, p. 4.

Almanach surréaliste du demi-siècle, André Breton (dir.), numero speciale di *La Nef*, n° 63-64, Éditions du Sagittaire, Parigi, marzo-aprile 1950.

Michel Tapié, *Un Art autre : où il s'agit de nouveaux dévidages du réel*, Gabriel Giraud et Fils, Parigi 1952.

Benjamin Péret, *Slavko Kopač, peintures sculptures, céramiques*, À l'Étoile scellée, Parigi, 14 aprile – 2 maggio 1953.

Céramiques peintures Slavko Kopač, catalogo della mostra (Vence, Galerie Alphonse Chave, 10-30 agosto 1957), Pierre Chave, Vence 1957.

Dessins du moment, catalogo della mostra (Vence, Galerie Alphonse Chave, maggio-giugno 1960), Pierre Chave, Vence 1960.

Petit bal des Têtes, catalogo della mostra (Vence, Galerie Alphonse Chave, 9 luglio-15 agosto 1960), Pierre Chave, Vence 1960.

Arnaud Romic (dir.), *Peintures, sculptures et aquarelles de Slavko Kopač,* catalogo della mostra (Parigi, Galerie Mona Lisa, 1° giugno – 15 luglio 1961), testi di Michel Ragon e Philippe Dereux, Mona Lisa, Parigi 1961.

Françoise Choay, "Kopacs [*sic*], à la recherche d'un monde perdu", in *Art international*, vol. VII, n. 2, febbraio 1963, pp. 38-41.

Slavko Kopač, peintures, gouaches, pierres, catalogo della mostra (Vence, Galerie Alphonse Chave, 27 agosto – 30 settembre 1964), Pierre Chave, Vence 1964.

L'Art vivant 1965-1968, catalogo della mostra (Saint-Paul-de-Vence, Fondation Maeght, 13 aprile – 30 giugno 1968), prefazione di François Wehrlin, Fondation Maeght, Saint-Paul-de-Vence 1968.

Bill Strode, "Kopač at Thor", in *The Courier-Journal & Times*, Louisville, Kentucky, 17 novembre 1968, p. G 19.

Bill Strode, "Kopač 'Graffiti' at Thor", in *The Courier-Journal & Times*, 8 dicembre 1968, p. G 25.

Slavko Kopač, *Mes très riches heures*, Pierre Chave, Vence 1972, non rilegato, con copertina rigida e cofanetto editoriale in tela blu, recante un'etichetta con il titolo. Edizione originale limitata a 150 esemplari, illustrata con litografie di Kopač, firmata a matita dall'artista.

*Slavko Kopač, slikarstvo skultura keramik*a, 1935-1976, catalogo della mostra (Zagabria, Moderna Galerija, 28 gennaio – 27 febbraio 1977), Moderna Galerija, Zagabria 1977. Testo di Zeljko Grum, in serbo-croato e in francese.

Ante Glibota (dir.), *Slavko Kopač: rétrospective 1936-1981, peinture, sculpture, céramique*, catalogo della mostra (Parigi, Paris, Art Center 21 ottobre – 21 novembre 1981), testi di Joja Ricov, Paris Art Center, Parigi 1981.

Gérard Durozoi, "Slavko Kopač, rétrospective", in *Canal. Arts – expressions – cultures*, a. VI, n. 43, dicembre 1981, p. IV.

Annie Le Brun, "Kopač Paris Art Center", in *Art Press*, n. 55, gennaio 1982, p. 40.

Slavko Kopač: œuvre récente, catalogo della mostra (Chicago, International Art Gallery; Parigi, Galerie d'art international, 14 settembre – 16 ottobre 1982), Galerie d'art international, Parigi 1982.

Jean-Marie Dunoyer, "L'innocence retrouvée", in *Le Monde*, 22 settembre 1982, p. 12.

Mondher Ben Milad, "À travers les galeries. Slavko Kopač", in *Les Cahiers de la peinture*, Parigi, a. X, n.138, 1-15 ottobre 1982, pp. 8-9.

Annie Le Brun, "Kopač ou la sauvage élégance de l'être", in *Cimaise. Revue de l'art actuel*, a. 29, n. 160, ottobre-novembre 1982, pp. 65-76.

Claude Dorval, "Slavko Kopač... collages", in *Le Pont des arts. Revue d'informations culturelles internationales*, n. 3, Parigi-Riom, novembre 1982, p. 4.

Jean Dubuffet, "Slavko Kopač", 14 novembre 1982, in Id., *Prospectus et tous écrits suivants*, III, Gallimard, Parigi 1995, pp. 267-268.

Slavko Kopač, *Meetings and Acquaintances* [Incontri e conoscenze], intervista radiofonica con Lidija Tocilj, Croatian Radio Television, 8 agosto 1984, 43 minuti.

Salut à Jean Dubuffet, catalogo della mostra (Vence, Galerie Alphonse Chave, 13 luglio – 14 settembre 1985), Pierre Chave, Vence 1985.

Jean-Jacques Lévêque (dir.), *Slavko Kopač*, catalogo della mostra (Parigi, Galerie d'art international, 3 dicembre 1986 – 14 febbraio 1987), Galerie d'art international, Parigi 1986.

Robert Barret, "Kopak [*sic*] l'invention pure", in *Prévisions. L'économiste de Paris*, Société de presse économique et financière, n. 676, Parigi, sabato 17 gennaio 1987, p. 4.

J.J.L. [Jean-Jacques Lévêque], "Kopač: l'enfance de l'art", in *Le Quotidien de Paris*, direttore editoriale Philippe Tesson, n. 2230, giovedì 22 gennaio 1987, p. 6.

Claude Dorval, "Slavko Kopač", in *Profils médico-sociaux*, n. 1065, giovedì 22 gennaio 1987, p. 16.

Jean-Jacques Lévêque, "Kopač", in *Cimaise. Revue de l'art actuel*, a. 34, n. 190, settembre-ottobre 1987, pp. 61-72.

Slavko Kopač, « Le pays de cœur », in *Glas Slavonije*, mercoledì 6 dicembre, 1989, rubrica cultura, p. 9.

Emmanuel Daydé, "Slavko Kopač: la main de l'ange", in *Artension*, direttore editoriale Pierre Souchaud, n. 20, gennaio 1991, pp. 32-34.

Nella Arambasin, "Fragments de l'itinéraire créatif de Slavko Kopač", in *Nouvel art du français. Lettres, arts, sciences*, Association internationale des traducteurs littéraires de langue française, Parigi, febbraio 1992, pp. 27-28.

Slavko Kopač. Du luxe à l'état sauvage, catalogo della mostra (Vence, Galerie Alphonse Chave, 27 giugno – 20 agosto 1992), testo di Annie Le Brun, Galerie Alphonse Chave, Vence 1992.

Slavko Kopač, *Chapeau ivre*, Pierre Chave, Vence 1994. Libro interamente litografato (testo e illustrazioni), impreziosito da collage di carte ritagliate e di carta traforata. Edizione originale tirata in 120 esemplari e 15 fuori commercio, numerati e firmati.

Nella Arambasin, "Pour dire au revoir à l'ami: hommage à Slavko Kopač", in *Bulletin de l'AMCA*, n° 7, Parigi, dicembre 1995, pp. 1-3.

Martine Arnault, "Kopač, 1913-1995: pétales de mémoire = Petals of Memory", in *Cimaise. Revue de l'art actuel*, a. 43, n. 242, luglio-agosto 1996, pp. 66-67.

Annie Le Brun, Emmanuel Daydé (dir.), *Kopač*, catalogo della mostra (Parigi, Hôtel de Ville de Paris, 18 aprile – 12 luglio 1996), Association pour la promotion des arts à l'Hôtel de Ville de Paris, Parigi 1996.

Annie Le Brun, Biserka Rauter Plančić (dir.), *Slavko Kopač*, Muzejsko Galerijski Centrar Klovićevi Dvori, Zagabria 1997.

Nella Arambasin, "Ramages en pierre et en papier [sur l'artiste Slavko Kopac]", in *Cahiers Croates*, n. 1, Parigi, estate 1997, pp.183-194.

Lucienne Peiry, *L'Art brut*, Flammarion, Parigi 1997, pp. 9, 78-79, 87, 102, 113, 126, 128, 129, 156, 182.

Renata Margaretič, "Poezija zacarane tvari: retrospektivna izložba Slavka Kopača u Muzejsko-galerijskome centru Klovicevi dvori u Zagrebu, 20. listopad-14 prosinac 1997" [Poesia della materia incantata: mostra retrospettiva di Slavko Kopač al Museo e Galleria Centro Klovicevi dvori di Zagabria, 20 ottobre-14 dicembre 1997], in *Život umjetnosti* [Vita artistica], vol. 32, n. 60, 1998, pp. 79-83.

Slavko Kopač. Rétrospective de la période française (1948-1995), catalogo della mostra (Vence, Galerie Alphonse Chave, 17 luglio – 30 ottobre 1999), Pierre Chave, Vence 1999.

"Slavko Kopač, intervista con Mirko Galić" [ottobre 1982], in *Drugo* čitanje*: razgovori* [Seconda lettura: conversazioni], Matica Hrvatska, Zagabria 2007.

Slavko Kopač & Cie, catalogo XIV, Galerie-librairie Emmanuel Hutin, Parigi 2014.

Iva Sudec Andreis (dir.), *Slavko Kopač: skulpture*, catalogo della mostra (Klanjec, Salone della Galleria Antun Augustinčić, 3 ottobre – 28 novembre 2014), Galleria Antun Augustinčić / Galleria Klovićevi Dvori, Klanjec / Zagabria 2014.

Jean Dubuffet *et al.*, *Almanach de l'Art Brut. Facsimilé*, Sarah Lombardi et Baptiste Brun (dir.) in collaborazione con Vincent Monod, 5 Continents Editions, Milano 2016, pp. 83-89.

Jean Dubuffet & Atelier Slavko Kopač, catalogo dell'asta, Parigi, Digard Auction, Sala 16 – Drouot-Richelieu, venerdì 30 giugno 2017.

Ante Rašić *et al.* (dir.), *Kopač Collection*, testo di Iva Sudec Andreis, Association ArtRencontre, Pula 2019.

Annie Le Brun, "Slavko Kopač ou la matière enchantée", in Id., *Un espace inobjectif. Entre les mots et les images*, Gallimard, Parigi 2019, pp. 34-59.

Fabrice Flahutez, Pauline Goutain, Roberta Trapani, *Slavko Kopač. Ombres et matières / Shadows and Materials*, Gallimard, Parigi 2022.

Anita Ruso Brečić (dir.), *Kopač*, catalogo della mostra (Zagabria, Padiglione Meštrovic, 17 dicembre 2021 - 27 marzo 2022), Croatian Association of Fine Artists, Zagabria 2021.

Michele Amedei, "Protagonisti dell'arte internazionale all'Accademia di Belle Arti di Firenze", in Valeria Bruni, Mauro Pratesi, Susanna Ragionieri e Giandomenico Semeraro (dir.), *Percorsi artistici nell'Accademia di Belle Arti di Firenze: 1900-1948*, voll. 2, Mandragora, Firenze 2021, pp. 473-517.

Succession P. Kopač, atelier Slavko Kopač, art brut, art moderne, École de Paris, art contemporain, catalogo dell'asta, Parigi, Boisgirard-Antonini, 24 giugno 2022.

Christophe Boulanger, Savine Faupin, Jeanne-Bathilde Lacourt (dir.), *Chercher l'or du temps: surréalisme, art brut, art naturel, art magique*, catalogo della mostra (Villeneuve-d'Ascq, LAM, Lille métropole-Musée d'art moderne, d'art contemporain et d'art brut, 13 octobre 2022 – 29 janvier 2023), LaM, Lille métropole musée d'art moderne, d'art contemporain et d'art brut / Snoeck, Villeneuve-d'Ascq / Gand 2022, p. 162.

Autori

Cristina Acidini Storica dell'arte e Presidente dell'Accademia delle Arti del Disegno (Firenze), ha ricoperto incarichi di rilievo nel Ministero della Cultura italiana, tra cui Soprintendente dell'Opificio delle Pietre Dure e del Polo Museale di Firenze. Eisenhower Fellow a Philadelphia, si è occupata di restauri di grande rilevanza e ha curato numerose mostre in Italia e all'estero. Autrice di molti saggi, ha ricevuto prestigiose onorificenze e riconoscimenti internazionali.

Michele Amedei Dottore in Storia dell'Arte all'Università di Firenze (2018) con una tesi sugli artisti nordamericani nella Toscana dell'Ottocento, ha collaborato con riviste italiane e internazionali e ottenuto borse di studio presso lo Smithsonian American Art Museum, la U.S. Capitol Historical Society, il CIMA di New York e l'École française de Rome. Attualmente è ricercatore all'Università di Pisa.

Bernard Blistène Direttore onorario del Centre Pompidou dal 2021, ha guidato l'istituzione dal 2013 al 2021. Ha lasciato un segno significativo nel panorama museale attraverso numerose mostre e retrospettive (Fontana, Twombly, Warhol, Baselitz ecc.), oltre alla creazione di musei a Marsiglia. Professore all'École du Louvre per 25 anni e curatore di biennali internazionali, ha ideato e diretto il Nouveau Festival del Centre Pompidou e promosso progetti di rilievo come *Mondes Nouveaux*.

Katherine Conley Professoressa emerita Chancellor presso la William & Mary University e professoressa emerita Edward Tuck presso Dartmouth, è autrice di *Surrealist Ghostliness* (2013), *Robert Desnos, Surrealism, and the Marvelous in Everyday Life* (2003) e *Automatic Woman: The Representation of Woman in Surrealism* (1996). Il suo attuale progetto editoriale si intitola *Mapping the Surrealist Collection*. È co-direttrice, insieme ad Alyce Mahon, dell'*International Journal of Surrealism*.

Déborah Lehot-Couette Storica dell'arte, specialista di art brut, è Direttrice scientifica e delle collezioni presso la Fondazione Dubuffet. Ha conseguito il suo dottorato alla Sorbona (Paris I) e ha dedicato la sua tesi alla collezione L'Aracine. Curatrice di mostre e autrice di numerose pubblicazioni, nel 2016 ha diretto il volume *Collectionner l'Art Brut. Correspondance Jean Dubuffet – Alain Bourbonnais, 1971-1984*.

Fabrice Flahutez Professore ordinario presso l'Université Jean Monnet di Saint-Étienne e membro dell'Institut Universitaire de France, la sua ricerca si concentra sul Surrealismo e sui collettivi artistici dopo il 1945. Ha pubblicato numerosi libri e curato mostre internazionali. È stato membro del comitato consultivo per *Surrealism Beyond Borders* al MET di New York e alla Tate Modern di Londra. È stato co-organizzatore dell'ISSS Paris 2024, la conferenza annuale di studi sul Surrealismo.

Tamara Floričić è professoressa di Scienze sociali presso l'Università Juraj Dobrila di Pola, in Croazia. Nel 2019, insieme al marito Kristijan Floričić e a Maja Ivić, ha fondato l'associazione no-profit ArtRencontre. L'obiettivo principale dell'associazione è promuovere e far conoscere l'eredità artistica dell'artista Slavko Kopač attraverso l'organizzazione di mostre, la pubblicazione di libri e altre attività legate alla promozione dell'eredità artistica di Kopač.

Pauline Goutain Dottore in storia dell'arte e studi culturali, diplomata all'École du Louvre, è vicedirettrice del Musée d'art Roger-Quilliot di Clermont Auvergne Métropole. Specialista dell'arte del secondo dopoguerra, concentra le sue ricerche sui processi creativi e sulla materialità dell'opera. Ha codiretto la prima monografia dedicata a Slavko Kopač (Gallimard, 2022) e curato la mostra *Sur les pas de Jean Dubuffet en Auvergne* (2022).

Authors

Cristina Acidini Art historian and president of the Accademia delle Arti del Disegno (Florence), she has held prominent positions within the Italian Ministry of Culture, including superintendent of the Opificio delle Pietre Dure and the Polo Museale di Firenze. An Eisenhower Fellow in Philadelphia, she has overseen major restorations and curated numerous exhibitions in Italy and abroad. A prolific author, she has received prestigious honors and international recognition.

Michele Amedei PhD in Art History from the University of Florence (2018) with a thesis on North American artists in early 19th-century Tuscany, he has contributed to Italian and international journals and held fellowships at the Smithsonian American Art Museum, the U.S. Capitol Historical Society, the Center for Italian Modern Art in New York, and the École française de Rome. He is currently a research fellow at the University of Pisa.

Bernard Blistène Honorary Director of the Centre Pompidou since 2021, he led the institution from 2013 to 2021. He has left a significant mark on the museum scene through numerous exhibitions and retrospectives (Fontana, Twombly, Warhol, Baselitz, etc.), as well as through the creation of museums in Marseille. A professor at the École du Louvre for 25 years and curator of international biennials, he conceived and directed the Nouveau Festival at the Centre Pompidou and spearheaded major projects such as *Mondes Nouveaux*.

Katharine Conley is Chancellor Professor, Emerita, at William & Mary and Edward Tuck Professor, Emerita, at Dartmouth. She is the author of *Surrealist Ghostliness* (2013), *Robert Desnos, Surrealism, and the Marvelous in Everyday Life* (2003), and *Automatic Woman: The Represenation of Woman in Surrealism* (1996). Her current book project is entitled "Mapping the Surrealist Collection." She is co-editor with Alyce Mahon of the *International Journal of Surrealism*.

Déborah Lehot-Couette Art historian and specialist in Art Brut, she is the Scientific and Collections Director at the Dubuffet Foundation. She earned her PhD from the Sorbonne (Paris I) and dedicated her thesis to the L'Aracine collection. An exhibition curator and author of numerous publications, she edited the volume *Collectionner l'Art Brut. Correspondance Jean Dubuffet – Alain Bourbonnais, 1971-1984 in 2016*.

Fabrice Flahutez Full Professor at the Université Jean Monnet in Saint-Etienne and Member of the Academic Institute of France, his research focuses on Surrealism and artist collectives after 1945. He has published many books and curated international exhibitions. He was a member of the advisory committee for *Surrealism Beyond Borders* at the MET in New York and the Tate Modern in London. He was co-organizer of ISSS Paris 2024, the annual Conference of Surrealist studies.

Tamara Floričić is a social sciences professor of Juraj Dobrila University of Pula, Croatia. With her husband Kristijan Floričić and Maja Ivić in 2019 founded a nonprofit association ArtRencontre. The primary goal of the Association is to promote and educate about the art legacy of artist Slavko Kopac through exhibition organisation, book publishing and other various activities related with promotion of Kopač art legacy.

Pauline Goutain PhD in Art History and Cultural Studies and a graduate of the École du Louvre, she is Deputy Director of the Roger-Quilliot Art Museum in Clermont Auvergne Métropole. Specializing in post-1945 art, she explores creative processes and materiality in art. She co-edited the first monograph on Slavko Kopač (Gallimard, 2022) and curated *Sur les pas de Jean Dubuffet en Auvergne* (2022).

Luca Macchi Artista toscano formatosi all'Accademia di Belle Arti di Firenze, espone dagli anni Ottanta in numerose città italiane e europee, è autore di studi e pubblicazioni dedicati ad artisti toscani. Ha ricevuto riconoscimenti dalla Fondazione Istituto Dramma Popolare, dall'Accademia degli Euteleti e dalla Diocesi di San Miniato. È Accademico Ordinario dell'Accademia delle Arti del Disegno di Firenze, dove ricopre attualmente il ruolo di Presidente della Classe di Pittura ed è Presidente dell'Accademia degli Euteleti di San Miniato.

Kent Minturn Docente presso il Dipartimento di Storia dell'Arte e Archeologia della Columbia University, è uno storico dell'arte, critico, traduttore e teorico dell'arte moderna e contemporanea. La sua attività di insegnamento, ricerca e scrittura si concentra sui legami tra Parigi e New York nell'immediato dopoguerra, sull'artista Jean Dubuffet e la filosofia francese del secondo dopoguerra, così come sull'art brut e l'outsider art. I suoi articoli, saggi e recensioni sono apparsi su *October*, *Artforum*, *Art Journal*, *Archives of American Art Journal*, *Architectural Review*, *Visual Resources*, Res e *The Brooklyn Rail*.

Pietro Nocita Avvocato specializzato in diritto dell'arte e dei beni culturali, assiste artisti, archivi e fondazioni d'artista, collezionisti, musei e istituzioni culturali. È stato produttore esecutivo della mostra site-specific di Anish Kapoor a Milano (2011) e, dal 2019, è lecturer al Master universitario in Arts Management (Facoltà di Economia, Lettere e Filosofia) dell'Università Cattolica di Milano. Appassionato collezionista, ha co-curato la mostra di Luigi Serafini al MART (2024) e coordinato programmi culturali con la Casa dell'Art Brut (Mairano di Casteggio), tra cui quelli dedicati a Dubuffet e all'Art Brut al MUDEC di Milano (2024-25)

Susanna Ragionieri Studia a Firenze con Carlo Del Bravo, laureandosi con una tesi sul pittore Giovanni Colacicchi, pubblicata nel 1986 (*La gioventù di Giovanni Colacicchi*, Firenze, Alinea). Si occupa di arte italiana del XX secolo attraverso saggi, mostre e convegni. Tra le sue pubblicazioni recenti, ha curato nel 2021 i volumi *Percorsi artistici nell'Accademia di Belle Arti di Firenze: 1900-1948* (Mandragora).

Roberta Serpolli Storica dell'arte contemporanea, si distingue per la sua expertise nel collezionismo e nelle poetiche della marginalità, con particolare attenzione alla diffusione dell'Art Brut in Italia attraverso il critico e artista Giordano Falzoni. Nel 2014 ha conseguito il dottorato presso l'Università Ca' Foscari di Venezia con una ricerca sui criteri espositivi della Collezione Panza. Ha collaborato con il MAXXI di Roma e il Getty Research Institute.

Roberta Trapani Dottore di ricerca in storia dell'arte contemporanea (Paris Nanterre/Palermo, 2016), è ricercatrice associata al laboratorio ECLLA (Université Jean Monnet di Saint-Étienne) e collabora con l'EHESS di Parigi. Co-fondatrice del Collectif de réflexion autour de l'art brut (CrAB), di Patrimoines irréguliers de France (PIF) e della Kopač Committee Association, collabora dal 2008 con l'Osservatorio Outsider Art di Palermo. Ha insegnato in diverse università, curato mostre in Francia, Belgio, Italia e negli Stati Uniti.

Luca Macchi A Tuscan artist trained at the Academy of Fine Arts in Florence, has been exhibiting since the 1980s in numerous Italian and European cities, and is the author of studies and publications dedicated to Tuscan artists. He has received recognition from the Fondazione Istituto Dramma Popolare, the Accademia degli Euteleti, and the Diocese of San Miniato. He is an Ordinary Academician of the Accademia delle Arti del Disegno in Florence, where he currently serves as President of the Painting Class, and he is also President of the Accademia degli Euteleti of San Miniato.

Kent Minturn Lecturer in Columbia University's Department of Art History and Archaeology, he is an art historian, critic, translator, and theorist of modern and contemporary art. Minturn's teaching, research, and writings focus on connections between Paris and New York in the immediate post-WWII period, the artist Jean Dubuffet and postwar French philosophy, as well as *art brut* and outsider art. His articles, essays, and reviews have appeared in *October*, *Artforum*, *Art Journal*, *Archives of American Art Journal*, *Architectural Review*, *Visual Resources*, *Res*, and *The Brooklyn Rail*.

Pietro Nocita Lawyer specialized in art and cultural heritage, he advises artists, artist archives and foundations, collectors, museums, and cultural institutions. He served as Executive Producer for Anish Kapoor's site-specific exhibition in Milan (2011) and, since 2019, has been a lecturer in the Master's programme in Arts Management (Faculty of Economics, Arts and Humanities) at the Università Cattolica del Sacro Cuore in Milan. A passionate collector, he has co-curated Luigi Serafini's exhibition at the MART (2024) and coordinated cultural programmes with the Casa dell'Art Brut (Mairano di Casteggio), including those dedicated to Dubuffet and Art Brut at the MUDEC in Milan (2024–25).

Susanna Ragionieri She studied in Florence under Carlo Del Bravo, completing a thesis on painter Giovanni Colacicchi, later published in 1986 (*La gioventù di Giovanni Colacicchi*, Florence, Alinea). She focuses on 20th-century Italian art through essays, exhibitions, and conferences. Among her recent publications, she co-edited *Percorsi artistici nell'Accademia di Belle Arti di Firenze: 1900-1948* (Mandragora, 2021).

Roberta Serpolli An art historian specializing in contemporary art, is distinguished by her expertise in collecting practices and the poetics of marginality, with a particular focus on the dissemination of Art Brut in Italy through the critic and artist Giordano Falzoni. In 2014, she obtained a PhD from Ca' Foscari University of Venice with a research project on the exhibition criteria of the Panza Collection. She has collaborated with MAXXI in Rome and the Getty Research Institute.

Roberta Trapani PhD in Contemporary Art History (Paris Nanterre/Palermo, 2016), she is a research associate at the ECLLA laboratory (Université Jean Monnet, Saint-Étienne) and collaborates with EHESS (École des hautes études en sciences sociales), Paris. A co-founder of the Collectif de réflexion autour de l'art brut (CrAB), Patrimoines irréguliers de France (PIF), and the Kopač Committee Association, she has worked since 2008 with the Osservatorio Outsider Art (Palermo). She has taught at several universities and curated exhibitions in France, Belgium, Italy, and the United States.

Ringraziamenti

Un caloroso ringraziamento va all'Accademia delle Arti del Disegno, all'Associaiton ArtRencontre, a Kristijan Floričić, a Tamara Floričić, a Maja Ivić, a Karl Kopač, a Emma Kopač, ad Anna San Miguel-Kopač, a Maïté San Miguel, a James Brett, alle istituzioni e ai collezionisti privati che hanno reso possibile la mostra, nonché a:

Cristina Acidini, Michele Amedei, Nella Arambasin, Sandro Bellesi, Michèle Bidault van Tongeren, Gaia Bindi, Bernard Blistène, Jasenka Ferber Bogdan, Joëlle Bomsel, Marie-Claude Bomsel, Giorgio Bonsanti, Christophe Boulanger, Pierre Bouley, Aube Breton, Valeria Bruni, Tomislav Buntak, Alessandra Cappella, Jill Carrick, Fabio Cei, Pierre Chave, Madeleine Chave, Fabio Cei, Francesco Colacicchi, Kate Conley, Fabio Desideri, Nicolas Dewitte, Roberto Del Fava, Eva di Stefano, Sophie Duplaix, Matej Đuzel, Juliette Evezard, Savine Faupin, Barbara Ferriani, Fabrice Flahutez, Mirna M. Flögel-Mrsić, Francesca Fornasari, Branko Franceschi, Alessandra Fusi, Giulia Gaetani, Mirko Galić, Marica Gallina, Eric Ghysels, Ante Glibota, Eleonore & Gilles Gottlieb, Pauline Goutain, Jules Haudry-Hurault, Nikolina Hrust, Anita Jovanov, Karlo Kardov, Hervé Lancelin, Claudia Latino, Annie Le Brun, Goran Legović, Déborah Lehot-Couette, Mathieu Lehot-Couette, Sarah Lombardi, Simonetta Luti, Lovorka Magas Bilandzič, Alberto Magni, Diletta Magni, Dražen Majić, Željko Marcius, Josip Maršić, Simone Martini, Nicola Mazzeo, Daniele Mazzolai, Maria Grazia Messina, Kent Minturn, Camille Morando, Matija Mošet, Stefania Navarra, Alessandro Nigro, Carlo Nocita, Consuelo Nocita, Lucienne Peiry, Gilles Petitclerc, Susanna Ragionieri, Biserka Rauter-Plančić, Alba Romano Pace, Sergio Risaliti, Daniela Rosi, Guillaume Rousson, Marta Rudoni, Irene Sanesi, Enrico Sartoni, Alessandra Scappini, Chiara Scordato, Monica Scordato, Roberta Serpolli, Iva Sudec Andreis, Dražen Švagelj, Darko Tepert, Michel Thévoz, Bianca Tosatti, Isabella Trapani, Nicole Vanasse, Julie Verlaine, Žarka Vujić, Sophie Webel, Anic Zanzi.

Si ringraziano inoltre tutte le persone che, a vario titolo, hanno contribuito a dare forma al progetto espositivo ed editoriale.

Acknowledgements

Our warmest thanks go to the Accademia delle Arti del Disegno, Association ArtRencontre, Kristijan Floričić, Tamara Floričić, Maja Ivić, Karl Kopač, Emma Kopač, Anna San Miguel-Kopač, Maïté San Miguel, James Brett, the institutions and private collectors who made the exhibition possible, as well as:

Cristina Acidini, Michele Amedei, Nella Arambasin, Sandro Bellesi, Michèle Bidault van Tongeren, Gaia Bindi, Bernard Blistène, Jasenka Ferber Bogdan, Joëlle Bomsel, Marie-Claude Bomsel, Giorgio Bonsanti, Christophe Boulanger, Pierre Bouley, Aube Breton, Valeria Bruni, Tomislav Buntak, Alessandra Cappella, Jill Carrick, Fabio Cei, Pierre Chave, Madeleine Chave, Fabio Cei, Francesco Colacicchi, Kate Conley, Fabio Desideri, Nicolas Dewitte, Roberto Del Fava, Eva di Stefano, Sophie Duplaix, Matej Đuzel, Juliette Evezard, Savine Faupin, Barbara Ferriani, Fabrice Flahutez, Mirna M. Flögel-Mrsić, Francesca Fornasari, Branko Franceschi, Alessandra Fusi, Giulia Gaetani, Mirko Galić, Marica Gallina, Eric Ghysels, Ante Glibota, Eleonore & Gilles Gottlieb, Pauline Goutain, Jules Haudry-Hurault, Nikolina Hrust, Anita Jovanov, Karlo Kardov, Hervé Lancelin, Claudia Latino, Annie Le Brun, Goran Legović, Déborah Lehot-Couette, Mathieu Lehot-Couette, Sarah Lombardi, Simonetta Luti, Lovorka Magas Bilandzič, Alberto Magni, Diletta Magni, Dražen Majić, Željko Marcius, Josip Maršić, Simone Martini, Nicola Mazzeo, Daniele Mazzolai, Maria Grazia Messina, Kent Minturn, Camille Morando, Matija Mošet, Stefania Navarra, Alessandro Nigro, Carlo Nocita, Consuelo Nocita, Lucienne Peiry, Gilles Petitclerc, Susanna Ragionieri, Biserka Rauter-Plančić, Alba Romano Pace, Sergio Risaliti, Daniela Rosi, Guillaume Rousson, Marta Rudoni, Irene Sanesi, Enrico Sartoni, Alessandra Scappini, Chiara Scordato, Monica Scordato, Roberta Serpolli, Iva Sudec Andreis, Dražen Švagelj, Darko Tepert, Michel Thévoz, Bianca Tosatti, Isabella Trapani, Nicole Vanasse, Julie Verlaine, Žarka Vujić, Sophie Webel, Anic Zanzi.

We also wish to thank all those who, in various ways, contributed to shaping the exhibition and editorial project.

A cura di | Edited by
Roberta Trapani

Comitato editoriale | Editorial Board
Pietro Nocita, Kristijan Floričić, Tamara Floričić, Maja Ivić

Comitato scientifico | Scientific Committee
Fabrice Flahutez, Pauline Goutain, Roberta Serpolli

Redazione | Editing
Roberta Trapani

Traduzioni | Translations
Italiano-Inglese Italian-English Dominic McElwee
Italiano-Francese Italian-French Roberta Trapani, Emmanuelle Bouhours
Inglese-Italiano English-Italian Isabella Trapani
Inglese-Francese English-French Yves Tixier
Francese-Italiano French-Italian Roberta Trapani, Claudia Latino
Francese-Inglese French-English Käthe Roth

5 CONTINENTS EDITIONS

Caporedattore | Editor-in-Chief
Aldo Carioli

Progetto grafico e impaginazione | Design and Layout
Fayçal Zaouali

Redazione | Editing
Caroline Benoit, Charles Gute

Fotografie | Photographs
Damir Fabijanić, Nicola Galli Studio, Filip Beusan, Nicolas Dewitte/LaM Lille, Claudina Garcia, Atelier de numérisation – Ville de Lausanne, Kurt Wyss

Fotolito | Pre-press
Maurizio Brivio, Milan, Italy

5 Continents Editions
Piazza Caiazzo 1
20124 Milan, Italy
www.fivecontinentseditions.com

ISBN 978-88-7439-413-5

Distribuito in Italia e Canton Ticino da Messaggerie Libri S.p.A.
Distribuito nel resto del mondo da ACC Art Books (UK, USA)
Distributed by ACC Art Books throughout the world, excluding Italy.
Distributed in Italy and Switzerland by Messaggerie Libri S.p.A.
Distribution en France et pays francophones
BELLES LETTRES / Diffusion L'entreLivres

Finito di stampare su carta Sappi Magno Volume 150 g nel mese di ottobre 2025 presso Tecnostampa – Pigini Group Printing Division Loreto – Italia, per conto di 5 Continents Editions, Milano
Printed on Magno Volume 150 gr paper and bound in Italy in October 2025 by Tecnostampa – Pigini Group Printing Division, Loreto – Trevi for 5 Continents Editions, Milan

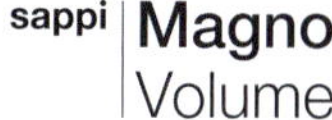

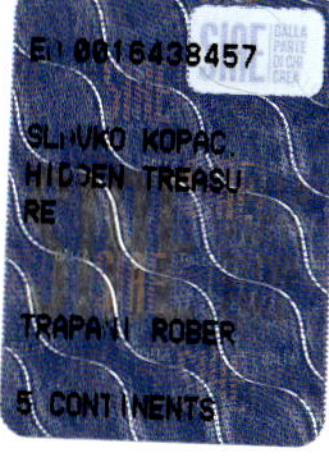

Copertina | Cover
Slavko Kopač, *Maternité* (dettaglio), 1949, pastello su carta, 22,5 × 26,5 cm, collezione privata. Foto © Damir Fabijanić
Slavko Kopač, *Maternité* (detail), 1949, pastel on paper, 22.5 × 26.5 cm, private collection. Photo © Damir Fabijanić

Pagina | Page 1
Slavko Kopač, *Maternité*, 1949, inchiostro su carta, 22 × 25,7 cm, collezione privata. Foto © Damir Fabijanić
Slavko Kopač, *Maternité*, 1949, ink on paper, 22 × 25.7 cm, private collection. Photo © Damir Fabijanić

Pagina | Page 2
Slavko Kopač *Arbre fleuri*, 1962, tecnica mista su pannello, 100 × 81 cm, collezione privata. Foto © Damir Fabijanić
Slavko Kopač, *Arbre fleuri,* 1962, mixed-media on panel, 100 × 81 cm, private collection. Photo © Damir Fabijanić

Pagina | Page 8
Slavko Kopač, *Personnage figure*, 1949–1950, acquerello e inchiostro su carta, 26 × 19 cm, collezione privata. Foto © Damir Fabijanić
Slavko Kopač, *Personnage figure*, 1949–1950, watercolour and ink on paper, 26 × 19 cm, private collection. Photo © Damir Fabijanić

Pagina | Page 156
Slavko Kopač, ca. 1990
Slavko Kopač, c. 1990